中国科技统计年鉴

CHINA STATISTICAL YEARBOOK ON SCIENCE AND TECHNOLOGY

2006

国家统计局·科学技术部　编

Edited by
National Bureau of Statistics
Ministry of Science and Technology

中国统计出版社
China Statistics Press

（京）新登字 041 号

图书在版编目（CIP）数据

中国科技统计年鉴.2006/国家统计局、科学技术部编.
—北京：中国统计出版社，2006.9
ISBN 7－5037－4999－7

Ⅰ.中…
Ⅱ.国…
Ⅲ.科技统计－中国－2006－年鉴
Ⅳ.G322－66

中国版本图书馆 CIP 数据核字（2006）第 104405 号

中国科技统计年鉴－2006

作　　者/国家统计局、科学技术部编
责任编辑/徐　涛　李　胤
装帧设计/艺编广告
出版发行/中国统计出版社
通信地址/北京市西城区月坛南街 57 号　邮政编码/100826
办公地址/北京市丰台区西三环南路甲 6 号
电　　话/邮购（010）63376907　书店（010）68783172
印　　刷/河北天普润印刷厂
经　　销/新华书店
开　　本/880×1230mm　1/16
印　　张/23.25
字　　数/685 千字
印　　数/1—1800 册
版　　别/2006 年 9 月第 1 版
版　　次/2006 年 9 月第 1 次印刷
书　　号/ISBN 7－5037－4999－7/G·175
定　　价/185.00 元

《中国科技统计年鉴—2006》
编辑委员会和编辑部

THE CHINA STATISTICAL YEARBOOK ON SIENCE AND TECHNOLOGY—2006

Editorial Board and Editorial Staff

编 者 说 明

《中国科技统计年鉴－2006》是国家统计局和科技部共同编撰的反映我国科技活动的统计资料书。全书收录了全国三十一个省、自治区、直辖市以及国务院有关部门2005年度科技统计数据。

全书内容分为八个部分。第一部分为全社会科技活动的综合统计资料；第二部分为地级及以上研究与开发机构科技活动统计资料；第三部分为大中型工业企业及高技术产业科技活动统计资料，资料中"国有控股"是对"国有及国有控股"的简称。第四部分是高等学校科技活动统计资料；第五部分为国家科技发展计划统计资料；第六部分是科技活动成果和专利的有关资料；第七部分是综合技术服务部门和科协活动的有关资料；第八部分为科技活动的国际比较资料。最后附有主要统计指标解释。

本书有关符号说明："空格"表示该项统计指标数据不足本表最小单位数、不详或无该项数据；"#"表示是其中的主要项；"＊"或"①"表示本表下有注解。

本书中因小数取舍而产生的误差均未做配平处理。

参与本书编辑的单位还有教育部、国防科工委、财政部、人事部、国土资源部、商务部、国家质量检验检疫总局、国家知识产权局、中国科学院、中国工程院、中国地震局、中国气象局、国家海洋局、国家测绘局、中国科协。我们对上述单位有关人员在本书的编辑过程中给予的大力支持与合作，表示衷心感谢。

FOREWORD

The *China Statistical Yearbook on Science and Technology* – 2006 is prepared jointly by the National Bureau of Statistics and the Ministry of Science and Technology. The Yearbook, which covers data series at the national, provincial and local levels, and autonomous regions, as well as departments directly under the State Council, reports on the development of China's science and technology activities.

The Yearbook contains the following eight parts, 1. General Information; 2. Independent Research Institutions; 3. Large and Medium-sized Industrial Enterprises and High Technology Industry; 4. Institutions of Higher Education; 5. National Program for Science and Technology; 6. Results of Science and Technology Activities; 7. Scientific and Technologic Services; 8. International Comparisons.

Notations used in this book: " (blank space)" indicates that the figure is not large enough to be measured with the smallest unit in the table or data are unknown or are not available; "#" indicates a major breakdown of the total; and " * " or "①" indicates footnotes at the end of the table.

Statistical discrepancies due to rounding are not adjusted in the yearbook.

The institutions participating editing this volume include: Ministry of Education, Commission of Science, Technology and Industry for National Defense, Ministry of Finance, Ministry of Personnel, Ministry of Land and Resources, Ministry of Commerce, General Administration of Quality Supervision, Inspection and Quarantine, State Intellectual Property Office, Chinese Academy of Sciences, Chinese Academy of Engineering, China Earthquake Administration, China Meteorological Administration, State Oceanic Administration, State Bureau of Surveying and Mapping, China Association for Science and Technology. We would like to express our gratitude to these institutions of the State Council for their cooperation and support in sparing no effort to provide all the required data.

目　录　Contents

一、综合
General

二、研究机构与开发机构
Independent Research Institutions

三、大中型工业企业及高技术产业
Large and Medium-sized Industrial Enterprises and High Technology Industry

大中型工业企业
Large and Medium-sized Industrial Enterprises

高技术产业科技活动情况
Indicators on Scientific and Technologic Activities of High Technology Industry

四、高等学校
Institutions of Higher Education

五、国家科技发展计划
National Program for Science and Technology Development

六、科技活动成果
Results of Science and Technology Activities

七、科技服务
Scientific and Technologic Services

八、国际比较
International Comparison

一、综合
General

1－1 国家财政科技支出

Government Expenditure for Science and Technology

单位:亿元 (100 million yuan)

年份 Year	国家财政总支出 Total Government Budgetary Expenditure (A)	国家财政科技拨款 Appropriation for Science and Technology (B)	科学事业费 Operating Expenses for Science	科技三项费 Science and Technology Promotion Funds	科研基建费 Capital Construction for Science Research	其他 Others	科技拨款占财政总支出的比重 % of Total Government Budgetary Expenditure (B/A)
1980	1228.8	64.59	20.95	27.33	11.32	4.99	5.3
1981	1138.4	61.58	22.72	24.12	10.46	4.28	5.4
1982	1230.0	65.29	23.85	26.39	11.17	3.88	5.3
1983	1409.5	79.03	26.66	35.42	10.59	6.36	5.6
1984	1701.0	94.72	32.28	42.45	13.04	6.95	5.6
1985	2004.3	102.59	32.00	44.35	18.83	7.41	5.1
1986	2204.9	112.57	34.56	49.63	20.30	8.08	5.1
1987	2262.2	113.79	29.50	50.60	22.87	10.82	5.0
1988	2491.2	121.12	35.65	54.05	19.70	11.72	4.9
1989	2823.8	127.87	38.45	59.13	17.91	12.38	4.5
1990	3083.6	139.12	44.44	63.48	17.47	13.73	4.5
1991	3386.6	160.69	54.15	73.32	18.40	14.82	4.7
1992	3742.2	189.26	57.16	89.41	24.55	18.14	5.1
1993	4642.3	225.61	65.59	106.56	33.95	19.51	4.9
1994	5792.6	268.25	87.90	114.22	36.06	30.07	4.6
1995	6823.7	302.36	96.86	136.02	38.00	31.48	4.4
1996	7937.6	348.63	109.66	155.01	48.55	35.41	4.4
1997	9233.6	408.86	127.12	189.97	42.74	49.03	4.4
1998	10798.2	438.60	151.92	189.90	47.28	49.50	4.1
1999	13187.7	543.90	168.10	272.80	52.90	50.10	4.1
2000	15886.5	575.60	189.00	277.20	61.50	47.90	3.6
2001	18902.6	703.30	223.10	359.60	63.40	57.20	3.7
2002	22053.2	816.22	269.85	398.60	69.99	77.78	3.7
2003	24650.0	944.60	300.80	416.60	80.20	147.00	3.8
2004	28486.9	1095.30	335.93	483.98	95.90	179.49	3.8
2005	33930.3	1334.91	389.14	609.69	112.50	223.58	3.9

注:本表中2003年至2005年的科研基建费为根据全社会科研基建费支出和全社会科技活动经费筹集总额中政府资金所占份额测算的数据。

1-2 国家财政教育支出

Government Expenditure for Education

单位:亿元

(100 million yuan)

年份 Year	国家财政总支出 Total Government Budgetary Expenditure (A)	国家财政性教育经费 Government Expenditure for Education (B)	#国家财政预算内教育支出 Budgetary Expenditure for Education (C)	教育支出占国内生产总值的比重 % of GDP (B/GDP)	教育支出占国家财政支出的比重 % of Government Budgetary Expenditure (C/A)
1980	1228.8		108.2		8.81
1981	1138.4		117.6		10.33
1982	1230.0		133.2		10.83
1983	1409.5		151.9		10.78
1984	1701.0		179.8		10.57
1985	2004.3		227.9		11.37
1986	2204.9		270.4		12.26
1987	2262.2		285.9		12.64
1988	2491.2		340.7		13.68
1989	2823.8	503.9	397.7	3.15	14.08
1990	3083.6	548.7	433.9	3.10	14.07
1991	3386.6	617.8	459.7	3.02	13.57
1992	3742.2	728.7	538.7	2.65	14.40
1993	4642.3	867.8	644.4	2.46	13.88
1994	5792.6	1174.7	884.0	2.44	15.26
1995	6823.7	1411.5	1028.4	2.32	15.07
1996	7937.6	1671.7	1211.9	2.35	15.27
1997	9233.6	1862.5	1357.7	2.36	14.70
1998	10798.2	2032.4	1565.6	2.41	14.50
1999	13187.7	2287.2	1815.8	2.55	13.77
2000	15886.5	2562.6	2085.7	2.58	13.13
2001	18902.6	3057.0	2582.4	2.79	13.66
2002	22053.2	3491.4	3114.2	2.90	14.12
2003	24650.0	3850.6	3453.9	2.84	14.01
2004	28486.9	4465.9	4027.8	2.79	14.14

注:本表中所用的国内生产总值指标,1993 年及以后的数据为第一次全国经济普查后调整数,1992 年及以前的数据未作调整。

1－3　全国科技活动人员
Personnel Engaged in Science and Technology Activities

单位:人　　　　(person)

年份 Year	科技活动人员总数 Total	#科学家和工程师 Scientists and Engineers	占科技活动人员总数比重 % of Total	全国经济活动人口(万人) National Economically Active Population (10 000 persons)	每万名经济活动人口中科技活动人员 S&T Personnel per 10 000 Economically Active Population	每万名经济活动人口中科学家工程师 Scientists and Engineers per 10 000 Economically Active Population	全国人口(万人) National Population (10 000 persons)	每万名人口中科学家和工程师 Scientists and Engineers per 10 000 Population
1992	2270389	1372037	60.4	66782	34	21	117171	12
1993	2452052	1372012	56.0	67468	36	20	118517	12
1994	2575869	1538758	59.7	68135	38	23	119850	13
1995	2624734	1553943	59.2	68855	38	23	121121	13
1996	2903153	1687844	58.1	69765	42	24	122389	14
1997	2885690	1667767	57.8	70800	41	24	123626	13
1998	2814479	1490149	52.9	72087	39	21	124810	12
1999	2905635	1594623	54.9	72791	40	22	125909	13
2000	3223519	2045906	63.5	73992	44	28	126743	16
2001	3141085	2071530	65.9	74432	42	28	127627	16
2002	3221822	2172019	67.4	75360	43	29	128453	17
2003	3284005	2254721	68.7	76075	43	30	129227	17
2004	3481417	2251959	64.7	76823	45	29	129988	17
2005	3814654	2560567	67.1	77877	49	33	130756	20

1－4　全国研究与试验发展(R&D)人员全时当量
Full-time Equivalent of R&D Personnel

单位:万人年　　　　(10 000 man-year)

年份 Year	研究与试验发展人员全时当量 Total	基础研究 Basic Research	应用研究 Applied Research	试验发展 Experimental Development	#科学家和工程师 Scientists and Engineers	比重 % of Total
1992	67.43	5.84	20.90	40.70	47.19	69.98
1993	69.78	6.33	21.49	41.96	48.92	70.11
1994	78.32	7.64	24.20	46.48	55.20	70.49
1995	75.17	6.66	22.79	45.71	52.20	69.44
1996	80.40	6.96	23.65	49.79	54.80	68.16
1997	83.12	7.17	25.27	50.68	58.87	70.82
1998	75.52	7.87	24.97	42.68	48.55	64.29
1999	82.17	7.60	24.15	50.42	53.11	64.63
2000	92.21	7.96	21.96	62.28	69.51	75.38
2001	95.65	7.88	22.60	65.17	74.27	77.65
2002	103.51	8.40	24.73	70.39	81.05	78.31
2003	109.48	8.97	26.03	74.49	86.21	78.74
2004	115.26	11.07	27.86	76.33	92.62	80.36
2005	136.48	11.54	29.71	95.23	111.87	81.97

1-5 全国研究与试验发展(R&D)人员全时当量按执行部门分组

Full-time Equivalent of R&D Personnel by Performer

单位:万人年 (10 000 man-year)

年份 Year	研究与试验发展人员全时当量 Total	研究与开发机构 Independent Research Institutions	企业 Interprises	#大中型工业企业 Large & Medium-sized Enterprises	高等学校 Institutions of Higher Education	其他 Others
1995	75.17	24.46		28.18	14.42	
1996	80.40	23.04		33.84	14.81	
1997	83.12	25.37		32.17	16.58	
1998	75.52	22.66		27.03	16.88	
1999	82.17	23.33		30.30	17.60	
2000	92.21	22.72	46.10	32.88	16.30	7.09
2001	95.65	20.50	53.21	37.93	17.11	4.83
2002	103.51	20.59	60.13	42.43	18.15	4.63
2003	109.48	20.39	65.61	47.81	18.93	4.56
2004	115.26	20.33	69.68	43.82	21.21	4.04
2005	136.48	21.53	88.31	60.64	22.72	3.92

1-6 全国科技活动经费筹集

Sources of Funds for Science and Technology

单位:万元 (10 000 yuan)

年份 Year	科技活动经费筹集总额 Total	#政府资金 Government Funds	比重 % of Total	#企业资金 Enterprise Funds	比重 % of Total	#金融机构贷款 Bank Loans	比重 % of Total
1992	5573247	1599703	28.70	1624652	29.15	899166	16.13
1993	6754898	1753724	25.96	1857141	27.49	1188170	17.59
1994	7889057	2181386	27.65	2343579	29.71	1214698	15.40
1995	9625070	2487311	25.84	3051918	31.71	1270806	13.20
1996	10431730	2719714	26.07	3128228	29.99	1497880	14.36
1997	11819282	3098706	26.22	3483689	29.47	1551858	13.13
1998	12897557	3538300	27.43	4025040	31.21	1709832	13.26
1999	14606085	4729764	32.38	5102899	34.94	1287921	8.82
2000	23466834	5933920	25.29	12963664	55.24	1962129	8.36
2001	25893991	6563595	25.35	14583833	56.32	1907606	7.37
2002	29379898	7761912	26.42	16766868	57.07	2018777	6.87
2003	34590986	8392833	24.26	20535424	59.37	2593378	7.50
2004	43283258	9855191	22.77	27712063	64.02	2650049	6.12
2005	52508284	12130537	23.10	34402879	65.52	2768395	5.27

1－7　全国科技活动经费内部支出
Intramural Expenditure for Science and Technology

单位:万元　　(10 000 yuan)

年份 Year	科技活动经费内部支出总额 Total	#劳务费 Compensation for Labourers	比重 % of Total	#固定资产购建费 Expenditure on the Purchase of Fixed Assets	比重 % of Total	国内生产总值(亿元) GDP (100 million yuan)	占国内生产总值比重 % of GDP	按人口平均科技经费支出(元) per Capita S&T Expenditure (yuan)
1992	4893282	815394	16.66	1432768	29.28	26638	1.84	42
1993	6227705	1035392	16.63	2038007	32.72	35334	1.76	53
1994	7387063	1477331	20.00	2285183	30.93	48198	1.53	62
1995	8469113	1787382	21.10	2410676	28.46	60794	1.39	70
1996	9329752	1871553	20.06	2690765	28.84	71177	1.31	76
1997	10652257	2115154	19.86	2934338	27.55	78973	1.35	86
1998	11284682	2362408	20.93	3045921	26.99	84402	1.34	90
1999	12849277	2701568	21.03	3574264	27.82	89677	1.43	102
2000	20502472	4757702	23.21	6073208	29.62	99215	2.07	162
2001	23125469	5493008	23.75	6922875	29.94	109655	2.11	181
2002	26715385	6545592	24.50	7226289	27.05	120333	2.22	208
2003	31215698	7514508	24.07	8523507	27.31	135823	2.30	242
2004	40044254	9688164	24.19	11920316	29.77	159878	2.50	308
2005	48362221	10324992	21.35	14279402	29.53	183085	2.64	370

1－8　全国研究与试验发展(R&D)经费支出
Intramural Expenditure for R&D

单位:亿元　　(100 million yuan)

年份 Year	研究与试验发展经费支出 Total	基础研究 Basic Research	比重 % of Total	应用研究 Applied Research	比重 % of Total	试验发展 Experimental Development	比重 % of Total	占国内生产总值比重 % of GDP	按人口平均R&D支出(元) per Capita R&D Expenditure (yuan)
1995	348.69	18.06	5.18	92.02	26.39	238.60	68.43	0.57	29
1996	404.48	20.24	5.00	99.12	24.51	285.12	70.49	0.57	33
1997	509.16	27.44	5.39	132.46	26.02	349.26	68.60	0.64	39
1998	551.12	28.95	5.25	124.62	22.61	397.54	72.13	0.65	44
1999	678.91	33.90	4.99	151.55	22.32	493.46	72.68	0.76	54
2000	895.66	46.73	5.22	151.90	16.96	697.03	77.82	0.90	71
2001	1042.49	55.60	5.33	184.85	17.73	802.03	76.93	0.95	82
2002	1287.64	73.77	5.73	246.68	19.16	967.20	75.12	1.07	100
2003	1539.63	87.65	5.69	311.45	20.23	1140.52	74.08	1.13	119
2004	1966.33	117.18	5.96	400.49	20.37	1448.67	73.67	1.23	151
2005	2449.97	131.21	5.36	433.53	17.70	1885.24	76.95	1.34	187

注:本页表中所用的国内生产总值指标,1993年及以后的数据为第一次全国经济普查后调整数。

1-9 按执行部门分组的研究与试验发展(R&D)经费支出
Intramural Expenditure for R&D by Performer

单位:亿元 (100 million yuan)

年份 Year	研究与试验发展经费支出 Total	研究与开发机构 Independent Research Institutions	企 业 Interprises	#大中型工业企业 Large & Medium-sized Enterprises	高等学校 Institutions of Higher Education	其 他 Others
1995	348.7	146.4		141.7	42.3	
1996	404.5	172.9		160.5	47.8	
1997	509.2	206.4		188.3	57.7	
1998	551.1	234.3		197.1	57.3	
1999	678.9	260.5		249.9	63.5	
2000	895.7	258.0	537.0	353.4	76.7	24.0
2001	1042.5	288.5	630.0	442.3	102.4	21.6
2002	1287.6	351.3	787.8	562.0	130.5	18.0
2003	1539.6	399.0	960.2	720.8	162.3	18.1
2004	1966.3	431.7	1314.0	954.4	200.9	19.7
2005	2450.0	513.1	1673.8	1250.3	242.3	20.8

注:研究与开发机构历年数据均已调整为地级及以上独立核算研究与开发机构及科技信息与文献机构,不含转制所。

1-10 按执行部门和资金来源分组的研究与试验发展(R&D)经费支出(2005年)
Intramural Expenditure for R&D by Performer and by Sources(2005)

单位:亿元 (100 million yuan)

项 目 Item	研究与试验发展经费支出 Total	政府资金 Government Funds	企业资金 Enterprises Funds	国外资金 Foreign Funds	其他资金 Others Funds
全国 **Total**	**2450.0**	**645.4**	**1642.5**	**22.7**	**139.4**
研究与开发机构 Independent Research Institutions	513.1	425.7	17.6	1.8	68.0
企业 Enterprises	1673.8	76.5	1527.2	16.8	53.3
#大中型工业企业 Large and Midium-sized Enterprises	1250.3	45.4	1181.9	4.2	18.8
高等学校 Institutions of Higher Education	242.3	133.1	88.9	4.0	16.3
其他 Others	20.8	10.2	8.8	0.1	1.7

1－11 国有企事业单位专业技术人员
Technical Personnel in State-owned Enterprises and Institutions

单位：人 (person)

年份 Year	合计 Total	小计 Subtotal	工程技术 Engineering	农业技术 Agriculture	卫生技术 Health Care	科学研究 Scientific Research	教学人员 Teaching	国有企事业单位在岗职工（万人） Staff and Workers in State-own Enterprises (10 000 persons)	平均每万名职工中专业技术人员 Technical Personnel per 10 000 Employees
1992	24934607	17596532	5204950	476853	2827599	337146	8749984	9954	2505
1993	25964507	18124140	5363632	496279	2916255	333851	9014123	9948	2610
1994	26771198	18658689	5535329	519827	2995940	321036	9286557	9874	2711
1995	27053663	19133834	5625850	535731	3035335	302879	9634039	9975	2712
1996	28019313	19920785	5745367	579157	3130788	303177	10162296	9919	2825
1997	28603117	20495006	5719337	611458	3213762	302684	10647765	9723	2942
1998	28773511	20913343	5656735	635929	3254958	290537	11075184	7766	3705
1999	29042988	21430140	5654863	654138	3329706	283532	11507901	7286	3986
2000	28874159	21650807	5551098	670105	3371966	274506	11783132	6820	4234
2001	28477431	21698037	5316327	674644	3390233	265554	12051279	6355	4481
2002	28344158	21860024	5289166	666998	3402326	262692	12238842	5890	4835
2003	27745585	21739699	4992867	683437	3441109	275496	12346790	5575	4977
2004	27504073	21783019	4807869	704576	3532282	282002	12456290	5375	5117
2005	27567260	21978684	4791227	705720	3581181	311166	12589390	5161	5341

1－12 国有企事业单位分行业专业技术人员(2005年)
Technical Personnel in State-owned Enterprises and Institutions by Industry (2005)

单位：万人 (10 000 persons)

行业 Industry	总计 Total	企业 Enterprise	事业 Institution
总计 Total	**2197.9**	**401.0**	**1796.9**
农、林、牧、渔业 Farming, Forestry, Farming of Animals and Fishing	102.8	22.5	80.3
工业 Mining, Manufacturing, Production and Distribution of Electricity, Gas and Water	209.7	208.0	1.7
建筑业 Construction	62.8	55.8	7.0
交通运输、仓储和邮政业 Traffic, Transport, Storage and Post	44.2	30.4	13.8
信息传输、计算机服务和软件业 Information Transfer, Computer Services and Software	31.3	29.1	2.2
批发和零售业 Wholesale and Retail Trade	10.0	9.7	0.3
住宿和餐饮业 Accommodation and Restaurants	0.8	0.5	0.3
金融业 Finance	6.7	6.4	0.3
房地产业 Real Estate	5.5	3.0	2.5
租赁和商务服务业 Tenancy and Business Services	4.1	3.1	1.0
科学研究、技术服务和地质勘查业 Scientific Research, Technical Service and Geologic Perambulation	75.8	19.7	56.1
水利、环境和公共设施管理业 Management of Water Conservancy, Environment and Public Establishment	36.3	2.7	33.6
居民服务和其他服务业 Resident Services and Other services	6.0	2.9	3.1
教育 Education	1243.6	2.4	1241.2
卫生、社会保障和社会福利业 Sanitation, Social Security and Social Welfare	315.3	3.4	311.9
文化、体育和娱乐业 Culture, Sports and Entertainment	20.0	0.7	19.3
公共管理和社会组织 Public Management and Social Organization	23.0	0.7	22.3

注：本表的数据口径为工程技术、农业技术、卫生技术、科学研究和教学人员。

1－13　各地区国有企事业单位专业技术人员(2005年)

Technical Personnel in State-owned Enterprises and Institutions by Region(2005)

单位:人　　　　(person)

地　区	Region	合计 Total	小计 Subtotal	工程技术 Engineering	农业技术 Agriculture	科学研究 Scientific Research	卫生技术 Health Care	教学人员 Teaching
全　国	**Total**	**27567260**	**21978684**	**4791227**	**705720**	**311166**	**3581181**	**12589390**
东部地区	Eastern Region	9042056	7637404	1163307	197733	62985	1403167	4810212
中部地区	Mid Region	7090186	6151198	832026	198696	39768	1081846	3998862
西部地区	Western Region	6052370	5368332	723586	280009	34491	865493	3464753
北　京	Beijing	444797	339209	95517	5323	4832	73343	160194
天　津	Tianjin	322195	247879	63530	3822	2570	55000	122957
河　北	Hebei	1131635	994818	124277	26311	3666	141955	698609
山　西	Shanxi	793374	664541	127236	20191	4118	100160	412836
内蒙古	Neimenggu	534906	465517	62700	27393	2401	81181	291842
辽　宁	Liaoning	875034	728761	123366	26381	8453	151354	419207
吉　林	Jilin	659401	559747	90679	27676	4681	106529	330182
黑龙江	Heilongjiang	788625	652998	118318	28008	6244	132515	367913
上　海	Shanghai	498253	333321	96815	2834	6140	79626	147906
江　苏	Jiangsu	1156264	994976	122566	29880	7438	168043	667049
浙　江	Zhejiang	783038	667340	94541	18838	6239	135809	411913
安　徽	Anhui	814352	714146	90669	19381	3498	93224	507374
福　建	Fujian	581281	515774	66294	14212	4165	62967	368136
江　西	Jiangxi	688913	605243	72724	19694	3840	110022	398963
山　东	Shandong	1743744	1504722	228141	49307	13484	270674	943116
河　南	Henan	1343143	1209542	120339	27869	4978	172439	883917
湖　北	Hubei	967429	827515	91442	26670	6528	188315	514560
湖　南	Hunan	1034949	917466	120619	29207	5881	178642	583117
广　东	Guangdong	1371771	1193149	138132	17126	5400	242881	789610
广　西	Guangxi	838593	723900	110906	24159	3507	120265	465063
海　南	Hainan	134044	117455	10128	3699	598	21515	81515
重　庆	Chongqing	413753	366102	45747	14585	2833	58146	244791
四　川	Sichuan	1077858	983303	115058	49240	5515	163317	650173
贵　州	Guizhou	564413	510248	60531	27484	1604	73583	347046
云　南	Yunnan	714446	647176	91716	37693	4834	102707	410226
西　藏	Tibet	42516	38219	3674	1559	509	7062	25415
陕　西	Shaanxi	698015	602104	88525	25555	3522	95850	388652
甘　肃	Gansu	456445	410195	57693	22161	5907	56119	268315
青　海	Qinghai	109589	97080	12832	7964	694	18477	57113
宁　夏	Ningxia	144401	121251	21316	9583	716	20859	68777
新　疆	Xinjiang	457435	403237	52888	32633	2449	67927	247340

注:全国数据包含中央属及地方属单位的专业技术人员,分地区数据只含地方属单位。

1－14　各地区科技

S&T Personnel

单位:人

地　区　Region	从事科技活动人员 S&T Personnel① Total	#科学家和工程师 Scientists & Engineers	研究与开发机构 Independent Research Institutions② Sub-total	#科学家和工程师 Scientists & Engineers
全　国　Total	**3814654**	**2560567**	**455901**	**318619**
东部地区　Eastern Region	2258984	1541271	245066	181798
中部地区　Mid Region	886713	585168	95435	63276
西部地区　Western Region	668967	434137	115400	73545
北　京　Beijing	352588	283007	103139	83489
天　津　Tianjin	90680	61189	9903	6543
河　北　Hebei	123246	83931	9579	6584
山　西　Shanxi	108560	62682	11420	7527
内蒙古　Neimenggu	38040	25860	6117	4120
辽　宁　Liaoning	183889	120764	18567	14046
吉　林　Jilin	74709	57586	10900	8159
黑龙江　Heilongjiang	107550	78234	10874	8077
上　海　Shanghai	186165	137903	31219	21812
江　苏　Jiangsu	375670	228395	26933	17042
浙　江　Zhejiang	257749	163574	8657	6093
安　徽　Anhui	90495	58563	11224	7253
福　建　Fujian	85879	56895	4852	3569
江　西　Jiangxi	67172	38789	7165	4260
山　东　Shandong	274058	177023	16226	11846
河　南　Henan	157389	95523	16821	9798
湖　北　Hubei	159417	113670	19276	13541
湖　南　Hunan	121421	80121	7755	4661
广　东　Guangdong	320406	224085	13904	9515
广　西　Guangxi	55614	37611	6159	3846
海　南　Hainan	8654	4505	2087	1259
重　庆　Chongqing	68068	47715	5053	2837
四　川　Sichuan	183757	114159	34145	20618
贵　州　Guizhou	31348	19016	4710	3047
云　南　Yunnan	49737	33170	8038	5880
西　藏　Tibet	3411	2094	918	431
陕　西　Shaanxi	139779	88521	33891	20278
甘　肃　Gansu	51059	34641	8946	6737
青　海　Qinghai	10116	6249	1026	835
宁　夏　Ningxia	10316	6661	804	649
新　疆　Xinjiang	27722	18440	5593	4267

注:①全社会口径。②指地级及以上独立核算研究与开发机构及科技信息与文献机构,不含转制院所。

活动人员(2005 年)
by Region(2005)

(person)

大中型工业企业 Large & Medium-sized Enterprises Sub-total	#科学家和工程师 Scientists & Engineers	高等学校 Institutions of Higher Education Sub-total	#科学家和工程师 Scientists & Engineers
1679221	**1031237**	**470910**	**395054**
974948	608413	250081	209574
431814	262282	126322	106739
272459	160542	94517	78750
38165	28749	46171	39089
32184	20042	12433	10509
66670	44398	12698	10958
66762	33475	10807	9199
21552	14071	3544	3023
99707	56112	26480	22138
26648	20663	17365	14624
60490	41234	18701	15475
58166	40650	30213	24753
202539	115398	35277	29071
113488	70071	25076	21684
44067	27230	11680	9870
37174	22834	8564	7218
34386	15875	10236	8810
164853	95252	26351	22133
88610	51311	10608	9452
60811	39639	29604	24455
50040	32855	17321	14854
160304	114027	26150	21438
18872	11384	14017	11559
1698	880	668	583
33599	22436	10936	9136
72488	39920	23462	19257
16116	9128	3197	2742
12169	6197	9061	7830
		304	297
57876	32002	18863	15293
21033	13372	5023	4370
3888	1939	1357	1147
4770	2973	1134	964
10096	7120	3619	3132

1-15 各地区科技活动

Sources of Funds for Science and

单位:万元

地区 Region		科技经费筹集总额 Sources of Funds for S&T Total	#政府资金 Government Funds	#企业资金 Enterprise Funds	#金融机构贷款 Bank Loans	研究与开发机构 Independent Research Institutions Sub-total	#政府资金 Government Funds	#企业资金 Enterprise Funds
全　国	**Total**	**52508284**	**12130537**	**34402880**	**2768395**	**9504369**	**7633962**	**561720**
东部地区	Eastern Region	36586317	7596853	24817108	1958569	6066524	4801801	425757
中部地区	Mid Region	8490358	1918338	5514430	527489	1353493	1015132	96107
西部地区	Western Region	7431623	2615368	4071353	282337	2084353	1817032	39858
北　京	Beijing	7349746	3320164	2931363	106513	3018144	2471024	137015
天　津	Tianjin	1812374	336821	1340115	83327	234118	205133	6560
河　北	Hebei	1194762	218450	901247	38426	240328	147555	87778
山　西	Shanxi	797041	150328	560719	55442	80439	70769	4941
内蒙古	Neimenggu	348415	86773	240322	8589	48159	45330	365
辽　宁	Liaoning	2155339	425557	1523633	70181	313219	250656	18510
吉　林	Jilin	983891	181972	689421	68343	197527	120739	4170
黑龙江	Heilongjiang	892849	272673	477891	53079	125655	96899	1174
上　海	Shanghai	4421070	990971	3145162	64219	816541	631821	69695
江　苏	Jiangsu	6117667	898567	4342631	570454	653428	529164	28442
浙　江	Zhejiang	3742446	460770	2873311	305270	228842	192277	13837
安　徽	Anhui	1336579	314361	770233	175703	205928	177582	10606
福　建	Fujian	1196603	124575	935844	102594	63030	50948	6583
江　西	Jiangxi	497523	88243	363585	21426	49512	39011	1613
山　东	Shandong	3638257	304418	2948368	285749	194844	138719	20370
河　南	Henan	1267808	259280	884557	65540	213977	182862	6510
湖　北	Hubei	1629614	469865	1001181	39049	403553	272642	58419
湖　南	Hunan	1085052	181617	766843	48907	76902	54628	8674
广　东	Guangdong	4859102	491009	3808678	330791	281361	165691	36831
广　西	Guangxi	522781	92642	362232	46357	60037	52188	964
海　南	Hainan	98953	25553	66758	1044	22669	18813	136
重　庆	Chongqing	756082	126910	557582	43689	58542	44294	4721
四　川	Sichuan	2386992	878622	1307575	72442	775196	705504	16534
贵　州	Guizhou	248408	55263	162677	16533	35740	27226	1827
云　南	Yunnan	463659	166265	234669	26889	135994	112616	390
西　藏	Tibet	10995	8567	278		6368	6216	14
陕　西	Shaanxi	1784146	948487	630976	36347	781737	671753	9750
甘　肃	Gansu	445775	151746	262214	4766	109606	94009	2864
青　海	Qinghai	94276	20993	68245	1434	9370	8932	32
宁　夏	Ningxia	89609	20821	50295	16872	8869	8396	209
新　疆	Xinjiang	280486	58280	194289	8420	54735	40568	2188

注：数据口径同前表。

经费筹集(2005 年)

Technology by Region(2005)

(10 000 yuan)

#金融机构贷款 Bank Loans	大中型工业企业 Large & Medium-sized Enterprises Sub-total	#政府资金 Government Funds	#企业资金 Enterprise Funds	#金融机构贷款 Bank Loans	高等学校 Institutions of Higher Education Sub-total	#政府资金 Government Funds	#企业资金 Enterprise Funds
126881	**26658167**	**818716**	**23585643**	**1694354**	**4609244**	**2515475**	**1728859**
37911	18672053	408911	16702626	1238935	2879964	1581953	1080490
62701	4557302	176417	3948535	297076	996552	570165	344432
26269	3428815	233388	2934486	158343	732736	363377	303942
30424	831980	40138	769025	8940	807147	462760	291558
	1026670	8447	989830	24744	143617	89646	46763
	692041	7909	651425	21697	75236	37975	33594
	567897	38358	470922	43036	48351	29819	12645
	240827	19462	210975	6156	17981	10046	6454
50	1333456	50582	1194375	40127	213985	80162	117556
60400	515772	7233	494476	2523	86550	43551	37477
	426894	27708	344447	11865	207435	131270	62687
2960	2142891	40052	2071525	23131	492432	257040	193883
1750	3898139	80046	3244194	430896	443455	235299	185001
1420	1977611	47935	1741266	173352	271012	136056	104687
2287	836569	26100	627619	147884	147387	95914	41553
	748971	12118	670445	64509	53235	40030	7817
	329053	11501	296257	16702	55768	29794	21582
1303	2794658	51673	2481872	244860	143153	84303	43173
13	769247	16697	707344	37834	58133	36659	10399
	675986	23655	629559	15943	254727	139362	101801
1	435884	25166	377911	21289	138201	63797	56288
	3175165	69693	2838567	206679	231249	153990	56405
15	356790	6706	305826	40388	30869	17822	9817
4	50471	319	50102		5445	4691	52
1210	511356	30466	441975	34646	84145	38920	34964
800	1058005	57813	939756	37112	193885	75575	91777
1	165991	13809	136682	13407	11317	6886	1826
3728	160762	12305	142921	2476	26286	16964	7213
					2192	1828	
20015	410336	78562	271861	5924	304078	155826	134141
500	226525	6224	212871	2035	46910	27129	17105
	61861	1320	60251	32	3084	2839	45
	60705	3146	42382	15168	2097	1764	156
	175657	3576	168986	1000	9893	7778	442

1－16 各地区科技活动

Intramural Expenditure for

单位:万元

地 区 Region		科技经费内部支出总额 Intramural Expenditure Total	#劳务费 Compensation for Laborers	#固定资产购建费 Expenditure on the Purchase of Fixed Assets	研究与开发机构 Independent Research Institutions Sub-total	#劳务费 Compensation for Laborers	#固定资产购建费 Expenditure on the Purchase of Fixed Assets
全 国	**Total**	**48362221**	**10324992**	**14279402**	**8296582**	**1551712**	**1702768**
东部地区	Eastern Region	33323568	7393962	9339762	5280524	973261	1061461
中部地区	Mid Region	8011847	1635614	2622358	1116490	235646	239844
西部地区	Western Region	7026830	1295446	2317296	1899572	342805	401465
北 京	Beijing	6338124	1574410	1125299	2678623	441112	537953
天 津	Tianjin	1434040	261774	478038	192766	28346	50721
河 北	Hebei	1108954	197145	351649	173584	18276	21019
山 西	Shanxi	769487	186567	355950	84469	25040	11774
内蒙古	Neimenggu	335598	68124	121470	44383	13050	7743
辽 宁	Liaoning	2031408	358085	426506	268103	56770	77696
吉 林	Jilin	900962	141942	168361	160891	32545	41911
黑龙江	Heilongjiang	773830	192860	181388	100812	25437	17481
上 海	Shanghai	4088139	841435	1022374	682458	144520	142334
江 苏	Jiangsu	5712416	1109294	1991576	576461	108840	104751
浙 江	Zhejiang	3214214	784136	887800	194334	36500	29580
安 徽	Anhui	1281225	193534	576584	155518	30601	44158
福 建	Fujian	1081651	240079	388359	57727	18030	10526
江 西	Jiangxi	480711	108671	163983	57312	15669	15397
山 东	Shandong	3749570	636598	1460176	183374	49779	37708
河 南	Henan	1251213	230121	476434	194408	31648	43087
湖 北	Hubei	1514206	338382	418929	287620	55605	47440
湖 南	Hunan	1040214	243536	280730	75460	19101	18596
广 东	Guangdong	4478609	1369693	1191084	254453	64006	47451
广 西	Guangxi	518003	90809	196238	59715	19759	7909
海 南	Hainan	86443	21314	16901	18641	7082	1722
重 庆	Chongqing	701226	133780	217866	56300	10732	20945
四 川	Sichuan	2375589	391345	920248	739147	118775	148659
贵 州	Guizhou	236566	51964	82693	35490	12448	7634
云 南	Yunnan	445141	80729	145263	134409	26398	36623
西 藏	Tibet	18748	10943	3357	5691	2113	638
陕 西	Shaanxi	1604845	280872	386973	655917	92968	134816
甘 肃	Gansu	374128	87936	118663	103720	25925	26603
青 海	Qinghai	86383	16801	27838	8844	2450	1442
宁 夏	Ningxia	94021	15876	40854	7871	2308	1065
新 疆	Xinjiang	236584	66267	55833	48085	15879	7388

注：数据口径同前表。

经费内部支出(2005 年)
S&T by Region(2005)

(10 000 yuan)

大中型工业企业 Large & Medium-sized Enterprises Sub-total	#劳务费 Compensation for Laborers	#固定资产购建费 Expenditure on the Purchase of Fixed Assets	高等学校 Higher Learning Sub-total	#劳务费 Compensation for Laborers	#固定资产购建费 Expenditure on the Purchase of Fixed Assets
25433232	**5014238**	**8461940**	**3874641**	**714848**	**938530**
17502539	3553384	5409706	2347730	445687	582770
4578393	919702	1657561	872692	133939	216289
3352300	541152	1394674	654232	135244	139478
755061	203745	90300	596481	101790	166355
732327	129158	234226	128667	23030	37070
690149	129511	233834	68978	8717	24762
551878	130653	288726	43650	13793	14929
224698	42424	86022	15700	2069	3713
1296757	196934	244744	190901	38713	27205
502032	65853	80001	62646	12590	8655
383799	115385	89683	202256	27019	43939
2082720	317935	636038	396073	88561	63417
3588771	657418	1331169	396082	67046	106514
1722909	426948	465958	203204	40327	49180
858763	112758	434681	130572	18746	39134
700433	140463	261687	37099	7352	10865
315320	66176	111808	49042	9437	19025
2913990	427527	1183695	120265	22822	32431
794147	143974	313520	51513	5774	20578
719392	157261	228808	206252	28060	50341
453062	127643	110335	126762	18519	19687
2973616	916156	719697	204936	46591	63866
356482	40592	152555	27384	8485	7055
45808	7590	8359	5044	738	1105
475408	79830	153974	70007	15194	13951
1115685	141161	589716	182417	47130	49854
159004	30219	58918	9426	1958	3480
153360	22710	64680	22911	8750	2922
			2156	216	1800
441533	101475	148037	267548	40055	34270
160989	29518	56958	43454	5753	19293
57129	7618	19175	2686	1646	256
66889	8053	33859	1910	924	417
141122	37553	30780	8632	3065	2469

1－17 各地区研究与试验发展

Full-time Equivalent of

单位：人年

地 区 Region		研究与试验发展人员全时当量总计 Full-time Equivalent of R&D Personnel Total	#科学家与工程师 Scientists & Engineers	研究与开发机构 Independent Research Institutions	#科学家和工程师 Scientists & Engineers
全 国	**Total**	**1364799**	**1118698**	**215263**	**168774**
东部地区	Eastern Region	834930	687177	117197	96707
中部地区	Mid Region	298202	245355	43672	32937
西部地区	Western Region	231700	186184	54394	39130
北 京	Beijing	171045	147591	55050	48049
天 津	Tianjin	33441	28646	4211	3569
河 北	Hebei	41703	34759	4592	3882
山 西	Shanxi	27438	22099	4072	3217
内蒙古	Neimenggu	13504	11082	2266	1804
辽 宁	Liaoning	66104	55247	9126	6762
吉 林	Jilin	25642	22776	4269	3481
黑龙江	Heilongjiang	44203	37798	5320	4015
上 海	Shanghai	67048	56987	16653	12979
江 苏	Jiangsu	128028	97232	12326	8925
浙 江	Zhejiang	80120	60008	3189	2775
安 徽	Anhui	28405	23213	4495	3545
福 建	Fujian	35716	28066	1726	1450
江 西	Jiangxi	22064	16751	3110	2295
山 东	Shandong	91142	76344	5285	4366
河 南	Henan	51181	39106	7560	4805
湖 北	Hubei	61226	51577	10805	8609
湖 南	Hunan	38044	32034	4041	2970
广 东	Guangdong	119359	101223	4618	3624
广 西	Guangxi	17947	15537	1377	1002
海 南	Hainan	1225	1076	421	326
重 庆	Chongqing	24619	20198	2009	1252
四 川	Sichuan	66382	51913	16761	11846
贵 州	Guizhou	9779	7968	1867	1352
云 南	Yunnan	14798	12254	3596	2706
西 藏	Tibet	599	346	384	145
陕 西	Shaanxi	53656	41835	20023	14002
甘 肃	Gansu	16795	13537	3594	2883
青 海	Qinghai	2590	2103	312	269
宁 夏	Ningxia	4046	3352	292	239
新 疆	Xinjiang	6986	6059	1913	1630

注：数据口径同前表。

(R&D)人员全时当量(2005 年)
R&D Personnel by Region(2005)

(man-year)

大中型工业企业 Large & Medium-sized Enterprises	#科学家和工程师 Scientists & Engineers	高等学校 Institutions of Higher Education	#科学家和工程师 Scientists & Engineers
606376	**477251**	**227163**	**221908**
367396	289659	120752	117976
145271	114605	60001	58866
93707	72989	46424	45082
22153	17740	24531	24222
12441	10626	6592	6455
23052	18517	5541	5477
15442	11375	5407	5376
8480	6766	1683	1653
34451	27788	12696	12517
7149	6510	8784	8643
24195	20189	9913	9796
21703	18370	14781	14385
72388	53591	16535	16039
39360	27781	10643	10350
12582	9800	5511	5463
16629	12337	3938	3812
11249	7521	4541	4498
53300	41506	13191	13021
30391	23107	4200	4164
26310	20879	13868	13431
17953	15224	7777	7495
71749	61244	12041	11442
5603	4409	7248	7011
170	159	262	257
13607	10897	5216	4961
25022	18876	12220	11751
5012	4033	1432	1416
3646	2723	4929	4888
		181	181
18814	14380	8258	8000
6873	5551	2352	2333
1078	861	605	592
2516	1994	583	579
3056	2499	1719	1718

1－18 各地区研究与试验发展

Intramural Expenditure for

单位：万元

地区 Region		研究与试验发展经费内部支出合计 Total R&D Expenditure	研究与开发机构 Independent Research Institutions Sub-total	基础研究 Basic Research	应用研究 Applied Research
全 国	**Total**	**24499731**	**5130997**	**580335**	**1763462**
东部地区	Eastern Region	17738688	3276116	450754	1062348
中部地区	Mid Region	3639825	682543	52021	346803
西部地区	Western Region	3121247	1172339	77558	354312
北 京	Beijing	3820683	1819885	301680	499147
天 津	Tianjin	725659	91857	6366	25080
河 北	Hebei	589320	127984	13728	100860
山 西	Shanxi	262814	37897	1391	18441
内蒙古	Neimenggu	116956	16817	2491	7553
辽 宁	Liaoning	1247086	179974	15990	69354
吉 林	Jilin	393039	99557	11299	56640
黑龙江	Heilongjiang	489073	52888	3358	19657
上 海	Shanghai	2083538	449081	52871	194062
江 苏	Jiangsu	2698292	318031	26538	85260
浙 江	Zhejiang	1632921	115807	2749	28943
安 徽	Anhui	458994	96631	15493	71375
福 建	Fujian	536186	23528	6145	8934
江 西	Jiangxi	285314	34437	698	26766
山 东	Shandong	1951449	63960	10703	20101
河 南	Henan	555824	113350	2782	25810
湖 北	Hubei	749531	200755	13046	111088
湖 南	Hunan	445235	47028	3953	17025
广 东	Guangdong	2437605	80280	11921	27626
广 西	Guangxi	145947	15053	756	5108
海 南	Hainan	15950	5729	2062	2982
重 庆	Chongqing	319586	24151	2723	13640
四 川	Sichuan	965760	384194	17816	192933
贵 州	Guizhou	110349	14970	6835	806
云 南	Yunnan	213233	95993	9297	17518
西 藏	Tibet	3497	1670	233	1286
陕 西	Shaanxi	924462	531077	6872	87055
甘 肃	Gansu	196136	62467	26418	14773
青 海	Qinghai	29554	4659	1778	2147
宁 夏	Ningxia	31681	2576	297	1119
新 疆	Xinjiang	64087	18712	2041	10374

注：数据口径同前表。

(R&D)经费内部支出(2005 年)
R&D by Region(2005)

(10 000 yuan)

试验发展 Experimental Development	大中型工业企业 Large & Medium-sized Enterprises Sub-total	高等学校 Institutions of Higher Education Sub-total	基础研究 Basic Research	应用研究 Applied Research	试验发展 Experimental Development
2787199	**12502918**	**2423040**	**567256**	**1249959**	**605825**
1763011	9396043	1458137	341183	741907	375048
283719	1851190	552767	144825	300321	107621
740472	1255685	412136	81249	207731	123156
1019058	396471	365740	89106	178354	98280
60411	384268	109432	26196	49566	33670
13395	348195	37774	8978	25749	3047
18063	166933	31446	11419	16684	3343
6773	81933	8192	1836	3520	2836
94630	843322	122408	14566	70658	37184
31618	134896	48007	12417	30061	5528
29873	257006	132048	29981	91047	11021
202148	1079021	237223	47106	125866	64250
206233	1758413	230464	59012	119521	51930
84114	923790	138966	27110	66861	44996
9763	238344	76805	31448	32866	12490
8449	348913	23115	5979	11268	5869
6974	191231	32015	5416	11935	14664
33156	1508354	68694	20239	37766	10689
84758	361127	25164	8484	11402	5278
76621	307880	106419	23799	50188	32432
26050	193775	100864	21861	56138	22866
40733	1803941	121498	41301	55136	25062
9188	83372	22250	5319	13947	2984
685	1356	2823	1591	1161	71
7788	214979	54917	9729	33030	12158
173445	347854	145941	28309	63791	53841
7330	80818	6540	1922	3120	1497
69177	75356	18668	4930	8139	5599
151		377	287	90	
437150	208209	121475	20892	58996	41587
21277	79604	26614	4937	20142	1536
735	19174	1692	610	856	226
1160	25101	1039	434	356	250
6297	39286	4430	2045	1744	641

1－19 全国研究生分学科招生数

Graduate-entrants of Master Degree and Above by Field of Study

单位:人 (person)

学科 Field of Study	1995	1998	1999	2000	2001	2002	2003	2004	2005
合计 Total	**51053**	**72508**	**92225**	**128484**	**165197**	**202611**	**268925**	**326286**	**364831**
哲学 Philosophy	705	969	1301	1679	2022	2356	3103	3882	4414
经济学 Economics	4648	9216	10828	14850	8468	11016	14423	17007	18612
法学 Law	2369	4794	5583	8198	11064	13782	18489	22979	24770
教育学 Education	930	1586	2455	3227	4532	5123	7671	10053	12357
文学 Literature	2936	4349	5454	7754	10691	13468	18926	24783	28962
历史学 History	930	1255	1553	2106	2503	2835	3634	4572	5249
理学 Sciences	8496	10821	13182	17707	21286	26240	33969	41067	45193
工学 Engineering	23139	29160	39068	55284	62958	79486	103212	120750	131345
农学 Agriculture	1772	2830	3450	4847	5687	6521	9693	12110	13864
医学 Medicine	5128	7528	9351	12832	16800	19815	26501	33012	38340
军事学 Strategics					65	118	124	174	219
管理学 Administration					19121	21851	29180	35897	41506

1－20 全国高等学校本专科生分学科招生数

Undergraduate-entrants in Institutions of Higher Education by Field of Study

单位:人 (person)

学科 Field of Study	1995	1998	1999	2000	2001	2002	2003	2004	2005
合计 Total	**925940**	**1083627**	**1548554**	**2206072**	**2682790**	**3204976**	**3821701**	**4473422**	**5044581**
哲学 Philosophy	1747	1341	1763	1847	1805	2175	1520	4067	1797
经济学 Economics	152694	159207	237129	363379	138746	182416	221410	240100	264219
法学 Law	31939	48102	69048	114682	146782	160618	185999	195638	199521
教育学 Education	41258	50295	67257	107259	158283	178223	218575	264251	315638
文学 Literature	131587	161862	230175	343418	417604	509315	612021	724402	760475
历史学 History	15672	16383	19070	22003	16082	15351	16330	17128	13379
理学 Sciences	100295	120531	155880	202466	258201	294867	329656	357070	270147
工学 Engineering	352463	412393	607597	832124	892356	1057241	1242426	1466459	1809426
农学 Agriculture	32590	38325	52251	68966	62952	69247	81619	88281	97188
医学 Medicine	65695	75188	108384	149928	174156	207909	257681	299314	338563
管理学 Administration					415823	527614	654464	816712	974228

1－21　全国研究生分学科在校生数

Graduate-enrollment of Master Degree and Above by Field of Study

单位：人　　　　(person)

学科	Field of Study	1995	1998	1999	2000	2001	2002	2003	2004	2005
合计	**Total**	**145443**	**198885**	**233513**	**301239**	**393256**	**500980**	**651260**	**819896**	**978610**
哲学	Philosophy	1924	2456	3079	4007	5111	6229	7747	9666	11632
经济学	Economics	13885	23530	27763	35342	20301	27061	34675	42425	49752
法学	Law	6644	12180	14581	18890	24654	32754	43718	55575	65272
教育学	Education	2602	3913	5499	7415	9984	12364	17425	22812	29855
文学	Literature	7657	11681	13671	17622	23974	32109	43459	57589	73000
历史学	History	2593	3399	3927	4981	6212	7602	9259	11319	13790
理学	Sciences	24282	29612	33413	41733	49614	63940	82125	102381	120510
工学	Engineering	65653	84580	99211	129799	154508	197278	255754	318063	369738
农学	Agriculture	5244	7496	8856	11380	13112	16475	22105	28930	36061
医学	Medicine	14959	20038	23513	30070	38837	50000	63939	81859	100343
军事学	Strategics					159	229	315	427	546
管理学	Administration					46790	54939	70739	88850	108111

1－22　全国本专科生分学科在校生数

Undergraduate-enrollment in Institutions of Higher Education by Field of Study

单位：人　　　　(person)

学科	Field of Study	1995	1998	1999	2000	2001	2002	2003	2004	2005
合计	**Total**	**2906429**	**3408764**	**4085874**	**5560900**	**7190658**	**9033631**	**11085642**	**13334969**	**15617767**
哲学	Philosophy	5826	4756	4892	5068	5372	6637	5974	9980	6323
经济学	Economics	434084	508404	614028	876452	359888	466433	604135	731263	857757
法学	Law	92618	136525	174496	272016	387880	474846	560916	629549	697174
教育学	Education	117367	138745	167145	236208	374450	470293	592123	724416	1022708
文学	Literature	365551	453632	563698	818568	1059300	1368278	1719230	2118209	2318665
历史学	History	48355	50309	55652	62246	53368	55565	56673	60071	49390
理学	Sciences	309903	359457	421048	536776	716276	852238	1004506	1156113	967908
工学	Engineering	1166931	1354580	1612200	2148329	2491193	3084999	3693401	4376167	5477207
农学	Agriculture	109791	119036	142415	181828	186022	216040	249671	280212	308107
医学	Medicine	256003	283320	329200	422869	529410	656560	814741	976261	1132165
管理学	Administration					1027499	1381742	1784272	2272728	2780363

1－23　全国研究生分学科毕业生数

Graduates of Master Degree and Above by Field of Study

单位：人　　　　(person)

学科	Field of Study	1995	1998	1999	2000	2001	2002	2003	2004	2005
合计	**Total**	**31877**	**47077**	**54670**	**58767**	**67809**	**80841**	**111091**	**150777**	**189728**
哲学	Philosophy	460	659	649	775	904	1223	1562	1854	2249
经济学	Economics	2165	4740	6302	7308	3981	4433	6578	8098	10930
法学	Law	1370	2385	3257	3820	4504	5139	7484	11097	14103
教育学	Education	577	893	1008	1221	1550	1946	2764	4276	5101
文学	Literature	1607	2795	3310	3714	4193	5157	7426	10483	13314
历史学	History	593	859	970	1026	1179	1395	1926	2407	2657
理学	Sciences	6039	7473	8251	8077	8637	9866	13220	17540	22028
工学	Engineering	14675	20681	23369	24378	24873	30078	41337	56074	72941
农学	Agriculture	1111	1715	1949	2282	2136	2790	3849	5165	6038
医学	Medicine	3280	4877	5605	6166	6992	8677	12207	16128	19405
军事学	Strategics					17	33	32	59	114
管理学	Administration					8843	10104	12706	17596	20848

1－24　全国本专科生分学科毕业生数

Graduates of Institutions of Higher Education by Field of Study

单位：人　　　　(person)

学科	Field of Study	1995	1998	1999	2000	2001	2002	2003	2004	2005
合计	**Total**	**805397**	**829833**	**847617**	**949767**	**1036323**	**1337309**	**1877492**	**2391152**	**3067956**
哲学	Philosophy	2110	1183	1067	916	925	1012	1196	1331	1275
经济学	Economics	119042	132900	134258	159299	57254	65942	88181	113687	162977
法学	Law	23170	29649	31500	44124	61474	79966	110416	133364	163529
教育学	Education	41898	40716	40271	42052	52563	79812	117072	146685	280134
文学	Literature	115969	119583	120957	146997	157837	198535	286889	367133	415206
历史学	History	18117	14179	13374	13661	10220	11683	13905	14502	10694
理学	Sciences	100566	92729	90395	98200	115829	131494	173031	207490	164867
工学	Engineering	295839	308574	326180	354291	349097	459842	644106	812148	1090986
农学	Agriculture	32975	28941	28070	30370	28543	36284	50057	59564	69531
医学	Medicine	55711	61379	61545	59857	62638	79500	111356	154187	202577
管理学	Administration					139943	193239	281283	381061	506180

1－25　中国科学院院士和中国工程院院士
Academicians of China Academy of Sciences and Academicians of China Academy of Engineering

单位:人　　(person)

项　　目　Item	1995	1996	1997	1998	1999	2000	2001	2002	2003	2004	2005
中国科学院院士合计① Academicians of China Academy of Sciences①	**571**	**563**	**606**	**589**	**632**	**617**	**653**	**639**	**685**	**672**	**706**
数学物理学部 Division of Mathematics and Physics	113	111	115	109	117	115	124	122	128	126	130
化学部 Division of Chemistry	99	99	107	104	110	107	113	110	119	119	125
生命科学和医学学部 Division of Life Sciences and Medical Sciences	96	93	103	100	109	107	114	112	122	117	126
地学部 Division of Earth Sciences	102	102	108	106	114	110	115	110	117	113	119
信息技术科学部 Division of Information Technological Sciences										76	81
技术科学部 Division of Technological Sciences	161	158	173	170	182	178	187	185	199	121	125
中国工程院院士合计 Academicians of China Academy of Engineering	**327**	**327**	**439**	**437**	**547**	**542**	**613**	**609**	**660**	**655**	**701**
机械与运载工程学部 Division of Mechanical and Vehicle Engineering	49	49	64	64	79	78	89	88	96	96	104
信息与电子工程学部 Division of Information and Electronic Engineering	59	59	77	77	94	94	102	100	105	104	107
化工、冶金与材料工程学部 Division of Chemical, Metallurgic and Material Engineering	46	46	60	60	75	74	81	81	88	88	93
能源与矿业工程学部 Division of Energy and Mining Engineering	42	42	58	58	72	71	81	81	88	88	95
土木、水利与建筑工程学部 Division of Civil, Hydraulic Engineering and Architecture and Water Conservancy	41	41	57	55	71	71	80	80	87	86	93
农业、轻纺与环境工程学部 Division of Agriculture, Light Industries, Textile and Environmental Engineering	42	42	58	58	75	74	86	85	92	91	97
医药与卫生工程学部 Division of Medicine and Health Engineering	48	48	65	65	81	80	89	89	96	94	101
工程管理学部② Division of Manergement of Engineering②							33	33	36	36	39

注：① 2005 年中国科学院另有 44 位外籍院士。② 2005 年工程管理学部中有 28 人是跨学部院士。

二、研究机构与开发机构

Independent Research Institutions

项 目 Item	1994	1995	1996	1997
机构数(个) **Number of Research Institutions (unit)**	**5850**	**5841**	**5826**	**5826**
从业人员(万人) **Employees (10 000 person)**	**103**	**101**	**99**	**97**
科技活动人员(万人) **S&T Personnel (10 000 person)**	**66.1**	**64.4**	**63.2**	**61.4**
#科学家与工程师 Scientists and Engineers	38.6	38.0	38.5	37.5
研究与试验发展人员全时当量(万人年) **Full-time Equivalent of R&D Personnel (10 000man. year)**	**25.7**	**24.5**	**23.0**	**25.4**
#科学家工程师 Scientists and Engineers	19.4	18.4	17.9	19.2
#基础研究 Basic Research	2.3	2.1	2.1	2.2
应用研究 Applied Research	9.3	9.2	8.8	9.5
试验发展 Experimental Development	14.1	13.2	12.1	13.7
科技经费筹集额(亿元) **Sources of Funds for S&T (100 million yuan)**	**323.7**	**393.5**	**436.0**	**502.1**
#政府拨款 Government Grant	158.2	179.2	192.9	218.5
企业资金 Enterprises Funds				
银行贷款 Bank Loans	32.1	39.4	42.8	48.1
科技经费内部支出额(亿元) **Intramural Expenditure for S&T (100 million yuan)**	**308.9**	**353.9**	**409.1**	**467.1**
#劳务费 Compensation for Laborers	75.5	87.7	97.2	109.8
业务费 Operating Expenses	89.3	105.3	125.7	157.6
固定资产购建费 Fixed Assets Purchases	71.6	79.7	91.7	99.3
#研究与试验发展经费支出 R&D Expenditure	128.7	146.4	172.9	206.4
基础研究 Basic Research	10.6	10.2	11.3	15.0
应用研究 Applied Research	38.3	45.5	47.3	69.6
试验发展 Experimental Development	79.8	90.7	114.3	121.8

注:研究与开发机构历年数据均为县以上独立核算研究机构及科技信息与文献机构,且不含转制所。

机构情况

Research Institutions

1998	1999	2000	2001	2002	2003	2004	2005
5778	**5705**	**5064**	**4593**	**4372**	**4193**	**3979**	**3901**
94	**83**	**70**	**62**	**59**	**57**	**56**	**56**
58.8	**53.5**	**47.2**	**42.7**	**41.5**	**40.6**	**39.8**	**45.6**
36.3	33.6	29.7	27.6	27.1	26.6	26.3	31.9
22.7	**23.3**	**22.7**	**20.5**	**20.6**	**20.4**	**20.3**	**21.5**
16.1	16.7	15.0	14.8	15.2	15.6	15.8	16.9
2.7	2.3	2.5	2.4	2.3	2.6	2.7	2.8
9.9	8.6	7.5	7.6	8.1	7.9	8.1	8.3
10.1	12.4	12.8	10.5	10.2	9.9	9.5	10.4
540.3	**537.6**	**559.4**	**626.0**	**702.7**	**750.6**	**789.1**	**950.4**
244.7	338.6	377.4	434.9	498.0	535.0	596.1	763.4
78.1	34.3	37.7	25.4	36.3	47.1	49.8	56.2
63.9	20.9	10.7	8.6	11.9	11.3	9.1	12.7
479.7	**491.7**	**495.7**	**557.9**	**620.2**	**681.3**	**706.3**	**829.7**
116.7	115.1	120.4	142.5	159.8	169.1	172.2	155.2
162.3	178.8	245.1	231.9	298.6	313.4	393.5	504.2
94.2	99.0	99.7	123.9	122.0	138.0	140.5	170.3
234.3	260.5	258.0	288.5	351.3	399.0	431.7	513.1
17.6	20.1	25.3	33.6	40.7	46.9	51.7	58.0
65.9	88.6	66.7	80.0	121.2	141.1	159.1	176.3
150.8	151.9	166.0	174.9	189.4	211.0	221.0	278.7

2-2 研究与开发机构科技活动按隶属关系分(2005 年)
S&T Activities of Research Institutions by Subordination(2005)

项目 Item	总计 Total	地方部门属 Subordinated to Local Level	省级部门属 Provincial Level	计划单列市部门属 Separate Planning Cities Level	地市级部门属 Miniciple Level	中央部门属 Subordinated to Central Level	#中国科学院 Chinese Academy of Sciences
机构数(个) Number of Research Institutions (unit)	**3901**	**3222**	**1484**	**214**	**1524**	**679**	**91**
从业人员(人) Employees (person)	**563151**	**214994**	**139252**	**12746**	**62996**	**348157**	**36147**
科技活动人员(人) S&T Personnel (person)	**455901**	**154894**	**102361**	**9176**	**43357**	**301007**	**57410**
#科学家与工程师 Scientists and Engineers	318619	104727	74135	6375	24217	213892	53384
#博士 Doctors	15722	2451	2239	101	111	13271	6310
硕士 Masters	43479	11557	9808	827	922	31922	4713
#研究生 Graduate Students	59735	14471	12287	954	1230	45264	11148
大学 Undergraduate Students	202826	68264	47546	4461	16257	134562	35020
大专 Junior College Students	83405	38607	23107	2311	13189	44798	3197
#高级职称 Senior Title	112076	43649	32433	2454	8762	68427	15934
中级职称 Middle Title	119307	49012	31667	3052	14293	70295	9036
初级职称 Primary Title	87688	37815	23321	2313	12181	49873	3869
科技经费筹集额(万元) Sources of Fund for S&T (10 000 yuan)	**9504369**	**1791346**	**1342122**	**140603**	**308621**	**7713023**	**1273657**
#政府资金 Government Funds	7633962	1303898	972304	83795	247799	6330063	1020814
企业资金 Enterprises Funds	561720	115922	97686	6894	11343	445798	62676
银行贷款 Bank Loans	126881	1663	1080		583	125218	77860
科技经费内部支出额(万元) Intramural Expenditure for S&T (10 000 yuan)	**8296582**	**1651543**	**1222049**	**129670**	**299824**	**6645039**	**1210198**
#劳务费 Compensation for Laborers	1551712	506701	343523	42190	120988	1045011	243607
业务费 Operating Expenses	5042102	863664	662275	67537	133852	4178438	608425
固定资产购建费 Expenditure on the Purchase of Fixed - assets	1702768	281178	216251	19943	44984	1421590	358167
#购置仪器 Purchasing Equipment	1209068	190552	152181	14903	23468	1018516	224470

注:科技活动人员包括从业人员、研究生和外聘人员中从事科技活动的人员。本章下同。

2-3 研究与开发机构研究与试验发展(R&D)活动情况按隶属关系分(2005年)
R&D Activities of Research Institutions by Subordination(2005)

项 目 Item	总 计 Total	地方部门属 Subordinated to Local Level	省级部门属 Provincial Level	计划单列市部门属 Separate Planning Cities Level	地市级部门属 Miniciple Level	中央部门属 Subordinated to Central Level	#中国科学院 Chinese Academy of Sciences
研究与试验发展人员全时当量(人年) Full-time Equivalent of R&D Personnel (FTE) (man-year)	**215263**	**41090**	**32485**	**1685**	**6920**	**174173**	**35847**
#科学家与工程师 Scientists and Engineers	168774	30716	25030	1299	4387	138058	31120
#基础研究 Basic Research	28049	2898	2764	6	128	25151	13781
应用研究 Applied Research	83309	11698	10367	379	952	71611	18646
发展 Experimental Development	103905	26494	19354	1300	5840	77411	3420
研究与试验发展经费内部支出(万元) Research and Development Expenses(10 000 yuan)	**5130997**	**370759**	**313169**	**14077**	**43513**	**4760237**	**1042173**
#基础研究 Basic Research	580335	24853	23988	102	763	555482	366627
应用研究 Applied Research	1763462	107248	99120	2988	5139	1656214	575199
试验发展 Experimental Development	2787199	238658	190061	10987	37611	2548541	100347
#政府资金 Government Funds	4247392	277362	232173	11463	33726	3970029	826581
企业资金 Enterprises Funds	176445	13883	12705	284	894	162562	41340
国外资金 Financed by Abroad	18150	2796	2731		65	15354	9909
其他资金 Other	689010	76719	65561	2330	8827	612291	164344
#人员劳务费 Labor Expenses	939810	163076	132725	6994	23356	776735	226847
固定资产购建 Expenses on Fixed Assets	1134774	73384	62193	2851	8341	1061390	331836
#设备购置 Purchase of Instruments	802350	47861	41402	2449	4010	754489	205636
其他 Other	3056412	134299	118251	4232	11816	2922113	483491

单位:人

地　区　Region		机构数(个) Number of Research Institutions (unit)	从业人员合计 Total Employees	从事科技活动人员 S&T Personnel	#科学家和工程师 Scientists and Engineers
全　国	**Total**	**3901**	**563151**	**455901**	**318619**
东部地区	Eastern Region	1663	275517	245066	181798
中部地区	Mid Region	1022	124080	95435	63276
西部地区	Western Region	1216	163554	115400	73545
北　京	Beijing	351	108991	103139	83489
天　津	Tianjin	68	12341	9903	6543
河　北	Hebei	78	12009	9579	6584
山　西	Shanxi	171	14135	11420	7527
内蒙古	Neimenggu	109	8308	6117	4120
辽　宁	Liaoning	189	21104	18567	14046
吉　林	Jilin	128	14092	10900	8159
黑龙江	Heilongjiang	196	14071	10874	8077
上　海	Shanghai	140	34086	31219	21812
江　苏	Jiangsu	158	29416	26933	17042
浙　江	Zhejiang	103	10310	8657	6093
安　徽	Anhui	132	12262	11224	7253
福　建	Fujian	99	5246	4852	3569
江　西	Jiangxi	116	12049	7165	4260
山　东	Shandong	250	20987	16226	11846
河　南	Henan	148	21726	16821	9798
湖　北	Hubei	168	23130	19276	13541
湖　南	Hunan	133	12615	7755	4661
广　东	Guangdong	197	16328	13904	9515
广　西	Guangxi	123	10346	6159	3846
海　南	Hainan	30	4699	2087	1259
重　庆	Chongqing	33	7964	5053	2837
四　川	Sichuan	178	54198	34145	20618
贵　州	Guizhou	84	6443	4710	3047
云　南	Yunnan	112	9323	8038	5880
西　藏	Tibet	19	1120	918	431
陕　西	Shaanxi	123	45857	33891	20278
甘　肃	Gansu	107	11548	8946	6737
青　海	Qinghai	20	863	1026	835
宁　夏	Ningxia	27	953	804	649
新　疆	Xinjiang	111	6631	5593	4267

开发机构人员(2005 年)
Institutions by Region(2005)

(person)

自然科学技术领域从业人员 Employees on Natural Sciences	自然科学技术领域从事科技活动人员 S&T Personnel on Natural Sciences	#科学家和工程师 Scientists and Engineers	社会人文科学领域从业人员 Employees on Social Sciences and Humanities	社会人文科学领域从事科技活动人员 S&T Personnel on Social Sciences and Humanities	#科学家和工程师 Scientists and Engineers
528007	**425006**	**294344**	**19362**	**18144**	**15158**
254769	226883	166870	10797	10736	9429
117242	89407	58808	4034	3411	2719
155996	108716	68666	4531	3997	3010
99547	94492	75775	5791	6252	5740
11286	9098	5833	389	299	264
11145	8907	6053	590	436	341
12942	10396	6767	871	727	539
7544	5436	3622	518	473	362
19890	17479	13093	623	578	545
13090	10041	7431	701	587	524
13242	10124	7487	492	436	368
31020	28857	20052	1179	1186	1007
28523	26117	16489	432	400	244
9753	8151	5693	231	204	184
11601	10620	6892	327	292	162
4718	4378	3199	207	183	161
11578	6711	3981	125	125	108
19276	14720	10688	700	569	477
20786	16048	9195	558	420	338
21987	18249	12734	597	506	436
12016	7218	4321	363	318	244
15138	12820	8795	655	629	466
9589	5451	3331	337	314	228
4473	1864	1200			
7640	4796	2634	288	215	174
52701	32785	19673	676	617	492
6078	4393	2825	232	187	120
8764	7478	5401	342	334	290
963	783	341	127	101	74
45031	33263	19829	376	303	258
10411	7929	6110	850	780	442
686	880	732	158	128	93
621	507	395	234	210	179
5968	5015	3773	393	335	298

2－5 各地区地方属研究与

S&T Personnel in Research Institutions of

单位:人

地区 Region		机构数（个）Number of Research Institutions（unit）	从业人员合计 Total Employees	从事科技活动人员 S&T Personnel	#科学家和工程师 Scientists and Engineers
全 国	**Total**	**3222**	**214994**	**154894**	**104727**
东部地区	Eastern Region	1180	83658	65088	46111
中部地区	Mid Region	1111	69694	47156	30813
西部地区	Western Region	931	61642	42650	27803
北 京	Beijing	46	6029	4549	3637
天 津	Tianjin	48	3925	3197	2503
河 北	Hebei	70	3866	2944	2232
山 西	Shanxi	164	8542	6361	4162
内蒙古	Neimenggu	102	5954	4267	2980
辽 宁	Liaoning	172	10821	8178	6202
吉 林	Jilin	121	10234	7314	5046
黑龙江	Heilongjiang	188	10750	8368	6335
上 海	Shanghai	89	7823	6774	4691
江 苏	Jiangsu	131	9655	8024	5363
浙 江	Zhejiang	91	6117	4743	3605
安 徽	Anhui	124	4950	3829	2353
福 建	Fujian	97	4674	3987	2790
江 西	Jiangxi	113	9576	5113	2833
山 东	Shandong	240	17248	12581	8836
河 南	Henan	132	7950	5734	3656
湖 北	Hubei	142	8240	5335	3364
湖 南	Hunan	127	9452	5102	3064
广 东	Guangdong	176	11352	8988	5569
广 西	Guangxi	120	8947	5487	3284
海 南	Hainan	20	2148	1123	683
重 庆	Chongqing	28	3823	2125	1477
四 川	Sichuan	147	11044	7103	4544
贵 州	Guizhou	79	4975	3231	1920
云 南	Yunnan	103	6368	5018	3291
西 藏	Tibet	19	1120	918	431
陕 西	Shaanxi	85	5341	3759	2429
甘 肃	Gansu	95	6597	4841	3131
青 海	Qinghai	18	513	409	269
宁 夏	Ningxia	27	953	804	649
新 疆	Xinjiang	108	6007	4688	3398

开发机构人员(2005 年)
Local Governments by Region(2005)

(person)

自然科学技术领域从业人员 Employees on Natural Sciences	自然科学技术领域从事科技活动人员 S&T Personnel on Natural Sciences	#科学家和工程师 Scientists and Engineers	社会人文科学领域从业人员 Employees on Social Sciences and Humanities	社会人文科学领域从事科技活动人员 S&T Personnel on Social Sciences and Humanities	#科学家和工程师 Scientists and Engineers
189657	**132921**	**88324**	**13993**	**12307**	**9774**
72450	55543	38798	5428	4899	4045
62955	41221	26431	4034	3411	2719
54252	36157	23095	4531	3997	3010
5212	3884	3078	730	589	506
3285	2684	2063	389	299	264
3310	2446	1851	282	262	191
7349	5337	3402	871	727	539
5190	3586	2482	518	473	362
9607	7090	5249	623	578	545
9232	6455	4318	701	587	524
9921	7618	5745	492	436	368
4757	4412	2931	1179	1186	1007
8762	7208	4810	432	400	244
5560	4237	3205	231	204	184
4289	3225	1992	327	292	162
4146	3513	2420	207	183	161
9105	4659	2554	125	125	108
15537	11075	7678	700	569	477
7035	4987	3074	558	420	338
7171	4375	2622	597	506	436
8853	4565	2724	363	318	244
10162	7904	4849	655	629	466
8190	4779	2769	337	314	228
2112	1090	664			
3499	1868	1274	288	215	174
9619	5845	3695	676	617	492
4610	2914	1698	232	187	120
5809	4458	2812	342	334	290
963	783	341	127	101	74
4515	3131	1980	376	303	258
5556	3913	2579	850	780	442
336	263	166	158	128	93
621	507	395	234	210	179
5344	4110	2904	393	335	298

2-6 分行业研究与开发机构从事科技活动人员(2005年)
S&T Personnel in Research Institutions by Industry(2005)

单位:人 (person)

行业 Industry	从业人员 Employees	从事科技活动人员 S&T Personnel	#科学家和工程师 Scientists and Engineers
总计 Total	**563151**	**455901**	**318619**
农、林、牧渔业小计 Farming, Forestry, Animal Husbandry and Fishery	**101169**	**68093**	**44727**
农业 Farming	59454	39436	25851
林业 Forestry	12608	8395	5398
畜牧业 Animal Husbandry	6109	4018	2619
渔业 Fishery	4143	3083	2215
农、林、牧、渔服务业 Service Aactivities For Aagriculture, Forestry, Farming of Animals and Fishing	18855	13161	8644
采矿业小计 Mining	**949**	**728**	**610**
煤炭开采和洗选业 Mining and Washing of Coal	427	291	237
石油和天然气开采业 Petroleum and Natural Gas Extraction	327	274	263
黑色金属矿采选业 Ferrous Metals Mining and Dressing			
有色金属矿采选业 Nonferrous Metals Mining and Dressing	149	123	90
非金属矿采选业 Nonmetal Minerals Mining and Dressing	11	11	4
其他矿采选业 Other Minerals Mining and Dressing	35	29	16
制造业小计 Manufacturing	**33473**	**23813**	**17035**
农副食品加工业 Processing of Food from Agricultural Products	1946	1438	945
食品制造业 Food Production	766	611	471
饮料制造业 Beverage Production	174	83	47

2-6 续表 1 Continued

单位:人 (person)

行 业 Industry	从业人员 Employees	从事科技活动人员 S&T Personnel	#科学家和工程师 Scientists and Engineers
烟草制品业 Manufacture of Tobacco	25	26	21
纺织业 Textile Industry	1006	490	309
纺织服装、鞋、帽制造业 Manufacture of Textile Wearing Apparel, Footware and Caps	190	105	62
皮革、毛皮、羽毛(绒)及其制品业 Manufacture of Leather, Fur, Feather and Its Products	65	33	29
木材加工及木、竹、藤、棕、草制品业 Processing of Timbers, Manufacture of Wood, Bamboo, Rattan, Palm and Straw Products	263	290	230
家具制造业 Furniture Manufacturing	21	19	10
造纸及纸制品业 Papermaking and Paper Products	104	71	57
印刷业和记录媒介的复制 Printing and Record Medium Reproduction	274	164	82
文教体育用品制造业 Culture, Educational and Sports Goods			
石油加工、炼焦及核燃料加工业 Processing of Petroleum, Coking, Processing of Nucleus Fuel	40	29	22
化学原料及化学制品制造业 Raw Chemical Materials and Chemical Products	4380	3245	2293
医药制造业 Medical and Pharmaceutical Products	6176	5159	4102
化学纤维制造业 Chemical Fiber	311	234	196
橡胶制品业 Rubber Products	172	28	23
塑料制品业 Plastic Products	275	151	96
非金属矿物制品业 Nonmetal Mineral Products	1720	1210	816
黑色金属冶炼及压延加工业 Smelting and Pressing of Ferrous Metals	260	134	94

2－6 续表 2　Continued

单位：人　　　　(person)

行　业 Industry	从业人员 Employees	从事科技活动人员 S&T Personnel	#科学家和工程师 Scientists and Engineers
有色金属冶炼及压延加工业 Smelting and Pressing of Nonferrous	1370	747	553
金属制品业 Metal Products	80	69	61
通用设备制造业 Manufacture of General Purpose Machinery	2774	1487	952
专用设备制造业 Equipment for Special Purposes	6484	4588	3316
交通运输设备制造业 Transport Equipment	436	308	212
电气机械及器材制造业 Electric Equipment and Machinery	783	610	444
通信设备、计算机及其他电子设备制造业 Manufacture of Communication Equipment, Computer and Other Electronic Equipment	1785	1427	870
仪器仪表及文化、办公用机械制造业 Instruments, Meters, Cultural and Office Machinery	1265	851	627
工艺品及其他制造业 Manufacture of Artwork, Other Manufacture	328	206	95
废弃资源和废旧材料回收加工业 Recycling and Disposal of Waste			
电力、燃气及水的生产和供应业小计 Production and Distribution of Electricity, Gas and Water	**2470**	**2004**	**1766**
电力、热力的生产和供应业 Production and Supply of Electric Power and Heat Power	1997	1646	1460
燃气生产和供应业 Production and Distribution of Gas	156	86	50
水的生产和供应业 Production and Distribution of Water	317	272	256
建筑业小计 Construction	**5871**	**4635**	**3209**
房屋和土木工程建筑业 Construction of Building and Civil Engineering	5665	4495	3115
建筑安装业 Architectural Installation	20	9	7
建筑装饰业 Architectural Decoration	63	46	20

2-6 续表3 Continued

单位:人 (person)

行 业 Industry	从业人员 Employees	从事科技活动人员 S&T Personnel	#科学家和工程师 Scientists and Engineers
其他建筑业 Other Construction	123	85	67
交通运输、仓储和邮政业小计 **Traffic, Transport, Storage and Post**	**3030**	**2698**	**2145**
铁路运输业 Railway Transportation	490	401	300
道路运输业 Transport Via Road	1400	1279	1039
城市公共交通业 Urban Public Traffic	426	352	207
水上运输业 Water Transport	371	296	261
航空运输业 Air Transport	109	160	160
管道运输业 Pipeline Transport			
装卸搬运和其他运输服务业 Loading, Unloading, Portage and Other Transport Services	234	210	178
仓储业 Storage			
邮政业 Post			
信息传输、计算机服务和软件业小计 **Information Transfer, Computer Services and Software**	**2855**	**2594**	**2028**
电信和其他信息传输服务业 Telecom and Other Information Transfer Services	1429	1326	1108
计算机服务业 Computer Services	486	453	329
软件业 Software Industry	940	815	591
批发和零售业小计 **Wholesale and Retail Trade**	**69**	**53**	**36**
批发业 Wholesale	56	41	30
零售业 Retail Trade	13	12	6
住宿和餐饮业小计 **Accommodation and Restaurants**			

2-6 续表4 Continued

单位:人 (person)

行 业 Industry	从业人员 Employees	从事科技活动人员 S&T Personnel	#科学家和工程师 Scientists and Engineers
住宿业 Accommodation			
餐饮业 Restaurants			
金融业小计 Finance	**45**	**43**	**32**
银行业 Bank			
证券业 Securities			
保险业 Insurance			
其他金融活动 Other Financial Activities	45	43	32
房地产业小计 Real Estate	**19**	**10**	**4**
房地产业 Real Estate	19	10	4
租赁和商务服务业小计 Tenancy and Business Services	**490**	**402**	**284**
租赁业 Tenancy			
商务服务业 Business Service	490	402	284
科学研究、技术服务和地质勘查业小计 Scientific Research, Technical Service and Geologic Perambulation	**343902**	**299344**	**208688**
研究与试验发展 Research and Experimental Development	305937	267309	185327
专业技术服务业 Professional Technique Services	25853	22862	16881
科技交流和推广服务业 Services of Science and Technique Intercommunion and Generalization	5032	4309	2955
地质勘查业 Geologic Perambulation	7080	4864	3525
水利、环境和公共设施管理业小计 Management of Water Conservancy, Environment and Public Establishment	**19492**	**14903**	**11209**
水利管理业 Management of Water Conservancy	9916	6484	4508
环境管理业 Environmental Management	9058	8129	6499
公共设施管理业 Management of Public Establishment	518	290	202

2－6 续表 5 Continued

单位:人 (person)

行 业 Industry	从业人员 Employees	从事科技活动人员 S&T Personnel	#科学家和工程师 Scientists and Engineers
居民服务和其他服务业小计 Resident Services and Other Services	**84**	**62**	**41**
居民服务业 Resident Services	30	25	14
其他服务业 Other Services	54	37	27
教育小计 Education	**2278**	**1991**	**1512**
教育 Education	2278	1991	1512
卫生、社会保障和社会福利业小计 Sanitation, Social Security and Social Welfare	**36892**	**26281**	**19007**
卫生 Sanitation	36892	26281	19007
社会保障业 Social Security			
社会福利业 Social Welfare			
文化、体育和娱乐业小计 Culture, Sports and Entertainment	**4914**	**3839**	**2701**
新闻出版业 Journalism and Publishing Activities	100	61	61
广播、电视、电影和音像业 Broadcasting, Movies, Television and Audiovisual Activities	36	40	33
文化艺术业 Culture and Art	3597	2669	1804
体育 Sports Activities	988	893	657
娱乐业 Entertainment	193	176	146
公共管理和社会组织小计 Public Management and Social Organization	**5149**	**4408**	**3585**
中国共产党机关 Chinese Communist Party Organs	74	74	51
国家机构 Organ of State	5075	4334	3534
人民政协和民主党派 People's Political Consultative Conference and Democratic Parties			
群众团体、社会团体和宗教组织 Mass Communities, Social Communities and Religion Organizations			
基层群众自治组织 Grass Roots Self-government Organizations			
国际组织小计 International Organizations			
国际组织 International Organizations			

2-7 各地区研究与开发机构研究与
Full-time Equivalent of R&D Personnel

单位：人年

地 区 Region		研究与试验发展人员全时当量 Full-time Equivalent of R&D Personnel	1. 基础研究 Basic Research	2. 应用研究 Applied Research	3. 试验发展 Experimental Development	#科学家和工程师 Scientists and Engineers	自然科学技术领域 Natural Sciences
全 国	Total	**215263**	**28049**	**83309**	**103905**	**168774**	**206329**
东部地区	Eastern Region	117197	19814	45077	52306	96707	111477
中部地区	Middle Region	43672	3092	18203	22377	32937	42302
西部地区	Western Region	54394	5143	20029	29222	39130	52550
北 京	Beijing	55050	12437	20009	22604	48049	51202
天 津	Tianjin	4211	581	1600	2030	3569	3943
河 北	Hebei	4592	189	3011	1392	3882	4429
山 西	Shanxi	4072	144	1662	2266	3217	4072
内蒙古	Neimenggu	2266	265	1022	979	1804	2019
辽 宁	Liaoning	9126	799	2461	5866	6762	9084
吉 林	Jilin	4269	329	1731	2209	3481	3938
黑龙江	Heilongjiang	5320	338	1268	3714	4015	4933
上 海	Shanghai	16653	2720	7977	5956	12979	16166
江 苏	Jiangsu	12326	1049	4731	6546	8925	12246
浙 江	Zhejiang	3189	136	1425	1628	2775	3063
安 徽	Anhui	4495	592	2711	1192	3545	4334
福 建	Fujian	1726	345	561	820	1450	1554
江 西	Jiangxi	3110	267	1722	1121	2295	3019
山 东	Shandong	5285	727	1449	3109	4366	4952
河 南	Henan	7560	263	1868	5429	4805	7532
湖 北	Hubei	10805	746	5301	4758	8609	10688
湖 南	Hunan	4041	413	1940	1688	2970	3786
广 东	Guangdong	4618	665	1675	2278	3624	4428
广 西	Guangxi	1377	73	454	850	1002	1319
海 南	Hainan	421	166	178	77	326	410
重 庆	Chongqing	2009	321	1173	515	1252	2006
四 川	Sichuan	16761	1595	6480	8686	11846	16500
贵 州	Guizhou	1867	334	156	1377	1352	1730
云 南	Yunnan	3596	496	1211	1889	2706	3403
西 藏	Tibet	384	87	275	22	145	281
陕 西	Shaanxi	20023	677	7258	12088	14002	19964
甘 肃	Gansu	3594	884	772	1938	2883	3143
青 海	Qinghai	312	104	112	96	269	310
宁 夏	Ningxia	292	29	131	132	239	179
新 疆	Xinjiang	1913	278	985	650	1630	1696

试验发展(R&D)人员全时当量(2005 年)
of Research Institutions by Region(2005)

(man-year)

1. 基础研究 Basic Research	2. 应用研究 Applied Research	3. 试验发展 Experimental Development	#科学家和工程师 Scientists and Engineers	社会人文科学领域 Social Sciences and Humanities	1. 基础研究 Basic Research	2. 应用研究 Applied Research	3. 试验发展 Experimental Development	#科学家和工程师 Scientists and Engineers
25608	**79719**	**101002**	**161095**	**7963**	**2388**	**3339**	**2236**	**6889**
17973	43018	50486	91480	5058	1790	1935	1333	4652
2910	17428	21964	31844	1242	182	732	328	1011
4725	19273	28552	37771	1663	416	672	575	1226
11102	18774	21326	44537	3319	1291	1125	903	3062
457	1507	1979	3305	232	124	93	15	230
189	2998	1242	3741	163		13	150	141
144	1662	2266	3217					
175	865	979	1589	243	90	153		213
799	2461	5824	6720	42			42	42
267	1515	2156	3157	331	62	216	53	324
338	1070	3525	3674	368		198	170	332
2529	7681	5956	12537	487	191	296		442
1047	4653	6546	8853	80	2	78		72
57	1406	1600	2654	126	79	19	28	121
538	2604	1192	3437	161	54	107		108
272	467	815	1298	162	73	89		143
233	1667	1119	2249	70	34	36		30
697	1322	2933	4046	265	30	122	113	255
246	1857	5429	4789	28	17	11		16
746	5288	4654	8513	81		13	68	72
398	1765	1623	2808	203	15	151	37	129
665	1575	2188	3474	182		100	82	144
73	454	792	949	52			52	49
159	174	77	315					
321	1170	515	1250	3		3		2
1594	6410	8496	11623	210	1	70	139	180
237	121	1372	1303	132	97	35		49
496	1101	1806	2524	180		103	77	171
55	204	22	144	101	30	71		
670	7211	12083	13946	59	7	47	5	56
884	650	1609	2586	405		103	302	263
104	110	96	267	2		2		2
2	45	132	133	107	27	80		100
114	932	650	1457	169	164	5		141

2-8 各地区地方属研究与开发机构研究与

Full-time Equivalent of R&D Personnel of

单位:人年

地 区 Region		研究与试验发展人员全时当量 Full-time Equivalent of R&D Personnel	1.基础研究 Basic Research	2.应用研究 Applied Research	3.试验发展 Experimental Development	#科学家和工程师 Scientists and Engineers	自然科学技术领域 Natural Sciences
全 国	**Total**	**41090**	**2898**	**11698**	**26494**	**30716**	**36031**
东部地区	Eastern Region	16868	1464	4916	10488	13532	14953
中部地区	Middle Region	13869	622	3704	9543	9897	12499
西部地区	Western Region	10353	812	3078	6463	7287	8579
北 京	Beijing	1757	83	636	1038	1598	1593
天 津	Tianjin	894	124	188	582	766	642
河 北	Hebei	853	28	164	661	706	784
山 西	Shanxi	807	5	91	711	591	807
内蒙古	Neimenggu	1211	162	419	630	917	964
辽 宁	Liaoning	1448	10	205	1233	1194	1406
吉 林	Jilin	2658	100	679	1879	2090	2327
黑龙江	Heilongjiang	3891	101	549	3241	2885	3504
上 海	Shanghai	1909	445	986	478	1527	1422
江 苏	Jiangsu	1826	126	538	1162	1275	1746
浙 江	Zhejiang	1377	88	356	933	1209	1251
安 徽	Anhui	717	75	297	345	469	556
福 建	Fujian	1277	168	311	798	1029	1105
江 西	Jiangxi	1354	129	383	842	868	1263
山 东	Shandong	2880	270	737	1873	2375	2547
河 南	Henan	843	17	75	751	586	815
湖 北	Hubei	1218		376	842	847	1101
湖 南	Hunan	2381	195	1254	932	1561	2126
广 东	Guangdong	2583	121	787	1675	1813	2393
广 西	Guangxi	1165	33	400	732	796	1107
海 南	Hainan	64	1	8	55	40	64
重 庆	Chongqing	270		84	186	212	267
四 川	Sichuan	1411	27	117	1267	941	1201
贵 州	Guizhou	763	97	112	554	488	626
云 南	Yunnan	1740	117	631	992	1219	1547
西 藏	Tibet	384	87	275	22	145	281
陕 西	Shaanxi	543	55	186	302	399	484
甘 肃	Gansu	1248		155	1093	843	816
青 海	Qinghai	14		2	12	6	12
宁 夏	Ningxia	292	29	131	132	239	179
新 疆	Xinjiang	1312	205	566	541	1082	1095

试验发展(R&D)人员全时当量(2005 年)

Local Research Institutions by Region(2005)

(man-year)

1. 基础研究 Basic Research	2. 应用研究 Applied Research	3. 试验发展 Experimental Development	#科学家和工程师 Scientists and Engineers	社会人文科学领域 Social Sciences and Humanities	1. 基础研究 Basic Research	2. 应用研究 Applied Research	3. 试验发展 Experimental Development	#科学家和工程师 Scientists and Engineers
1783	**9335**	**24913**	**26568**	**4714**	**1113**	**2245**	**1356**	**3895**
949	4065	9939	11774	1809	515	841	453	1658
440	2929	9130	8804	1242	182	732	328	1011
394	2341	5844	5990	1663	416	672	575	1226
67	605	921	1444	164	16	31	117	154
	95	547	516	232	124	93	15	230
28	151	605	651	69		13	56	55
5	91	711	591					
72	262	630	702	243	90	153		213
10	205	1191	1152	42			42	42
38	463	1826	1766	331	62	216	53	324
101	351	3052	2544	368		198	170	332
254	690	478	1085	487	191	296		442
124	460	1162	1203	80	2	78		72
9	337	905	1088	126	79	19	28	121
21	190	345	361	161	54	107		108
95	217	793	877	162	73	89		143
95	328	840	822	70	34	36		30
240	610	1697	2055	265	30	122	113	255
	64	751	570	28	17	11		16
	363	738	751	81		13	68	72
180	1079	867	1399	203	15	151	37	129
121	687	1585	1663	182		100	82	144
33	400	674	743	52			52	49
1	8	55	40					
	81	186	210	3		3		2
26	47	1128	761	210	1	70	139	180
	77	549	439	132	97	35		49
117	521	909	1037	180		103	77	171
55	204	22	144	101	30	71		
48	139	297	343	59	7	47	5	56
	52	764	565	405		103	302	263
		12	4	2		2		2
2	45	132	133	107	27	80		100
41	513	541	909	169	164	5		141

2-9 分行业研究与开发机构研究与试验发展(R&D)人员全时当量(2005年)

Full-time Equivalent of R&D Personnel of Research Institutions by Industry(2005)

单位:人年 (man-year)

行 业 Industry	研究与试验发展人员全时当量 Full-time Equivalent of R&D Personnel	1. 基础研究 Basic Research	2. 应用研究 Applied Research	3. 试验发展 Experimental Development	#科学家和工程师 Scientists and Engineers
总 计 **Total**	**215263**	**28049**	**83309**	**103905**	**168774**
农、林、牧渔业小计 **Farming, Forestry, Animal Husbandry and Fishery**	**25873**	**1191**	**6209**	**18473**	**19196**
农业 Farming	16461	596	3567	12298	12022
林业 Forestry	2441	130	609	1702	1805
畜牧业 Animal Husbandry	1556	132	382	1042	1169
渔业 Fishery	951	90	215	646	751
农、林、牧、渔服务业 Service Aactivities For Aagriculture, Forestry, Farming of Aanimals and Fishing	4464	243	1436	2785	3449
采矿业小计 **Mining**	**112**		**3**	**109**	**79**
煤炭开采和洗选业 Mining and Washing of Coal	8			8	8
石油和天然气开采业 Petroleum and Natural Gas Extraction	18			18	17
黑色金属矿采选业 Ferrous Metals Mining and Dressing					
有色金属矿采选业 Nonferrous Metals Mining and Dressing	80		3	77	50
非金属矿采选业 Nonmetal Minerals Mining and Dressing					
其他矿采选业 Other Minerals Mining and Dressing	6			6	4
制造业小计 **Manufacturing**	**7135**	**809**	**1649**	**4677**	**5539**
农副食品加工业 Processing of Food from Agricultural Products	355	9	38	308	264
食品制造业 Food Production	142	13	39	90	119
饮料制造业 Beverage Production	14			14	11
烟草制品业 Manufacture of Tobacco					
纺织业 Textile Industry	36		7	29	25

2－9 续表1　Continued

单位:人年　(man-year)

行　业 Industry	研究与试验发展人员全时当量 Full-time Equivalent of R&D Personnel	1. 基础研究 Basic Research	2. 应用研究 Applied Research	3. 试验发展 Experimental Development	#科学家和工程师 Scientists and Engineers
纺织服装、鞋、帽制造业 Manufacture of Textile Wearing Apparel, Footware and Caps	23			23	15
皮革、毛皮、羽毛(绒)及其制品业 Manufacture of Leather, Fur, Feather and Its Products	15			15	13
木材加工及木、竹、藤、棕、草制品业 Processing of Timbers, Manufacture of Wood, Bamboo, Rattan, Palm and Straw Products	160	11	21	128	160
家具制造业 Furniture Manufacturing	12			12	10
造纸及纸制品业 Papermaking and Paper Products	12			12	10
印刷业和记录媒介的复制 Printing and Record Medium Reproduction	13			13	13
文教体育用品制造业 Culture, Educational and Sports Goods					
石油加工、炼焦及核燃料加工业 Processing of Petroleum, Coking, Processing of Nucleus Fuel	15		4	11	8
化学原料及化学制品制造业 Raw Chemical Materials and Chemical Products	1153	447	358	348	823
医药制造业 Medical and Pharmaceutical Products	2202	250	595	1357	1693
化学纤维制造业 Chemical Fiber	139		68	71	130
橡胶制品业 Rubber Products					
塑料制品业 Plastic Products	46		10	36	39
非金属矿物制品业 Nonmetal Mineral Products	73		4	69	58
黑色金属冶炼及压延加工业 Smelting and Pressing of Ferrous Metals	29			29	25
有色金属冶炼及压延加工业 Smelting and Pressing of Nonferrous	295			295	228
金属制品业 Metal Products	18			18	13
通用设备制造业 Manufacture of General Purpose Machinery	237			237	201
专用设备制造业 Equipment for Special Purposes	1280	20	134	1126	1057

2－9 续表2　Continued

单位:人年 (man-year)

行　业 Industry	研究与试验发展人员全时当量 Full-time Equivalent of R&D Personnel	1. 基础研究 Basic Research	2. 应用研究 Applied Research	3. 试验发展 Experimental Development	#科学家和工程师 Scientists and Engineers
交通运输设备制造业 Transport Equipment	66			66	57
电气机械及器材制造业 Electric Equipment and Machinery	74	3	20	51	74
通信设备、计算机及其他电子设备制造业 Manufacture of Communication Equipment, Computer and Other Electronic Equipment	470	56	274	140	295
仪器仪表及文化、办公用机械制造业 Instruments, Meters, Cultural and Office Machinery	256		77	179	198
工艺品及其他制造业 Manufacture of Artwork, Other Manufacture					
废弃资源和废旧材料回收加工业 Recycling and Disposal of Waste					
电力、燃气及水的生产和供应业小计 Production and Distribution of Electricity, Gas and Water	**472**	**24**	**154**	**294**	**390**
电力、热力的生产和供应业 Production and Supply of Electric Power and Heat Power	401	23	152	226	335
燃气生产和供应业 Production and Distribution of Gas	6			6	6
水的生产和供应业 Production and Distribution of Water	65	1	2	62	49
建筑业小计 Construction	**703**		**131**	**572**	**517**
房屋和土木工程建筑业 Construction of Building and Civil Engineering	693		131	562	509
建筑安装业 Architectural Installation					
建筑装饰业 Architectural Decoration					
其他建筑业 Other Construction	10			10	8
交通运输、仓储和邮政业小计 Traffic, Transport, Storage and Post	**700**		**107**	**593**	**495**
铁路运输业 Railway Transportation	167		17	150	119
道路运输业 Road Transport	297		41	256	201
城市公共交通业 Urban Public Traffic	133		15	118	82

2 – 9 续表 3　Continued

单位：人年　　(man-year)

行　业 Industry	研究与试验发展人员全时当量 Full-time Equivalent of R&D Personnel	1. 基础研究 Basic Research	2. 应用研究 Applied Research	3. 试验发展 Experimental Development	#科学家和工程师 Scientists and Engineers
水上运输业 Water Transport	41			41	36
航空运输业 Air Transport	32		5	27	30
管道运输业 Pipeline Transport					
装卸搬运和其他运输服务业 Loading, Unloading, Portage and Other Transport Services	30		29	1	27
仓储业 Storage					
邮政业 Post					
信息传输、计算机服务和软件业小计 Information Transfer, Computer Services and Software	**439**		**42**	**397**	**366**
电信和其他信息传输服务业 Telecom and Other Information Transfer Services	223		3	220	181
计算机服务业 Computer Services	81			81	81
软件业 Software Industry	135		39	96	104
批发和零售业小计 Wholesale and Retail Trade	**3**			**3**	**3**
批发业 Wholesale	3			3	3
零售业 Retail Trade					
住宿和餐饮业小计 Accommodation and Restaurants					
住宿业 Accommodation					
餐饮业 Restaurants					
金融业小计 Finance					
银行业 Bank					
证券业 Securities					
保险业 Insurance					
其他金融活动 Other Financial Activities					

2－9 续表4　Continued

单位：人年 (man-year)

行　业 Industry	研究与试验发展人员全时当量 Full-time Equivalent of R&D Personnel	1. 基础研究 Basic Research	2. 应用研究 Applied Research	3. 试验发展 Experimental Development	#科学家和工程师 Scientists and Engineers
房地产业小计 **Real Estate**					
房地产业 Real Estate					
租赁和商务服务业小计 **Tenancy and Business Services**	**28**		**28**		**10**
租赁业 Tenancy					
商务服务业 Business Service	28		28		10
科学研究、技术服务和地质勘查业小计 **Scientific Research, Technical Service and Geologic Perambulation**	**165433**	**24397**	**69278**	**71758**	**130294**
研究与试验发展 Research and Experimental Development	158378	23056	66568	68754	124222
专业技术服务业 Professional Technique Services	4961	1078	1650	2233	4378
科技交流和推广服务业 Services of Science and Technique Intercommunion and Generalization	340	2	187	151	256
地质勘查业 Geologic Perambulation	1754	261	873	620	1438
水利、环境和公共设施管理业小计 **Management of Water Conservancy, Environment and Public Establishment**	**3358**	**175**	**1146**	**2037**	**2793**
水利管理业 Management of Water Conservancy	1480	31	445	1004	1195
环境管理业 Environmental Management	1832	144	701	987	1567
公共设施管理业 Management of Public Establishment	46			46	31
居民服务和其他服务业小计 **Resident Services and Other services**	**16**			**16**	**12**
居民服务业 Resident Services	16			16	12
其他服务业 Other Services					
教育小计 **Education**	**269**	**2**	**61**	**206**	**253**

2－9 续表 5　Continued

单位:人年　　(man-year)

行　业 Industry	研究与试验发展人员全时当量 Full-time Equivalent of R&D Personnel	1. 基础研究 Basic Research	2. 应用研究 Applied Research	3. 试验发展 Experimental Development	#科学家和工程师 Scientists and Engineers
教育 Education	269	2	61	206	253
卫生、社会保障和社会福利业小计 Sanitation, Social Security and Social Welfare	**9000**	**1328**	**4259**	**3413**	**7270**
卫生 Sanitation	9000	1328	4259	3413	7270
社会保障业 Social Security					
社会福利业 Social Welfare					
文化、体育和娱乐业小计 Culture, Sports and Entertainment	**599**	**123**	**156**	**320**	**479**
新闻出版业 Journalism and Publishing Activities					
广播、电视、电影和音像业 Broadcasting, Movies, Television and Audiovisual Activities	9			9	9
文化艺术业 Culture and Art	386	122	99	165	313
体育 Sports Activities	156	1	46	109	124
娱乐业 Entertainment	48		11	37	33
公共管理和社会组织小计 Public Management and Social Organization	**1123**		**86**	**1037**	**1078**
中国共产党机关 Chinese Communist Party Organs					
国家机构 Organ of State	1123		86	1037	1078
人民政协和民主党派 People's Political Consultative Conference and Democratic Parties					
群众团体、社会团体和宗教组织 Mass Communities, Social Communities and Religion Organizations					
基层群众自治组织 Grass Roots Self-government Organizations					
国际组织小计 International Organizations					
国际组织 International Organizations					

2－10　各地区研究与开发机构

Sources of Funds in Research

单位:万元

地　区　Region	科技活动经费筹集总额 Total Sources of Funds	#政府资金 Government Grant	#企业资金 Enterprise Funds	#金融机构贷款 Bank Loans	自然科学技术领域 Natural Sciences Sub-total
全　国　Total	**9504369**	**7633962**	**561720**	**126881**	**9076103**
东部地区　Eastern Region	6066524	4801800	425757	37911	5751962
中部地区　Middle Region	1353493	1015131	96106	62701	1300168
西部地区　Western Region	2084352	1817030	39857	26269	2023972
北　京　Beijing	3018144	2471024	137015	30424	2849195
天　津　Tianjin	234118	205133	6560		222217
河　北　Hebei	240328	147555	87778		233735
山　西　Shanxi	80439	70769	4941		73234
内蒙古　Neimenggu	48159	45330	365		43318
辽　宁　Liaoning	313219	250656	18510	50	305264
吉　林　Jilin	197527	120739	4170	60400	190627
黑龙江　Heilongjiang	125655	96899	1174		119020
上　海　Shanghai	816541	631821	69695	2960	766901
江　苏　Jiangsu	653428	529164	28442	1750	640457
浙　江　Zhejiang	228842	192277	13837	1420	216002
安　徽　Anhui	205928	177582	10606	2287	199742
福　建　Fujian	63030	50948	6583		55886
江　西　Jiangxi	49512	39011	1613		46961
山　东　Shandong	194844	138719	20370	1303	179068
河　南　Henan	213977	182862	6510	13	205681
湖　北　Hubei	403553	272642	58419		392404
湖　南　Hunan	76902	54628	8674	1	72500
广　东　Guangdong	281361	165691	36831		261328
广　西　Guangxi	60037	52188	964	15	53380
海　南　Hainan	22669	18813	136	4	21908
重　庆　Chongqing	58542	44294	4721	1210	56059
四　川　Sichuan	775196	705504	16534	800	765267
贵　州　Guizhou	35740	27226	1827	1	32628
云　南　Yunnan	135994	112616	390	3728	130240
西　藏　Tibet	6368	6216	14		4841
陕　西　Shaanxi	781737	671753	9750	20015	777623
甘　肃　Gansu	109606	94009	2864	500	97252
青　海　Qinghai	9370	8932	32		8208
宁　夏　Ningxia	8869	8396	209		5803
新　疆　Xinjiang	54735	40568	2188		49354

科技活动经费筹集(2005 年)
Institutions by Region(2005)

(10 000 yuan)

#政府资金 Government Grant	#企业资金 Enterprise Funds	#金融机构贷款 Bank Loans	社会人文科学领域 Social Sciences and Humanities Sub-total	#政府资金 Government Grant	#企业资金 Enterprise Funds
7290372	**553476**	**126756**	**216803**	**184358**	**1624**
4552221	418401	37851	151829	131018	1563
969828	95669	62651	30675	26303	4
1768323	39406	26254	34299	27037	56
2341824	132194	30424	93697	80081	1351
195283	6560		2924	2763	
141580	87778		4422	4024	
64250	4941		4761	4409	
40630	304		3709	3687	
243079	18401	50	4096	4096	
114149	4170	60400	4758	4758	
90430	1170		4299	4291	4
593081	69104	2960	16025	12224	88
519628	27881	1750	6377	4653	
180793	13760	1420	5641	5521	47
173540	10606	2237	3991	2268	
44249	6552		2478	2433	31
36492	1613		1140	1140	
124957	20316	1243	5942	5852	47
176625	6490	13	4960	3399	
263066	58015		4559	4366	
51276	8664	1	2207	1671	
149651	35719		10227	9370	
46983	722		3207	2860	56
18096	136	4			
41826	4721	1210	1563	1561	
696325	16534	800	4644	4638	
24945	1827	1	2081	1549	
107461	304	3728	1804	1725	
4689	14		1084	1084	
668079	9750	20015	1782	1782	
88380	2864	500	8416	2622	
7883	32		1016	920	
5399	209		2180	2172	
35724	2126		2813	2437	

2-11 各地区地方属研究与开发

Sources of Funds in Research Institutions

单位:万元

地区	Region	科技活动经费筹集总额 Total Sources of Funds	#政府资金 Government Grant	#企业资金 Enterprise Funds	#金融机构贷款 Bank Loans	自然科学技术领域 Natural Sciences Sub-total
全国	**Total**	**1791346**	**1303898**	**115922**	**1663**	**1530009**
东部地区	Eastern Region	1022001	694862	85149	1064	867959
中部地区	Middle Region	394018	309844	17916	83	343850
西部地区	Western Region	375327	299192	12857	516	318201
北京	Beijing	99023	78649	5400		84135
天津	Tianjin	62698	41090	5884		54830
河北	Hebei	29231	27299	445		24525
山西	Shanxi	48439	43261	3026		41234
内蒙古	Neimenggu	31622	30965	145		26781
辽宁	Liaoning	82598	51870	7156	50	74643
吉林	Jilin	63726	54689	2131		56825
黑龙江	Heilongjiang	67550	57224	1174		60915
上海	Shanghai	138302	92734	872		88663
江苏	Jiangsu	110566	77429	7782	50	97595
浙江	Zhejiang	115973	86389	8915		103134
安徽	Anhui	41359	30150	3005	69	35172
福建	Fujian	47357	38542	4214		40213
江西	Jiangxi	30132	24382	1613		27581
山东	Shandong	134744	86604	14931	960	118969
河南	Henan	50688	40195	1707	13	42787
湖北	Hubei	52527	33436	2863		44140
湖南	Hunan	39598	26508	2397	1	35196
广东	Guangdong	196368	109822	29433		176335
广西	Guangxi	51788	44124	949	15	45131
海南	Hainan	5141	4436	118	4	4919
重庆	Chongqing	27952	18735	2591		25469
四川	Sichuan	68732	49885	2561		60212
贵州	Guizhou	27901	21753	1827	1	24789
云南	Yunnan	45557	39428	257		39803
西藏	Tibet	6368	6216	14		4841
陕西	Shaanxi	20646	17812	477		16531
甘肃	Gansu	37342	27414	1952	500	26833
青海	Qinghai	3615	3225			2453
宁夏	Ningxia	8869	8396	209		5803
新疆	Xinjiang	44936	31241	1876		39555

机构科技活动经费筹集(2005 年)

of Local Governments by Region(2005)

(10 000 yuan)

#政府资金 Government Grant	#企业资金 Enterprise Funds	#金融机构贷款 Bank Loans	社会人文科学领域 Social Sciences and Humanities Sub-total	#政府资金 Government Grant	#企业资金 Enterprise Funds
1086567	**112493**	**1538**	**135184**	**116231**	**300**
566201	82588	1004	70210	62891	239
267441	17498	33	30675	26303	4
252926	12407	501	34299	27037	56
64449	5373		13966	13444	27
35170	5884		2924	2763	
22814	445		2534	2534	
36742	3026		4761	4409	
26265	84		3709	3687	
44292	7047	50	4096	4096	
48099	2131		4758	4758	
50756	1170		4299	4291	4
53994	281		16025	12224	88
67893	7222	50	6377	4653	
74905	8838		5641	5521	47
26108	3005	19	3991	2268	
31843	4183		2478	2433	31
21863	1613		1140	1140	
72842	14877	900	5942	5852	47
34332	1707	13	4960	3399	
26385	2460		4559	4366	
23156	2387	1	2207	1671	
93782	28321		10227	9370	
38919	707		3207	2860	56
4216	118	4			
16267	2591		1563	1561	
41759	2560		4644	4638	
19472	1827	1	2081	1549	
34274	171		1804	1725	
4689	14		1084	1084	
14139	477		1782	1782	
23172	1952	500	8416	2622	
2175			1016	920	
5399	209		2180	2172	
26396	1814		2813	2437	

2-12 分行业研究与开发机构科技活动经费筹集(2005 年)

Sources of Funds in Research Institutions by Industry(2005)

单位:万元 (10 000 yuan)

行 业 Industry	合计 Total	#政府资金 Government Grant	#企业资金 Enterprise Funds	#金融机构贷款 Bank Loans
总 计 **Total**	**9504369**	**7633962**	**561720**	**126881**
农、林、牧渔业小计 **Farming, Forestry, Animal Husbandry and Fishery**	**820182**	**699734**	**14767**	**835**
农业 Farming	481242	415688	9590	753
林业 Forestry	81762	75741	174	1
畜牧业 Animal Husbandry	46830	40307	1027	
渔业 Fishery	41351	37134	635	30
农、林、牧、渔服务业 Service Aactivities For Aagriculture, Forestry, Farming of Aanimals and Fishing	168997	130864	3341	51
采矿业小计 **Mining**	**10373**	**3101**	**937**	
煤炭开采和洗选业 Mining and Washing of Coal	1291	818	105	
石油和天然气开采业 Petroleum and Natural Gas Extraction	6124	235		
黑色金属矿采选业 Ferrous Metals Mining and Dressing				
有色金属矿采选业 Nonferrous Metals Mining and Dressing	2640	1746	833	
非金属矿采选业 Nonmetal Minerals Mining and Dressing	51	46		
其他矿采选业 Other Minerals Mining and Dressing	267	256		
制造业小计 **Manufacturing**	**310448**	**206225**	**44176**	**2**
农副食品加工业 Processing of Food from Agricultural Products	15817	12170	2816	
食品制造业 Food Production	6325	4504	856	
饮料制造业 Beverage Production	997	570	243	
烟草制品业 Manufacture of Tobacco	395	375	20	
纺织业 Textile Industry	3153	2699	82	

2－12 续表1　Continued

单位:万元　　　　(10 000 yuan)

行　业 Industry	合计 Total	#政府资金 Government Grant	#企业资金 Enterprise Funds	#金融机构贷款 Bank Loans
纺织服装、鞋、帽制造业 Manufacture of Textile Wearing Apparel, Footware and Caps	434	426		
皮革、毛皮、羽毛(绒)及其制品业 Manufacture of Leather, Fur, Feather and Its Products	413	397		
木材加工及木、竹、藤、棕、草制品业 Processing of Timbers, Manufacture of Wood, Bamboo, Rattan, Palm and Straw Products	2944	2303	356	
家具制造业 Furniture Manufacturing	208	178		
造纸及纸制品业 Papermaking and Paper Products	606	266	339	
印刷业和记录媒介的复制 Printing and Record Medium Reproduction	1218	1097	70	
文教体育用品制造业 Culture, Educational and Sports Goods				
石油加工、炼焦及核燃料加工业 Processing of Petroleum, Coking, Processing of Nucleus Fuel	480	383		
化学原料及化学制品制造业 Raw Chemical Materials and Chemical Products	39706	27055	5162	2
医药制造业 Medical and Pharmaceutical Products	69222	53774	3281	
化学纤维制造业 Chemical Fiber	4354	4089	56	
橡胶制品业 Rubber Products	671	671		
塑料制品业 Plastic Products	1211	1059	8	
非金属矿物制品业 Nonmetal Mineral Products	8352	4343	1624	
黑色金属冶炼及压延加工业 Smelting and Pressing of Ferrous Metals	2543	1538	292	
有色金属冶炼及压延加工业 Smelting and Pressing of Nonferrous	6234	5054		
金属制品业 Metal Products	813	527		
通用设备制造业 Manufacture of General Purpose Machinery	28121	16720	881	
专用设备制造业 Equipment for Special Purposes	76803	36772	23687	

2－12 续表 2　Continued

单位:万元　(10 000 yuan)

行　业 Industry	合计 Total	#政府资金 Government Grant	#企业资金 Enterprise Funds	#金融机构贷款 Bank Loans
交通运输设备制造业 Transport Equipment	3907	2775	160	
电气机械及器材制造业 Electric Equipment and Machinery	5472	2476	2265	
通信设备、计算机及其他电子设备制造业 Manufacture of Communication Equipment, Computer and Other Electronic Equipment	15394	13313	1873	
仪器仪表及文化、办公用机械制造业 Instruments, Meters, Cultural and Office Machinery	13702	9792	93	
工艺品及其他制造业 Manufacture of Artwork, Other Manufacture	958	899	12	
废弃资源和废旧材料回收加工业 Recycling and Disposal of Waste				
电力、燃气及水的生产和供应业小计 Production and Distribution of Electricity, Gas and Water	**39027**	**23631**	**4625**	
电力、热力的生产和供应业 Production and Supply of Electric Power and Heat Power	33761	20926	2937	
燃气生产和供应业 Production and Distribution of Gas	1415	527	104	
水的生产和供应业 Production and Distribution of Water	3851	2178	1584	
建筑业小计 Construction	**68499**	**15048**	**26956**	
房屋和土木工程建筑业 Construction of Building and Civil Engineering	66094	14437	25928	
建筑安装业 Architectural Installation	100			
建筑装饰业 Architectural Decoration	202	159	17	
其他建筑业 Other Construction	2103	452	1011	
交通运输、仓储和邮政业小计 Traffic, Transport, Storage and Post	**70441**	**33469**	**6643**	
铁路运输业 Railway Transportation	3370	766		
道路运输业 Road Transport	44278	24372	933	
城市公共交通业 Urban Public Traffic	4576	3568	84	

2－12 续表3 Continued

单位:万元 (10 000 yuan)

行 业 Industry	合计 Total	#政府资金 Government Grant	#企业资金 Enterprise Funds	#金融机构贷款 Bank Loans
水上运输业 Water Transport	10806	3857	5627	
航空运输业 Air Transport	1096	648		
管道运输业 Pipeline Transport				
装卸搬运和其他运输服务业 Loading, Unloading, Portage and Other Transport Services	6315	259		
仓储业 Storage				
邮政业 Post				
信息传输、计算机服务和软件业小计 **Information Transfer, Computer Services and Software**	**68889**	**29135**	**5912**	
电信和其他信息传输服务业 Telecom and Other Information Transfer Services	52496	18618	5770	
计算机服务业 Computer Services	5782	2586	46	
软件业 Software Industry	10611	7931	97	
批发和零售业小计 **Wholesale and Retail Trade**	**225**	**215**		
批发业 Wholesale	161	151		
零售业 Retail Trade	64	64		
住宿和餐饮业小计 **Accommodation and Restaurants**				
住宿业 Accommodation				
餐饮业 Restaurants				
金融业小计 **Finance**	**522**	**522**		
银行业 Bank				
证券业 Securities				
保险业 Insurance				

2－12 续表 4 Continued

单位：万元 (10 000 yuan)

行 业 Industry	合计 Total	#政府资金 Government Grant	#企业资金 Enterprise Funds	#金融机构贷款 Bank Loans
其他金融活动 Other Financial Activities	522	522		
房地产业小计 **Real Estate**	**43**			
房地产业 Real Estate	43			
租赁和商务服务业小计 **Tenancy and Business Services**	**7141**	**3812**	**610**	
租赁业 Tenancy				
商务服务业 Business Service	7141	3812	610	
科学研究、技术服务和地质勘查业小计 **Scientific Research, Technical Service and Geologic Perambulation**	**7421796**	**6148451**	**396944**	**123529**
研究与试验发展 Research and Experimental Development	6767256	5720866	370123	123518
专业技术服务业 Professional Technique Services	494535	293902	24482	11
科技交流和推广服务业 Services of Science and Technique Intercommunion and Generalization	49621	42000	315	
地质勘查业 Geologic Perambulation	110385	91684	2025	
水利、环境和公共设施管理业小计 **Management of Water Conservancy, Environment and Public Establishment**	**244095**	**138068**	**46734**	**1700**
水利管理业 Management of Water Conservancy	94949	49374	20337	1700
环境管理业 Environmental Management	146051	86154	26198	
公共设施管理业 Management of Public Establishment	3094	2541	199	
居民服务和其他服务业小计 **Resident Services and Other services**	**1109**	**1009**		
居民服务业 Resident Services	934	837		
其他服务业 Other Services	176	172		

2－12 续表5　Continued

单位：万元　　(10 000 yuan)

行　业 Industry	合计 Total	#政府资金 Government Grant	#企业资金 Enterprise Funds	#金融机构贷款 Bank Loans
教育小计 Education	**27064**	**20817**	**85**	
教育 Education	27064	20817	85	
卫生、社会保障和社会福利业小计 Sanitation, Social Security and Social Welfare	**267822**	**207739**	**8924**	**800**
卫生 Sanitation	267822	207739	8924	800
社会保障业 Social Security				
社会福利业 Social Welfare				
文化、体育和娱乐业小计 Culture, Sports and Entertainment	**69322**	**56469**		
新闻出版业 Journalism and Publishing Activities	927	927		
广播、电视、电影和音像业 Broadcasting, Movies, Television and Audiovisual Activities	1701	1299		
文化艺术业 Culture and Art	53762	42435		
体育 Sports Activities	12188	11066		
娱乐业 Entertainment	745	743		
公共管理和社会组织小计 Public Management and Social Organization	**77371**	**46518**	**4406**	**15**
中国共产党机关 Chinese Communist Party Organs	865	865		
国家机构 Organ of State	76505	45653	4406	15
人民政协和民主党派 People's Political Consultative Conference and Democratic Parties				
群众团体、社会团体和宗教组织 Mass Communities, Social Communities and Religion Organizations				
基层群众自治组织 Grass Roots Self-government Organizations				
国际组织小计 International Organizations				
国际组织 International Organizations				

2－13 各地区研究与开发机构

Intramural Expenditure in

单位:万元

地区	Region	经费内部支出总额 Intramural Expenditure	劳务费 Compensation for Laborers	业务费 Operating Expenses	固定资产购建费 Expenditure on the Purchase of Fixed-assets	#购置仪器 Purchasing Equipment	自然科学技术领域 Natural Sciences
全国	**Total**	**8296582**	**1551712**	**5042102**	**1702768**	**1209068**	**7902334**
东部地区	Eastern Region	5280522	973262	3245800	1061460	757372	4995359
中部地区	Middle Region	1116489	235646	640999	239844	164940	1064738
西部地区	Western Region	1899572	342805	1155303	401464	286757	1842237
北京	Beijing	2678623	441112	1699557	537953	392948	2526391
天津	Tianjin	192766	28346	113700	50721	23934	181145
河北	Hebei	173584	18276	134289	21019	18236	166908
山西	Shanxi	84469	25040	47655	11774	9244	75938
内蒙古	Neimenggu	44383	13050	23590	7743	4581	39394
辽宁	Liaoning	268103	56770	133637	77696	46354	260437
吉林	Jilin	160891	32545	86435	41911	18808	154524
黑龙江	Heilongjiang	100812	25437	57894	17481	14891	94157
上海	Shanghai	682458	144520	395605	142334	95473	637938
江苏	Jiangsu	576461	108840	362870	104751	88869	566051
浙江	Zhejiang	194334	36500	128253	29580	19106	183407
安徽	Anhui	155518	30601	80759	44158	33084	150262
福建	Fujian	57727	18030	29170	10526	6817	50817
江西	Jiangxi	57312	15669	26246	15397	11248	54704
山东	Shandong	183374	49779	95887	37708	29070	167031
河南	Henan	194408	31648	119673	43087	26531	186692
湖北	Hubei	287620	55605	184576	47440	35345	277172
湖南	Hunan	75460	19101	37763	18596	15790	71290
广东	Guangdong	254453	64006	142996	47451	35024	237620
广西	Guangxi	59715	19759	32047	7909	6093	53935
海南	Hainan	18641	7082	9837	1722	1540	17614
重庆	Chongqing	56300	10732	24623	20945	17349	53636
四川	Sichuan	739147	118775	471713	148659	103351	729489
贵州	Guizhou	35490	12448	15408	7634	6267	32621
云南	Yunnan	134409	26398	71389	36623	21508	128813
西藏	Tibet	5691	2113	2940	638	574	4451
陕西	Shaanxi	655917	92968	428133	134816	100098	651964
甘肃	Gansu	103720	25925	51192	26603	19849	92185
青海	Qinghai	8844	2450	4953	1442	1006	7769
宁夏	Ningxia	7871	2308	4498	1065	669	4939
新疆	Xinjiang	48085	15879	24817	7388	5414	43041

科技活动经费内部支出(2005 年)
Research Institutions by Region(2005)

(10 000 yuan)

劳务费 Compe-nsation for Laborers	业务费 Operating Expenses	固定资产购建费 Expenditure on the Purchase of Fixed-assets	#购置仪器 Purchasing Equipment	社会人文科学领域 Social Sciences and Humanities	劳务费 Compen-sation for Laborers	业务费 Operating Expenses	固定资产购建费 Expenditure on the Purchase of Fixed-assets	#购置仪器 Purchasing Equipment
1440249	**4827278**	**1634808**	**1153483**	**198864**	**67010**	**116544**	**15310**	**10475**
899394	3089414	1006551	713398	134894	43075	80156	11663	6930
217229	614420	233090	158954	30995	12103	17255	1636	1536
323626	1123444	395167	281131	32975	11832	19132	2010	2009
408515	1611808	506069	369676	81455	22537	50695	8223	3969
25912	106346	48887	22100	2860	940	1623	297	297
15798	130908	20201	17616	4520	1730	2406	385	186
21655	42984	11299	8769	6413	2628	3628	156	156
11451	20905	7038	3877	4056	1138	2304	615	615
53864	129253	77319	45977	4099	1598	2426	75	75
30045	82921	41558	18455	4624	1721	2769	135	135
23101	54364	16692	14202	4368	1627	2349	392	292
130994	375855	131089	84228	13306	6242	6641	424	424
104973	357305	103773	87891	5156	2030	2931	195	195
33387	121017	29003	18529	4944	1391	3453	100	100
28798	77660	43804	32731	2977	1004	1946	27	27
16404	26211	8202	6338	2435	583	1694	158	158
14739	24695	15270	11121	1300	310	990		
44279	88414	34338	25981	6566	2451	2969	1146	866
29112	115798	41783	25227	4669	1580	2388	701	701
52059	180620	44493	33065	4339	2366	1768	206	206
17718	35379	18193	15386	2304	867	1417	20	20
58517	133080	46024	33598	9555	3574	5320	660	660
17698	28806	7432	5616	2403	978	1293	132	132
6751	9218	1645	1464					
10150	22690	20796	17200	2160	531	1483	145	145
115347	466729	147412	102175	4605	1672	2627	306	306
11521	13607	7492	6125	1971	669	1194	109	109
24496	68423	35894	21262	1569	1038	516	16	14
1965	1871	615	551	894	54	839		
91711	425863	134391	99673	1566	616	881	69	69
22364	44603	25219	18464	8081	2642	5068	371	371
2046	4341	1382	946	982	363	569	51	51
1328	2893	719	323	1961	686	1204	72	72
13552	22714	6775	4919	2726	1446	1154	126	126

2-14 各地区地方属研究与开发机构

Intramural Expenditure in Research Institutions

单位:万元

地区	Region	经费内部支出总额 Intramural Expenditure	劳务费 Compensation for Laborers	业务费 Operating Expenses	固定资产购建费 Expenditure on the Purchase of Fixed-assets	#购置仪器 Purchasing Equipment	自然科学技术领域 Natural Sciences
全国	**Total**	**1651543**	**506701**	**863664**	**281178**	**190552**	**1409153**
东部地区	Eastern Region	927409	272367	485096	169946	120954	787702
中部地区	Middle Region	375089	116439	198125	60524	40917	326687
西部地区	Western Region	349045	117895	180442	50708	28681	294763
北京	Beijing	90772	20195	49964	20613	9875	76994
天津	Tianjin	60515	10676	28060	21780	7868	52757
河北	Hebei	26563	11690	11900	2974	2775	22210
山西	Shanxi	48281	17401	26469	4410	3837	39750
内蒙古	Neimenggu	29503	10052	14677	4774	2467	24514
辽宁	Liaoning	76199	24456	40551	11193	10210	68533
吉林	Jilin	69986	18622	37708	13656	6607	63619
黑龙江	Heilongjiang	63274	19674	34607	8993	8116	56619
上海	Shanghai	124192	40161	61904	22127	21062	79672
江苏	Jiangsu	103889	36461	49907	17521	13568	93479
浙江	Zhejiang	96019	26031	54550	15438	9464	85092
安徽	Anhui	35972	11071	17602	7299	4497	30716
福建	Fujian	41434	14087	21279	6068	3850	34524
江西	Jiangxi	28119	10127	14237	3755	2608	25511
山东	Shandong	124994	38109	64725	22159	17857	108651
河南	Henan	44563	14252	24166	6145	4972	37237
湖北	Hubei	47530	14502	22810	10218	5978	40040
湖南	Hunan	37365	10790	20527	6049	4302	33195
广东	Guangdong	177478	48441	99345	29692	24096	160646
广西	Guangxi	51456	17716	26917	6823	5520	45676
海南	Hainan	5354	2059	2913	382	330	5145
重庆	Chongqing	22801	4755	13530	4516	2818	20137
四川	Sichuan	69879	20033	34518	15328	4858	61594
贵州	Guizhou	23614	9409	12076	2129	1674	20745
云南	Yunnan	42760	15866	21286	5608	2010	37163
西藏	Xizang	5691	2113	2940	638	574	4451
陕西	Shaanxi	20624	8152	10671	1801	1465	16671
甘肃	Gansu	34335	12914	18633	2787	2594	24480
青海	Qinghai	3105	1294	1381	430	266	2030
宁夏	Ningxia	7871	2308	4498	1065	669	4939
新疆	Xinjiang	37407	13283	19315	4809	3766	32364

科技活动经费内部支出(2005 年)
of Local Governments by Region(2005)

(10 000 yuan)

劳务费 Compensation for Laborers	业务费 Operating Expenses	固定资产购建费 Expenditure on the Purchase of Fixed-assets	#购置仪器 Purchasing Equipment	社会人文科学领域 Social Sciences and Humanities	劳务费 Compensation for Laborers	业务费 Operating Expenses	固定资产购建费 Expenditure on the Purchase of Fixed-assets	#购置仪器 Purchasing Equipment
426885	**735163**	**247105**	**161054**	**127734**	**47414**	**70948**	**9372**	**7343**
228982	413494	145226	100008	63764	23479	34560	5726	3797
98401	172061	56226	36748	30995	12103	17255	1636	1536
99502	149608	45653	24298	32975	11832	19132	2010	2009
16381	42376	18237	8950	12648	3530	6743	2375	925
9115	23130	20511	6600	2860	940	1623	297	297
9801	10164	2245	2245	2197	1141	761	295	97
14016	21798	3935	3361	6413	2628	3628	156	156
8453	11992	4069	1762	4056	1138	2304	615	615
21551	36167	10816	9833	4099	1598	2426	75	75
16122	34195	13303	6255	4624	1721	2769	135	135
17338	31077	8204	7427	4368	1627	2349	392	292
26636	42154	10882	9817	13306	6242	6641	424	424
32594	44343	16543	12590	5156	2030	2931	195	195
22918	47313	14861	8888	4944	1391	3453	100	100
9268	14502	6946	4143	2977	1004	1946	27	27
12460	18320	3744	3371	2435	583	1694	158	158
9197	12686	3628	2481	1300	310	990		
32609	57252	18790	14767	6566	2451	2969	1146	866
11816	20406	5015	3843	4669	1580	2388	701	701
11236	19254	9550	5340	4339	2366	1768	206	206
9407	18143	5645	3899	2304	867	1417	20	20
42952	89428	28266	22669	9555	3574	5320	660	660
15654	23675	6347	5044	2403	978	1293	132	132
1965	2847	332	279					
4173	11597	4367	2669	2160	531	1483	145	145
16978	30120	14496	4097	4605	1672	2627	306	306
8483	10276	1987	1533	1971	669	1194	109	109
13964	18321	4879	1764	1569	1038	516	16	14
1965	1871	615	551	894	54	839		
6895	8400	1376	1040	1566	616	881	69	69
9765	12484	2231	2038	8081	2642	5068	371	371
890	769	371	207	982	363	569	51	51
1328	2893	719	323	1961	686	1204	72	72
10956	17212	4196	3271	2726	1446	1154	126	126

2-15 分行业研究与开发机构科技活动经费内部支出(2005年)

Intramural Expenditure in Research Institutions by Industry(2005)

单位:万元 (10 000 yuan)

行 业 Industry	经费内部支出总额 Intramural Expenditure	劳务费 Compensation for Laborers	业务费 Operating Expenses	固定资产购建费 Expenditure on the Purchase of Fixed-assets	#购置仪器 Purchasing Equipment
总 计 Total	**8296582**	**1551712**	**5042102**	**1702768**	**1209068**
农、林、牧渔业小计 Farming, Forestry, Animal Husbandry and Fishery	**745372**	**213865**	**400757**	**130751**	**75136**
农业 Farming	454413	128390	238766	87257	44672
林业 Forestry	70212	25265	37750	7197	5545
畜牧业 Animal Husbandry	42732	9304	24293	9136	5272
渔业 Fishery	36381	10608	17330	8443	5918
农、林、牧、渔服务业 Service Aactivities For Aagriculture, Forestry, Farming of Animals and Fishing	141634	40298	82619	18717	13729
采矿业小计 Mining	**11707**	**2707**	**5858**	**3142**	**2568**
煤炭开采和洗选业 Mining and Washing of Coal	1609	622	824	163	163
石油和天然气开采业 Petroleum and Natural Gas Extraction	7737	1620	3921	2196	2191
黑色金属矿采选业 Ferrous Metals Mining and Dressing					
有色金属矿采选业 Nonferrous Metals Mining and Dressing	2119	398	949	771	203
非金属矿采选业 Nonmetal Minerals Mining and Dressing	51	21	29	1	1
其他矿采选业 Other Minerals Mining and Dressing	191	45	135	10	10
制造业小计 Manufacturing	**304309**	**70203**	**164577**	**69529**	**43809**
农副食品加工业 Processing of Food from Agricultural Products	14414	4618	7886	1910	1192
食品制造业 Food Production	6724	2266	3089	1369	717
饮料制造业 Beverage Production	937	259	589	89	89
烟草制品业 Manufacture of Tobacco	390	100	115	175	175

2－15 续表1 Continued

单位:万元 (10 000 yuan)

行业 Industry	经费内部支出总额 Intramural Expenditure	劳务费 Compensation for Laborers	业务费 Operating Expenses	固定资产购建费 Expenditure on the Purchase of Fixed-assets	#购置仪器 Purchasing Equipment
纺织业 Textile Industry	3187	1217	1798	171	171
纺织服装、鞋、帽制造业 Manufacture of Textile Wearing Apparel, Footware and Caps	628	160	421	47	47
皮革、毛皮、羽毛(绒)及其制品业 Manufacture of Leather, Fur, Feather and Its Products	517	101	308	108	108
木材加工及木、竹、藤、棕、草制品业 Processing of Timbers, Manufacture of Wood, Bamboo, Rattan, Palm and Straw Products	2684	921	1529	235	235
家具制造业 Furniture Manufacturing	213	22	92	100	100
造纸及纸制品业 Papermaking and Paper Products	778	216	274	288	288
印刷业和记录媒介的复制 Printing and Record Medium Reproduction	1111	297	764	50	50
文教体育用品制造业 Culture, Educational and Sports Goods					
石油加工、炼焦及核燃料加工业 Processing of Petroleum, Coking, Processing of Nucleus Fuel	568	146	97	325	324
化学原料及化学制品制造业 Raw Chemical Materials and Chemical Products	39092	9867	22672	6554	3586
医药制造业 Medical and Pharmaceutical Products	64200	17178	34085	12937	11852
化学纤维制造业 Chemical Fiber	3580	566	1332	1682	123
橡胶制品业 Rubber Products	667	100	567		
塑料制品业 Plastic Products	1283	455	735	94	94
非金属矿物制品业 Nonmetal Mineral Products	8337	2552	4145	1640	1354
黑色金属冶炼及压延加工业 Smelting and Pressing of Ferrous Metals	2232	304	1744	184	166
有色金属冶炼及压延加工业 Smelting and Pressing of Nonferrous	6313	915	2454	2945	838
金属制品业 Metal Products	578	216	266	96	96
通用设备制造业 Manufacture of General Purpose Machinery	27790	5500	15849	6441	3215

2－15 续表2 Continued

单位:万元 (10 000 yuan)

行业 Industry	经费内部支出总额 Intramural Expenditure	劳务费 Compensation for Laborers	业务费 Operating Expenses	固定资产购建费 Expenditure on the Purchase of Fixed-assets	#购置仪器 Purchasing Equipment
专用设备制造业 Equipment for Special Purposes	77329	15296	41681	20352	10725
交通运输设备制造业 Transport Equipment	3669	1248	2068	353	353
电气机械及器材制造业 Electric Equipment and Machinery	5235	1100	3775	360	360
通信设备、计算机及其他电子设备制造业 Manufacture of Communication Equipment, Computer and Other Electronic Equipment	17860	2255	8792	6812	5066
仪器仪表及文化、办公用机械制造业 Instruments, Meters, Cultural and Office Machinery	13035	2038	6918	4079	2351
工艺品及其他制造业 Manufacture of Artwork, Other Manufacture	958	293	532	134	134
废弃资源和废旧材料回收加工业 Recycling and Disposal of Waste					
电力、燃气及水的生产和供应业小计 Production and Distribution of Electricity, Gas and Water	**38570**	**8038**	**19449**	**11082**	**7145**
电力、热力的生产和供应业 Production and Supply of Electric Power and Heat Power	33663	6753	16875	10035	6097
燃气生产和供应业 Production and Distribution of Gas	1085	360	617	108	108
水的生产和供应业 Production and Distribution of Water	3822	925	1957	939	939
建筑业小计 Construction	**58561**	**17110**	**34313**	**7138**	**5936**
房屋和土木工程建筑业 Construction of Building and Civil Engineering	56964	16596	33360	7008	5806
建筑安装业 Architectural Installation	93	41	50	2	2
建筑装饰业 Architectural Decoration	207	49	88	70	70
其他建筑业 Other Construction	1297	423	816	58	58
交通运输、仓储和邮政业小计 Traffic, Transport, Storage and Post	**64138**	**13439**	**35972**	**14727**	**6665**
铁路运输业 Railway Transportation	4831	1522	3078	232	232

2－15 续表 3　Continued

单位：万元　　(10 000 yuan)

行　业 Industry	经费内部支出总额 Intramural Expenditure	劳务费 Compensation for Laborers	业务费 Operating Expenses	固定资产购建费 Expenditure on the Purchase of Fixed-assets	#购置仪器 Purchasing Equipment
道路运输业 Road Transport	39937	6395	22432	11109	3418
城市公共交通业 Urban Public Traffic	3304	846	2071	387	387
水上运输业 Water Transport	9021	2754	5157	1110	740
航空运输业 Air Transport	2817	648	503	1666	1666
管道运输业 Pipeline Transport					
装卸搬运和其他运输服务业 Loading, Unloading, Portage and Other Transport Services	4228	1274	2730	223	223
仓储业 Storage					
邮政业 Post					
信息传输、计算机服务和软件业小计 Information Transfer, Computer Services and Software	**51502**	**10396**	**34149**	**6957**	**6957**
电信和其他信息传输服务业 Telecom and Other Information Transfer Services	38298	6988	27187	4123	4123
计算机服务业 Computer Services	5392	834	3399	1159	1159
软件业 Software Industry	7812	2575	3563	1675	1675
批发和零售业小计 Wholesale and Retail Trade	**201**	**113**	**82**	**7**	**7**
批发业 Wholesale	140	82	51	6	6
零售业 Retail Trade	62	31	30	1	1
住宿和餐饮业小计 Accommodation and Restaurants					
住宿业 Accommodation					
餐饮业 Restaurants					
金融业小计 Finance	**487**	**144**	**307**	**36**	**36**
银行业 Bank					

2 – 15 续表4　Continued

单位:万元　　　　(10 000 yuan)

行　业 Industry	经费内部支出总额 Intramural Expenditure	劳务费 Compensation for Laborers	业务费 Operating Expenses	固定资产购建费 Expenditure on the Purchase of Fixed-assets	#购置仪器 Purchasing Equipment
证券业 Securities					
保险业 Insurance					
其他金融活动 Other Financial Activities	487	144	307	36	36
房地产业小计 Real Estate	**35**	**35**			
房地产业 Real Estate	35	35			
租赁和商务服务业小计 Tenancy and Business Services	**6822**	**1792**	**4336**	**694**	**694**
租赁业 Tenancy					
商务服务业 Business Service	6822	1792	4336	694	694
科学研究、技术服务和地质勘查业小计 Scientific Research, Technical Service and Geologic Perambulation	**6366493**	**1021045**	**4011192**	**1334256**	**966247**
研究与试验发展 Research and Experimental Development	5792472	879578	3688487	1224407	890124
专业技术服务业 Professional Technique Services	439110	104357	252965	81788	55290
科技交流和推广服务业 Services of Science and Technique Intercommunion and Generalization	39347	13205	19498	6645	4748
地质勘查业 Geologic Perambulation	95564	23905	50242	21417	16085
水利、环境和公共设施管理业小计 Management of Water Conservancy, Environment and Public Establishment	**202191**	**52649**	**124812**	**24731**	**18133**
水利管理业 Management of Water Conservancy	85269	22404	50119	12745	8677
环境管理业 Environmental Management	113693	29024	73145	11524	9244
公共设施管理业 Management of Public Establishment	3230	1221	1547	462	212
居民服务和其他服务业小计 Resident Services and Other services	**647**	**96**	**387**	**165**	**165**
居民服务业 Resident Services	477	56	269	152	152
其他服务业 Other Services	170	39	118	12	12

2－15 续表 5　Continued

单位:万元　　　(10 000 yuan)

行　业 Industry	经费内部支出总额 Intramural Expenditure	劳务费 Compensation for Laborers	业务费 Operating Expenses	固定资产购建费 Expenditure on the Purchase of Fixed-assets	#购置仪器 Purchasing Equipment
教育小计 **Education**	**26340**	**9214**	**14123**	**3003**	**1553**
教育 Education	26340	9214	14123	3003	1553
卫生、社会保障和社会福利业小计 **Sanitation, Social Security and Social Welfare**	**290728**	**96672**	**128327**	**65729**	**44101**
卫生 Sanitation	290728	96672	128327	65729	44101
社会保障业 Social Security					
社会福利业 Social Welfare					
文化、体育和娱乐业小计 **Culture, Sports and Entertainment**	**67395**	**15320**	**33955**	**18121**	**17708**
新闻出版业 Journalism and Publishing Activities	2325	255	1466	604	604
广播、电视、电影和音像业 Broadcasting, Movies, Television and Audiovisual Activities	1871	241	882	748	748
文化艺术业 Culture and Art	51083	11331	25695	14057	13684
体育 Sports Activities	11372	3070	5620	2682	2642
娱乐业 Entertainment	746	423	292	30	30
公共管理和社会组织小计 **Public Management and Social Organization**	**61086**	**18875**	**29507**	**12704**	**12210**
中国共产党机关 Chinese Communist Party Organs	859	244	544	71	71
国家机构 Organ of State	60227	18631	28963	12632	12139
人民政协和民主党派 People's Political Consultative Conference and Democratic Parties					
群众团体、社会团体和宗教组织 Mass Communities, Social Communities and Religion Organizations					
基层群众自治组织 Grass Roots Self-government Organizations					
国际组织小计 **International Organizations**					
国际组织 International Organizations					

2-16 各地区研究与开发机构研究与试

Intramural R&D Expenditure in

单位:万元

地 区	Region	研究与试验发展经费内部支出 Intramural R&D Expenditure	基础研究 Basic Research	应用研究 Applied Research	试验发展 Experimental Development	自然科学技术领域 Natural Sciences
全 国	**Total**	**5130997**	**580335**	**1763462**	**2787199**	**5040367**
东部地区	Eastern Region	3276115	450755	1062348	1763011	3208815
中部地区	Middle Region	689845	52340	351602	285903	681883
西部地区	Western Region	1165037	77240	349512	738285	1149669
北 京	Beijing	1819885	301680	499147	1019058	1772890
天 津	Tianjin	91857	6366	25080	60411	89426
河 北	Hebei	127984	13728	100860	13395	126429
山 西	Shanxi	37897	1391	18441	18063	37897
内蒙古	Neimenggu	16817	2491	7553	6773	14545
辽 宁	Liaoning	179974	15990	69354	94630	179616
吉 林	Jilin	99557	11299	56640	31618	97570
黑龙江	Heilongjiang	52888	3358	19657	29873	49726
上 海	Shanghai	449081	52871	194062	202148	444714
江 苏	Jiangsu	318031	26538	85260	206233	317533
浙 江	Zhejiang	115807	2749	28943	84114	112865
安 徽	Anhui	96631	15493	71375	9763	96093
福 建	Fujian	23528	6145	8934	8449	21448
江 西	Jiangxi	34437	698	26766	6974	34056
山 东	Shandong	63960	10703	20101	33156	61320
河 南	Henan	113350	2782	25810	84758	113020
湖 北	Hubei	200755	13046	111088	76621	199928
湖 南	Hunan	47028	3953	17025	26050	46292
广 东	Guangdong	80280	11921	27626	40733	77251
广 西	Guangxi	15053	756	5108	9188	14668
海 南	Hainan	5729	2062	2982	685	5323
重 庆	Chongqing	24151	2723	13640	7788	24131
四 川	Sichuan	384194	17816	192933	173445	382293
贵 州	Guizhou	14970	6835	806	7330	14090
云 南	Yunnan	95993	9297	17518	69177	95042
西 藏	Tibet	1670	233	1286	151	1606
陕 西	Shaanxi	531077	6872	87055	437150	530831
甘 肃	Gansu	62467	26418	14773	21277	56572
青 海	Qinghai	4659	1778	2147	735	4643
宁 夏	Ningxia	2576	297	1119	1160	1656
新 疆	Xinjiang	18712	2041	10374	6297	16896

验发展(R&D)经费内部支出(2005年)
Research Institutions by Region(2005)

(10 000 yuan)

基础研究 Basic Research	应用研究 Applied Research	试验发展 Experimental Development	社会人文科学领域 Social Sciences and Humanities	基础研究 Basic Research	应用研究 Applied Research	试验发展 Experimental Development
556366	**1732978**	**2751022**	**75743**	**22329**	**26898**	**26517**
431369	1040855	1736589	55532	17755	19303	18474
51236	347217	283429	7329	1104	4310	1916
73760	344906	731003	12882	3470	3286	6127
287900	486425	998565	36766	12409	10832	13524
5442	24250	59734	1911	924	830	157
13728	100731	11970	1555		129	1426
1391	18441	18063				
1016	6756	6773	2252	1475	778	
15990	69354	94272	358			358
10926	55291	31352	1988	373	1349	266
3358	17671	28697	3064		1986	1079
51457	191109	202148	4367	1414	2953	
26400	84900	206233	498	138	360	
954	28485	83426	2942	1795	459	688
15250	71080	9763	539	243	296	
5348	7780	8320	1817	797	1020	
522	26639	6896	285	176	109	
10425	18892	32003	2350	277	1188	884
2560	25702	84758	330	222	108	
13046	111023	75859	523		65	458
3863	16570	25858	600	90	397	113
11921	26094	39236	2970		1532	1438
756	5108	8803	342			342
1802	2836	685				
2723	13620	7788	20		20	
17810	192586	171896	910	6	347	558
6223	541	7327	877	612	265	
9297	16791	68954	792		590	203
204	1252	151	54	20	35	
6810	86894	437126	246	62	161	24
26418	13975	16179	5414		414	5001
1778	2131	735	16		16	
9	487	1160	888	288	600	
1033	9566	6297	1069	1007	62	

2-17 各地区地方属研究与开发机构研

Intramural R&D Expenditure in Local

单位：万元

地　区　Region		研究与试验发展经费内部支出 Intramural R&D Expenditure	基础研究 Basic Research	应用研究 Applied Research	试验发展 Experimental Development	自然科学技术领域 Natural Sciences
全　国	**Total**	**370759**	**24853**	**107248**	**238658**	**327008**
东部地区	Eastern Region	210772	15669	67477	127625	188975
中部地区	Middle Region	85968	3477	20204	62286	78005
西部地区	Western Region	74020	5708	19566	48747	60028
北　京	Beijing	30732	757	9916	20059	27779
天　津	Tianjin	13235	924	3358	8952	11014
河　北	Hebei	7354	170	1312	5872	6644
山　西	Shanxi	5153	14	500	4639	5153
内蒙古	Neimenggu	8149	1903	2291	3955	5876
辽　宁	Liaoning	9134	103	950	8081	8776
吉　林	Jilin	22961	921	5628	16412	20973
黑龙江	Heilongjiang	25906	525	4324	21057	22744
上　海	Shanghai	29518	4624	17306	7587	25151
江　苏	Jiangsu	21197	1805	5188	14204	20699
浙　江	Zhejiang	27421	2006	8572	16843	24479
安　徽	Anhui	5711	340	1710	3660	5172
福　建	Fujian	10745	1306	2586	6854	8666
江　西	Jiangxi	5244	600	1166	3479	4863
山　东	Shandong	24917	2180	7182	15556	22278
河　南	Henan	4268	222	524	3523	3938
湖　北	Hubei	6177		1215	4962	5350
湖　南	Hunan	10548	855	5138	4555	9811
广　东	Guangdong	35981	1795	11046	23141	32952
广　西	Guangxi	11299	398	4022	6879	10914
海　南	Hainan	538		62	476	538
重　庆	Chongqing	1794		530	1264	1774
四　川	Sichuan	11672	121	855	10696	10762
贵　州	Guizhou	4443	612	574	3257	3562
云　南	Yunnan	11319	733	2991	7595	10368
西　藏	Tibet	1670	233	1286	151	1606
陕　西	Shaanxi	2203	268	743	1192	1957
甘　肃	Gansu	9304		729	8576	3793
青　海	Qinghai	75		16	59	59
宁　夏	Ningxia	2576	297	1119	1160	1656
新　疆	Xinjiang	9517	1143	4410	3964	7702

究与试验发展(R&D)经费内部支出(2005 年)
Research Institutions by Region(2005)

(10 000 yuan)

基础研究 Basic Research	应用研究 Applied Research	试验发展 Experimental Development	社会人文科学领域 Social Sciences and Humanities	基础研究 Basic Research	应用研究 Applied Research	试验发展 Experimental Development
14772	**89446**	**222791**	**41086**	**10072**	**16636**	**14378**
10171	58282	120522	20874	5498	9041	6335
2373	15819	59813	7329	1104	4310	1916
2228	15344	42456	12882	3470	3286	6127
604	9346	17829	2953	153	570	2230
	2528	8486	1911	924	830	157
170	1183	5291	710		129	581
14	500	4639				
428	1493	3955	2252	1475	778	
103	950	7723	358			358
548	4280	16146	1988	373	1349	266
525	2339	19880	3064		1986	1079
3210	14354	7587	4367	1414	2953	
1667	4828	14204	498	138	360	
211	8113	16155	2942	1795	459	688
97	1414	3660	539	243	296	
509	1432	6724	1817	797	1020	
424	1039	3401	285	176	109	
1902	5973	14403	2350	277	1188	884
	416	3523	330	222	108	
	1150	4201	523		65	458
765	4683	4363	600	90	397	113
1795	9514	21643	2970		1532	1438
398	4022	6493	342			342
	62	476				
	510	1264	20		20	
114	509	10139	910	6	347	558
	309	3254	877	612	265	
733	2263	7372	792		590	203
204	1252	151	54	20	35	
206	582	1169	246	62	161	24
	315	3478	5414		414	5001
		59	16		16	
9	487	1160	888	288	600	
135	3602	3964	1069	1007	62	

2-18 分行业研究与开发机构研究与试验发展(R&D)经费内部支出(2005年)
Intramural R&D Expenditure in Research Institutions by Industry(2005)

单位:万元 (10 000 yuan)

行 业 Industry	研究与试验发展经费内部支出 Intramural R&D Expenditure	基础研究 Basic Research	应用研究 Applied Research	试验发展 Experimental Development
总 计 **Total**	**5130997**	**580335**	**1763462**	**2787199**
农、林、牧渔业小计 **Farming, Forestry, Animal Husbandry and Fishery**	**273665**	**13505**	**68237**	**191923**
农业 Farming	168256	6872	41298	120086
林业 Forestry	20394	1245	4205	14944
畜牧业 Animal Husbandry	15813	774	3580	11459
渔业 Fishery	14041	842	2655	10544
农、林、牧、渔服务业 Service Aactivities For Aagriculture, Forestry, Farming of Aanimals and Fishing	55161	3772	16499	34890
采矿业小计 **Mining**	**719**		**22**	**698**
煤炭开采和洗选业 Mining and Washing of Coal	95			95
石油和天然气开采业 Petroleum and Natural Gas Extraction	60			60
黑色金属矿采选业 Ferrous Metals Mining and Dressing				
有色金属矿采选业 Nonferrous Metals Mining and Dressing	545		22	523
非金属矿采选业 Nonmetal Minerals Mining and Dressing				
其他矿采选业 Other Minerals Mining and Dressing	20			20
制造业小计 **Manufacturing**	**103621**	**14297**	**30839**	**58484**
农副食品加工业 Processing of Food from Agricultural Products	3265	67	273	2926
食品制造业 Food Production	2051	213	518	1319
饮料制造业 Beverage Production	148			148
烟草制品业 Manufacture of Tobacco				
纺织业 Textile Industry	305		31	273

2－18 续表1　Continued

单位:万元　　(10 000 yuan)

行　业 Industry	研究与试验发展经费内部支出 Intramural R&D Expenditure	基础研究 Basic Research	应用研究 Applied Research	试验发展 Experimental Development
纺织服装、鞋、帽制造业 Manufacture of Textile Wearing Apparel, Footware and Caps	207			207
皮革、毛皮、羽毛(绒)及其制品业 Manufacture of Leather, Fur, Feather and Its Products	215			215
木材加工及木、竹、藤、棕、草制品业 Processing of Timbers, Manufacture of Wood, Bamboo, Rattan, Palm and Straw Products	1310	81	244	984
家具制造业 Furniture Manufacturing	101			101
造纸及纸制品业 Papermaking and Paper Products	180			180
印刷业和记录媒介的复制 Printing and Record Medium Reproduction	58			58
文教体育用品制造业 Culture, Educational and Sports Goods				
石油加工、炼焦及核燃料加工业 Processing of Petroleum, Coking, Processing of Nucleus Fuel	406		90	316
化学原料及化学制品制造业 Raw Chemical Materials and Chemical Products	24174	10782	10736	2656
医药制造业 Medical and Pharmaceutical Products	28109	1938	9091	17080
化学纤维制造业 Chemical Fiber	2351		1715	636
橡胶制品业 Rubber Products				
塑料制品业 Plastic Products	444		71	373
非金属矿物制品业 Nonmetal Mineral Products	480		7	473
黑色金属冶炼及压延加工业 Smelting and Pressing of Ferrous Metals	129			129
有色金属冶炼及压延加工业 Smelting and Pressing of Nonferrous	4475			4475
金属制品业 Metal Products	71			71
通用设备制造业 Manufacture of General Purpose Machinery	3789			3789

2-18 续表2 Continued

单位:万元 (10 000 yuan)

行 业 Industry	研究与试验发展经费内部支出 Intramural R&D Expenditure	基础研究 Basic Research	应用研究 Applied Research	试验发展 Experimental Development
专用设备制造业 Equipment for Special Purposes	18754	117	1460	17177
交通运输设备制造业 Transport Equipment	966			966
电气机械及器材制造业 Electric Equipment and Machinery	440	26	118	296
通信设备、计算机及其他电子设备制造业 Manufacture of Communication Equipment, Computer and Other Electronic Equipment	8904	1074	6035	1796
仪器仪表及文化、办公用机械制造业 Instruments, Meters, Cultural and Office Machinery	2290		450	1840
工艺品及其他制造业 Manufacture of Artwork, Other Manufacture				
废弃资源和废旧材料回收加工业 Recycling and Disposal of Waste				
电力、燃气及水的生产和供应业小计 **Production and Distribution of Electricity, Gas and Water**	**12576**	**310**	**3006**	**9261**
电力、热力的生产和供应业 Production and Supply of Electric Power and Heat Power	10828	300	2990	7538
燃气生产和供应业 Production and Distribution of Gas	62			62
水的生产和供应业 Production and Distribution of Water	1687	10	16	1661
建筑业小计 **Construction**	**7720**		**1044**	**6676**
房屋和土木工程建筑业 Construction of Building and Civil Engineering	7632		1044	6588
建筑安装业 Architectural Installation				
建筑装饰业 Architectural Decoration				
其他建筑业 Other Construction	88			88
交通运输、仓储和邮政业小计 **Traffic, Transport, Storage and Post**	**11480**		**1740**	**9740**
铁路运输业 Railway Transportation	2472		280	2192
道路运输业 Road Transport	5960		864	5096

2-18 续表3 Continued

单位:万元 (10 000 yuan)

行业 Industry	研究与试验发展经费内部支出 Intramural R&D Expenditure	基础研究 Basic Research	应用研究 Applied Research	试验发展 Experimental Development
城市公共交通业 Urban Public Traffic	968		95	873
水上运输业 Water Transport	689			689
航空运输业 Air Transport	972		88	885
管道运输业 Pipeline Transport				
装卸搬运和其他运输服务业 Loading, Unloading, Portage and Other Transport Services	418		413	5
仓储业 Storage				
邮政业 Post				
信息传输、计算机服务和软件业小计 Information Transfer, Computer Services and Software	**6399**		**175**	**6224**
电信和其他信息传输服务业 Telecom and Other Information Transfer Services	4531		9	4521
计算机服务业 Computer Services	932			932
软件业 Software Industry	936		165	771
批发和零售业小计 Wholesale and Retail Trade	**25**			**25**
批发业 Wholesale	25			25
零售业 Retail Trade				
住宿和餐饮业小计 Accommodation and Restaurants				
住宿业 Accommodation				
餐饮业 Restaurants				
金融业小计 Finance				
银行业 Bank				
证券业 Securities				
保险业 Insurance				

2－18 续表 4　Continued

单位:万元　　(10 000 yuan)

行　业 Industry	研究与试验发展经费内部支出 Intramural R&D Expenditure	基础研究 Basic Research	应用研究 Applied Research	试验发展 Experimental Development
其他金融活动 Other Financial Activities				
房地产业小计 **Real Estate**				
房地产业 Real Estate				
租赁和商务服务业小计 **Tenancy and Business Services**	**218**		**218**	
租赁业 Tenancy				
商务服务业 Business Service	218		218	
科学研究、技术服务和地质勘查业小计 **Scientific Research, Technical Service and Geologic Perambulation**	**4520684**	**528647**	**1582662**	**2409376**
研究与试验发展 Research and Experimental Development	4371213	504187	1528975	2338051
专业技术服务业 Professional Technique Services	106807	18280	33082	55446
科技交流和推广服务业 Services of Science and Technique Intercommunion and Generalization	7792	561	6601	630
地质勘查业 Geologic Perambulation	34873	5619	14004	15249
水利、环境和公共设施管理业小计 **Management of Water Conservancy, Environment and Public Establishment**	**53709**	**8209**	**18281**	**27219**
水利管理业 Management of Water Conservancy	23162	6084	5344	11735
环境管理业 Environmental Management	30240	2125	12938	15177
公共设施管理业 Management of Public Establishment	308			308
居民服务和其他服务业小计 **Resident Services and Other services**	**400**			**400**
居民服务业 Resident Services	400			400
其他服务业 Other Services				

2－18 续表 5　Continued

单位：万元　(10 000 yuan)

行　业 Industry	研究与试验发展经费内部支出 Intramural R&D Expenditure	基础研究 Basic Research	应用研究 Applied Research	试验发展 Experimental Development
教育小计 **Education**	**4192**	**50**	**687**	**3455**
教育 Education	4192	50	687	3455
卫生、社会保障和社会福利业小计 **Sanitation, Social Security and Social Welfare**	**111861**	**13095**	**53719**	**45047**
卫生 Sanitation	111861	13095	53719	45047
社会保障业 Social Security				
社会福利业 Social Welfare				
文化、体育和娱乐业小计 **Culture, Sports and Entertainment**	**7566**	**2222**	**1843**	**3501**
新闻出版业 Journalism and Publishing Activities				
广播、电视、电影和音像业 Broadcasting, Movies, Television and Audiovisual Activities	194			194
文化艺术业 Culture and Art	5519	2213	1369	1936
体育 Sports Activities	1704	9	437	1258
娱乐业 Entertainment	150		37	113
公共管理和社会组织小计 **Public Management and Social Organization**	**16160**		**988**	**15172**
中国共产党机关 Chinese Communist Party Organs				
国家机构 Organ of State	16160		988	15172
人民政协和民主党派 People's Political Consultative Conference and Democratic Parties				
群众团体、社会团体和宗教组织 Mass Communities, Social Communities and Religion Organizations				
基层群众自治组织 Grass Roots Self-government Organizations				
国际组织小计 **International Organizations**				
国际组织 International Organizations				

2－19　各地区研究与开发机构研究与试验

Intramural R&D Expenditure in

单位:万元

地　区　Region		研究与试验发展经费内部支出 Intramural R&D Expenditure	政府资金 Government Grant	企业资金 Enterprise Funds	国外资金 from Abroad	其他资金 Other	自然科学技术领域 Natural Sciences
全　国	**Total**	**5130997**	**4247392**	**176445**	**18150**	**689010**	**5040367**
东部地区	Eastern Region	3276115	2734559	137513	15030	389013	3208815
中部地区	Middle Region	682542	528013	22022	1057	131450	674580
西部地区	Western Region	1172340	984821	16911	2063	168547	1156972
北　京	Beijing	1819885	1553435	71108	7692	187650	1772890
天　津	Tianjin	91857	79595	281	11	11971	89426
河　北	Hebei	127984	120142	6758	28	1056	126429
山　西	Shanxi	37897	32247	2601		3049	37897
内蒙古	Neimenggu	16817	15786	23	75	933	14545
辽　宁	Liaoning	179974	142583	8071	2311	27009	179616
吉　林	Jilin	99557	72608	1926	191	24833	97570
黑龙江	Heilongjiang	52888	36568	2319	29	13971	49726
上　海	Shanghai	449081	335638	29944	2533	80966	444714
江　苏	Jiangsu	318031	268803	12293	1094	35841	317533
浙　江	Zhejiang	115807	110712	1581	186	3328	112865
安　徽	Anhui	96631	76374	1714	26	18518	96093
福　建	Fujian	23528	18909	406	60	4152	21448
江　西	Jiangxi	34437	29090	167		5181	34056
山　东	Shandong	63960	52288	2635	188	8848	61320
河　南	Henan	113350	102619	687		10043	113020
湖　北	Hubei	200755	144836	5398	600	49921	199928
湖　南	Hunan	47028	33669	7211	211	5936	46292
广　东	Guangdong	80280	48557	4394	916	26413	77251
广　西	Guangxi	15053	13408	385	262	999	14668
海　南	Hainan	5729	3895	42	11	1781	5323
重　庆	Chongqing	24151	19108	594	2	4447	24131
四　川	Sichuan	384194	348650	6711	278	28556	382293
贵　州	Guizhou	14970	9679	933	5	4354	14090
云　南	Yunnan	95993	68220	1344	822	25606	95042
西　藏	Tibet	1670	1435	8	75	152	1606
陕　西	Shaanxi	531077	434884	4928		91265	530831
甘　肃	Gansu	62467	52991	1374	317	7785	56572
青　海	Qinghai	4659	4045	195	33	388	4643
宁　夏	Ningxia	2576	2322	202		52	1656
新　疆	Xinjiang	18712	14292	215	195	4010	16896

发展(R&D)经费内部支出按资金来源分(2005年)

Research Institutions by Resources(2005)

(10 000 yuan)

政府资金 Government Grant	企业资金 Enterprise Funds	国外资金 from Abroad	其他资金 Other	社会人文科学领域 Social Sciences and Humanities	政府资金 Government Grant	企业资金 Enterprise Funds	国外资金 from Abroad	其他资金 Other
4167503	**175684**	**17206**	**679974**	**75743**	**67063**	**730**	**851**	**7100**
2672058	137005	14193	385558	55532	52398	501	808	1825
520841	21998	1057	130683	7329	6583			747
974603	16682	1955	163733	12882	8082	229	43	4529
1509721	70805	6895	185470	36766	34731	297	769	969
77373	281	11	11762	1911	1790			121
118587	6758	28	1056	1555	1555			
32247	2601		3049					
13513	23	75	933	2252	2252			
142225	8071	2311	27009	358	358			
70620	1926	191	24833	1988	1988			
33783	2319	29	13594	3064	2687			378
332162	29770	2493	80288	4367	3476	174	39	678
268305	12293	1094	35841	498	498			
107770	1581	186	3328	2942	2942			
75835	1714	26	18518	539	539			
16873	375	60	4139	1817	1786	31		
28733	143		5181	285	285			
49679	2635	188	8818	2350	2350			
102289	687		10043	330	330			
144089	5398	600	49841	523	443			80
33242	7211	211	5627	600	311			289
45587	4394	916	26354	2970	2913			56
13022	385	262	999	342	342			
3775	42	11	1495					
19088	594	2	4447	20	20			
346882	6711	278	28422	910	877			34
9015	737	5	4334	877	661	196		21
67270	1344	822	25606	792	792			
1371	8	75	152	54	54			
434638	4928		91265	246	246			
51382	1374	274	3541	5414	1128		43	4243
4029	195	33	388	16	16			
1402	202		52	888	888			
12991	182	130	3594	1069	805	33		231

2-20 各地区地方属研究与开发机构研究与试验发展

Intramural R&D Expenditure in Local

单位:万元

地 区 Region		研究与试验发展经费内部支出 Intramural R&D Expenditure	政府资金 Government Grant	企业资金 Enterprise Funds	国外资金 from Abroad	其他资金 Other	自然科学技术领域 Natural Sciences
全 国	**Total**	**370759**	**277362**	**13883**	**2796**	**76719**	**327008**
东部地区	Eastern Region	210772	154794	7946	1527	46504	188975
中部地区	Middle Region	85968	66094	3278	495	16100	78005
西部地区	Western Region	74020	56474	2658	773	14114	60028
北 京	Beijing	30732	25061	337	114	5221	27779
天 津	Tianjin	13235	10243	281	4	2707	11014
河 北	Hebei	7354	6693	15	28	618	6644
山 西	Shanxi	5153	4832	92		229	5153
内蒙古	Neimenggu	8149	7910	23	74	142	5876
辽 宁	Liaoning	9134	8702	36		396	8776
吉 林	Jilin	22961	20387	240	14	2320	20973
黑龙江	Heilongjiang	25906	18603	713	29	6561	22744
上 海	Shanghai	29518	20962	1172	1075	6310	25151
江 苏	Jiangsu	21197	13893	1456	137	5711	20699
浙 江	Zhejiang	27421	25128	704	51	1539	24479
安 徽	Anhui	5711	4161	837	26	687	5172
福 建	Fujian	10745	9388	148	11	1199	8666
江 西	Jiangxi	5244	4156	167		922	4863
山 东	Shandong	24917	16342	1404	13	7158	22278
河 南	Henan	4268	3404	461		403	3938
湖 北	Hubei	6177	4342	190	245	1400	5350
湖 南	Hunan	10548	6210	579	181	3577	9811
广 东	Guangdong	35981	18014	2371	96	15501	32952
广 西	Guangxi	11299	9916	319	262	803	10914
海 南	Hainan	538	369	24		145	538
重 庆	Chongqing	1794	1390	125	2	277	1774
四 川	Sichuan	11672	6954	766	198	3754	10762
贵 州	Guizhou	4443	3221	878	5	339	3562
云 南	Yunnan	11319	9461	125	30	1703	10368
西 藏	Tibet	1670	1435	8	75	152	1606
陕 西	Shaanxi	2203	1634	131		437	1957
甘 肃	Gansu	9304	4630	2	63	4609	3793
青 海	Qinghai	75	75				59
宁 夏	Ningxia	2576	2322	202		52	1656
新 疆	Xinjiang	9517	7526	80	65	1846	7702

(R&D)经费内部支出按资金来源分(2005 年)
Research Institutions by Resources(2005)

(10 000 yuan)

政府资金 Government Grant	企业资金 Enterprise Funds	国外资金 from Abroad	其他资金 Other	社会人文科学领域 Social Sciences and Humanities	政府资金 Government Grant	企业资金 Enterprise Funds	国外资金 from Abroad	其他资金 Other
240837	**13425**	**2648**	**70098**	**41086**	**34288**	**433**	**82**	**6282**
134381	7742	1488	45364	20874	19624	204	39	1006
58923	3254	495	15333	7329	6583			747
47533	2429	665	9401	12882	8082	229	43	4529
22259	337	114	5070	2953	2802			151
8232	281	4	2498	1911	1790			121
5983	15	28	618	710	710			
4832	92		229					
5637	23	74	142	2252	2252			
8344	36		396	358	358			
18399	240	14	2320	1988	1988			
15818	713	29	6184	3064	2687			378
17485	998	1035	5632	4367	3476	174	39	678
13395	1456	137	5711	498	498			
22186	704	51	1539	2942	2942			
3622	837	26	687	539	539			
7352	117	11	1186	1817	1786	31		
3799	143		922	285	285			
13733	1404	13	7128	2350	2350			
3074	461		403	330	330			
3595	190	245	1320	523	443			80
5783	579	181	3268	600	311			289
15044	2371	96	15441	2970	2913			56
9530	319	262	803	342	342			
369	24		145					
1370	125	2	277	20	20			
6077	766	198	3720	910	877			34
2558	682	5	319	877	661	196		21
8510	125	30	1703	792	792			
1371	8	75	152	54	54			
1388	131		437	246	246			
3405	2	20	366	5414	1128		43	4243
59				16	16			
1402	202		52	888	888			
6225	47		1430	1069	805	33		231

2-21 分行业研究与开发机构研究与试验发展(R&D)经费内部支出按资金来源分(2005年)

Intramural R&D Expenditure in Research Institutions by Resources(2005)

单位:万元 (10 000 yuan)

行 业 Industry	研究与试验发展经费内部支出 Intramural R&D Expenditure	政府资金 Government Grant	企业资金 Enterprise Funds	国外资金 from Abroad	其他资金 Other
总 计 **Total**	**5130997**	**4247392**	**176445**	**18150**	**689010**
农、林、牧渔业小计 **Farming, Forestry, Animal Husbandry and Fishery**	**273665**	**220795**	**4264**	**3415**	**45191**
农业 Farming	168256	137677	2833	1933	25813
林业 Forestry	20394	17294	59	794	2247
畜牧业 Animal Husbandry	15813	13686	419	11	1697
渔业 Fishery	14041	11611	383	190	1858
农、林、牧、渔服务业 Service Aactivities For Aagriculture, Forestry, Farming of Aanimals and Fishing	55161	40527	571	488	13575
采矿业小计 **Mining**	**719**	**520**	**172**		**27**
煤炭开采和洗选业 Mining and Washing of Coal	95	40	55		
石油和天然气开采业 Petroleum and Natural Gas Extraction	60	33			27
黑色金属矿采选业 Ferrous Metals Mining and Dressing					
有色金属矿采选业 Nonferrous Metals Mining and Dressing	545	428	117		
非金属矿采选业 Nonmetal Minerals Mining and Dressing					
其他矿采选业 Other Minerals Mining and Dressing	20	20			
制造业小计 **Manufacturing**	**103621**	**72883**	**7017**	**595**	**23125**
农副食品加工业 Processing of Food from Agricultural Products	3265	2370	52	7	836
食品制造业 Food Production	2051	1539	122		391
饮料制造业 Beverage Production	148	88			60
烟草制品业 Manufacture of Tobacco					

2－21 续表 1　Continued

单位:万元　　　　(10 000 yuan)

行　业 Industry	研究与试验发展经费内部支出 Intramural R&D Expenditure	政府资金 Government Grant	企业资金 Enterprise Funds	国外资金 from Abroad	其他资金 Other
纺织业 Textile Industry	305	273			31
纺织服装、鞋、帽制造业 Manufacture of Textile Wearing Apparel, Footware and Caps	207	113	74		21
皮革、毛皮、羽毛(绒)及其制品业 Manufacture of Leather, Fur, Feather and Its Products	215	120			95
木材加工及木、竹、藤、棕、草制品业 Processing of Timbers, Manufacture of Wood, Bamboo, Rattan, Palm and Straw Products	1310	1112		175	23
家具制造业 Furniture Manufacturing	101				101
造纸及纸制品业 Papermaking and Paper Products	180	15	165		
印刷业和记录媒介的复制 Printing and Record Medium Reproduction	58	58			
文教体育用品制造业 Culture, Educational and Sports Goods					
石油加工、炼焦及核燃料加工业 Processing of Petroleum, Coking, Processing of Nucleus Fuel	406	319			87
化学原料及化学制品制造业 Raw Chemical Materials and Chemical Products	24174	17156	1661		5357
医药制造业 Medical and Pharmaceutical Products	28109	21836	1632	414	4227
化学纤维制造业 Chemical Fiber	2351	2266	49		36
橡胶制品业 Rubber Products					
塑料制品业 Plastic Products	444	399			45
非金属矿物制品业 Nonmetal Mineral Products	480	340	62		78
黑色金属冶炼及压延加工业 Smelting and Pressing of Ferrous Metals	129	96			33
有色金属冶炼及压延加工业 Smelting and Pressing of Nonferrous	4475	2391	1176		908
金属制品业 Metal Products	71	21			50
通用设备制造业 Manufacture of General Purpose Machinery	3789	2895	386		507

2－21 续表 2　Continued

单位:万元　(10 000 yuan)

行　业 Industry	研究与试验发展经费内部支出 Intramural R&D Expenditure	政府资金 Government Grant	企业资金 Enterprise Funds	国外资金 from Abroad	其他资金 Other
专用设备制造业 Equipment for Special Purposes	18754	8280	1056		9419
交通运输设备制造业 Transport Equipment	966	870	70		27
电气机械及器材制造业 Electric Equipment and Machinery	440	87	71		282
通信设备、计算机及其他电子设备制造业 Manufacture of Communication Equipment, Computer and Other Electronic Equipment	8904	8180	376		348
仪器仪表及文化、办公用机械制造业 Instruments, Meters, Cultural and Office Machinery	2290	2059	66		164
工艺品及其他制造业 Manufacture of Artwork, Other Manufacture					
废弃资源和废旧材料回收加工业 Recycling and Disposal of Waste					
电力、燃气及水的生产和供应业小计 Production and Distribution of Electricity, Gas and Water	**12576**	**7756**	**1510**	**356**	**2954**
电力、热力的生产和供应业 Production and Supply of Electric Power and Heat Power	10828	7271	607	356	2594
燃气生产和供应业 Production and Distribution of Gas	62	12	25		24
水的生产和供应业 Production and Distribution of Water	1687	473	877		336
建筑业小计 Construction	**7720**	**2966**	**3445**		**1309**
房屋和土木工程建筑业 Construction of Building and Civil Engineering	7632	2913	3445		1274
建筑安装业 Architectural Installation					
建筑装饰业 Architectural Decoration					
其他建筑业 Other Construction	88	53			35
交通运输、仓储和邮政业小计 Traffic, Transport, Storage and Post	**11480**	**6598**	**2277**	**131**	**2474**
铁路运输业 Railway Transportation	2472	402	2070		
道路运输业 Road Transport	5960	4396	131	131	1303

2－21 续表 3　Continued

单位:万元　　　　　　　　　　　　　　　　　　　　　　　　　　　　　　　　　　(10 000 yuan)

行　业 Industry	研究与试验发展经费内部支出 Intramural R&D Expenditure	政府资金 Government Grant	企业资金 Enterprise Funds	国外资金 from Abroad	其他资金 Other
城市公共交通业 Urban Public Traffic	968	752			216
水上运输业 Water Transport	689	361	76		252
航空运输业 Air Transport	972	500			473
管道运输业 Pipeline Transport					
装卸搬运和其他运输服务业 Loading, Unloading, Portage and Other Transport Services	418	188			230
仓储业 Storage					
邮政业 Post					
信息传输、计算机服务和软件业小计 **Information Transfer, Computer Services and Software**	**6399**	**4082**	**949**	**38**	**1330**
电信和其他信息传输服务业 Telecom and Other Information Transfer Services	4531	3464	630	38	399
计算机服务业 Computer Services	932	31	318		584
软件业 Software Industry	936	587	2		347
批发和零售业小计 **Wholesale and Retail Trade**	**25**		**25**		
批发业 Wholesale	25		25		
零售业 Retail Trade					
住宿和餐饮业小计 **Accommodation and Restaurants**					
住宿业 Accommodation					
餐饮业 Restaurants					
金融业小计 **Finance**					
银行业 Bank					
证券业 Securities					

2-21 续表4 Continued

单位:万元 (10 000 yuan)

行业 Industry	研究与试验发展经费内部支出 Intramural R&D Expenditure	政府资金 Government Grant	企业资金 Enterprise Funds	国外资金 from Abroad	其他资金 Other
保险业 Insurance					
其他金融活动 Other Financial Activities					
房地产业小计 **Real Estate**					
房地产业 Real Estate					
租赁和商务服务业小计 **Tenancy and Business Services**	**218**	**218**			
租赁业 Tenancy					
商务服务业 Business Service	218	218			
科学研究、技术服务和地质勘查业小计 **Scientific Research, Technical Service and Geologic Perambulation**	**4520684**	**3796576**	**145417**	**9898**	**568794**
研究与试验发展 Research and Experimental Development	4371213	3663455	141710	9808	556241
专业技术服务业 Professional Technique Services	106807	96694	3497	89	6528
科技交流和推广服务业 Services of Science and Technique Intercommunion and Generalization	7792	4589	5		3198
地质勘查业 Geologic Perambulation	34873	31838	206	1	2827
水利、环境和公共设施管理业小计 **Management of Water Conservancy, Environment and Public Establishment**	**53709**	**34381**	**9333**	**846**	**9150**
水利管理业 Management of Water Conservancy	23162	10695	7911	150	4406
环境管理业 Environmental Management	30240	23539	1271	696	4733
公共设施管理业 Management of Public Establishment	308	146	152		10
居民服务和其他服务业小计 **Resident Services and Other services**	**400**	**400**			
居民服务业 Resident Services	400	400			

2-21 续表5 Continued

单位:万元　　(10 000 yuan)

行业 Industry	研究与试验发展经费内部支出 Intramural R&D Expenditure	政府资金 Government Grant	企业资金 Enterprise Funds	国外资金 from Abroad	其他资金 Other
其他服务业 Other Services					
教育小计 **Education**	**4192**	**3317**			**875**
教育 Education	4192	3317			875
卫生、社会保障和社会福利业小计 **Sanitation, Social Security and Social Welfare**	**111861**	**78825**	**1748**	**2360**	**28928**
卫生 Sanitation	111861	78825	1748	2360	28928
社会保障业 Social Security					
社会福利业 Social Welfare					
文化、体育和娱乐业小计 **Culture, Sports and Entertainment**	**7566**	**7108**			**459**
新闻出版业 Journalism and Publishing Activities					
广播、电视、电影和音像业 Broadcasting, Movies, Television and Audiovisual Activities	194	194			
文化艺术业 Culture and Art	5519	5380			139
体育 Sports Activities	1704	1484			220
娱乐业 Entertainment	150	50			100
公共管理和社会组织小计 **Public Management and Social Organization**	**16160**	**10967**	**288**	**512**	**4393**
中国共产党机关 Chinese Communist Party Organs					
国家机构 Organ of State	16160	10967	288	512	4393
人民政协和民主党派 People's Political Consultative Conference and Democratic Parties					
群众团体、社会团体和宗教组织 Mass Communities, Social Communities and Religion Organizations					
基层群众自治组织 Grass Roots Self-government Organizations					
国际组织小计 **International Organizations**					
国际组织 International Organizations					

2－22　各地区研究与开发机

Scientific and Technological Research Topics

地　区　Region		合计 Total		
		课题数(个) Number of Topics (item)	投入人员(人年) Input of Personnel (man-year)	投入经费(万元) Input of Funds (10 000 yuan)
全　国	**Total**	**59967**	**228417**	**4419257**
东部地区	Eastern Region	38852	121037	2812060
中部地区	Middle Region	9875	46952	537252
西部地区	Western Region	11240	60428	1069945
北　京	Beijing	17080	50515	1434249
天　津	Tianjin	1016	5042	95093
河　北	Hebei	791	5405	126200
山　西	Shanxi	1337	5521	31112
内蒙古	Neimenggu	733	2814	16392
辽　宁	Liaoning	1867	9928	121606
吉　林	Jilin	1411	3894	48187
黑龙江	Heilongjiang	1494	5126	29571
上　海	Shanghai	4151	14803	353465
江　苏	Jiangsu	3578	13870	387321
浙　江	Zhejiang	2253	4635	126524
安　徽	Anhui	1116	5277	74249
福　建	Fujian	1476	2409	17452
江　西	Jiangxi	719	3672	23259
山　东	Shandong	2464	7124	50697
河　南	Henan	1075	8087	102161
湖　北	Hubei	1797	11097	195233
湖　南	Hunan	926	4277	33480
广　东	Guangdong	3702	6447	91693
广　西	Guangxi	1241	2704	14316
海　南	Hainan	474	860	7761
重　庆	Chongqing	574	2977	20118
四　川	Sichuan	2090	18294	457657
贵　州	Guizhou	1010	2433	9393
云　南	Yunnan	1334	4097	59065
西　藏	Tibet	125	522	2094
陕　西	Shaanxi	1498	19734	436289
甘　肃	Gansu	1124	3901	35690
青　海	Qinghai	183	249	1830
宁　夏	Ningxia	231	446	2659
新　疆	Xinjiang	1097	2258	14442

构科技活动课题(2005 年)
Taken by Research Institutions by Region(2005)

自然科学技术领域 Natural Sciences				社会人文科学领域 Social Sciences and Humanities			
课题数(个) Number of Topics (item)	投入人员(人年) Input of Personnel (man-year)	#科学家和工程师 Scientists & Engineers	投入经费(万元) Input of Funds (10 000 yuan)	课题数(个) Number of Topics (item)	投入人员(人年) Input of Personnel (man-year)	#科学家和工程师 Scientists & Engineers	投入经费(万元) Input of Funds (10 000 yuan)
53414	**214872**	**158305**	**4331887**	**5017**	**9440**	**7685**	**59013**
34007	112258	86480	2740543	3796	6251	5492	48384
9139	44628	32528	531045	554	1592	1108	4492
10268	57986	39297	1060300	667	1597	1084	6137
14195	45415	37500	1385362	2356	3857	3451	33747
834	4654	3586	93499	119	215	215	615
751	5154	4213	124526	30	215	159	1545
1193	5146	3928	29560	103	258	154	1121
642	2543	1750	14527	69	209	191	1524
1694	9540	7270	120880	147	278	255	500
1311	3545	2671	47174	93	308	303	925
1393	4798	3350	28050	92	289	184	1473
3431	13965	10144	348987	583	654	572	3703
3472	13570	9400	385879	64	127	79	161
2143	4405	3243	121997	57	147	139	2955
1020	4940	3617	73926	76	235	115	196
1299	2168	1659	15607	132	133	131	1310
681	3455	2536	22874	5	29	21	39
2230	6495	4985	48722	173	363	307	1163
980	7876	5637	101817	66	121	86	242
1701	10855	7972	194665	67	161	120	179
860	4013	2819	32979	52	192	124	318
3497	6057	3997	88034	135	263	186	2686
1143	2499	1485	13616	35	58	42	292
461	834	483	7048				
535	2934	1939	19514	27	23	19	232
1869	17836	11802	456643	167	278	188	626
910	2243	1408	8758	72	135	49	502
1246	3806	2412	58262	56	187	57	285
98	426	163	1929	21	87		37
1433	19608	13689	436146	46	66	63	67
1026	3552	2702	34057	60	277	230	1387
158	203	160	1636	21	29	24	176
177	299	220	1645	42	94	93	587
1031	2038	1566	13567	51	155	128	422

2－23 各地区地方属研究与开发

Scientific and Technological Research Topics Taken

地 区 Region	合计 Total		
	课题数(个) Number of Topics (item)	投入人员(人年) Input of Personnel (man-year)	投入经费(万元) Input of Funds (10 000 yuan)
全 国 Total	**28007**	**67027**	**381065**
东部地区 Eastern Region	13958	29076	238918
中部地区 Middle Region	6842	19755	68218
西部地区 Western Region	7207	18196	73929
北 京 Beijing	1677	2350	32187
天 津 Tianjin	690	1348	8082
河 北 Hebei	677	1473	7079
山 西 Shanxi	1118	2441	9369
内蒙古 Neimenggu	535	1644	7722
辽 宁 Liaoning	929	3633	12331
吉 林 Jilin	921	2791	11387
黑龙江 Heilongjiang	1280	3775	14046
上 海 Shanghai	1740	2457	21005
江 苏 Jiangsu	1495	2968	25205
浙 江 Zhejiang	1659	2766	43517
安 徽 Anhui	692	1889	6918
福 建 Fujian	1153	2117	10155
江 西 Jiangxi	698	1916	4339
山 东 Shandong	1600	4912	23744
河 南 Henan	677	2322	6570
湖 北 Hubei	641	1935	7058
湖 南 Hunan	815	2685	8532
广 东 Guangdong	2171	4565	53491
广 西 Guangxi	1137	2368	9959
海 南 Hainan	167	489	2120
重 庆 Chongqing	369	950	5300
四 川 Sichuan	1165	2790	11100
贵 州 Guizhou	896	1489	5034
云 南 Yunnan	864	2602	11366
西 藏 Tibet	125	522	2094
陕 西 Shaanxi	371	1298	2498
甘 肃 Gansu	584	2020	6014
青 海 Qinghai	55	109	501
宁 夏 Ningxia	231	446	2659
新 疆 Xinjiang	875	1958	9682

机构科技活动课题(2005 年)
by Local Research Institutions by Region(2005)

自然科学技术领域 Natural Sciences				社会人文科学领域 Social Sciences and Humanities			
课题数 (个) Number of Topics (item)	投入人员 (人年) Input of Personnel (man-year)	#科学家和工程师 Scientists & Engineers	投入经费 (万元) Input of Funds (10 000 yuan)	课题数 (个) Number of Topics (item)	投入人员 (人年) Input of Personnel (man-year)	#科学家和工程师 Scientists & Engineers	投入经费 (万元) Input of Funds (10 000 yuan)
24183	**58499**	**39274**	**342324**	**2869**	**5726**	**4366**	**26331**
11786	25272	17914	215658	1648	2538	2174	15702
6121	17441	11391	62085	554	1592	1108	4492
6276	15785	9969	64581	667	1597	1084	6137
1434	2033	1616	29332	216	273	222	2373
521	1006	836	6694	119	215	215	615
645	1351	991	6713	22	86	70	237
974	2066	1568	7818	103	258	154	1121
444	1373	964	5858	69	209	191	1524
756	3246	2628	11605	147	278	255	500
821	2442	1704	10373	93	308	303	925
1179	3447	2285	12525	92	289	184	1473
1020	1619	1135	16527	583	654	572	3703
1389	2668	1659	23764	64	127	79	161
1549	2535	1725	38991	57	147	139	2955
596	1552	954	6595	76	235	115	196
976	1877	1410	8310	132	133	131	1310
660	1699	1110	3954	5	29	21	39
1366	4283	3149	21769	173	363	307	1163
583	2115	1281	6235	66	121	86	242
559	1699	1017	6555	67	161	120	179
749	2421	1472	8031	52	192	124	318
1966	4175	2558	49833	135	263	186	2686
1039	2163	1233	9258	35	58	42	292
164	481	209	2119				
330	907	652	4696	27	23	19	232
962	2346	1379	10185	167	278	188	626
796	1299	812	4399	72	135	49	502
776	2312	1350	10563	56	187	57	285
98	426	163	1929	21	87		37
306	1171	798	2354	46	66	63	67
509	1690	1062	4579	60	277	230	1387
30	63	33	307	21	29	24	176
177	299	220	1645	42	94	93	587
809	1738	1305	8807	51	155	128	422

2－24 分行业研究与开发机构科技活动课题(2005年)

Scientific and Technological Research Topics Taken by Research Institutions by Industry(2005)

行 业 Industry	课题数(个) Number of Topics (item)	投入人员(人年) Input of Personnel (man-year)	#科学家和工程师 Scientists & Engineers	投入经费(万元) Input of Funds (10 000 yuan)
总 计 **Total**	**59967**	**228417**	**168940**	**4419257**
农、林、牧渔业小计 **Farming, Forestry, Animal Husbandry and Fishery**	**17381**	**38436**	**25673**	**240354**
农业 Farming	10432	23055	15313	141516
林业 Forestry	2165	4572	2972	23845
畜牧业 Animal Husbandry	792	2105	1466	13999
渔业 Fishery	833	1741	1261	12476
农、林、牧、渔服务业 Service Aactivities For Aagriculture, Forestry, Farming of Aanimals and Fishing	3159	6963	4662	48518
采矿业小计 **Mining**	**130**	**365**	**318**	**4494**
煤炭开采和洗选业 Mining and Washing of Coal	36	71	64	406
石油和天然气开采业 Petroleum and Natural Gas Extraction	48	181	177	3391
黑色金属矿采选业 Ferrous Metals Mining and Dressing				
有色金属矿采选业 Nonferrous Metals Mining and Dressing	36	95	61	630
非金属矿采选业 Nonmetal Minerals Mining and Dressing				
其他矿采选业 Other Minerals Mining and Dressing	10	19	16	67
制造业小计 **Manufacturing**	**3038**	**8839**	**6339**	**78942**
农副食品加工业 Processing of Food from Agricultural Products	176	524	357	4014
食品制造业 Food Production	132	173	135	1345
饮料制造业 Beverage Production	10	21	19	160
烟草制品业 Manufacture of Tobacco	1	4	4	10
纺织业 Textile Industry	35	128	95	441
纺织服装、鞋、帽制造业 Manufacture of Textile Wearing Apparel, Footware and Caps	8	26	14	289
皮革、毛皮、羽毛(绒)及其制品业 Manufacture of Leather, Fur, Feather and Its Products	5	14	12	120
木材加工及木、竹、藤、棕、草制品业 Processing of Timbers, Manufacture of Wood, Bamboo, Rattan, Palm and Straw Products	78	157	142	1377

2－24 续表 1　Continued

行　业 Industry	课题数（个） Number of Topics（item）	投入人员（人年） Input of Personnel（man-year）	#科学家和工程师 Scientists & Engineers	投入经费（万元） Input of Funds（10 000 yuan）
家具制造业 Furniture Manufacturing	2	9	7	67
造纸及纸制品业 Papermaking and Paper Products	22	36	25	157
印刷业和记录媒介的复制 Printing and Record Medium Reproduction	9	25	24	112
文教体育用品制造业 Culture, Educational and Sports Goods				
石油加工、炼焦及核燃料加工业 Processing of Petroleum, Coking, Processing of Nucleus Fuel	6	15	8	406
化学原料及化学制品制造业 Raw Chemical Materials and Chemical Products	346	1021	722	13829
医药制造业 Medical and Pharmaceutical Products	1033	2643	1889	23689
化学纤维制造业 Chemical Fiber	21	120	84	349
橡胶制品业 Rubber Products	3	8	3	17
塑料制品业 Plastic Products	19	58	35	450
非金属矿物制品业 Nonmetal Mineral Products	80	239	168	573
黑色金属冶炼及压延加工业 Smelting and Pressing of Ferrous Metals	20	45	38	288
有色金属冶炼及压延加工业 Smelting and Pressing of Nonferrous	59	297	220	2202
金属制品业 Metal Products	6	25	15	68
通用设备制造业 Manufacture of General Purpose Machinery	114	394	329	2646
专用设备制造业 Equipment for Special Purposes	589	1851	1315	15485
交通运输设备制造业 Transport Equipment	31	81	44	581
电气机械及器材制造业 Electric Equipment and Machinery	26	134	105	850
通信设备、计算机及其他电子设备制造业 Manufacture of Communication Equipment, Computer and Other Electronic Equipment	106	387	293	7318
仪器仪表及文化、办公用机械制造业 Instruments, Meters, Cultural and Office Machinery	98	395	227	1961
工艺品及其他制造业 Manufacture of Artwork, Other Manufacture	3	10	10	139
废弃资源和废旧材料回收加工业 Recycling and Disposal of Waste				
电力、燃气及水的生产和供应业小计 **Production and Distribution of Electricity, Gas and Water**	**956**	**1031**	**725**	**24013**

2－24 续表 2　Continued

行　业 Industry	课题数（个） Number of Topics (item)	投入人员（人年） Input of Personnel (man-year)	#科学家和工程师 Scientists & Engineers	投入经费（万元） Input of Funds (10 000 yuan)
电力、热力的生产和供应业 Production and Supply of Electric Power and Heat Power	929	944	657	21942
燃气生产和供应业 Production and Distribution of Gas	9	14	9	180
水的生产和供应业 Production and Distribution of Water	18	73	58	1892
建筑业小计 **Construction**	**535**	**1522**	**1088**	**16156**
房屋和土木工程建筑业 Construction of Building and Civil Engineering	521	1485	1059	15820
建筑安装业 Architectural Installation	1	4	1	2
建筑装饰业 Architectural Decoration	3	6	4	70
其他建筑业 Other Construction	10	27	24	264
交通运输、仓储和邮政业小计 **Traffic, Transport, Storage and Post**	**658**	**1327**	**899**	**18055**
铁路运输业 Railway Transportation	85	299	186	1817
道路运输业 Road Transport	251	448	306	7639
城市公共交通业 Urban Public Traffic	54	173	145	1466
水上运输业 Water Transport	190	251	166	5865
航空运输业 Air Transport	41	64	53	716
管道运输业 Pipeline Transport				
装卸搬运和其他运输服务业 Loading, Unloading, Portage and Other Transport Services	37	92	43	552
仓储业 Storage				
邮政业 Post				
信息传输、计算机服务和软件业小计 **Information Transfer, Computer Services and Software**	**837**	**1626**	**1227**	**27753**
电信和其他信息传输服务业 Telecom and Other Information Transfer Services	609	991	833	23525
计算机服务业 Computer Services	44	216	165	1647
软件业 Software Industry	184	419	229	2581
批发和零售业小计 **Wholesale and Retail Trade**	**8**	**34**	**12**	**50**

2－24 续表 3　Continued

行　业 Industry	课题数（个） Number of Topics (item)	投入人员（人年） Input of Personnel (man-year)	#科学家和工程师 Scientists & Engineers	投入经费（万元） Input of Funds (10 000 yuan)
批发业 Wholesale	3	22	6	38
零售业 Retail Trade	5	12	6	12
住宿和餐饮业小计 **Accommodation and Restaurants**				
住宿业 Accommodation				
餐饮业 Restaurants				
金融业小计 **Finance**	**36**	**38**	**32**	**116**
银行业 Bank				
证券业 Securities				
保险业 Insurance				
其他金融活动 Other Financial Activities	36	38	32	116
房地产业小计 **Real Estate**				
房地产业 Real Estate				
租赁和商务服务业小计 **Tenancy and Business Services**	**94**	**197**	**108**	**1253**
租赁业 Tenancy				
商务服务业 Business Service	94	197	108	1253
科学研究、技术服务和地质勘查业小计 **Scientific Research, Technical Service and Geologic Perambulation**	**26911**	**154749**	**117485**	**3845579**
研究与试验发展 Research and Experimental Development	22041	144291	109275	3705736
专业技术服务业 Professional Technique Services	3682	6773	5507	102999
科技交流和推广服务业 Services of Science and Technique Intercommunion and Generalization	495	1359	898	8786
地质勘查业 Geologic Perambulation	693	2326	1805	28057
水利、环境和公共设施管理业小计 **Management of Water Conservancy, Environment and Public Establishment**	**3803**	**6877**	**5064**	**68145**
水利管理业 Management of Water Conservancy	1667	3098	2284	33111
环境管理业 Environmental Management	2058	3589	2661	33779

2－24 续表4　Continued

行　业 Industry	课题数（个）Number of Topics (item)	投入人员（人年）Input of Personnel (man-year)	#科学家和工程师 Scientists & Engineers	投入经费（万元）Input of Funds (10 000 yuan)
公共设施管理业 Management of Public Establishment	78	190	120	1254
居民服务和其他服务业小计 Resident Services and Other services	**6**	**16**	**9**	**135**
居民服务业 Resident Services	6	16	9	135
其他服务业 Other Services				
教育小计 Education	**564**	**726**	**576**	**4378**
教育 Education	564	726	576	4378
卫生、社会保障和社会福利业小计 Sanitation, Social Security and Social Welfare	**3410**	**9478**	**6857**	**65585**
卫生 Sanitation	3410	9478	6857	65585
社会保障业 Social Security				
社会福利业 Social Welfare				
文化、体育和娱乐业小计 Culture, Sports and Entertainment	**591**	**1247**	**845**	**7704**
新闻出版业 Journalism and Publishing Activities	11	50	50	233
广播、电视、电影和音像业 Broadcasting, Movies, Television and Audiovisual Activities	4	9	9	204
文化艺术业 Culture and Art	257	665	436	5347
体育 Sports Activities	281	436	297	1754
娱乐业 Entertainment	38	87	53	165
公共管理和社会组织小计 Public Management and Social Organization	**1009**	**1910**	**1681**	**16546**
中国共产党机关 Chinese Communist Party Organs	14	13	13	58
国家机构 Organ of State	995	1897	1668	16488
人民政协和民主党派 People's Political Consultative Conference and Democratic Parties				
群众团体、社会团体和宗教组织 Mass Communities, Social Communities and Religion Organizations				
基层群众自治组织 Grass Roots Self-government Organizations				
国际组织小计 International Organizations				
国际组织 International Organizations				

2-25 研究与开发机构科技活动课题按来源及合作形式分(2005年)

S&T Activities Topics Taken in Sciences Research Institutions by Resources and Cooperation Modality(2005)

项　目 Item	课题数 (个) Number of Topics (item)	投入人员 (人年) Input of Personnel (man-year)	#科学家和工程师 Scientists & Engineers	投入经费 (万元) Input of Funds (10000 yuan)
总计 Total	**59967**	**228417**	**168940**	**4419257**
按课题来源分组 By Resources of Topics				
国家科技项目 National S&T Projects	25150	143688	109301	3163240
地方科技项目 Local S&T Projects	20205	46133	31631	248367
企业委托科技项目 S&T Projects Entrusted by Enterprise	5190	11097	7767	229604
自选科技项目 S&T Projects Chosen by Enterprise	5796	13125	9744	112781
来自国外的科技项目 Oversease S&T Projects	999	2004	1529	30960
其它科技项目 Others	2627	12370	8967	634304
按合作形式分组 By Cooperation Modality				
与境外机构合作 Cooperation with Oversease Institutes	990	2051	1537	35006
与国内高校合作 Cooperation with Higher Education	2354	6052	4722	87713
与国内独立研究机构合作 Cooperation with Independent Research Institutes	5357	20979	15491	422672
与境内注册的外商独资企业合作 Cooperation with Sole Foreign Enterprise	51	146	104	1288
与境内注册的其他企业合作 Cooperationg with Other Enterprise	3081	9035	6740	122469
独立完成 Independent Implementation	45343	181401	134872	3603496
其他 Other	2791	8753	5473	146613

2-26 研究与开发机构研究与试验发展(R&D)课题学科分组情况(2005年)
R&D Topics Taken by Research Institutions by Discipline(2005)

学 科 Discipline	R&D 课题数 (个) Projects of R&D (item)	R&D 课题参加人员全时当量 (人年) Participants (man-year)	#科学家和工程师 Scientists & Engineers	R&D 项目(课题)经费内部支出 (万元) Expenditure (10 000 yuan)
全国 Total	**39072**	**175858**	**133485**	**3534911**
数学 Mathematics	178	173	173	1877
信息科学与系统科学 Information & System Science	278	1398	1255	35974
力学 Mechanics	180	301	247	5452
物理学 Physics	1400	3127	2467	95365
化学 Chemistry	1273	2424	2018	60068
天文学 Astronomy	375	517	457	21076
地球科学 Earth Science	4213	5791	4999	108924
生物学 Biology	3494	4729	3826	88966
农学 Agriculture	6366	14051	9723	88965
林学 Forestry	1172	2361	1667	14260
畜牧、兽医科学 Livestock, Veterinary Medicine	1006	2318	1760	17337
水产学 Aquatic	564	1178	862	8812
基础医学 Basic Medicine	492	1113	863	11768
临床医学 Clinic Medicine	1161	3152	2494	24756
预防医学与卫生学 Protective Medicine	554	1696	1211	17126
军事医学与特种医学 Military Medicine & Special Medicine	56	51	28	372
药学 Pharmacy	459	1210	908	17519
中医学与中药学 Traditional Chinese Medicine	1066	2816	1942	15493
工程与技术科学基础学科 Engineering & Basic Technology Science	1157	14939	11792	324080
测绘科学技术 Surveying & Mapping	129	298	254	8999
材料科学 Material Science	1029	3777	2942	58609
矿山工程技术 Mining	55	149	122	941
冶金工程技术 Metallurgy	30	88	75	889
机械工程 Mechanical Engineering	383	1913	1311	37043
动力与电气工程 Power & Electrical Engineering	272	1983	1499	30229
能源科学技术 Energy Technology	369	2061	1450	21362
核科学技术 Nuclear Technology	169	7837	5505	162233
电子、通信与自动控制技术 Electronics, Communication & Automation	2292	29008	22402	731075

2－26 续表 Continued

学 科 Discipline	R&D 课题数 (个) Projects of R&DL (item)	R&D 课题参加人员全时当量 (人年) Participants (man-year)	#科学家和工程师 Scientists & Engineers	R&D 项目(课题)经费内部支出 (万元) Expenditure (10 000 yuan)
计算机科学技术 Computer Technology	842	3055	2703	59937
化学工程 Chemical Engineering	276	853	651	11335
纺织科学技术 Textile Technology	23	138	112	607
食品科学技术 Food Technology	153	351	253	2895
土木建筑工程 Civil Construction	138	301	215	1290
水利工程 Water Conservancy	664	1176	856	15952
交通运输工程 Transportaiton Engineering	428	1468	1167	24104
航空、航天科学技术 Aviation and Aerospace	1624	47367	34198	1328448
环境科学技术 Environment	741	2119	1814	24972
安全科学技术 Security	141	751	686	5016
管理学 Management	208	335	295	2802
马克思主义 Marxism	85	151	138	840
哲学 Phylosophy	144	280	222	1566
宗教学 Religion	107	113	109	651
语言学 Linguistics	68	152	137	697
文学 Literature	175	347	292	1877
艺术学 Arts	90	321	275	1596
历史学 Histry	389	718	631	5097
考古学 Archaeology	125	366	278	4650
经济学 Economics	1060	2155	1759	12908
政治学 Politics	228	423	341	2282
法学 Law	248	379	347	2919
军事学 Strategics	11	12	11	80
社会学 Sociology	308	735	613	3377
民族学 Ethnography	107	223	181	1125
新闻学与传播学 Journalism	34	49	42	219
图书馆、情报与文献学 Library and Information Literature	133	576	507	5045
教育学 Education	219	346	304	2332
体育科学 Physical Science	124	124	84	637
统计学 Statistics	7	19	18	88

2-27 研究与开发机构研究与试验发展(R&D)课题按来源及合作形式分(2005年)

R&D Topic Taken in Research Institutions by Resources and Cooperation Modality(2005)

项目 Item	R&D课题数(个) Projects of R&D (item)	R&D课题参加人员全时当量(人年) Participants (man-year)	#科学家和工程师 Scientists & Engineers	R&D项目(课题)经费内部支出(万元) Expenditure (10 000 yuan)
总计 Total	**39072**	**175858**	**133485**	**3534911**
按课题来源分组 By Resources of Topics				
国家科技项目 National S&T Projects	20448	126999	97531	2746662
地方科技项目 Local S&T Projects	10820	23944	17159	135373
企业委托科技项目 S&T Projects Entrusted by Enterprise	1456	5063	3486	100277
自选科技项目 S&T Projects Chosen by Enterprise	4267	9522	7351	93478
来自国外的科技项目 Oversease S&T Projects	674	1302	1004	21073
其它科技项目 Others	1407	9028	6954	438048
按合作形式分组 By Cooperation Modality				
与境外机构合作 Cooperation with Oversease Institutes	745	1487	1149	27480
与国内高校合作 Cooperation with Higher Education	1712	4314	3509	74046
与国内独立研究机构合作 Cooperation with Independent Research Institutes	3788	17232	12876	353556
与境内注册的外商独资企业合作 Cooperation with Sole Foreign Enterprise	30	66	49	838
与境内注册的其他企业合作 Cooperationg with Other Enterprise	1355	5548	4362	82631
独立完成 Independent Implementation	30366	142204	108340	2877485
其他 Other	1076	5008	3201	118875

三、大中型工业企业及高技术产业

Large and Medium-sized Industrial Enterprises and High Technology Industry

3-1 大中型工业企业

Major Indicators of Large and

指　标　Item	单位　Unit	1991	1992	1993
企业数 Number of Large & Medium-sized Enterprises	**个 unit**	**14935**	**16991**	**15000**
#有科技机构的企业数 Number of Enterprises Having Institutions for S&T	个 unit	7899	8576	9503
#有科技活动的企业数 Number of Enterprises Having Activities for S&T	个 unit			
企业有科技机构 Number of S&T Institutions in Enterprises	**个 unit**	**8792**	**9432**	**10477**
年末从业人员数 Employees at year end	**万人 10000 persons**	**3195**	**3448**	**3571**
#工程技术人员 Technical Engineering Personnel	万人 10000 persons	210	217	261
产品销售收入 Total Revenue from the Sale of Products	**亿元 100 million yuan**	**11937**	**15235**	**19077**
#新产品 Revenue from the Sale of New Products	亿元 100 million yuan	1186	1595	2034
#新产品出口 Export of New Products	亿元 100 million yuan			
生产经营用设备原价 Original Value of Productive Equipment	**亿元 100 million yuan**	**6891**	**8283**	**7387**
#微电子控制 Equipment Controlled by Micro-electronics	亿元 100 million yuan	417	497	687
科技活动人员 S&T Personnel	**万人 10000 persons**	**82.9**	**88.6**	**91.8**
#科学家和工程师 Scientists and Engineers	万人 10000 persons	50.3	55.0	53.8
科技活动经费筹集额 Total Funds Obtaied for S&T Activities	**亿元 100 million yuan**	**193.1**	**253.1**	**265.4**
#政府资金 Government Grant	亿元 100 million yuan	13.6	17.3	16.2
企业资金 Enterprise Self-financed	亿元 100 million yuan	121.6	162.5	166.3
金融机构贷款 Bank Loans	亿元 100 million yuan	47.6	58.3	70.3
科技活动经费内部支出 Intramural Expenditure on S&T Activities	**亿元 100 million yuan**	**166.0**	**208.8**	**240.0**
#劳务费 Compensation for Laborers	亿元 100 million yuan	20.8	26.5	29.0
原材料费 Raw Material Expenditure	亿元 100 million yuan	42.8	58.9	63.4
固定资产购建费 Expenditure on the Purchase of Fixed Assets	亿元 100 million yuan	61.2	74.6	103.2
#新产品开发经费支出 Spending for New Products	亿元 100 million yuan	71.4	87.3	103.9
研究与发展人员全时当量 Full-time Equivalent of R&D Personnel	**万人年 10000 man-year**			
研究与发展经费支出 R&D Expenditure	**亿元 100 million yuan**	**58.6**	**76.1**	**95.2**
技术改造经费支出 Technical Renovation Expenditure	**亿元 100 million yuan**	**322.8**		**622.2**
技术引进经费支出 Expenditure on Import of Technology	**亿元 100 million yuan**	**90.2**		**159.2**
消化吸收经费支出 Expenditure on Technology Absorption	**亿元 100 million yuan**	**4.1**		**6.2**
购买国内技术支出 Expenditure on Purchase of Domestic Technology	**亿元 100 million yuan**	**3.7**		**4.7**

基本情况
Medium-sized Industrial Enterprises

1994	1995	1996	1997	1998	1999	2000	2001	2002	2003	2004	2005
20162	**23026**	**24061**	**24024**	**23577**	**22276**	**21776**	**22904**	**23096**	**22276**	**27692**	**28567**
8817	9165	8179	7313	7220	7120	6187	6000	5836	5545	6468	6775
	13098	11676	11212	11529	11216	11008	10461	10346	9509	10620	11060
12499	**13107**	**12033**	**11142**	**10926**	**11237**	**7601**	**7400**	**7192**	**6841**	**9083**	**9352**
3870	**3893**	**3874**	**3780**	**3428**	**3137**	**2902**	**2804**	**2710**	**3103**	**3508**	**3742**
	254	301	306	305	309	303	306	304	313	296	322
23904	**30831**	**33553**	**36297**	**37463**	**41912**	**49847**	**58511**	**67452**	**96497**	**133929**	**164974**
2444	2620	3382	3631	4367	5550	7641	8794	10838	14098	20421	24097
	295	435	477	632	755	1271	1393	1772	2590	4854	5539
13586	**14749**	**23893**	**24768**	**31508**	**37283**	**44269**	**49528**	**52104**	**56439**	**59544**	**64114**
1149	1621	2207	2234	3142	4016	3960	4673	4720	4867	5874	7779
117.9	**123.4**	**145.5**	**147.4**	**141.0**	**145.4**	**138.7**	**136.8**	**136.7**	**141.1**	**144.9**	**167.9**
69.0	71.0	79.6	80.2	63.7	66.8	76.9	79.1	81.3	87.3	84.2	103.1
348.5	**427.4**	**452.6**	**499.8**	**556.4**	**665.4**	**922.8**	**1046.7**	**1213.0**	**1588.6**	**2090.7**	**2665.8**
24.5	27.1	32.0	31.5	44.0	49.7	43.2	41.1	53.7	51.8	64.8	81.9
234.4	305.5	312.8	348.4	402.5	510.3	744.4	880.4	1020.3	1339.6	1832.5	2358.6
75.1	72.5	89.2	88.6	89.3	84.0	97.3	95.6	99.9	156.5	155.3	169.4
321.3	**365.8**	**384.9**	**438.4**	**478.7**	**567.2**	**823.7**	**977.9**	**1164.1**	**1467.8**	**2002.0**	**2543.3**
51.5	64.7	63.5	71.9	90.5	110.7	177.4	218.5	258.9	324.4	446.1	501.4
94.7	121.3	120.2	131.0	139.4	166.5	209.8	254.5	306.3	409.0	553.2	714.9
129.1	131.0	143.4	155.4	171.2	203.9	280.1	320.5	358.1	462.7	671.2	846.2
132.7	164.8	207.3	224.0	245.2	304.6	388.9	422.0	509.2	639.0	821.0	1457.2
	28.2	33.8	32.2	27.0	30.3	32.9	37.9	42.4	47.8	43.8	60.6
122.0	**141.7**	**160.5**	**188.3**	**197.1**	**249.9**	**353.6**	**442.3**	**560.2**	**720.8**	**954.4**	**1250.3**
	1137.8	**1249.9**	**1102.4**	**919.6**	**845.6**	**1132.6**	**1264.8**	**1492.1**	**1896.4**	**2588.5**	**2792.9**
	360.9	**322.1**	**236.5**	**214.8**	**207.5**	**245.4**	**285.9**	**372.5**	**405.4**	**367.9**	**296.8**
	13.1	**13.6**	**13.6**	**14.6**	**18.1**	**18.2**	**19.6**	**25.7**	**27.1**	**54.0**	**69.4**
	25.5	**25.8**	**14.6**	**18.2**	**13.8**	**26.4**	**36.3**	**42.9**	**54.3**	**69.9**	**83.4**

3-2 大中型工业企业基本
Major Relative Indicators of Large

单位:%

指　　标　　Item	1991	1992	1993	1994
有科技机构的企业数所占比重 Enterprises Having Institutions for S&T as a Percentage of Total Enterprises	52.9	50.5	63.4	43.7
有科技活动的企业数所占比重 Enterprises Having Activities for S&T as a Percentage of Total Enterprises				
工程技术人员占企业从业人员数比重 Technical Engineering Personnel as a Percentage of Total Employees	6.6	6.3	7.3	
科技活动人员占从业人员比重 S&T Personnel as a Percentage of Total Employees	2.6	2.6	2.6	3.0
科学家和工程师占科技活动人员比重 Scientists and Engineers as a Percentage of S&T Personnel	60.7	62.1	58.6	58.5
微电子控制设备占生产经营用设备原价比重 Equipment Controlled by Micro-electronics as a Percentage of Original Value of Productive Equipment	6.1	6.0	9.3	8.5
新产品销售收入占产品销售收入比重 Sales Revenue of New Products as a Percentage of Total Revenue from the Sale of Products	9.9	10.5	10.7	10.2
新产品开发经费占科技活动经费比重 Expenditure on New Products as a Percentage of Total Expenditure on S&T Activities	43.0	41.8	43.3	41.3
科技活动经费占产品销售收入比重 Expenditure for S&T Activities as a Percentage of Total Revenue from the Sale of Products	1.39	1.37	1.26	1.34
研究与发展经费支出占产品销售收入比重 Expenditure on R&D as a Percentage of Total Revenue from the Sale of Products	0.49	0.50	0.50	0.51
平均每个企业科技活动经费支出(万元) Average Enterprise Expenditure for S&T Activities	111	123	160	159
平均每个科技活动人员经费支出(万元) Per Capita Expenditure of Personnel Engaged in S&T Activities	2.00	2.36	2.61	2.72
政府资金占经费筹集比重 Government Grant as a Percentage of Total Funds Obtained for S&T Activities	7.1	6.8	6.1	7.0
企业资金占经费筹集比重 Enterprise Self-financed Fund as a Percentage of Total Funds Obtained for S&T Activities	63.0	64.2	62.7	67.2
金融机构贷款占经费筹集比重 Bank Loans as a Percentage of Total Funds Obtained for S&T Activities	24.6	23.0	26.5	21.6

情况分析指标
and Medium-sized Industrial Enterprises

(%)

1995	1996	1997	1998	1999	2000	2001	2002	2003	2004	2005
39.8	34.0	30.4	30.6	32.0	28.4	26.2	25.3	24.9	23.4	23.7
56.9	48.5	46.7	50.0	50.4	50.6	45.7	44.8	42.7	38.4	38.7
6.5	7.8	8.1	8.9	9.8	10.4	10.9	11.2	10.1	8.4	8.6
3.2	3.8	3.9	4.1	4.6	4.8	4.9	5.0	4.5	4.1	4.5
57.5	54.7	54.4	45.2	45.9	55.4	57.8	59.5	61.9	58.1	61.4
11.0	9.2	9.0	10.0	10.8	8.9	9.4	9.1	8.6	9.9	12.1
8.5	10.0	10.0	11.7	13.2	15.3	15.0	16.1	14.6	15.3	14.6
45.0	53.9	51.1	51.2	53.7	47.2	43.2	43.7	43.5	41.0	57.3
1.19	1.15	1.21	1.28	1.35	1.65	1.67	1.73	1.52	1.49	1.54
0.46	0.48	0.52	0.53	0.60	0.71	0.76	0.83	0.75	0.71	0.76
159	160	182	203	255	378	427	504	659	723	890.3
2.96	2.64	2.97	3.39	3.90	5.94	7.15	8.52	10.4	13.82	15.15
6.3	7.1	6.3	7.9	7.5	4.7	3.9	4.4	3.3	3.1	3.1
71.5	69.1	69.7	72.3	76.7	80.7	84.1	84.1	84.3	87.7	88.5
17.0	19.7	17.7	16.1	12.6	10.5	9.1	8.2	9.9	7.4	6.4

3－3 分登记注册类型大中型

Major Indicators of Large and Medium-sized

单位：万元

注册类型 Type of Registration	企业数(个) Number of Large & Medium-sized Enterprises (unit)	#有科技机构的企业数 Having Institutions for S&T	#有科技活动的企业数 Having Activities for S&T	工业总产值 Gross Value of Industrial Output	#新产品 New Products
总计 **Total**	**28567**	**6775**	**11060**	**1640150225**	**253823290**
内资企业 **Domestic Funded**	**19283**	**5400**	**8274**	**1085741879**	**155495346**
国有企业 State-owned Enterprises	3357	838	1414	222802355	22746444
#大型企业 Large Scale	422	238	320	139336676	17736404
集体企业 Collective-owned Enterprises	919	112	198	37258358	8072462
股份合作企业 Cooperative Enterprises	405	85	157	9332630	660971
联营企业 Joint Ownership Enterprises	104	16	32	7393358	994667
国有联营企业 State Joint Ownership Enterprises	44	7	16	5835153	904898
集体联营企业 Collective Joint Ownership Enterprises	19	1	2	419688	
国有与集体联营企业 Joint State-collective Enterprises	30	6	11	521787	62001
其他联营企业 Other Joint Ownership Enterprises	11	2	3	616730	27768
有限责任公司 Limited Liability Corporations	6714	2113	3166	415476698	66577625
国有独资公司 State Sole Funded Corporations	754	400	517	126912513	23299200
其他有限责任公司 Other Limited Liability Corporations	5960	1713	2649	288564185	43278426
股份有限公司 Share-holding Corporations Ltd.	2322	1067	1390	248914859	42610493
私营企业 Private Enterprises	5398	1160	1896	141338664	12792325

工业企业基本情况(2005 年)

Industrial Enterprises by Registration(2005)

(10 000 yuan)

产品销售收入 Total Revenue from the Sale of Products	#新产品 New Products	年末从业人员(人) Employees at year-end (person)	#工程技术人员 Technical Engineering Personnel	生产经营用设备原价 Original Value of Equipment	#微电子控制 Equipment Controlled by Micro-electronics
1649736633	**240970910**	**37419629**	**3223504**	**641135795**	**77790975**
1106579015	**149216683**	**26594774**	**2597310**	**490322363**	**56446856**
232032942	22914268	5750297	701477	143716416	10552232
149277822	18111044	3043435	390027	91544930	5219979
36828415	7566030	1032875	58699	7521145	1022194
8911869	629890	285366	19977	1875176	203492
7377180	956435	110700	15572	4397427	2077830
5834810	893788	52655	12305	4030952	2062165
417882		17596	1613	101614	323
539707	37449	27704	1171	190243	13429
584780	25198	12745	483	74617	1914
424093299	64422418	11269326	1112301	187920935	20463610
134458166	22794440	3984267	433244	70425804	8241358
289635132	41627978	7285059	679057	117495131	12222252
258368887	40355181	3866577	436706	116834879	19325253
135845508	12022943	4198387	245707	27337241	2765656

单位:万元

注册类型 Type of Registration	企业数(个) Number of Large & Medium-sized Enterprises (unit)	#有科技机构的企业数 Having Institutions for S&T	#有科技活动的企业数 Having Activities for S&T	工业总产值 Gross Value of Industrial Output	#新产品 New Products
私营独资企业 Private-funded Enterprises	483	62	103	11512575	292612
私营合伙企业 Private Partnership Enterprises	88	15	25	1973239	101224
私营有限责任公司 Private Limited Liability Corporations	4489	1009	1647	117042060	11657970
私营股份有限公司 Private Share-holding Corporations Ltd.	338	74	121	10810790	740519
其他企业 Others Enterprises	64	9	21	3224958	1040359
港澳台商投资企业 **Enterprises with Funds from Hong Kong,Macau and Taiwan**	**4253**	**632**	**1184**	**184354547**	**30185672**
#大型企业 Large Scale	226	80	125	78972696	20431980
与港澳台商合资经营企业 Joint-venture Enterprises (with Funds from Hong Kong,Macau and Taiwan)	1575	342	602	63980031	11525452
与港澳台商合作经营企业 Cooperative Enterprises (with Funds from Hong Kong,Macau and Taiwan)	197	25	39	8871779	716036
港澳台商独资经营企业 Enterprises with Sole Funds from Hong Kong,Macau and Taiwan	2404	230	496	99322511	14685947
港澳台商投资股份有限公司 Share-holding Corporations Ltd. with Funds from Hong Kong, Macau and Taiwan	77	35	47	12180227	3258238
外商投资企业 **Foreign Funded Enterprises**	**5031**	**743**	**1602**	**370053799**	**68142272**
#大型企业 Large Scale	418	132	227	175870444	45793070
中外合资经营企业 Joint-venture Enterprises	2070	438	853	173894553	46166940
中外合作经营 Cooperation Enterprises	223	28	54	11206887	424321
外资企业 Enterprises with Sole Foreign Funds	2620	234	634	169908538	17887405
外商投资股份有限公司 Share-holding Corporations Ltd. with Foreign Funds	118	43	61	15043821	3663607

Continued

(10 000 yuan)

产品销售收入 Total Revenue from the Sale of Products	#新产品 New Products	年末从业人员（人） Employees at year-end (person)	#工程技术人员 Technical Engineering Personnel	生产经营用设备原价 Original Value of Equipment	#微电子控制 Equipment Controlled by Micro-electronics
10993812	271526	359522	15905	1990130	170204
1900530	96264	61438	3562	313848	12617
112463321	10884342	3492806	206497	23040258	2462547
10487845	770812	284621	19743	1993006	120288
3120915	349519	81246	6871	719144	36589
180254481	**29356148**	**5169573**	**270822**	**48664399**	**6933979**
77926439	19847174	1198341	94814	12914774	1635805
60796507	10904727	1461083	95208	19865272	2966706
8463674	716462	242517	11139	3472461	373857
98155547	14412228	3307292	149031	21652889	3216045
12838752	3322732	158681	15444	3673777	377371
362903137	**62398079**	**5655282**	**355372**	**102149034**	**14410140**
172642200	40726665	1886156	127505	36684585	6395367
167937131	40353445	2055635	163812	47714950	7088396
10631206	407046	229086	13226	4220230	201590
168466130	17949229	3161318	150333	39139369	5488259
15868670	3688359	209243	28001	11074486	1631897

3-4 分登记注册类型大中型工业企业

Major Relative Indicators of Large and Medium-sized

单位:%

注册类型 Type of Registration	有科技机构的企业占全部企业比重 Enterprises Having Institutions for S&T as a Percentage of Total Enterprises	科技活动人员占从业人员比重 S&T Personnel as a Percentage of Total Employees	科学家与工程师占科技活动人员比重 Scientists and Engineers as a Percentage of S&T Personnel
总计 **Total**	**23.7**	**4.5**	**61.4**
内资企业 **Domestic Funded**	**28.0**	**5.2**	**61.1**
国有企业 State-owned Enterprises	25.0	4.9	62.6
#大型企业 Large Scale	56.4	6.0	64.3
集体企业 Collective-owned Enterprises	12.2	2.5	60.7
股份合作企业 Cooperative Enterprises	21.0	3.6	55.8
联营企业 Joint Ownership Enterprises	15.4	5.5	75.0
国有联营企业 State Joint Ownership Enterprises	15.9	10.3	75.5
集体联营企业 Collective Joint Ownership Enterprises	5.3	0.2	50.0
国有与集体联营企业 Joint State-collective Enterprises	20.0	2.1	73.7
其他联营企业 Other Joint Ownership Enterprises	18.2	0.7	58.3
有限责任公司 Limited Liability Corporations	31.5	5.8	60.4
国有独资公司 State Sole Funded Corporations	53.1	6.3	62.2
其他有限责任公司 Other Limited Liability Corporations	28.7	5.5	59.3
股份有限公司 Share-holding Corporations Ltd.	46.0	7.7	61.8
私营企业 Private Enterprises	21.5	2.7	59.4

基本情况分析指标(2005 年)
Industrial Enterprises by Registration(2005)

(%)

R&D 经费占产品销售收入比重 Expenditure for R&D as a Percentage of Total Revenue from the Sale of Products	科技活动经费占产品销售收入比重 Expenditure for S&T Activities as a Percentage of Total Revenue from the Sale of Products	新产品产值占工业总产值比重 Output Value of New Products as a Percentage of Gross Output of Industrial Value	新产品销售收入占产品销售收入比重 Sales Revenue of New Products as a Percentage of Total Revenue from the Sale of Products	微电子控制设备占生产经营用设备原价比重 Equipment Controlled by Micro-electronics as a Percentage of Original Value of Productive Equipment
0.8	**1.5**	**15.5**	**14.6**	**12.1**
0.8	**1.7**	**14.3**	**13.5**	**11.5**
0.7	1.4	10.2	9.9	7.3
0.8	1.6	12.7	12.1	5.7
0.9	1.6	21.7	20.5	13.6
0.6	1.2	7.1	7.1	10.9
1.2	2.4	13.5	13.0	47.3
1.4	2.8	15.5	15.3	51.2
	0.0			0.3
0.8	2.1	11.9	6.9	7.1
0.3	0.5	4.5	4.3	2.6
1.0	2.0	16.0	15.2	10.9
1.2	2.3	18.4	17.0	11.7
0.9	1.8	15.0	14.4	10.4
0.9	1.9	17.1	15.6	16.5
0.5	1.2	9.1	8.9	10.1

单位:%

注册类型 Type of Registration	有科技机构的企业占全部企业比重 Enterprises Having Institutions for S&T as a Percentage of Total Enterprises	科技活动人员占从业人员比重 S&T Personnel as a Percentage of Total Employees	科学家与工程师占科技活动人员比重 Scientists and Engineers as a Percentage of S&T Personnel
私营独资企业 Private-funded Enterprises	12.8	1.4	54.5
私营合伙企业 Private Partnership Enterprises	17.1	2.5	53.4
私营有限责任公司 Private Limited Liability Corporations	22.5	2.8	59.2
私营股份有限公司 Private Share-holding Corporations Ltd.	21.9	3.0	66.1
其他企业 Others Enterprises	14.1	2.9	62.5
港澳台商投资企业 **Enterprises with Funds from Hong Kong,Macau and Taiwan**	**14.9**	**2.2**	**61.5**
#大型企业 Large Scale	35.4	4.2	64.3
与港澳台商合资经营企业 Joint-venture Enterprises (with Funds from Hong Kong,Macau and Taiwan)	21.7	3.6	54.9
与港澳台商合作经营企业 Cooperative Enterprises (with Funds from Hong Kong,Macau and Taiwan)	12.7	1.3	50.1
港澳台商独资经营企业 Enterprises with Sole Funds from Hong Kong,Macau and Taiwan	9.6	1.5	68.6
港澳台商投资股份有限公司 Share-holding Corporations Ltd. with Funds from Hong Kong,Macau and Taiwan	45.5	6.4	65.5
外商投资企业 **Foreign Funded Enterprises**	**14.8**	**3.1**	**63.8**
#大型企业 Large Scale	31.6	4.0	67.7
中外合资经营企业 Joint-venture Enterprises	21.2	4.4	61.8
中外合作经营 Cooperation Enterprises	13	2	59
外资企业 Enterprises with Sole Foreign Funds	9	2	65
外商投资股份有限公司 Share-holding Corporations Ltd. with Foreign Funds	36	7	70

Continued

(%)

R&D经费占产品销售收入比重 Expenditure for R&D as a Percentage of Total Revenue from the Sale of Products	科技活动经费占产品销售收入比重 Expenditure for S&T Activities as a Percentage of Total Revenue from the Sale of Products	新产品产值占工业总产值比重 Output Value of New Products as a Percentage of Gross Output of Industrial Value	新产品销售收入占产品销售收入比重 Sales Revenue of New Products as a Percentage of Total Revenue from the Sale of Products	微电子控制设备占生产经营用设备原价比重 Equipment Controlled by Micro-electronics as a Percentage of Original Value of Productive Equipment
0.2	0.7	2.5	2.5	8.6
0.3	1.1	5.1	5.1	4.0
0.5	1.3	10.0	9.7	10.7
0.5	1.3	6.9	7.4	6.0
0.5	2.4	32.3	11.2	5.1
0.5	**1.1**	**16.4**	**16.3**	**14.3**
0.6	1.2	25.9	25.5	12.7
0.8	1.5	18.0	17.9	14.9
0.1	0.6	8.1	8.5	10.8
0.4	0.8	14.8	14.7	14.9
0.5	1.6	26.8	25.9	10.3
0.6	**1.2**	**18.4**	**17.2**	**14.1**
0.8	1.3	26.0	23.6	17.4
0.8	1.6	26.6	24.0	14.9
	1	4	4	5
	1	11	11	14
2	3	24	23	15

3-5 各地区大中型工业

Major Indicators of Large and Medium-sized

单位:万元

地区 Region		企业数(个) Number of Large & Medium-sized Enterprises (unit)	#有科技机构的企业数 Having Institutions for S&T	#有科技活动的企业数 Having Activities for S&T	工业总产值 Gross Value of Industrial Output	#新产品 New Products
全 国	**Total**	**28567**	**6775**	**11060**	**1640150225**	**253823290**
东部地区	Eastern Region	19363	4427	7453	1151616207	192015809
中部地区	Mid Region	5437	1347	2045	296171210	39183107
西部地区	Western Region	3767	1001	1562	192362809	22624374
北 京	Beijing	520	99	249	51496167	8781042
天 津	Tianjin	549	138	209	51464481	15516388
河 北	Hebei	1206	251	356	75445281	4285716
山 西	Shanxi	844	140	214	38529881	2961953
内蒙古	Neimenggu	378	58	103	19393575	1979058
辽 宁	Liaoning	1013	176	301	79058010	9511499
吉 林	Jilin	353	79	112	30524347	8690951
黑龙江	Heilongjiang	432	105	158	40847068	3437786
上 海	Shanghai	1213	200	449	104710829	31235422
江 苏	Jiangsu	3373	884	1695	200562682	28477752
浙 江	Zhejiang	3220	1094	1734	119616830	22775914
安 徽	Anhui	625	231	345	33525806	4377648
福 建	Fujian	1202	259	419	49615628	10247953
江 西	Jiangxi	441	112	171	19190469	2450352
山 东	Shandong	3099	584	867	188503252	25031944
河 南	Henan	1321	304	446	62643843	6086203
湖 北	Hubei	803	190	303	43632613	6375571
湖 南	Hunan	618	186	296	27277184	4802643
广 东	Guangdong	3894	733	1156	228288839	35371491
广 西	Guangxi	396	102	161	15215274	2717242
海 南	Hainan	74	9	18	2854209	780687
重 庆	Chongqing	457	163	269	22155317	5924160
四 川	Sichuan	840	234	374	34935209	5746148
贵 州	Guizhou	269	82	111	11975389	1038504
云 南	Yunnan	341	72	117	17500058	628358
西 藏	Tibet					
陕 西	Shaanxi	473	152	218	28173123	2914765
甘 肃	Gansu	228	55	89	16221326	853430
青 海	Qinghai	56	20	25	4161820	150570
宁 夏	Ningxia	121	24	42	4995952	345955
新 疆	Xinjiang	208	39	53	17635767	326183

企业基本情况(2005 年)
Industrial Enterprises by Region(2005)

(10 000 yuan)

产品销售收入 Total Revenue from the Sale of Products	#新产品 New Products	年末从业人员(人) Employees at year-end (person)	#工程技术人员 Technical Engineering Personnel	生产经营用设备原价 Original Value of Equipment	#微电子控制 Equipment Controlled by Micro-electronics
1649736633	**240970910**	**37419629**	**3223504**	**641135795**	**77790975**
1152671053	186208765	23112334	1816571	378546969	49582512
297764833	33145357	8849500	848539	160440587	12558570
199300747	21616787	5457795	558394	102148239	15649893
54125210	8782024	607666	62043	19722047	1971405
53121756	15456202	652176	47651	11736904	1179004
74558689	4364557	1760182	136425	29101100	3305203
38397396	2841529	1565574	130674	24341856	1385749
21412683	1870613	563446	46296	11774349	896580
79989711	9183210	1708191	187269	48464899	4111929
29764310	4479058	667393	75728	16894960	2432560
41164968	2959176	999709	127572	26188626	853708
110225803	31487202	1152284	95830	61938081	5206357
199303702	26796653	3633806	340219	56417466	8916249
119538117	21497764	2668070	203486	35451420	8255357
33519901	4075444	990563	94053	14993223	2181064
48264082	9904990	1307425	81772	14954024	3551380
19047621	2359924	596416	57061	8945530	806905
187726247	24805404	4114184	348895	47496008	4341395
64696954	5949447	2149132	181963	24948936	2339855
44341218	5906004	1130132	98295	30630937	1680741
26832465	4574776	750581	83193	13496520	877989
223112290	33838765	5448570	309926	52128102	8714531
15123574	2670757	397352	46823	7645837	853019
2705445	91997	59780	3055	1136921	29702
18274050	6000693	556541	56854	8361703	1948276
33554375	5558261	1170024	114950	14589147	1404769
11572736	807378	413889	38502	5533612	764919
17491810	604351	427399	45800	8848985	1089670
27652660	2721400	859108	91590	12047828	1240214
16666447	789934	453719	48401	9248978	395055
4004822	136809	97909	12384	3868046	111427
4836248	236112	190134	15576	2546220	349742
28711343	220481	328274	41218	17683534	6596223

3-6 各地区大中型工业企业

Major Relative Indicators of Large and Medium-sized

单位:%

地 区 Region	有科技机构的企业占全部企业比重 Enterprises Having Institutions for S&T as a Percentage of Total Enterprises	科技活动人员占从业人员比重 S&T Personnel as a Percentage of Total Employees	科学家与工程师占科技活动人员比重 Scientists and Engineers as a Percentage of S&T Personnel
全 国 Total	**23.7**	**4.5**	**61.4**
东部地区 Eastern Region	22.9	4.2	62.4
中部地区 Mid Region	24.8	4.9	60.7
西部地区 Western Region	26.6	5.0	58.9
北 京 Beijing	19.0	6.3	75.3
天 津 Tianjin	25.1	4.9	62.3
河 北 Hebei	20.8	3.8	66.6
山 西 Shanxi	16.6	4.3	50.1
内蒙古 Neimenggu	15.3	3.8	65.3
辽 宁 Liaoning	17.4	5.8	56.3
吉 林 Jilin	22.4	4.0	77.5
黑龙江 Heilongjiang	24.3	6.1	68.2
上 海 Shanghai	16.5	5.1	69.9
江 苏 Jiangsu	26.2	5.6	57.0
浙 江 Zhejiang	34.0	4.3	61.7
安 徽 Anhui	37.0	4.5	61.8
福 建 Fujian	21.6	2.8	61.4
江 西 Jiangxi	25.4	5.8	46.2
山 东 Shandong	18.8	4.0	57.8
河 南 Henan	23.0	4.1	57.9
湖 北 Hubei	23.7	5.4	65.2
湖 南 Hunan	30.1	6.7	65.7
广 东 Guangdong	18.8	2.9	71.1
广 西 Guangxi	25.8	4.8	60.3
海 南 Hainan	12.2	2.8	51.8
重 庆 Chongqing	35.7	6.0	66.8
四 川 Sichuan	27.9	6.2	55.1
贵 州 Guizhou	30.5	3.9	56.6
云 南 Yunnan	21.1	2.9	50.9
西 藏 Tibet			
陕 西 Shaanxi	32.1	6.7	55.3
甘 肃 Gansu	24.1	4.6	63.6
青 海 Qinghai	35.7	4.0	49.9
宁 夏 Ningxia	19.8	2.5	62.3
新 疆 Xinjiang	18.8	3.1	70.5

基本情况分析指标(2005年)
Industrial Enterprises by Region(2005)

(%)

R&D经费占产品销售收入比重 Expenditure for R&D as a Percentage of Total Revenue from the Sale of Products	科技活动经费占产品销售收入比重 Expenditure for S&T Activities as a Percentage of Total Revenue from the Sale of Products	新产品产值占工业总产值比重 Output Value of New Products as a Percentage of Gross Output of Industrial Value	新产品销售收入占产品销售收入比重 Sales Revenue of New Products as a Percentage of Total Revenue from the Sale of Products	微电子控制设备占生产经营用设备原价比重 Equipment Controlled by Micro-electronics as a Percentage of Original Value of Productive Equipment
0.8	**1.5**	**15.5**	**14.6**	**12.1**
0.8	1.5	16.7	16.2	13.1
0.6	1.5	13.2	11.1	7.8
0.6	1.7	11.8	10.9	15.3
0.7	1.4	17.1	16.2	10.0
0.7	1.4	30.2	29.1	10.1
0.5	0.9	5.7	5.9	11.4
0.4	1.4	7.7	7.4	5.7
0.4	1.1	10.2	8.7	7.6
1.1	1.6	12.0	11.5	8.5
0.5	1.7	28.5	15.1	14.4
0.6	0.9	8.4	7.2	3.3
1.0	1.9	29.8	28.6	8.4
0.9	1.8	14.2	13.5	15.8
0.8	1.4	19.0	18.0	23.3
0.7	2.6	13.1	12.2	14.6
0.7	1.5	20.7	20.5	23.8
1.0	1.7	12.8	12.4	9.0
0.8	1.6	13.3	13.2	9.1
0.6	1.2	9.7	9.2	9.4
0.7	1.6	14.6	13.3	5.5
0.7	1.7	17.6	17.1	6.5
0.8	1.3	15.5	15.2	16.7
0.6	2.4	17.9	17.7	11.2
0.1	1.7	27.4	3.4	2.6
1.2	2.6	26.7	32.8	23.3
1.0	3.3	16.5	16.6	9.6
0.7	1.4	8.7	7.0	13.8
0.4	0.9	3.6	3.5	12.3
0.8	1.6	10.4	9.8	10.3
0.5	1.0	5.3	4.7	4.3
0.5	1.4	3.6	3.4	2.9
0.5	1.4	6.9	4.9	13.7
0.1	0.5	1.9	0.8	37.3

3-7 分行业大中型工业

Major Indicators of Large and Medium-sized

单位:万元

行 业 Industry	企业数(个) Number of Large & Medium-sized Enterprises (unit)	#有科技机构的企业 Having Institutions for S&T	#有科技活动的企业 Having Activities for S&T
总 计 **Total**	**28567**	**6775**	**11060**
煤炭开采和洗选业 Mining and Washing of Coal	694	81	144
石油和天然气开采业 Extraction of Petroleum and Natural Gas	67	30	36
黑色金属矿采选业 Mining of Ferrous Metal Ores	160	9	20
有色金属矿采选业 Mining of Non-ferrous Metal Ores	201	30	62
非金属矿采选业 Mining and Processing of Nonmetal Ores	116	23	35
其他采矿业 Mining of Other Ores	2	1	1
农副食品加工业 Processing of Food from Agricultural Products	981	134	207
食品制造业 Manufacture of Foods	604	132	192
饮料制造业 Manufacture of Beverage	541	147	214
烟草制品业 Manufacture of Tobacco	111	47	59
纺织业 Manufacture of Textile	2540	412	761
纺织服装、鞋、帽制造业 Manufacture of Textile Wearing Apparel, Footware and Caps	933	85	182
皮革、毛皮、羽毛(绒)及其制品业 Manufacture of Leather, Fur, Feather and Its Products	615	89	147
木材加工及木、竹、藤、棕、草制品业 Processing of Timbers, Manufacture of Wood, Bamboo, Rattan, Palm, Straw	220	33	58
家具制造业 Manufacture of Furniture	268	24	45
造纸及纸制品业 Manufacture of Paper and Paper Products	623	101	181
印刷业和记录媒介的复制 Printing, Reproduction of Recording Media	310	38	69

企业基本情况(2005 年)
Industrial Enterprises by Industry(2005)

(10 000 yuan)

工业总产值 Gross Value of Industrial Output	#新产品 New Products	产品销售收入 Total Revenue from the Sale of Products	#新产品 New Products	年末从业人员(人) Employees at year-end (person)	#工程技术人员 Technical Engineering Personnel	生产经营用设备原价 Original Value of Equipment	#微电子控制 Equipment Controlled by Micro-electronics
1640150225	**253823290**	**1649736633**	**240970910**	**37419629**	**3223504**	**641135795**	**77790975**
42649921	2012392	44761640	1935363	3391339	215577	20768166	1770577
55334762	786046	55888494	690805	767219	103000	38778679	6202000
5347883	242	5508119	201	201301	12655	1306666	19684
6035765	95284	6001936	86923	234119	17315	1459598	28659
2124625	65119	2144509	115747	150625	6980	842358	22781
45654		45686		1006	165	11505	444
43483305	1337725	42992852	1180713	950656	50960	7736754	351412
21800408	1279105	21519360	1252892	611526	32889	5947849	466764
21014748	1628717	21566341	1792223	570258	46902	8246705	945621
26487917	3306625	26864541	2888426	166473	19867	6589520	2006504
66152101	6859715	64966217	6371394	2976884	169241	21320142	2756958
21007415	2195314	20046892	1987148	1120691	34021	3633035	537435
16904258	1189575	16194966	1201586	1031176	25679	2135695	146040
5052699	648481	4858123	645738	201704	13696	1683142	78903
6338714	598697	6250852	590586	299663	10443	1176642	80390
21813945	1340427	21397115	1350279	562162	36927	15289004	2160828
5665306	488742	5542036	476802	230254	14372	3442843	1027361

单位:万元

行 业 Industry	企业数(个) Number of Large & Medium-sized Enterprises (unit)	#有科技机构的企业 Having Institutions for S&T	#有科技活动的企业 Having Activities for S&T
文教体育用品制造业 Manufacture of Articles for Culture, Education and Sport Activity	345	48	83
石油加工、炼焦及核燃料加工业 Processing of Petroleum, Coking, Processing of Nucleus Fuel	395	67	103
化学原料及化学制品制造业 Manufacture of Chemical Raw Material and Chemical Products	1671	596	825
医药制造业 Manufacture of Medicines	768	431	544
化学纤维制造业 Manufacture of Chemical Fiber	205	69	105
橡胶制品业 Manufacture of Rubber	365	92	134
塑料制品业 Manufacture of Plastic	758	124	223
非金属矿物制品业 Manufacture of Non-metallic Mineral Products	1798	320	534
黑色金属冶炼及压延加工业 Manufacture and Processing of Ferrous Metals	939	160	266
有色金属冶炼及压延加工业 Manufacture and Processing of Non-ferrous Metals	557	157	240
金属制品业 Manufacture of Metal Products	855	166	291
通用设备制造业 Manufacture of General Purpose Machinery	1694	630	1000
专用设备制造业 Manufacture of Special Purpose Machinery	994	416	607
交通运输设备制造业 Manufacture of Transport Equipment	1684	646	974
电气机械及器材制造业 Manufacture of Electrical Machinery and Equipment	1821	630	966
通信设备、计算机及其他电子设备制造业 Manufacture of Communication, Computer, Other Electronic Equipment	2010	470	936
仪器仪表及文化、办公用机械制造业 Manufacture of Measuring Instrument, Machinery for Cultural and Office Work	408	140	240
工艺品及其他制造业 Manufacture of Artwork, Other Manufacture	356	58	121
电力、热力的生产和供应业 Production and Supply of Electric Power and Heat Power	1668	112	368
燃气生产和供应业 Production and Distribution of Gas	98	8	34
水的生产和供应业 Production and Distribution of Water	177	19	51

Continued

(10 000 yuan)

工业总产值 Gross Value of Industrial Output	#新产品 New Products	产品销售收入 Total Revenue from the Sale of Products	#新产品 New Products	年末从业人员(人) Employees at year-end (person)	#工程技术人员 Technical Engineering Personnel	生产经营用设备原价 Original Value of Equipment	#微电子控制 Equipment Controlled by Micro-electronics
6873426	496612	6758079	476376	495435	14938	1436131	138683
107222669	4836904	118631855	5034605	578170	69900	27619979	1886061
93747536	10438308	94108448	10387126	1836387	220124	47367638	6764503
26547289	5119020	26214106	4693608	744751	87564	8559598	1274979
20171063	4310983	19956987	4199406	310869	23507	9377617	1445428
14912515	3621689	14617191	3284607	428281	27198	5456932	1233460
18591848	1912066	18412930	1731406	618191	33481	6226116	994938
37884332	3085914	37112878	3006211	1562444	116840	21655547	1602036
173332977	22175633	177412796	21976831	2233754	224284	77233210	6691221
47816539	6460649	47754705	6311734	870608	93145	16728636	1916497
25780500	2369277	25247911	2192939	745911	45766	4835907	668878
55920570	15134303	53901908	14386423	1565157	159915	13540105	2330225
35295923	8602681	34272853	8194074	1380722	124263	8643256	1151429
128869126	52723955	125308128	45774759	2370008	256605	33630608	6741726
87837454	26271967	84807860	24895795	1981597	170540	14467648	2154895
234466767	58971262	233666302	58549298	3151486	293087	40829990	9276849
18607245	2771527	18024339	2662219	455752	40538	3050258	414274
7706711	564130	7618512	545992	417616	19651	1841305	207119
125526526	122125	132682873	98667	1903945	354862	148924394	12001556
2418598	430	3499476	436	103527	13484	3172945	60328
2938065	699	2821622	624	190113	22813	6116002	233071

3－8　分行业大中型工业企业

Major Relative Indicators of Large and Medium-sized

单位:%

行　业 Industry	有科技机构的企业占全部企业比重 Enterprises Having Institutions for S&T as a Percentage of Total Enterprises	科技活动人员占从业人员比重 S&T Personnel as a Percentage of Total Employees	科学家与工程师占科技活动人员比重 Scientists and Engineers as a Percentage of S&T Personnel
总　计 **Total**	**23.7**	**4.5**	**61.4**
煤炭开采和洗选业 Mining and Washing of Coal	11.7	3.0	49.7
石油和天然气开采业 Extraction of Petroleum and Natural Gas	44.8	7.9	62.8
黑色金属矿采选业 Mining of Ferrous Metal Ores	5.6	1.4	65.9
有色金属矿采选业 Mining of Non-ferrous Metal Ores	14.9	2.0	58.7
非金属矿采选业 Mining and Processing of Nonmetal Ores	19.8	1.6	59.3
其他采矿业 Mining of Other Ores	50.0	0.9	
农副食品加工业 Processing of Food from Agricultural Products	13.7	1.8	55.7
食品制造业 Manufacture of Foods	21.9	2.6	59.0
饮料制造业 Manufacture of Beverage	27.2	3.5	63.9
烟草制品业 Manufacture of Tobacco	42.3	4.2	64.5
纺织业 Manufacture of Textile	16.2	2.3	42.9
纺织服装、鞋、帽制造业 Manufacture of Textile Wearing Apparel, Footware and Caps	9.1	1.1	39.8
皮革、毛皮、羽毛(绒)及其制品业 Manufacture of Leather, Fur, Feather and Its Products	14.5	0.7	41.2
木材加工及木、竹、藤、棕、草制品业 Processing of Timbers, Manufacture of Wood, Bamboo, Rattan, Palm, Straw	15.0	2.8	44.6
家具制造业 Manufacture of Furniture	9.0	0.8	48.1
造纸及纸制品业 Manufacture of Paper and Paper Products	16.2	2.8	57.0
印刷业和记录媒介的复制 Printing, Reproduction of Recording Media	12.3	2.1	58.5

基本情况分析指标(2005年)
Industrial Enterprises by Industry(2005)

(%)

R&D经费占产品销售收入比重 Expenditure for R&D as a Percentage of Total Revenue from the Sale of Products	科技活动经费占产品销售收入比重 Expenditure for S&T Activities as a Percentage of Total Revenue from the Sale of Products	新产品产值占工业总产值比重 Output Value of New Products as a Percentage of Gross Output of Industrial Value	新产品销售收入占产品销售收入比重 Sales Revenue of New Products as a Percentage of Total Revenue from the Sale of Products	微电子控制设备占生产经营用设备原价比重 Equipment Controlled by Micro-electronics as a Percentage of Original Value of Productive Equipment
0.8	**1.5**	**15.5**	**14.6**	**12.1**
0.6	1.6	4.7	4.3	8.5
0.4	0.8	1.4	1.2	16.0
0.1	0.2			1.5
0.2	0.9	1.6	1.5	2.0
0.8	1.4	3.1	5.4	2.7
				3.9
0.2	0.6	3.1	2.8	4.5
0.4	0.9	5.9	5.8	7.9
0.7	2.7	7.8	8.3	11.5
0.3	0.8	12.5	10.8	30.5
0.5	1.0	10.4	9.8	12.9
0.4	0.8	10.5	9.9	14.8
0.2	0.4	7.0	7.4	6.8
0.8	1.2	12.8	13.3	4.7
0.3	0.5	9.5	9.5	6.8
0.6	1.4	6.1	6.3	14.1
0.4	1.2	8.6	8.6	29.8

单位:%

行 业 Industry	有科技机构的企业占全部企业比重 Enterprises Having Institutions for S&T as a Percentage of Total Enterprises	科技活动人员占从业人员比重 S&T Personnel as a Percentage of Total Employees	科学家与工程师占科技活动人员比重 Scientists and Engineers as a Percentage of S&T Personnel
文教体育用品制造业 Manufacture of Articles for Culture, Education and Sport Activity	13.9	1.2	44.3
石油加工、炼焦及核燃料加工业 Processing of Petroleum, Coking, Processing of Nucleus Fuel	17.0	4.1	62.3
化学原料及化学制品制造业 Manufacture of Chemical Raw Material and Chemical Products	35.7	6.0	57.3
医药制造业 Manufacture of Medicines	56.1	7.0	69.5
化学纤维制造业 Manufacture of Chemical Fiber	33.7	4.5	57.2
橡胶制品业 Manufacture of Rubber	25.2	3.6	52.7
塑料制品业 Manufacture of Plastic	16.4	2.2	59.0
非金属矿物制品业 Manufacture of Non-metallic Mineral Products	17.8	3.0	54.3
黑色金属冶炼及压延加工业 Manufacture and Processing of Ferrous Metals	17.0	5.9	62.1
有色金属冶炼及压延加工业 Manufacture and Processing of Non-ferrous Metals	28.2	5.5	62.1
金属制品业 Manufacture of Metal Products	19.4	3.4	59.8
通用设备制造业 Manufacture of General Purpose Machinery	37.2	8.1	60.0
专用设备制造业 Manufacture of Special Purpose Machinery	41.9	6.8	62.3
交通运输设备制造业 Manufacture of Transport Equipment	38.4	8.9	63.3
电气机械及器材制造业 Manufacture of Electrical Machinery and Equipment	34.6	5.7	65.8
通信设备、计算机及其他电子设备制造业 Manufacture of Communication, Computer, Other Electronic Equipment	23.4	6.7	72.5
仪器仪表及文化、办公用机械制造业 Manufacture of Measuring Instrument, Machinery for Cultural and Office Work	34.3	6.1	69.1
工艺品及其他制造业 Manufacture of Artwork, Other Manufacture	16.3	2.3	52.8
电力、热力的生产和供应业 Production and Supply of Electric Power and Heat Power	6.7	2.6	68.0
燃气生产和供应业 Production and Distribution of Gas	8.2	2.2	70.6
水的生产和供应业 Production and Distribution of Water	10.7	1.4	73.3

Continued

(%)

R&D经费占产品销售收入比重 Expenditure for R&D as a Percentage of Total Revenue from the Sale of Products	科技活动经费占产品销售收入比重 Expenditure for S&T Activities as a Percentage of Total Revenue from the Sale of Products	新产品产值占工业总产值比重 Output Value of New Products as a Percentage of Gross Output of Industrial Value	新产品销售收入占产品销售收入比重 Sales Revenue of New Products as a Percentage of Total Revenue from the Sale of Products	微电子控制设备占生产经营用设备原价比重 Equipment Controlled by Micro-electronics as a Percentage of Original Value of Productive Equipment
0.4	0.8	7.2	7.1	9.7
0.1	0.4	4.5	4.2	6.8
0.9	2.1	11.1	11.0	14.3
1.5	2.9	19.3	17.9	14.9
0.6	1.4	21.4	21.0	15.4
0.8	2.0	24.3	22.5	22.6
0.5	1.3	10.3	9.4	16.0
0.6	1.4	8.2	8.1	7.4
0.7	1.6	12.8	12.4	8.7
0.8	1.5	13.5	13.2	11.5
0.6	1.3	9.2	8.7	13.8
1.3	2.6	27.1	26.7	17.2
1.6	2.8	24.4	23.9	13.3
1.4	2.9	40.9	36.5	20.1
1.4	2.5	29.9	29.4	14.9
1.2	1.8	25.2	25.1	22.7
0.9	1.8	14.9	14.8	13.6
0.4	1.1	7.3	7.2	11.3
0.1	0.3	0.1	0.1	8.1
	0.4			1.9
0.1	1.1			3.8

3－9 分登记注册类型大中型工业企业科技活动人员(2005年)

Personnel for S&T in Large and Medium-sized Industrial Enterprises by Registration(2005)

单位:人 (person)

注册类型 Type of Registration	科技活动人员 Personnel for S&T Activities	#科学家和工程师 Scientists & Engineers	参加科技项目人员 Personnel in S&T Projects	科技管理和服务人员 S&T Managers and Attendants
总计 Total	**1679221**	**1031237**	**1151423**	**417281**
内资企业 Domestic Funded	**1390503**	**849641**	**942524**	**358197**
国有企业 State-owned Enterprises	283662	177647	181197	84363
#大型企业 Large Scale	181807	116803	115990	55730
集体企业 Collective-owned Enterprises	26089	15833	17377	6543
股份合作企业 Cooperative Enterprises	10275	5730	6907	2700
联营企业 Joint Ownership Enterprises	6120	4590	4706	1295
国有联营企业 State Joint Ownership Enterprises	5441	4109	4268	1084
集体联营企业 Collective Joint Ownership Enterprises	28	14	18	10
国有与集体联营企业 Joint State-collective Enterprises	567	418	362	175
其他联营企业 Other Joint Ownership Enterprises	84	49	58	26
有限责任公司 Limited Liability Corporations	651819	393601	436851	176669
国有独资公司 State Sole Funded Corporations	251553	156436	161750	78716
其他有限责任公司 Other Limited Liability Corporations	400266	237165	275101	97953
股份有限公司 Share-holding Corporations Ltd.	296574	183274	208499	63822
私营企业 Private Enterprises	113606	67493	85105	22509

3-9 续表 Continued

单位:人 (person)

注册类型 Type of Registration	科技活动人员 Personnel for S&T Activities	#科学家和工程师 Scientists & Engineers	参加科技项目人员 Personnel in S&T Projects	科技管理和服务人员 S&T Managers and Attendants
私营独资企业 Private-funded Enterprises	4937	2689	3789	877
私营合伙企业 Private Partnership Enterprises	1550	828	1073	286
私营有限责任公司 Private Limited Liability Corporations	98543	58307	73715	19588
私营股份有限公司 Private Share-holding Corporations Ltd.	8576	5669	6528	1758
其他企业 Others Enterprises	2358	1473	1882	296
港澳台商投资企业 **Enterprises with Funds from Hong Kong, Macau and Taiwan**	**113885**	**70000**	**86202**	**20787**
#大型企业 Large Scale	49902	32099	40028	7391
与港澳台商合资经营企业 Joint-venture Enterprises (with Funds from Hong Kong, Macau and Taiwan)	52643	28873	38349	10786
与港澳台商合作经营企业 Cooperative Enterprises (with Funds from Hong Kong, Macau and Taiwan)	3176	1592	2427	435
港澳台商独资经营企业 Enterprises with Sole Funds from Hong Kong, Macau and Taiwan	47918	32887	38501	7170
港澳台商投资股份有限公司 Share-holding Corporations Ltd. with Funds from Hong Kong, Macau and Taiwan	10148	6648	6925	2396
外商投资企业 **Foreign Funded Enterprises**	**174833**	**111596**	**122697**	**38297**
#大型企业 Large Scale	75893	51388	54156	15948
中外合资经营企业 Joint-venture Enterprises	91032	56263	65284	21245
中外合作经营 Cooperation Enterprises	4055	2399	2808	1224
外资企业 Enterprises with Sole Foreign Funds	64151	41979	42236	13649
外商投资股份有限公司 Share-holding Corporations Ltd. with Foreign Funds	15595	10955	12369	2179

3-10 各地区大中型工业企业科技活动人员(2005年)

Personnel for S&T in Large and Medium-sized Industrial Enterprises by Region(2005)

单位:人 (person)

地 区 Region		科技活动人员 Personnel for S&T Activities	#科学家和工程师 Scientists & Engineers	参加科技项目人员 Personnel in S&T Projects	科技管理和服务人员 S&T Managers and Attendants
全 国	**Total**	**1679221**	**1031237**	**1151423**	**417281**
东部地区	Eastern Region	974948	608413	688659	216732
中部地区	Mid Region	431814	262282	280380	122198
西部地区	Western Region	272459	160542	182384	78351
北 京	Beijing	38165	28749	28200	8664
天 津	Tianjin	32184	20042	20446	8324
河 北	Hebei	66670	44398	42559	21094
山 西	Shanxi	66762	33475	39278	24441
内蒙古	Neimenggu	21552	14071	13856	7027
辽 宁	Liaoning	99707	56112	67390	20584
吉 林	Jilin	26648	20663	16219	9352
黑龙江	Heilongjiang	60490	41234	41412	13529
上 海	Shanghai	58166	40650	34693	16066
江 苏	Jiangsu	202539	115398	137860	44719
浙 江	Zhejiang	113488	70071	89604	20859
安 徽	Anhui	44067	27230	33315	9478
福 建	Fujian	37174	22834	29010	7272
江 西	Jiangxi	34386	15875	20124	12947
山 东	Shandong	164853	95252	109533	42276
河 南	Henan	88610	51311	55475	30389
湖 北	Hubei	60811	39639	42752	8903
湖 南	Hunan	50040	32855	31805	13159
广 东	Guangdong	160304	114027	128273	26818
广 西	Guangxi	18872	11384	13668	3877
海 南	Hainan	1698	880	1091	56
重 庆	Chongqing	33599	22436	24247	8555
四 川	Sichuan	72488	39920	46811	24425
贵 州	Guizhou	16116	9128	10056	4603
云 南	Yunnan	12169	6197	9239	2607
西 藏	Tibet				
陕 西	Shaanxi	57876	32002	35215	19192
甘 肃	Gansu	21033	13372	14646	4892
青 海	Qinghai	3888	1939	2642	641
宁 夏	Ningxia	4770	2973	3907	834
新 疆	Xinjiang	10096	7120	8097	1698

3-11 分行业大中型工业企业科技活动人员(2005年)
Personnel for S&T in Large and Medium-sized Industrial Enterprises by Industry(2005)

单位:人 (person)

行业 Industry	科技活动人员 Personnel for S&T Activities	#科学家和工程师 Scientists & Engineers	参加科技项目人员 Personnel in S&T Projects	科技管理和服务人员 S&T Managers and Attendants
总计 **Total**	**1679221**	**1031237**	**1151423**	**417281**
煤炭开采和洗选业 Mining and Washing of Coal	100902	50105	60127	36258
石油和天然气开采业 Extraction of Petroleum and Natural Gas	60586	38067	42434	11139
黑色金属矿采选业 Mining of Ferrous Metal Ores	2837	1870	2360	402
有色金属矿采选业 Mining of Non-ferrous Metal Ores	4660	2733	3419	1146
非金属矿采选业 Mining and Processing of Nonmetal Ores	2401	1423	1534	593
其他采矿业 Mining of Other Ores	9			9
农副食品加工业 Processing of Food from Agricultural Products	17397	9684	12597	3529
食品制造业 Manufacture of Foods	15925	9401	9176	5910
饮料制造业 Manufacture of Beverage	20089	12841	12975	5524
烟草制品业 Manufacture of Tobacco	6937	4471	5000	1804
纺织业 Manufacture of Textile	67294	28844	46443	14318
纺织服装、鞋、帽制造业 Manufacture of Textile Wearing Apparel, Footware and Caps	12773	5087	7803	2767
皮革、毛皮、羽毛(绒)及其制品业 Manufacture of Leather, Fur, Feather and Its Products	7010	2891	5852	1094
木材加工及木、竹、藤、棕、草制品业 Processing of Timbers, Manufacture of Wood, Bamboo, rattan, Palm, Straw	5578	2487	4539	947
家具制造业 Manufacture of Furniture	2407	1157	1857	292
造纸及纸制品业 Manufacture of Paper and Paper Products	15749	8974	11124	2599
印刷业和记录媒介的复制 Printing, Reproduction of Recording Media	4811	2815	3674	996

3－11 续表 Continued

单位:人 (person)

行 业 Industry	科技活动人员 Personnel for S&T Activities	#科学家和工程师 Scientists & Engineers	参加科技项目人员 Personnel in S&T Projects	科技管理和服务人员 S&T Managers and Attendants
文教体育用品制造业 Manufacture of Articles for Culture, Education and Sport Activity	5946	2636	3444	1426
石油加工、炼焦及核燃料加工业 Processing of Petroleum, Coking, Processing of Nucleus Fuel	23781	14826	16000	6330
化学原料及化学制品制造业 Manufacture of Chemical Raw Material and Chemical Products	110019	63069	77911	24393
医药制造业 Manufacture of Medicines	51832	36023	37833	11225
化学纤维制造业 Manufacture of Chemical Fiber	14039	8024	10314	3186
橡胶制品业 Manufacture of Rubber	15428	8131	9532	4618
塑料制品业 Manufacture of Plastic	13534	7979	9986	2758
非金属矿物制品业 Manufacture of Non-metallic Mineral Products	46175	25079	33547	9597
黑色金属冶炼及压延加工业 Manufacture and Processing of Ferrous Metals	131218	81545	83145	44819
有色金属冶炼及压延加工业 Manufacture and Processing of Non-ferrous Metals	47880	29731	33435	12317
金属制品业 Manufacture of Metal Products	25145	15047	17884	4868
通用设备制造业 Manufacture of General Purpose Machinery	126855	76098	82409	34715
专用设备制造业 Manufacture of Special Purpose Machinery	93820	58478	58883	28224
交通运输设备制造业 Manufacture of Transport Equipment	210768	133330	144934	54036
电气机械及器材制造业 Manufacture of Electrical Machinery and Equipment	112963	74269	79087	28094
通信设备、计算机及其他电子设备制造业 Manufacture of Communication, Computer, Other Electronic Equipment	210923	152818	157189	37498
仪器仪表及文化、办公用机械制造业 Manufacture of Measuring Instrument, Machinery for Cultural and Office Work	27703	19152	20946	5821
工艺品及其他制造业 Manufacture of Artwork, Other Manufacture	9449	4991	6809	2198
电力、热力的生产和供应业 Production and Supply of Electric Power and Heat Power	49419	33588	33827	10453
燃气生产和供应业 Production and Distribution of Gas	2320	1637	1600	681
水的生产和供应业 Production and Distribution of Water	2611	1914	1766	697

3-12 分登记注册类型大中型工业企业科技活动经费筹集(2005年)

Sources of Funds for S&T of Large and Medium-sized Industrial Enterprises by Registration(2005)

单位:万元　　　　(10 000 yuan)

注册类型 Type of Registration	科技活动经费筹集总额 Total Funds Obtaied for S&T Activities	#政府资金 Government Grant	#企业资金 Enterprise Self-financed	#金融机构贷款 Bank Loans	#来自国外的资金 Funds from Abroad
总计 **Total**	**26658167**	**818716**	**23585643**	**1694354**	**90779**
内资企业 Domestic Funded	19598570	751331	17070639	1307503	46831
国有企业 State-owned Enterprises	3395925	136577	3101421	65937	1934
#大型企业 Large Scale	2538214	71022	2379445	23242	1700
集体企业 Collective-owned Enterprises	602329	10629	533961	40868	150
股份合作企业 Cooperative Enterprises	96733	1271	76117	18159	
联营企业 Joint Ownership Enterprises	206373	1189	199084	5900	150
国有联营企业 State Joint Ownership Enterprises	187419	917	186351		150
集体联营企业 Collective Joint Ownership Enterprises	55		55		
国有与集体联营企业 Joint State-collective Enterprises	11596	260	8886	2400	
其他联营企业 Other Joint Ownership Enterprises	7304	12	3792	3500	
有限责任公司 Limited Liability Corporations	8667879	436804	7447443	518943	35183
国有独资公司 State Sole Funded Corporations	3127252	206885	2628883	172240	1342
其他有限责任公司 Other Limited Liability Corporations	5540627	229919	4818561	346703	33841
股份有限公司 Share-holding Corporations Ltd.	4951834	127219	4350680	426237	3842
私营企业 Private Enterprises	1597969	37600	1285369	228760	5551

3－12 续表 Continued

单位:万元 (10 000 yuan)

注册类型 Type of Registration	科技活动经费筹集总额 Total Funds Obtaied for S&T Activities	#政府资金 Government Grant	#企业资金 Enterprise Self-financed	#金融机构贷款 Bank Loans	#来自国外的资金 Funds from Abroad
私营独资企业 Private-funded Enterprises	72974	1519	57595	13203	51
私营合伙企业 Private Partnership Enterprises	17165	370	15028	1581	
私营有限责任公司 Private Limited Liability Corporations	1376145	30983	1105584	196462	5500
私营股份有限公司 Private Share-holding Corporations Ltd.	131685	4728	107163	17514	
其他企业 Others Enterprises	79527	42	76564	2700	21
港澳台商投资企业 **Enterprises with Funds from Hong Kong, Macau and Taiwan**	**2060729**	**26732**	**1849964**	**152223**	**1650**
#大型企业 Large Scale	977698	10371	878982	75998	
与港澳台商合资经营企业 Joint-venture Enterprises (with Funds from Hong Kong, Macau and Taiwan)	1018693	19990	866843	110460	889
与港澳台商合作经营企业 Cooperative Enterprises (with Funds from Hong Kong, Macau and Taiwan)	57259	253	54138	612	
港澳台商独资经营企业 Enterprises with Sole Funds from Hong Kong, Macau and Taiwan	777969	4056	732102	34692	761
港澳台商投资股份有限公司 Share-holding Corporations Ltd. with Funds from Hong Kong, Macau and Taiwan	206809	2433	196881	6460	
外商投资企业 **Foreign Funded Enterprises**	**4998868**	**40653**	**4665040**	**234627**	**42299**
#大型企业 Large Scale	2273046	9759	2159166	100280	1425
中外合资经营企业 Joint-venture Enterprises	3060036	24634	2870323	121101	31854
中外合作经营 Cooperation Enterprises	106145	314	89982	15574	75
外资企业 Enterprises with Sole Foreign Funds	1458237	7789	1352897	85928	10321
外商投资股份有限公司 Share-holding Corporations Ltd. with Foreign Funds	374452	7916	351837	12025	49

3－13 各地区大中型工业企业科技活动经费筹集(2005 年)

Sources of Funds for S&T of Large and Medium-sized Industrial Enterprises by Region(2005)

单位:万元 (10 000 yuan)

地区 Region		科技活动经费筹集总额 Total Funds Obtaied for S&T Activities	#政府资金 Government Grant	#企业资金 Enterprise Self-financed	#金融机构贷款 Bank Loans	#来自国外的资金 Funds from Abroad
全 国	**Total**	**26658167**	**818716**	**23585643**	**1694354**	**90779**
东部地区	Eastern Region	18672052	408911	16702624	1238935	56824
中部地区	Mid Region	4557302	176417	3948535	297076	30393
西部地区	Western Region	3428813	233388	2934484	158343	3562
北 京	Beijing	831980	40138	769025	8940	156
天 津	Tianjin	1026670	8447	989830	24744	373
河 北	Hebei	692041	7909	651425	21697	1823
山 西	Shanxi	567897	38358	470922	43036	2
内蒙古	Neimenggu	240827	19462	210975	6156	
辽 宁	Liaoning	1333456	50582	1194375	40127	2240
吉 林	Jilin	515772	7233	494476	2523	
黑龙江	Heilongjiang	426894	27708	344447	11865	193
上 海	Shanghai	2142891	40052	2071525	23131	3304
江 苏	Jiangsu	3898139	80046	3244194	430896	6922
浙 江	Zhejiang	1977611	47935	1741266	173352	1743
安 徽	Anhui	836569	26100	627619	147884	26639
福 建	Fujian	748971	12118	670445	64509	401
江 西	Jiangxi	329053	11501	296257	16702	3473
山 东	Shandong	2794658	51673	2481872	244860	4997
河 南	Henan	769247	16697	707344	37834	20
湖 北	Hubei	675986	23655	629559	15943	
湖 南	Hunan	435884	25166	377911	21289	66
广 东	Guangdong	3175165	69693	2838567	206679	34865
广 西	Guangxi	356790	6706	305826	40388	
海 南	Hainan	50471	319	50102		
重 庆	Chongqing	511356	30466	441975	34646	1000
四 川	Sichuan	1058005	57813	939756	37112	1827
贵 州	Guizhou	165991	13809	136682	13407	7
云 南	Yunnan	160762	12305	142921	2476	228
西 藏	Tibet					
陕 西	Shaanxi	410336	78562	271861	5924	500
甘 肃	Gansu	226525	6224	212871	2035	
青 海	Qinghai	61861	1320	60251	32	
宁 夏	Ningxia	60705	3146	42382	15168	
新 疆	Xinjiang	175657	3576	168986	1000	

3－14　分行业大中型工业企业科技活动经费筹集(2005 年)

Sources of Funds for S&T of Large and Medium-sized Industrial Enterprises by Industry(2005)

单位:万元　　　　(10 000 yuan)

行　业 Industry	科技活动经费筹集总额 Total Funds Obtaied for S&T Activities	#政府资金 Government Grant	#企业资金 Enterprise Self-financed	#金融机构贷款 Bank Loans	#来自国外的资金 Funds from Abroad
总计 **Total**	**26658167**	**818716**	**23585643**	**1694354**	**90779**
煤炭开采和洗选业 Mining and Washing of Coal	700434	26429	626737	45036	
石油和天然气开采业 Extraction of Petroleum and Natural Gas	501095	2952	481401	600	
黑色金属矿采选业 Mining of Ferrous Metal Ores	13123	296	12704		
有色金属矿采选业 Mining of Non-ferrous Metal Ores	44200	922	43099	94	
非金属矿采选业 Mining and Processing of Nonmetal Ores	31445	972	25565	705	
其他采矿业 Mining of Other Ores	9		9		
农副食品加工业 Processing of Food from Agricultural Products	221278	7347	191023	21721	
食品制造业 Manufacture of Foods	193099	10979	165488	11350	112
饮料制造业 Manufacture of Beverage	602216	3587	547721	44613	20
烟草制品业 Manufacture of Tobacco	164437	1040	161314	540	
纺织业 Manufacture of Textile	664999	12712	529670	116038	297
纺织服装、鞋、帽制造业 Manufacture of Textile Wearing Apparel, Footware and Caps	145712	2017	111279	31221	
皮革、毛皮、羽毛(绒)及其制品业 Manufacture of Leather, Fur, Feather and Its Products	63091	369	61242	705	626
木材加工及木、竹、藤、棕、草制品业 Processing of Timbers, Manufacture of Wood, Bamboo, Rattan, Palm, Straw	63671	891	59315	945	
家具制造业 Manufacture of Furniture	26903	252	24481	2158	13
造纸及纸制品业 Manufacture of Paper and Paper Products	253436	2219	234249	11398	1810
印刷业和记录媒介的复制 Printing, Reproduction of Recording Media	54602	515	50916	3150	1

3－14 续表　Continued

单位:万元　(10 000 yuan)

行　业 Industry	科技活动经费筹集总额 Total Funds Obtaied for S&T Activities	#政府资金 Government Grant	#企业资金 Enterprise Self-financed	#金融机构贷款 Bank Loans	#来自国外的资金 Funds from Abroad
文教体育用品制造业 Manufacture of Articles for Culture,Education and Sport Activity	54547	1072	49386	4088	
石油加工、炼焦及核燃料加工业 Processing of Petroleum,Coking,Processing of Nucleus Fuel	404163	3974	334933	46946	39
化学原料及化学制品制造业 Manufacture of Chemical Raw Material and Chemical Products	2007883	54028	1665940	164357	25600
医药制造业 Manufacture of Medicines	841752	34039	736768	50387	1594
化学纤维制造业 Manufacture of Chemical Fiber	270533	4954	255768	9564	
橡胶制品业 Manufacture of Rubber	246535	2809	229348	13196	
塑料制品业 Manufacture of Plastic	235413	2689	212025	18482	1166
非金属矿物制品业 Manufacture of Non-metallic Mineral Products	495999	12763	394432	67088	2351
黑色金属冶炼及压延加工业 Manufacture and Processing of Ferrous Metals	2985994	12893	2815294	151222	564
有色金属冶炼及压延加工业 Manufacture and Processing of Non-ferrous Metals	724643	21623	656362	43162	1700
金属制品业 Manufacture of Metal Products	345893	19179	289347	33329	277
通用设备制造业 Manufacture of General Purpose Machinery	1420461	51621	1249873	96280	5848
专用设备制造业 Manufacture of Special Purpose Machinery	976068	77156	826622	48687	1375
交通运输设备制造业 Manufacture of Transport Equipment	4032042	253978	3465676	185435	8613
电气机械及器材制造业 Manufacture of Electrical Machinery and Equipment	2214974	35524	1980705	168949	3541
通信设备、计算机及其他电子设备制造业 Manufacture of communication,computer,other electronic equipment	4695328	127674	4247730	267601	33571
仪器仪表及文化、办公用机械制造业 Manufacture of measuring instrument,machinery for cultural and Office Work	303404	14488	265102	19015	1662
工艺品及其他制造业 Manufacture of Artwork,Other Manufacture	86252	4137	69653	10389	
电力、热力的生产和供应业 Production and Supply of Electric Power and Heat Power	528334	5422	477894	4507	
燃气生产和供应业 Production and Distribution of Gas	13697	849	12247	500	
水的生产和供应业 Production and Distribution of Water	29318	4347	23141	900	

3－15　分登记注册类型大中型工业

Intramural Expenditure on S&T Activities in Large and

单位:万元

注册类型 Type of Registration	科技活动经费内部支出总额 Intramural Expenditure on S&T Activities	劳务费 Compensation for Laborers
总计	**25433232**	**5014238**
Total		
内资企业	**19062080**	**3731747**
Domestic Funded		
国有企业	3337609	608539
State-owned Enterprises		
#大型企业	2431129	417261
Large Scale		
集体企业	599140	75251
Collective-owned Enterprises		
股份合作企业	105864	17410
Cooperative Enterprises		
联营企业	180126	29811
Joint Ownership Enterprises		
国有联营企业	165789	28639
State Joint Ownership Enterprises		
集体联营企业	55	14
Collective Joint Ownership Enterprises		
国有与集体联营企业	11437	1086
Joint State-collective Enterprises		
其他联营企业	2846	72
Other Joint Ownership Enterprises		
有限责任公司	8330491	1697565
Limited Liability Corporations		
国有独资公司	3018938	610748
State Sole Funded Corporations		
其他有限责任公司	5311553	1086816
Other Limited Liability Corporations		
股份有限公司	4795417	1019349
Share-holding Corporations Ltd.		
私营企业	1638884	272267
Private Enterprises		

企业科技活动经费内部支出(2005 年)
Medium-sized Industrial Enterprises by Registration(2005)

(10 000 yuan)

原材料费 Raw Material Expenditure	固定资产购建费 Expenditure on the Purchase of Fixed Assets	#设备购置 Purchase of Instruments	#开发新产品经费 Spending for New Products
7149187	**8461940**	**7375618**	**14571955**
5741283	**6459810**	**5597438**	**10457750**
1166230	936152	800586	1739318
907621	590324	527457	1316329
209947	247326	204586	339321
24726	51177	45049	51945
62568	78424	77760	26839
58943	70558	69928	19996
8			
3098	5923	5888	4516
519	1943	1943	2326
2497790	2948655	2647270	4630665
974215	1050809	954037	1525181
1523575	1897846	1693233	3105484
1258323	1478695	1248116	2547743
507669	700823	556039	1056874

单位:万元

注册类型 Type of Registration	科技活动经费内部支出总额 Intramural Expenditure on S&T Activities	劳务费 Compensation for Laborers
私营独资企业 Private-funded Enterprises	76210	8171
私营合伙企业 Private Partnership Enterprises	20712	3006
私营有限责任公司 Private Limited Liability Corporations	1401750	235821
私营股份有限公司 Private Share-holding Corporations Ltd.	140213	25269
其他企业 Others Enterprises	74550	11557
港澳台商投资企业 **Enterprises with Funds from Hong Kong, Macau and Taiwan**	**1915886**	**454714**
#大型企业 Large Scale	898882	253776
与港澳台商合资经营企业 Joint-venture Enterprises(with Funds from Hong Kong, Macau and Taiwan)	930617	162896
与港澳台商合作经营企业 Cooperative Enterprises(with Funds from Hong Kong, Macau and Taiwan)	53274	16340
港澳台商独资经营企业 Enterprises with Sole Funds from Hong Kong, Macau and Taiwan	731802	245517
港澳台商投资股份有限公司 Share-holding Corporations Ltd. with Funds from Hong Kong, Macau and Taiwan	200193	29961
外商投资企业 **Foreign Funded Enterprises**	**4455266**	**827777**
#大型企业 Large Scale	2209827	408806
中外合资经营企业 Joint-venture Enterprises	2618807	361010
中外合作经营 Cooperation Enterprises	77026	17933
外资企业 Enterprises with Sole Foreign Funds	1318012	367544
外商投资股份有限公司 Share-holding Corporations Ltd. with Foreign Funds	441421	81290

Continued

(10 000 yuan)

原材料费 Raw Material Expenditure	固定资产购建费 Expenditure on the Purchase of Fixed Assets	#设备购置 Purchase of Instruments	#开发新产品经费 Spending for New Products
19988	41815	36577	50058
4214	10888	7053	7302
442644	587180	467034	917719
40823	60939	45375	81795
14030	18560	18034	65046
516582	**563427**	**504274**	**1349249**
220186	222624	197553	656224
285212	320622	284060	652157
18000	10644	10491	42862
135416	169058	155606	559233
77954	63103	54118	94997
891322	**1438703**	**1273906**	**2764956**
369410	597756	515831	1505107
526949	888882	792603	1562653
16482	24574	13678	41090
280248	321454	291896	896491
67643	203795	175729	264722

3-16 各地区大中型工业企业

Intramural Expenditure on S&T Activities in Large and

单位:万元

地 区 Region	科技活动经费内部支出总额 Intramural Expenditure on S&T Activities	劳务费 Compensation for Laborers	原材料费 Raw Material Expenditure
全 国 Total	**25433232**	**5014238**	**7149187**
东部地区 Eastern Region	17502540	3553384	5151041
中部地区 Mid Region	4578393	919702	1106805
西部地区 Western Region	3352300	541152	891342
北 京 Beijing	755061	203745	181139
天 津 Tianjin	732327	129158	182129
河 北 Hebei	690149	129511	260157
山 西 Shanxi	551878	130653	82415
内蒙古 Neimenggu	224698	42424	65682
辽 宁 Liaoning	1296757	196934	659106
吉 林 Jilin	502032	65853	98586
黑龙江 Heilongjiang	383799	115385	89348
上 海 Shanghai	2082720	317935	346744
江 苏 Jiangsu	3588771	657418	1127788
浙 江 Zhejiang	1722909	426948	589703
安 徽 Anhui	858763	112758	221013
福 建 Fujian	700433	140463	209679
江 西 Jiangxi	315320	66176	74801
山 东 Shandong	2913990	427527	927529
河 南 Henan	794147	143974	252150
湖 北 Hubei	719392	157261	154265
湖 南 Hunan	453062	127643	134226
广 东 Guangdong	2973616	916156	660959
广 西 Guangxi	356482	40592	94503
海 南 Hainan	45808	7590	6108
重 庆 Chongqing	475408	79830	145202
四 川 Sichuan	1115685	141161	258349
贵 州 Guizhou	159004	30219	55262
云 南 Yunnan	153360	22710	30730
西 藏 Tibet			
陕 西 Shaanxi	441533	101475	91792
甘 肃 Gansu	160989	29518	58374
青 海 Qinghai	57129	7618	21465
宁 夏 Ningxia	66889	8053	21756
新 疆 Xinjiang	141122	37553	48226

科技经费内部支出(2005 年)

Medium-sized Industrial Enterprises by Region(2005)

(10 000 yuan)

固定资产购建费 Expenditure on the Purchase of Fixed Assets	#设备购置 Purchase of Instruments	#开发新产品经费 Spending for New Products
8461940	**7375618**	**14571955**
5409706	4758861	10848607
1657561	1401822	2189546
1394674	1214936	1533801
90300	79018	329646
234226	208468	400514
233834	216759	359941
288726	244391	216769
86022	77098	119143
244744	206800	926502
80001	62688	397020
89683	82619	204306
636038	552502	958900
1331169	1190099	2279795
465958	406099	1408969
434681	375572	325644
261687	230410	449034
111808	104591	154736
1183695	1064154	1582322
313520	254812	359893
228808	191971	354130
110335	85179	177049
719697	596193	2107868
152555	123919	195222
8359	8359	45119
153974	130798	326591
589716	538466	373590
58918	48616	97986
64680	61793	56573
148037	123427	224911
56958	44709	54378
19175	16547	19182
33859	22571	36220
30780	26993	30005

3-17 分行业大中型工业企业科技
Intramural Expenditure on S&T Activities in Large and

单位:万元

行 业 Industry	科技活动经费内部支出总额 Intramural Expenditure on S&T Activities	劳务费 Compensation for Laborers
总计 **Total**	**25433232**	**5014238**
煤炭开采和洗选业 Mining and Washing of Coal	710173	199970
石油和天然气开采业 Extraction of Petroleum and Natural Gas	429523	135116
黑色金属矿采选业 Mining of Ferrous Metal Ores	13410	3950
有色金属矿采选业 Mining of Non-ferrous Metal Ores	52565	10581
非金属矿采选业 Mining and Processing of Nonmetal Ores	30419	4195
其他采矿业 Mining of Other Ores	9	9
农副食品加工业 Processing of Food from Agricultural Products	243321	33163
食品制造业 Manufacture of Foods	184567	27934
饮料制造业 Manufacture of Beverage	585423	49961
烟草制品业 Manufacture of Tobacco	208673	31158
纺织业 Manufacture of Textile	636445	120740
纺织服装、鞋、帽制造业 Manufacture of Textile Wearing Apparel, Footware and Caps	156366	27684
皮革、毛皮、羽毛(绒)及其制品业 Manufacture of Leather, Fur, Feather and Its Products	62981	19035
木材加工及木、竹、藤、棕、草制品业 Processing of Timbers, Manufacture of Wood, Bamboo, Rattan, Palm, Straw	59820	11393
家具制造业 Manufacture of Furniture	30724	6110
造纸及纸制品业 Manufacture of Paper and Paper Products	297758	30382
印刷业和记录媒介的复制 Printing, Reproduction of Recording Media	68667	9263

活动经费内部支出(2005年)
Medium-sized Industrial Enterprises by Industry(2005)

(10 000 yuan)

原材料费 Raw Material Expenditure	固定资产购建费 Expenditure on the Purchase of Fixed Assets	#设备购置 Purchase of Instruments	#开发新产品经费 Spending for New Products
7149187	**8461940**	**7375618**	**14571955**
142249	312013	301644	152536
63828	47934	40339	103840
3150	4983	4574	2989
13196	24640	18568	12472
5427	12146	11616	8600
73453	106399	74384	143269
44505	89565	73330	78332
106706	389354	373287	203612
30657	98981	77742	54406
226669	226446	210671	446949
58488	55895	43242	94183
27845	10468	10042	46532
12235	27207	24134	49114
5158	6155	4032	24220
78213	149012	136870	126792
15425	35287	24797	28111

单位:万元

行 业 Industry	科技活动经费内部支出总额 Intramural Expenditure on S&T Activities	劳务费 Compensation for Laborers
文教体育用品制造业 Manufacture of Articles for Culture, Education and Sport Activity	51168	11431
石油加工、炼焦及核燃料加工业 Processing of Petroleum, Coking, Processing of Nucleus Fuel	424737	74089
化学原料及化学制品制造业 Manufacture of Chemical Raw Material and Chemical Products	1963355	305979
医药制造业 Manufacture of Medicines	768073	134957
化学纤维制造业 Manufacture of Chemical Fiber	275089	42794
橡胶制品业 Manufacture of Rubber	293020	40307
塑料制品业 Manufacture of Plastic	231653	33905
非金属矿物制品业 Manufacture of Non-metallic Mineral Products	513207	85326
黑色金属冶炼及压延加工业 Manufacture and Processing of Ferrous Metals	2904555	377406
有色金属冶炼及压延加工业 Manufacture and Processing of Non-ferrous Metals	699868	97506
金属制品业 Manufacture of Metal Products	339235	65295
通用设备制造业 Manufacture of General Purpose Machinery	1400301	306084
专用设备制造业 Manufacture of Special Purpose Machinery	970517	231091
交通运输设备制造业 Manufacture of Transport Equipment	3654219	552598
电气机械及器材制造业 Manufacture of Electrical Machinery and Equipment	2154758	390514
通信设备、计算机及其他电子设备制造业 Manufacture of Communication, Computer, Other Electronic Equipment	4168109	1320704
仪器仪表及文化、办公用机械制造业 Manufacture of Measuring Instrument, Machinery for Cultural and Office Work	321461	94987
工艺品及其他制造业 Manufacture of Artwork, Other Manufacture	80232	16171
电力、热力的生产和供应业 Production and Supply of Electric Power and Heat Power	401989	105034
燃气生产和供应业 Production and Distribution of Gas	15167	3084
水的生产和供应业 Production and Distribution of Water	30474	4237

Continued

(10 000 yuan)

原材料费 Raw Material Expenditure	固定资产购建费 Expenditure on the Purchase of Fixed Assets	#设备购置 Purchase of Instruments	#开发新产品经费 Spending for New Products
16184	12442	10947	37628
98481	210164	177016	165882
521472	884276	792304	920567
174045	285917	215885	447725
91873	102162	89111	161891
88532	126031	108596	181877
76109	101531	90970	149383
137338	234627	194496	275393
1287802	899183	834623	1361187
226232	261238	243032	249971
97276	137766	118704	235636
471999	445768	349752	910088
339955	247309	203262	674125
791859	1041158	873775	2304936
728228	688857	582140	1392128
882159	881407	787582	3190069
80780	102138	81177	212101
26010	27686	24042	55248
101154	152522	149621	62622
1633	8935	8905	1420
2571	13613	9697	4954

3－18 分登记注册类型大中型工业企业其他技术活动经费支出（2005 年）

Expenditure on Other Technical Activities in Large and Medium-sized Industrial Enterprises by Registration（2005）

单位：万元 （10 000 yuan）

注册类型 Type of Registration	技术改造经费 Expenditure on Technical Renovation	技术引进经费 Expenditure on Import of Technology	消化吸收经费 Expenditure on Technology Absorption	购买国内技术经费 Expenditure on Purchase of Domestic Technology
总计 Total	**27928501**	**2967650**	**693824**	**833876**
内资企业 Domestic Funded	**25036843**	**1642547**	**390394**	**716819**
国有企业 State-owned Enterprises	6923372	378686	55253	140108
#大型企业 Large Scale	5824993	324852	44074	100623
集体企业 Collective-owned Enterprises	220299	24989	6563	9651
股份合作企业 Cooperative Enterprises	240158	17963	4483	4238
联营企业 Joint Ownership Enterprises	341016	44951	2005	10215
国有联营企业 State Joint Ownership Enterprises	331213	44094	1980	9961
集体联营企业 Collective Joint Ownership Enterprises	1522			
国有与集体联营企业 Joint State-collective Enterprises	6669	857	25	224
其他联营企业 Other Joint Ownership Enterprises	1611			30
有限责任公司 Limited Liability Corporations	9705741	589783	196454	323258
国有独资公司 State Sole Funded Corporations	4992512	272484	58631	130296
其他有限责任公司 Other Limited Liability Corporations	4713230	317299	137823	192962
股份有限公司 Share-holding Corporations Ltd.	6281189	514721	94838	177625
私营企业 Private Enterprises	1273794	68933	28570	51178

3－18 续表　Continued

单位:万元　(10 000 yuan)

注册类型 Type of Registration	技术改造经费 Expenditure on Technical Renovation	技术引进经费 Expenditure on Import of Technology	消化吸收经费 Expenditure on Technology Absorption	购买国内技术经费 Expenditure on Purchase of Domestic Technology
私营独资企业 Private-funded Enterprises	50912	3805	622	1265
私营合伙企业 Private Partnership Enterprises	6246	1016	512	581
私营有限责任公司 Private Limited Liability Corporations	1129829	61059	24915	47195
私营股份有限公司 Private Share-holding Corporations Ltd.	86808	3054	2521	2136
其他企业 Others Enterprises	51274	2521	2230	546
港澳台商投资企业 Enterprises with Funds from Hong Kong, Macau and Taiwan	**853956**	**221409**	**64709**	**31793**
#大型企业 Large Scale	347709	89442	11693	8774
与港澳台商合资经营企业 Joint-venture Enterprises (with Funds from Hong Kong, Macau and Taiwan)	503279	140874	39718	22143
与港澳台商合作经营企业 Cooperative Enterprises (with Funds from Hong Kong, Macau and Taiwan)	38077	636	6003	1982
港澳台商独资经营企业 Enterprises with Sole Funds from Hong Kong, Macau and Taiwan	111235	64007	7640	3111
港澳台商投资股份有限公司 Share-holding Corporations Ltd. with Funds from Hong Kong, Macau and Taiwan	201364	15892	11347	4556
外商投资企业 Foreign Funded Enterprises	**2037702**	**1103694**	**238721**	**85264**
#大型企业 Large Scale	1046302	588282	58068	55404
中外合资经营企业 Joint-venture Enterprises	1546737	849379	224845	66554
中外合作经营 Cooperation Enterprises	23699	11656	289	276
外资企业 Enterprises with Sole Foreign Funds	214560	222921	10203	4335
外商投资股份有限公司 Share-holding Corporations Ltd. with Foreign Funds	252707	19737	3384	14099

3-19 各地区大中型工业企业其他技术活动经费支出(2005年)
Expenditure on Other Technical Activities in Large and Medium-sized Industrial Enterprises by Region(2005)

单位:万元 (10 000 yuan)

地区 Region		技术改造经费 Expenditure on Technical Renovation	技术引进经费 Expenditure on Import of Technology	消化吸收经费 Expenditure on Technology Absorption	购买国内技术经费 Expenditure on Purchase of Domestic Technology
全国	**Total**	**27928501**	**2967650**	**693824**	**833876**
东部地区	Eastern Region	15367028	2089912	527022	487940
中部地区	Mid Region	7932943	575196	117328	161241
西部地区	Western Region	4628529	302542	49474	184694
北京	Beijing	367984	54434	455	8452
天津	Tianjin	402717	313480	166667	15922
河北	Hebei	926436	69069	16002	11813
山西	Shanxi	1245733	60431	9317	13792
内蒙古	Neimenggu	466087	9959	4479	3437
辽宁	Liaoning	2898341	92632	8344	11822
吉林	Jilin	775151	39533	7723	4556
黑龙江	Heilongjiang	675563	51214	12181	19308
上海	Shanghai	1395843	424185	47823	35912
江苏	Jiangsu	2795706	415481	60633	96164
浙江	Zhejiang	2454674	159523	43295	95157
安徽	Anhui	1555730	96646	50616	21319
福建	Fujian	350103	80269	8247	22322
江西	Jiangxi	416877	124904	7552	54565
山东	Shandong	2440006	194546	59385	85219
河南	Henan	1098572	79070	10413	32531
湖北	Hubei	1253563	83022	16312	7387
湖南	Hunan	911755	40376	3214	7783
广东	Guangdong	1301399	283619	113983	104638
广西	Guangxi	604810	37095	2543	46937
海南	Hainan	33821	2676	2188	519
重庆	Chongqing	503224	48138	3409	12191
四川	Sichuan	1287144	100440	26535	89255
贵州	Guizhou	405860	16469	495	8390
云南	Yunnan	189607	24129	2756	4546
西藏	Tibet				
陕西	Shaanxi	459690	28992	4990	8357
甘肃	Gansu	307751	31375	2145	9608
青海	Qinghai	21518	60	13	292
宁夏	Ningxia	142548	3403	330	518
新疆	Xinjiang	240291	2481	1779	1165

3-20 分行业大中型工业企业其他技术活动经费支出(2005 年)

Expenditure on Other Technical Activities in Large and Medium-sized Industrial Enterprises by Industry(2005)

单位:万元 (10 000 yuan)

行业 Industry	技术改造经费 Expenditure on Technical Renovation	技术引进经费 Expenditure on Import of Technology	消化吸收经费 Expenditure on Technology Absorption	购买国内技术经费 Expenditure on Purchase of Domestic Technology
总计 **Total**	**27928501**	**2967650**	**693824**	**833876**
煤炭开采和洗选业 Mining and Washing of Coal	926406	43272	24581	20062
石油和天然气开采业 Extraction of Petroleum and Natural Gas	123364	18926	4029	4806
黑色金属矿采选业 Mining of Ferrous Metal Ores	20853	200	195	622
有色金属矿采选业 Mining of Non-ferrous Metal Ores	111937		1760	1269
非金属矿采选业 Mining and Processing of Nonmetal Ores	41652	1206		1414
其他采矿业 Mining of Other Ores				
农副食品加工业 Processing of Food from Agricultural Products	194286	31662	5676	16116
食品制造业 Manufacture of Foods	112639	13115	4866	4387
饮料制造业 Manufacture of Beverage	378749	34193	4012	7082
烟草制品业 Manufacture of Tobacco	363355	29740	1154	21751
纺织业 Manufacture of Textile	631560	33417	7637	23104
纺织服装、鞋、帽制造业 Manufacture of Textile Wearing Apparel, Footware and Caps	81565	1737	3833	9249
皮革、毛皮、羽毛(绒)及其制品业 Manufacture of Leather, Fur, Feather and Its Products	35966	2958	491	3476
木材加工及木、竹、藤、棕、草制品业 Processing of Timbers, Manufacture of Wood, Bamboo, Rattan, Palm, Straw	66502	3556	2092	1308
家具制造业 Manufacture of Furniture	17582	530	580	115
造纸及纸制品业 Manufacture of Paper and Paper Products	256274	68803	4638	4371
印刷业和记录媒介的复制 Printing, Reproduction of Recording Media	65532	16263	5326	7076

3-20 续表 Continued

单位:万元 (10 000 yuan)

行业 Industry	技术改造经费 Expenditure on Technical Renovation	技术引进经费 Expenditure on Import of Technology	消化吸收经费 Expenditure on Technology Absorption	购买国内技术经费 Expenditure on Purchase of Domestic Technology
文教体育用品制造业 Manufacture of Articles for Culture, Education and Sport Activity	20714	796	15	76
石油加工、炼焦及核燃料加工业 Processing of Petroleum, Coking, Processing of Nucleus Fuel	1334154	89767	10341	14499
化学原料及化学制品制造业 Manufacture of Chemical Raw Material and Chemical Products	2969878	195478	43023	46610
医药制造业 Manufacture of Medicines	441007	35815	34971	56041
化学纤维制造业 Manufacture of Chemical Fiber	235606	19427	2426	9048
橡胶制品业 Manufacture of Rubber	224585	31716	5951	5525
塑料制品业 Manufacture of Plastic	180825	21138	5707	3407
非金属矿物制品业 Manufacture of Non-metallic Mineral Products	506989	19835	13579	9854
黑色金属冶炼及压延加工业 Manufacture and Processing of Ferrous Metals	9764963	487207	55368	269823
有色金属冶炼及压延加工业 Manufacture and Processing of Non-ferrous Metals	1259607	131842	11707	28656
金属制品业 Manufacture of Metal Products	258809	33263	6437	6515
通用设备制造业 Manufacture of General Purpose Machinery	992663	135630	33529	28000
专用设备制造业 Manufacture of Special Purpose Machinery	734916	70220	8885	26980
交通运输设备制造业 Manufacture of Transport Equipment	2191403	440442	80287	109095
电气机械及器材制造业 Manufacture of Electrical Machinery and Equipment	953232	144470	59682	38295
通信设备、计算机及其他电子设备制造业 Manufacture of Communication, Computer, Other Electronic Equipment	662233	759375	233443	25140
仪器仪表及文化、办公用机械制造业 Manufacture of Measuring Instrument, Machinery for Cultural and Office Work	125414	30109	5482	4904
工艺品及其他制造业 Manufacture of Artwork, Other Manufacture	61460	2381	2358	4085
电力、热力的生产和供应业 Production and Supply of Electric Power and Heat Power	1450060	18615	8905	19192
燃气生产和供应业 Production and Distribution of Gas	28903	451	5	1141
水的生产和供应业 Production and Distribution of Water	102858	94	853	782

3-21 分登记注册类型大中型工业企业科技机构(2005年)
S&T Institutes in Large and Medium-sized Industrial Enterprises by Registration(2005)

注册类型 Type of Registration	企业科技机构数(个) Number of the S&T Institutions(unit)	科技机构人员(人) Personnel in S&T Insitutions(person)	#科学家和工程师 Scientists & Engineers	科技机构经费(万元) Spending for S&T Insitutions(10 000 yuan)
总计 Total	**9352**	**643160**	**430585**	**10182774**
内资企业 Domestic Funded	**7622**	**532148**	**354201**	**7940357**
国有企业 State-owned Enterprises	1292	92568	63116	1234705
#大型企业 Large Scale	543	60276	41834	944336
集体企业 Collective-owned Enterprises	180	7466	5177	203714
股份合作企业 Cooperative Enterprises	100	3445	2211	32615
联营企业 Joint Ownership Enterprises	22	3118	2364	98383
国有联营企业 State Joint Ownership Enterprises	13	2895	2195	94248
集体联营企业 Collective Joint Ownership Enterprises	1	10	6	20
国有与集体联营企业 Joint State-collective Enterprises	6	172	132	3291
其他联营企业 Other Joint Ownership Enterprises	2	41	31	825
有限责任公司 Limited Liability Corporations	3059	246830	162390	3558958
国有独资公司 State Sole Funded Corporations	762	74303	50482	1137119
其他有限责任公司 Other Limited Liability Corporations	2297	172527	111908	2421840
股份有限公司 Share-holding Corporations Ltd.	1587	127660	85551	2134825
私营企业 Private Enterprises	1364	50119	32627	657444

3－21 续表 Continued

注册类型 Type of Registration	企业科技机构数（个） Number of the S&T Institutions (unit)	科技机构人员（人） Personnel in S&T Insitutions (person)	#科学家和工程师 Scientists & Engineers	科技机构经费（万元） Spending for S&T Insitutions (10 000 yuan)
私营独资企业 Private-funded Enterprises	80	1816	1108	31433
私营合伙企业 Private Partnership Enterprises	15	539	342	6180
私营有限责任公司 Private Limited Liability Corporations	1177	44418	28805	576972
私营股份有限公司 Private Share-holding Corporations Ltd.	92	3346	2372	42859
其他企业 Others Enterprises	18	942	765	19714
港澳台商投资企业 **Enterprises with Funds from Hong Kong, Macau and Taiwan**	**784**	**48943**	**32015**	**787525**
#大型企业 Large Scale	136	24962	16546	386121
与港澳台商合资经营企业 Joint-venture Enterprises (with Funds from Hong Kong, Macau and Taiwan)	401	19547	11905	407745
与港澳台商合作经营企业 Cooperative Enterprises (with Funds from Hong Kong, Macau and Taiwan)	30	1640	607	32177
港澳台商独资经营企业 Enterprises with Sole Funds from Hong Kong, Macau and Taiwan	285	23447	16509	258496
港澳台商投资股份有限公司 Share-holding Corporations Ltd. with Funds from Hong Kong, Macau and Taiwan	68	4309	2994	89106
外商投资企业 **Foreign Funded Enterprises**	**946**	**62069**	**44369**	**1454893**
#大型企业 Large Scale	215	31181	24045	872008
中外合资经营企业 Joint-venture Enterprises	565	31258	21784	886344
中外合作经营 Cooperation Enterprises	38	1842	1120	28732
外资企业 Enterprises with Sole Foreign Funds	264	20586	14906	350353
外商投资股份有限公司 Share-holding Corporations Ltd. with Foreign Funds	79	8383	6559	189464

3-22 各地区大中型工业企业科技机构(2005年)
S&T Institutions in Large and Medium-sized Industrial Enterprises by Region(2005)

地区 Region		企业科技机构数(个) Number of the S&T Institutions (unit)	科技机构人员(人) Personnel in S&T Insitutions (person)	#科学家和工程师 Scientists & Engineers	科技机构经费(万元) Spending for S&T Insitutions (10 000 yuan)
全国	**Total**	**9352**	**643160**	**430585**	**10182774**
东部地区	Eastern Region	5992	396969	268083	7294861
中部地区	Mid Region	1990	144686	97698	1642921
西部地区	Western Region	1370	101505	64804	1244993
北京	Beijing	120	8165	6251	120502
天津	Tianjin	195	13272	8813	434190
河北	Hebei	342	24317	16728	267781
山西	Shanxi	201	14095	8959	139917
内蒙古	Neimenggu	80	5911	3893	60638
辽宁	Liaoning	295	31695	18523	314513
吉林	Jilin	124	9952	7922	253405
黑龙江	Heilongjiang	184	27737	19044	127414
上海	Shanghai	253	22743	17844	682292
江苏	Jiangsu	1193	61979	38928	1098250
浙江	Zhejiang	1261	59718	37648	942360
安徽	Anhui	321	17480	11682	287755
福建	Fujian	286	16220	10371	290798
江西	Jiangxi	153	8668	4874	127483
山东	Shandong	1058	68319	42348	1358369
河南	Henan	488	32467	21218	339502
湖北	Hubei	255	18497	12753	218443
湖南	Hunan	264	15790	11246	149002
广东	Guangdong	976	90373	70533	1784208
广西	Guangxi	122	7419	4989	145968
海南	Hainan	13	168	96	1596
重庆	Chongqing	195	13403	9639	206611
四川	Sichuan	321	30963	18466	388927
贵州	Guizhou	95	6068	3819	82275
云南	Yunnan	97	4304	2510	78159
西藏	Tibet				
陕西	Shaanxi	256	16861	10412	121065
甘肃	Gansu	91	7520	5168	45271
青海	Qinghai	35	1782	937	28478
宁夏	Ningxia	29	2178	1573	27120
新疆	Xinjiang	49	5096	3398	60482

3-23 分行业大中型工业企业科技机构(2005年)
S&T Institutions in Large and Medium-sized Industrial Enterprises by Industry(2005)

行业 Industry	企业科技机构数(个) Number of the S&T Institutions (unit)	科技机构人员(人) Personnel in S&T Insitutions (person)	#科学家和工程师 Scientists & Engineers	科技机构经费(万元) Spending for S&T Insitutions (100 00 yuan)
总计 Total	**9352**	**643160**	**430585**	**10182774**
煤炭开采和洗选业 Mining and Washing of Coal	167	16673	9531	126767
石油和天然气开采业 Extraction of Petroleum and Natural Gas	193	35702	23484	262701
黑色金属矿采选业 Mining of Ferrous Metal Ores	11	290	178	4104
有色金属矿采选业 Mining of Non-ferrous Metal Ores	44	1112	565	11860
非金属矿采选业 Mining and Processing of Nonmetal Ores	35	963	510	17287
其他采矿业 Mining of Other Ores	1	9		9
农副食品加工业 Processing of Food from Agricultural Products	195	8046	4945	114521
食品制造业 Manufacture of Foods	163	7207	4622	84823
饮料制造业 Manufacture of Beverage	188	9050	6014	199687
烟草制品业 Manufacture of Tobacco	55	2581	1697	89352
纺织业 Manufacture of Textile	526	22888	10597	270212
纺织服装、鞋、帽制造业 Manufacture of Textile Wearing Apparel, Footware and Caps	137	4335	1943	60052
皮革、毛皮、羽毛(绒)及其制品业 Manufacture of Leather, Fur, Feather and Its Products	95	4235	1863	41295
木材加工及木、竹、藤、棕、草制品业 Processing of Timbers, Manufacture of Wood, Bamboo, Rattan, Palm, Straw	46	1643	789	37003
家具制造业 Manufacture of Furniture	26	1000	617	7837
造纸及纸制品业 Manufacture of Paper and Paper Products	135	5398	3500	93383
印刷业和记录媒介的复制 Printing, Reproduction of Recording Media	41	1727	1021	21292

3－23 续表 Continued

行 业 Industry	企业科技机构数（个） Number of the S&T Institutions (unit)	科技机构人员（人） Personnel in S&T Insitutions (person)	#科学家和工程师 Scientists & Engineers	科技机构经费（万元） Spending for S&T Insitutions (10 000 yuan)
文教体育用品制造业 Manufacture of Articles for Culture, Education and Sport Activity	63	2506	1210	29235
石油加工、炼焦及核燃料加工业 Processing of Petroleum, Coking, Processing of Nucleus Fuel	110	7555	4848	148422
化学原料及化学制品制造业 Manufacture of Chemical Raw Material and Chemical Products	828	43868	27420	751123
医药制造业 Manufacture of Medicines	581	22081	16138	337652
化学纤维制造业 Manufacture of Chemical Fiber	74	4598	2653	125051
橡胶制品业 Manufacture of Rubber	122	6914	3916	159642
塑料制品业 Manufacture of Plastic	152	5535	3450	93208
非金属矿物制品业 Manufacture of Non-metallic Mineral Products	412	19096	11355	184287
黑色金属冶炼及压延加工业 Manufacture and Processing of Ferrous Metals	230	31342	20976	740746
有色金属冶炼及压延加工业 Manufacture and Processing of Non-ferrous Metals	212	16582	10752	225288
金属制品业 Manufacture of Metal Products	199	9309	5804	148657
通用设备制造业 Manufacture of General Purpose Machinery	816	46805	29779	528978
专用设备制造业 Manufacture of Special Purpose Machinery	564	42946	28962	468439
交通运输设备制造业 Manufacture of Transport Equipment	838	77521	53848	1533990
电气机械及器材制造业 Manufacture of Electrical Machinery and Equipment	831	51811	35121	1014948
通信设备、计算机及其他电子设备制造业 Manufacture of communication, computer, other electronic equipment	736	107466	85915	2030136
仪器仪表及文化、办公用机械制造业 Manufacture of measuring instrument, machinery for cultural and Office Work	214	12339	8663	105238
工艺品及其他制造业 Manufacture of Artwork, Other Manufacture	70	3043	1617	34246
电力、热力的生产和供应业 Production and Supply of Electric Power and Heat Power	208	7796	5620	71780
燃气生产和供应业 Production and Distribution of Gas	8	542	135	448
水的生产和供应业 Production and Distribution of Water	26	646	527	9080

3-24 分登记注册类型大中型工业企业科技项目与专利(2005年)

Projects and Patents for S&T Activities in Large and Medium-sized Industrial Enterprises by Registration(2005)

单位:项 (item)

注册类型 Type of Registration	科技项目数 Projects for S&T Activities	#新产品开发项目数 Projects for New Product	专利申请 Patent Applications	#发明专利数 Inventive Patent	拥有发明专利数 Owning Inventive Patent
总计 Total	**137280**	**81033**	**55271**	**18292**	**22971**
内资企业 Domestic Funded	**114078**	**65403**	**38350**	**12594**	**17209**
国有企业 State-owned Enterprises	22661	10610	2900	961	2030
#大型企业 Large Scale	11759	4460	1845	595	1355
集体企业 Collective-owned Enterprises	2251	1551	1174	371	200
股份合作企业 Cooperative Enterprises	1035	739	351	154	289
联营企业 Joint Ownership Enterprises	383	164	36	8	21
国有联营企业 State Joint Ownership Enterprises	316	109	24	5	9
集体联营企业 Collective Joint Ownership Enterprises	3				
国有与集体联营企业 Joint State-collective Enterprises	59	51	12	3	12
其他联营企业 Other Joint Ownership Enterprises	5	4			
有限责任公司 Limited Liability Corporations	53117	31467	14704	6289	7578
国有独资公司 State Sole Funded Corporations	19013	10054	3293	850	1518
其他有限责任公司 Other Limited Liability Corporations	34104	21413	11411	5439	6060
股份有限公司 Share-holding Corporations Ltd.	26018	15077	10668	3438	4216
私营企业 Private Enterprises	8418	5659	8382	1351	2850

3－24 续表 Continued

单位:项 (item)

注册类型 Type of Registration	科技项目数 Projects for S&T Activities	#新产品开发项目数 Projects for New Product	专利申请 Patent Applications	#发明专利数 Inventive Patent	拥有发明专利数 Owning Inventive Patent
私营独资企业 Private-funded Enterprises	559	407	369	53	72
私营合伙企业 Private Partnership Enterprises	118	50	304	6	81
私营有限责任公司 Private Limited Liability Corporations	7215	4811	7304	1202	2540
私营股份有限公司 Private Share-holding Corporations Ltd.	526	391	405	90	157
其他企业 Others Enterprises	195	136	135	22	25
港澳台商投资企业 Enterprises with Funds from Hong Kong, Macau and Taiwan	**8085**	**5379**	**8434**	**1948**	**2171**
#大型企业 Large Scale	2250	1648	3881	1101	540
与港澳台商合资经营企业 Joint-venture Enterprises (with Funds from Hong Kong, Macau and Taiwan)	4609	3139	4065	563	883
与港澳台商合作经营企业 Cooperative Enterprises (with Funds from Hong Kong, Macau and Taiwan)	260	125	772	352	74
港澳台商独资经营企业 Enterprises with Sole Funds from Hong Kong, Macau and Taiwan	2188	1568	3068	869	1008
港澳台商投资股份有限公司 Share-holding Corporations Ltd. with Funds from Hong Kong, Macau and Taiwan	1028	547	529	164	206
外商投资企业 Foreign Funded Enterprises	**15117**	**10251**	**8487**	**3750**	**3591**
#大型企业 Large Scale	4163	2877	3741	2210	1425
中外合资经营企业 Joint-venture Enterprises	8063	5727	5733	3087	2213
中外合作经营 Cooperation Enterprises	191	140	274	27	52
外资企业 Enterprises with Sole Foreign Funds	5493	3508	1516	458	1101
外商投资股份有限公司 Share-holding Corporations Ltd. with Foreign Funds	1370	876	964	178	225

3-25 各地区大中型工业企业科技项目与专利(2005 年)

Projects and Patents for S&T Activities in Large and Medium-sized Industrial Enterprises by Region(2005)

单位:项 (item)

地区 Region		科技项目数 Projects for S&T Activities	#新产品开发项目数 Projects for New Product	专利申请 Patent Applications	#发明专利数 Inventive Patent	拥有发明专利数 Owning Inventive Patent
全国	**Total**	**137280**	**81033**	**55271**	**18292**	**22971**
东部地区	Eastern Region	81945	50312	43067	15413	16836
中部地区	Mid Region	30849	15766	5523	1561	3346
西部地区	Western Region	24486	14955	6681	1318	2789
北京	Beijing	4923	1500	1358	614	1059
天津	Tianjin	4195	2500	2958	2099	750
河北	Hebei	4716	2386	797	313	521
山西	Shanxi	3223	1424	223	85	254
内蒙古	Neimenggu	927	414	211	89	147
辽宁	Liaoning	7635	3918	1337	373	647
吉林	Jilin	1739	1013	331	107	86
黑龙江	Heilongjiang	4064	2227	538	143	409
上海	Shanghai	9547	7178	4586	1501	1140
江苏	Jiangsu	14710	8528	5226	1408	2868
浙江	Zhejiang	6334	5207	5479	1206	1967
安徽	Anhui	6085	3365	900	179	383
福建	Fujian	2721	1794	1200	269	731
江西	Jiangxi	2453	1431	357	171	119
山东	Shandong	13765	9021	4961	1250	2108
河南	Henan	5617	2670	1472	287	569
湖北	Hubei	4306	2181	881	286	514
湖南	Hunan	3362	1455	821	303	1012
广东	Guangdong	13334	8239	15160	6375	5026
广西	Guangxi	1835	1360	314	113	85
海南	Hainan	65	41	5	5	19
重庆	Chongqing	3225	2543	3255	204	389
四川	Sichuan	8921	5695	1078	254	853
贵州	Guizhou	1322	883	244	93	181
云南	Yunnan	884	444	264	117	204
西藏	Tibet					
陕西	Shaanxi	4409	2284	717	252	468
甘肃	Gansu	1231	669	228	108	266
青海	Qinghai	256	103	74	16	36
宁夏	Ningxia	514	378	60	25	49
新疆	Xinjiang	962	182	236	47	111

3-26 分行业大中型工业企业科技项目与专利(2005年)

Projects and Patents for S&T Activities in Large and Medium-sized Industrial Enterprises by Industry(2005)

单位:项 (item)

行 业 Industry	科技项目数 Projects for S&T Activities	#新产品开发项目数 Projects for New Product	专利申请 Patent Applications	#发明专利数 Inventive Patent	拥有发明专利数 Owning Inventive Patent
总计 Total	**137280**	**81033**	**55271**	**18292**	**22971**
煤炭开采和洗选业 Mining and Washing of Coal	5068	921	250	89	185
石油和天然气开采业 Extraction of Petroleum and Natural Gas	4304	505	774	124	648
黑色金属矿采选业 Mining of Ferrous Metal Ores	213	27	21	8	14
有色金属矿采选业 Mining of Non-ferrous Metal Ores	352	99	13	8	13
非金属矿采选业 Mining and Processing of Nonmetal Ores	171	72	10	2	13
其他采矿业 Mining of Other Ores					
农副食品加工业 Processing of Food from Agricultural Products	930	616	179	51	146
食品制造业 Manufacture of Foods	1187	898	630	138	387
饮料制造业 Manufacture of Beverage	1624	976	1085	90	533
烟草制品业 Manufacture of Tobacco	961	427	240	56	94
纺织业 Manufacture of Textile	5832	4378	1297	145	346
纺织服装、鞋、帽制造业 Manufacture of Textile Wearing Apparel, Footware and Caps	826	587	487	19	64
皮革、毛皮、羽毛(绒)及其制品业 Manufacture of Leather, Fur, Feather and Its Products	331	246	124	20	44

3 -26 续表 1 Continued

单位:项 (item)

行业 Industry	科技项目数 Projects for S&T Activities	#新产品开发项目数 Projects for New Product	专利申请 Patent Applications	#发明专利数 Inventive Patent	拥有发明专利数 Owning Inventive Patent
木材加工及木、竹、藤、棕、草制品业 Processing of Timbers, Manufacture of Wood, Bamboo, Rattan, Palm, Straw	288	212	100	39	101
家具制造业 Manufacture of Furniture	547	347	141	34	187
造纸及纸制品业 Manufacture of Paper and Paper Products	988	353	137	63	68
印刷业和记录媒介的复制 Printing, Reproduction of Recording Media	428	180	138	41	43
文教体育用品制造业 Manufacture of Articles for Culture, Education and Sport Activity	506	393	1286	66	516
石油加工、炼焦及核燃料加工业 Processing of Petroleum, Coking, Processing of Nucleus Fuel	1708	537	411	192	632
化学原料及化学制品制造业 Manufacture of chemical raw material and chemical products	10219	6096	2155	903	1495
医药制造业 Manufacture of Medicines	6581	4501	2708	1659	1134
化学纤维制造业 Manufacture of Chemical Fiber	827	371	155	82	92
橡胶制品业 Manufacture of Rubber	4174	2335	299	68	114
塑料制品业 Manufacture of Plastic	949	679	425	112	386
非金属矿物制品业 Manufacture of Non-metallic Mineral Products	2803	1505	1482	350	1035

3－26 续表 2　Continued

单位:项　(item)

行业 Industry	科技项目数 Projects for S&T Activities	#新产品开发项目数 Projects for New Product	专利申请 Patent Applications	#发明专利数 Inventive Patent	拥有发明专利数 Owning Inventive Patent
黑色金属冶炼及压延加工业 Manufacture and Processing of Ferrous Metals	6617	2260	1143	442	917
有色金属冶炼及压延加工业 Manufacture and Processing of Non-ferrous Metals	2918	1177	1088	288	651
金属制品业 Manufacture of Metal Products	2280	1266	2008	329	554
通用设备制造业 Manufacture of General Purpose Machinery	13844	10424	3484	678	1246
专用设备制造业 Manufacture of Special Purpose Machinery	6248	4274	2880	611	1127
交通运输设备制造业 Manufacture of Transport Equipment	19236	11671	6251	803	1409
电气机械及器材制造业 Manufacture of Electrical Machinery and Equipment	13171	8946	9528	2807	3023
通信设备、计算机及其他电子设备制造业 Manufacture of communication, computer, other electronic equipment	13812	10545	12838	7666	4737
仪器仪表及文化、办公用机械制造业 Manufacture of measuring instrument, machinery for cultural and Office Work	2581	1974	805	151	598
工艺品及其他制造业 Manufacture of Artwork, Other Manufacture	659	385	339	80	191
电力、热力的生产和供应业 Production and Supply of Electric Power and Heat Power	3697	716	302	51	215
燃气生产和供应业 Production and Distribution of Gas	134	48	16	3	6
水的生产和供应业 Production and Distribution of Water	263	85	42	24	7

3－27 各地区大中型工业

Major Indicators of Large and Medium-sized Industrial

单位:万元

地 区 Region		企业数(个) Number of Large & Medium-sized Enterprises (unit)	#有科技机构的企业数 Having Institutions for S&T	#有科技活动的企业数 Having Activities for S&T	工业总产值 Gross Value of Industrial Output	#新产品 New Products
全 国	**Total**	**7323**	**2471**	**3773**	**733813778**	**124276954**
东部地区	Eastern Region	3274	1134	1805	390962722	76236544
中部地区	Mid Region	2222	710	1045	202507405	30911697
西部地区	Western Region	1827	627	923	140343652	17128713
北 京	Beijing	255	71	161	30831685	5308422
天 津	Tianjin	174	83	115	20916231	3588029
河 北	Hebei	408	128	185	37961175	3278294
山 西	Shanxi	303	88	124	23723642	2714904
内蒙古	Neimenggu	151	35	56	11606307	1212241
辽 宁	Liaoning	316	98	150	55418737	8013661
吉 林	Jilin	165	49	67	23952803	8468679
黑龙江	Heilongjiang	196	65	89	35528107	3167047
上 海	Shanghai	341	127	259	52739995	17878895
江 苏	Jiangsu	354	169	254	35681409	8945577
浙 江	Zhejiang	227	86	119	25193931	2974321
安 徽	Anhui	231	98	140	22507345	2742466
福 建	Fujian	176	55	85	13723093	3365446
江 西	Jiangxi	241	64	100	13874028	1896234
山 东	Shandong	578	171	240	65194363	11638092
河 南	Henan	479	134	199	34677211	4087940
湖 北	Hubei	325	109	173	29114224	4342864
湖 南	Hunan	282	103	153	19130043	3491563
广 东	Guangdong	410	142	226	51415286	10489580
广 西	Guangxi	211	57	96	10298852	1972866
海 南	Hainan	35	4	11	1886818	756226
重 庆	Chongqing	209	95	138	15420255	4020145
四 川	Sichuan	282	109	167	18271677	4538678
贵 州	Guizhou	184	61	84	10140205	995260
云 南	Yunnan	172	54	84	14184447	530241
西 藏	Tibet					
陕 西	Shaanxi	276	113	154	22139744	2568439
甘 肃	Gansu	145	44	66	14721035	809619
青 海	Qinghai	31	15	19	3842456	134994
宁 夏	Ningxia	40	12	19	3517026	184639
新 疆	Xinjiang	126	32	40	16201647	161593

注:表中的国有控股指国有及国有控股,以后各表同。

企业(国有控股)基本情况(2005 年)
Enterprises(State-controlled) by Region(2005)

(10 000 yuan)

产品销售收入 Total Revenue from the Sale of Products	#新产品 New Products	年末从业人员(人) Employees at Year-end (person)	#工程技术人员 Technical Engineering Personnel	生产经营用设备原价 Original Value of Equipment	#微电子控制 Equipment Controlled by Micro-electronics
750845670	**115572377**	**15545818**	**1821786**	**425880321**	**49955051**
404323398	74126896	6045228	745737	207935380	25186370
207161812	24946581	5835830	650610	132312142	10779259
139360460	16498899	3664760	425439	85632799	13989422
33601169	5442530	388496	45658	16621792	1538104
21787988	3483116	290874	32286	6672940	442644
38139861	3389991	949945	94331	21340175	2789953
24406981	2605468	1070862	107030	19533825	1252489
13600426	1077413	352837	31428	10096148	773748
57393060	7852804	1058012	140869	40617349	3410659
23313973	4291770	517305	64997	14948293	2346533
36045030	2706293	793245	111628	23843092	797540
57226870	17839194	438448	52966	46093646	3313991
36182738	8549032	610603	82558	14546615	2869906
25823338	2831992	276870	35085	13466913	3933258
23184354	2301329	640757	64072	12010467	1571785
13748675	3071371	210575	32632	6725281	2007634
13935708	1840072	384155	46849	7155845	706226
67820178	12006872	1300562	156664	22197804	1971920
38548977	3951613	1273699	119705	18213555	1794873
28653048	3906894	678025	73193	25913842	1586817
19073741	3343142	477782	63136	10693225	722996
50751313	9589119	487515	70589	18750018	2885996
10479048	1928747	247906	33948	5834268	506267
1848208	70877	33328	2099	902848	22306
12028121	4156721	359899	40498	6702497	1659377
18041068	4480985	592525	73946	10364062	1060657
10058436	766565	354465	34934	5173124	749724
14197110	502961	255590	34554	7243507	933101
21926148	2403365	674076	76077	9213903	1038076
15061858	751605	361680	41567	8607661	342229
3703435	121817	79406	11201	3688199	109101
3350068	159767	125620	11911	1986660	325065
16914743	148955	260756	35375	16722770	6492077

3－28　分行业大中型工业

Major Indicators of Large and Medium-sized

单位：万元

行　业 Industry	企业数（个） Number of Large & Medium-sized Enterprises (unit)	#有科技机构的企业 Having Institutions for S&T	#有科技活动的企业 Having Activities for S&T
总计 **Total**	**7323**	**2471**	**3773**
煤炭开采和洗选业 Mining and Washing of Coal	373	78	125
石油和天然气开采业 Extraction of Petroleum and Natural Gas	55	29	34
黑色金属矿采选业 Mining of Ferrous Metal Ores	41	9	18
有色金属矿采选业 Mining of Non-ferrous Metal Ores	103	26	48
非金属矿采选业 Mining and Processing of Nonmetal Ores	56	16	25
其他采矿业 Mining of Other Ores	1		
农副食品加工业 Processing of Food from Agricultural Products	131	26	36
食品制造业 Manufacture of Foods	73	27	41
饮料制造业 Manufacture of Beverage	163	61	75
烟草制品业 Manufacture of Tobacco	100	44	55
纺织业 Manufacture of Textile	298	92	142
纺织服装、鞋、帽制造业 Manufacture of Textile Wearing Apparel, Footware and Caps	49	5	8
皮革、毛皮、羽毛（绒）及其制品业 Manufacture of Leather, Fur, Feather and Its Products	11	5	5
木材加工及木、竹、藤、棕、草制品业 Processing of Timbers, Manufacture of Wood, Bamboo, Rattan, Palm, Straw	40	11	14
家具制造业 Manufacture of Furniture	5	1	3
造纸及纸制品业 Manufacture of Paper and Paper Products	83	31	47
印刷业和记录媒介的复制 Printing, Reproduction of Recording Media	98	10	18

企业(国有控股)基本情况(2005 年)

Industrial Enterprises(State-controlled) by Industry(2005)

(10 000 yuan)

工业总产值 Gross Value of Industrial Output	#新产品 New Products	产品销售收入 Total Revenue from the Sale of Products	#新产品 New Products	年末从业人员(人) Employees at year-end (person)	#工程技术人员 Technical Engineering Personnel	生产经营用设备原价 Original Value of Equipment	#微电子控制 Equipment Controlled by Micro-electronics
733813778	**124276954**	**750845670**	**115572377**	**15545818**	**1821786**	**425880321**	**49955051**
37151574	2005007	39225295	1928011	3013760	199236	19205803	1670574
54477301	785046	55046190	689805	739885	99729	38386479	6201825
2867580		3102501		102584	8908	727462	18471
4022174	94304	3982306	85649	148813	12172	935922	24523
1047257	16670	1037833	17544	93315	4779	496278	12804
23861		24177		576	135	5839	158
6877364	151439	7437716	148881	164649	15528	1668565	72492
3073383	184225	3117182	172583	103160	7386	1277273	88854
7677282	696398	7698604	734840	223527	21805	3470206	306566
26340247	3283100	26716850	2865878	160120	19607	6503022	2000665
7769210	1308603	7861274	1217716	619604	35627	4545418	712089
739745	36926	657354	38510	61133	1740	227183	4195
141029	22287	134200	19698	12027	399	32604	1435
1216372	489198	1231535	499588	67274	6948	630883	41308
428235	357439	442326	359510	7228	555	34337	886
4614289	317167	5153417	371470	122106	11697	4856706	419315
1585098	220478	1610096	209411	71023	5088	1552932	512448

单位:万元

行 业 Industry	企业数(个) Number of Large & Medium-sized Enterprises (unit)	#有科技机构的企业 Having Institutions for S&T	#有科技活动的企业 Having Activities for S&T
文教体育用品制造业 Manufacture of Articles for Culture, Education and Sport Activity	12	6	8
石油加工、炼焦及核燃料加工业 Processing of Petroleum, Coking, Processing of Nucleus Fuel	127	47	66
化学原料及化学制品制造业 Manufacture of Chemical Raw Material and Chemical Products	575	252	333
医药制造业 Manufacture of Medicines	218	146	176
化学纤维制造业 Manufacture of Chemical Fiber	47	26	35
橡胶制品业 Manufacture of Rubber	62	32	43
塑料制品业 Manufacture of Plastic	34	13	20
非金属矿物制品业 Manufacture of Non-metallic Mineral Products	402	96	165
黑色金属冶炼及压延加工业 Manufacture and Processing of Ferrous Metals	177	81	108
有色金属冶炼及压延加工业 Manufacture and Processing of Non-ferrous Metals	177	75	110
金属制品业 Manufacture of Metal Products	104	34	55
通用设备制造业 Manufacture of General Purpose Machinery	450	213	336
专用设备制造业 Manufacture of Special Purpose Machinery	339	187	268
交通运输设备制造业 Manufacture of Transport Equipment	602	329	454
电气机械及器材制造业 Manufacture of Electrical Machinery and Equipment	213	111	151
通信设备、计算机及其他电子设备制造业 Manufacture of Communication, Computer, Other Electronic Equipment	287	161	231
仪器仪表及文化、办公用机械制造业 Manufacture of Measuring Instrument, Machinery for Cultural and Office Work	93	51	80
工艺品及其他制造业 Manufacture of Artwork, Other Manufacture	34	13	27
电力、热力的生产和供应业 Production and Supply of Electric Power and Heat Power	1443	103	331
燃气生产和供应业 Production and Distribution of Gas	81	7	33
水的生产和供应业 Production and Distribution of Water	165	17	49

Continued

(10 000 yuan)

工业总产值 Gross Value of Industrial Output	#新产品 New Products	产品销售收入 Total Revenue from the Sale of Products	#新产品 New Products	年末从业人员(人) Employees at year-end (person)	#工程技术人员 Technical Engineering Personnel	生产经营用设备原价 Original Value of Equipment	#微电子控制 Equipment Controlled by Micro-electronics
205096	40395	215660	40873	11308	438	58288	2265
92131636	4036270	93409431	4212210	364564	53128	23683722	1646817
46000571	6394071	46870438	6501861	997184	141445	33182677	5372107
8471748	1635038	9646463	1495400	288048	37090	3744590	655168
4131839	929016	4086050	911516	125292	10372	3456959	378552
3783260	1278821	3799110	1174836	104175	8584	1705458	429790
1954672	439136	2126279	426919	43603	6980	1150063	268860
8610070	879551	8798598	897565	450998	47127	8793002	781021
96421526	18284198	101594957	18152243	1348236	163410	61931125	5138953
24750835	3382233	25173636	3401292	508746	65897	11126393	1443741
3397730	438642	3413351	383574	97467	9748	1015753	163605
22230027	9710167	21067466	9292146	612404	72338	6207935	1227041
16066062	5579034	16208313	5308923	640419	75517	5307603	692652
79410921	41430195	75581698	35014122	1362123	179534	24477291	5178247
10853995	3251559	10737974	3129591	255743	36077	2727486	504334
32666753	15724116	32718677	15048199	470082	76056	7999453	2401455
1979359	675532	2010128	647489	119283	17011	865341	140943
823430	95018	818496	93238	38281	6303	569039	96636
114910785	104551	122159881	80223	1717205	328722	134642927	11067402
2173799	430	3247626	436	94111	12725	2845678	59820
2777883	699	2672695	624	185200	21929	5828556	217037

3-29 各地区大中型工业企业(国有控股)科技活动人员(2005年)

Personnel for S&T Activities in Large and Medium-sized Industrial Enterprises(State-controlled) by Region(2005)

单位:人 (person)

地 区 Region		科技活动人员 Personnel for S&T Activities	#科学家和工程师 Scientists & Engineers	参加科技项目人员 Personnel in S&T Projects	科技管理和服务人员 S&T Managers and Attendants
全 国	**Total**	**1002254**	**617881**	**669135**	**272924**
东部地区	Eastern Region	447717	282368	306216	111231
中部地区	Mid Region	340127	208369	219873	99509
西部地区	Western Region	214410	127144	143046	62184
北 京	Beijing	27831	21126	19979	7000
天 津	Tianjin	22564	13441	14447	5294
河 北	Hebei	52808	36224	33037	17959
山 西	Shanxi	59993	30355	34437	22951
内蒙古	Neimenggu	16277	11358	10318	5775
辽 宁	Liaoning	83427	45365	55793	16845
吉 林	Jilin	23626	18497	13964	8715
黑龙江	Heilongjiang	55402	38322	38106	11989
上 海	Shanghai	37674	25534	23774	10702
江 苏	Jiangsu	64592	38823	43849	15755
浙 江	Zhejiang	16600	11100	12795	3452
安 徽	Anhui	27071	17019	20119	6038
福 建	Fujian	15351	9825	11671	3466
江 西	Jiangxi	29013	12716	16340	11576
山 东	Shandong	80531	49113	55154	22561
河 南	Henan	63167	37237	39728	21407
湖 北	Hubei	45252	29978	32840	6403
湖 南	Hunan	36603	24245	24339	10430
广 东	Guangdong	44922	31155	34843	8166
广 西	Guangxi	12357	7762	8629	2731
海 南	Hainan	1417	662	874	31
重 庆	Chongqing	23684	15869	16917	6339
四 川	Sichuan	50862	28972	33976	16272
贵 州	Guizhou	14831	8367	9181	4256
云 南	Yunnan	10453	5460	7959	2217
西 藏	Tibet				
陕 西	Shaanxi	51739	27798	31212	17465
甘 肃	Gansu	18981	11830	13118	4457
青 海	Qinghai	3732	1850	2508	623
宁 夏	Ningxia	3144	2352	2693	451
新 疆	Xinjiang	8350	5526	6535	1598

3-30 分行业大中型工业企业(国有控股)科技活动人员(2005年)
Personnel for S&T Activities in Large and Medium-sized Industrial Enterprises(State-controlled) by Industry (2005)

单位:人 (person)

行业 Industry	科技活动人员 Personnel for S&T Activities	#科学家和工程师 Scientists & Engineers	参加科技项目人员 Personnel in S&T Projects	科技管理和服务人员 S&T Managers and Attendants
总计 Total	**1002254**	**617881**	**669135**	**272924**
煤炭开采和洗选业 Mining and Washing of Coal	100203	49768	59513	36173
石油和天然气开采业 Extraction of Petroleum and Natural Ggas	58766	36715	41257	10496
黑色金属矿采选业 Mining of Ferrous Metal Ores	2767	1828	2305	392
有色金属矿采选业 Mining of Non-ferrous Metal Ores	4246	2463	3120	1034
非金属矿采选业 Mining and Processing of Nonmetal Ores	1716	948	998	486
其他采矿业 Mining of Other Ores				
农副食品加工业 Processing of Food From Agricultural Pproducts	5473	3137	4427	888
食品制造业 Manufacture of Foods	6604	4191	3057	3490
饮料制造业 Manufacture of Beverage	10822	7314	6923	2960
烟草制品业 Manufacture of Tobacco	6788	4380	4878	1777
纺织业 Manufacture of Textile	25383	8779	15850	5986
纺织服装、鞋、帽制造业 Manufacture of Textile Wearing Apparel, Footware and Caps	1134	545	508	621
皮革、毛皮、羽毛(绒)及其制品业 Manufacture of Leather, Fur, Feather and Its Products	243	76	114	129
木材加工及木、竹、藤、棕、草制品业 Processing of Timbers, Manufacture of Wood, Bamboo, Rattan, Palm, Straw	3723	1497	3168	554
家具制造业 Manufacture of Furniture	370	289	350	20
造纸及纸制品业 Manufacture of Paper and Paper Products	6294	4231	5054	1123
印刷业和记录媒介的复制 Printing, Reproduction of Recording Media	2442	1404	1903	527

3-30 续表 Continued

单位:人 (person)

行 业 Industry	科技活动人员 Personnel for S&T Activities	#科学家和工程师 Scientists & Engineers	参加科技项目人员 Personnel in S&T Projects	科技管理和服务人员 S&T Managers and Attendants
文教体育用品制造业 Manufacture of Articles for Culture, Education and Sport Activity	335	202	264	71
石油加工、炼焦及核燃料加工业 Processing of Petroleum, Coking, Processing of Nucleus Fuel	20378	13147	13771	5417
化学原料及化学制品制造业 Manufacture of Chemical Raw Material and Chemical Products	68362	38375	49045	14922
医药制造业 Manufacture of Medicines	22786	15788	16578	4799
化学纤维制造业 Manufacture of Chemical Fiber	6638	4067	5037	1289
橡胶制品业 Manufacture of Rubber	6836	3224	4498	2041
塑料制品业 Manufacture of Plastic	3154	2120	2397	727
非金属矿物制品业 Manufacture of Non-metallic Mineral Products	19018	10475	14021	4065
黑色金属冶炼及压延加工业 Manufacture and Processing of Ferrous Metals	112062	72606	69971	39501
有色金属冶炼及压延加工业 Manufacture and Processing of Non-ferrous Metals	32984	20400	22331	8890
金属制品业 Manufacture of Metal Products	8145	5560	5841	1754
通用设备制造业 Manufacture of General Purpose Machinery	70359	42753	42949	21251
专用设备制造业 Manufacture of Special Purpose Machinery	60079	38677	37313	20615
交通运输设备制造业 Manufacture of Transport Equipment	155274	99499	106035	41491
电气机械及器材制造业 Manufacture of Electrical Machinery and Equipment	29383	18974	18786	8435
通信设备、计算机及其他电子设备制造业 Manufacture of Communication, Ccomputer, Other Electronic Equipment	81425	57087	59647	15641
仪器仪表及文化、办公用机械制造业 Manufacture of Measuring Instrument, Machinery for Cultural and Office Work	13279	9802	9207	3386
工艺品及其他制造业 Manufacture of Artwork, Other Manufacture	4667	2425	3253	1104
电力、热力的生产和供应业 Production and Supply of Electric Power and Heat Power	45348	31677	31539	9515
燃气生产和供应业 Production and Distribution of Gas	2297	1624	1589	669
水的生产和供应业 Production and Distribution of Water	2471	1834	1638	685

3-31 各地区大中型工业企业(国有控股)科技活动经费筹集(2005年)

Sources of Funds for S&T of Large and Medium-sized Industrial Enterprises(State-controlled) by Region (2005)

单位:万元 (10 000 yuan)

地 区	Region	科技活动经费筹集总额 Total Funds Obtaied for S&T Activities	政府资金 Government Grant	企业资金 Enterprise Self-financed	金融机构贷款 Bank Loans	来自国外的资金 Funds from Abroad
全 国	**Total**	**14552361**	**602342**	**13002241**	**607452**	**9907**
东部地区	Eastern Region	8273739	240134	7524867	325225	7111
中部地区	Mid Region	3594451	153918	3159833	209959	2567
西部地区	Western Region	2684171	208290	2317540	72268	230
北 京	Beijing	495455	28765	445824	7270	156
天 津	Tianjin	620656	7025	605077	6155	73
河 北	Hebei	541066	4639	517381	10178	11
山 西	Shanxi	486628	34853	421282	29231	2
内蒙古	Neimenggu	158056	17877	135415	3556	
辽 宁	Liaoning	1151783	44751	1039651	26046	2240
吉 林	Jilin	477299	6700	467750	1023	
黑龙江	Heilongjiang	384909	26283	309303	7070	180
上 海	Shanghai	1422633	35744	1371429	10731	
江 苏	Jiangsu	1191805	37973	1014636	41836	1762
浙 江	Zhejiang	276320	19633	248872	4979	
安 徽	Anhui	594267	20733	444236	120481	2264
福 建	Fujian	261766	7245	217863	36060	330
江 西	Jiangxi	283641	10229	258687	13724	105
山 东	Shandong	1440282	23164	1276685	136478	1135
河 南	Henan	529885	10740	492261	21616	
湖 北	Hubei	533959	20495	500328	10774	
湖 南	Hunan	303864	23886	265988	6040	16
广 东	Guangdong	823542	31196	739018	45492	1404
广 西	Guangxi	256667	3626	228429	20744	
海 南	Hainan	48432		48432		
重 庆	Chongqing	360015	23204	320616	13359	
四 川	Sichuan	824763	52215	741975	15910	
贵 州	Guizhou	153085	12568	126747	11682	1
云 南	Yunnan	143171	11805	126030	2376	228
西 藏	Tibet					
陕 西	Shaanxi	353129	76887	223458	2074	
甘 肃	Gansu	209886	5347	197118	2035	
青 海	Qinghai	59757	1310	58157	32	
宁 夏	Ningxia	25345	2193	22652	500	
新 疆	Xinjiang	140298	1259	136944		

3-32 分行业大中型工业企业(国有控股)科技活动经费筹集(2005年)

Sources of Funds for S&T of Large and Medium-sized Industrial Enterprises(State-controlled) by Industry (2005)

单位:万元　　(10 000 yuan)

行　业 Industry	科技活动经费筹集总额 Total Funds Obtaied for S&T Activities	政府资金 Government Grant	企业资金 Enterprise Self-financed	金融机构贷款 Bank Loans	来自国外的资金 Funds from Abroad
总 计 Total	**14552361**	**602342**	**13002241**	**607452**	**9907**
煤炭开采和洗选业 Mining and Washing of Coal	695989	26266	622487	45003	
石油和天然气开采业 Extraction of Petroleum and Natural Ggas	488031	2952	468337	600	
黑色金属矿采选业 Mining of Ferrous Metal Ores	12373	296	11954		
有色金属矿采选业 Mining of Non-ferrous Metal Ores	40568	722	39667	94	
非金属矿采选业 Mining and Processing of Nonmetal Ores	18086	933	17050	100	
其他采矿业 Mining of Other Ores					
农副食品加工业 Processing of Food From Agricultural Pproducts	52437	1959	49677	501	
食品制造业 Manufacture of Foods	54410	3307	49492	1100	112
饮料制造业 Manufacture of Beverage	421313	1425	396082	19450	
烟草制品业 Manufacture of Tobacco	162091	1020	159488	40	
纺织业 Manufacture of Textile	142814	1998	124098	15983	
纺织服装、鞋、帽制造业 Manufacture of Textile Wearing Apparel, Footware and Caps	4706	4	3470	1205	
皮革、毛皮、羽毛(绒)及其制品业 Manufacture of Leather, Fur, Feather and Its Products	737		737		
木材加工及木、竹、藤、棕、草制品业 Processing of Timbers, Manufacture of Wood, Bamboo, Rattan, Palm, Straw	43961	705	43246		
家具制造业 Manufacture of Furniture	13896	20	13696	180	
造纸及纸制品业 Manufacture of Paper and Paper Products	73956	1651	72290		
印刷业和记录媒介的复制 Printing, Reproduction of Recording Media	23306	120	23035	150	

3－32 续表　Continued

单位:万元　(10 000 yuan)

行　业 Industry	科技活动经费筹集总额 Total Funds Obtaied for S&T Activities	政府资金 Government Grant	企业资金 Enterprise Self-financed	金融机构贷款 Bank Loans	来自国外的资金 Funds from Abroad
文教体育用品制造业 Manufacture of Articles for Culture, Education and Sport Activity	3609	11	3599		
石油加工、炼焦及核燃料加工业 Processing of Petroleum ,Coking, Processing of Nucleus Fuel	304753	2927	250103	36371	25
化学原料及化学制品制造业 Manufacture of Chemical Raw Material and Chemical Products	1203981	35029	1016911	61950	500
医药制造业 Manufacture of Medicines	292256	16525	260529	14129	239
化学纤维制造业 Manufacture of Chemical Fiber	81851	1030	80121	700	
橡胶制品业 Manufacture of Rubber	106621	2023	99069	4400	
塑料制品业 Manufacture of Plastic	81803	1252	76592	3550	
非金属矿物制品业 Manufacture of Non-metallic Mineral Products	155402	5457	135822	8327	1010
黑色金属冶炼及压延加工业 Manufacture and Processing of Ferrous Metals	2520066	7456	2402283	109207	64
有色金属冶炼及压延加工业 Manufacture and Processing of Non-ferrous Metals	437420	16995	406558	11433	1700
金属制品业 Manufacture of Metal Products	91723	15466	75270	232	
通用设备制造业 Manufacture of General Purpose Machinery	761635	34607	693364	26750	4
专用设备制造业 Manufacture of Special Purpose Machinery	611912	62026	517533	17169	73
交通运输设备制造业 Manufacture of Transport Equipment	3087339	241485	2636706	97467	3155
电气机械及器材制造业 Manufacture of Electrical Machinery and Equipment	372807	12694	333073	24081	1392
通信设备、计算机及其他电子设备制造业 Manufacture of Communication, Ccomputer, Other Electronic Equipment	1529400	83029	1333268	99640	172
仪器仪表及文化、办公用机械制造业 Manufacture of Measuring Instrument, Machinery for Cultural and Office Work	106993	7435	92718	3890	1462
工艺品及其他制造业 Manufacture of Artwork, Other Manufacture	26469	3302	21603	44	
电力、热力的生产和供应业 Production and Supply of Electric Power and Heat Power	487403	5022	439699	2307	
燃气生产和供应业 Production and Distribution of Gas	13692	849	12242	500	
水的生产和供应业 Production and Distribution of Water	26553	4347	20376	900	

3-33 各地区大中型工业企业(国有控股)科技

Intramural Expenditure on S&T Activities of Large and Medium-sized Industrial

单位:万元

地 区 Region		科技活动经费内部支出总额 Intramural Expenditure on S&T Activities	劳务费 Compensation for Laborers
全 国	**Total**	**13964986**	**2631387**
东部地区	Eastern Region	7773206	1440579
中部地区	Mid Region	3608210	748557
西部地区	Western Region	2583570	442251
北 京	Beijing	418018	107335
天 津	Tianjin	488847	67375
河 北	Hebei	543205	111948
山 西	Shanxi	443263	120743
内蒙古	Neimenggu	153297	33872
辽 宁	Liaoning	1094770	160217
吉 林	Jilin	462713	58867
黑龙江	Heilongjiang	346256	108219
上 海	Shanghai	1347440	167556
江 苏	Jiangsu	1075777	224410
浙 江	Zhejiang	237794	47746
安 徽	Anhui	646124	77857
福 建	Fujian	254435	58469
江 西	Jiangxi	271584	57759
山 东	Shandong	1457707	253417
河 南	Henan	542950	107449
湖 北	Hubei	596734	126294
湖 南	Hunan	298585	91369
广 东	Guangdong	810974	235082
广 西	Guangxi	251000	27359
海 南	Hainan	44238	7023
重 庆	Chongqing	325378	60886
四 川	Sichuan	852026	108544
贵 州	Guizhou	150231	28562
云 南	Yunnan	137242	20416
西 藏	Tibet		
陕 西	Shaanxi	387039	89473
甘 肃	Gansu	141479	26920
青 海	Qinghai	54750	7416
宁 夏	Ningxia	23966	5781
新 疆	Xinjiang	107163	33023

活动经费内部支出(2005 年)
Enterprises(State-controlled) by Region (2005)

(10 000 yuan)

原材料费 Raw Material Expenditure	固定资产购建费 Expenditure on the Purchase of Fixed Assets	#设备购置 Purchase of Instruments	#开发新产品经费 Spending for New Products
3896958	**4471661**	**3982133**	**7028013**
2423382	2150305	1903886	4211946
838238	1248383	1114686	1695503
635338	1072973	963561	1120564
137670	63904	55452	159697
136993	168898	155418	236881
206710	173819	163694	270535
65471	211413	203135	171438
31430	62776	57203	70084
600506	164200	145045	787827
93739	59963	52760	380685
81218	75916	70154	176800
241754	322295	255398	570954
319099	373383	339606	600860
112051	47479	43692	198289
160104	337276	299542	203475
80114	84049	71286	161035
57609	100837	94723	121038
469272	562002	534381	680935
166442	215892	186807	245292
123307	185088	151916	274105
90347	61998	55648	122671
113482	182016	131654	501379
72398	98300	85812	144111
5732	8261	8261	43554
105432	85902	74917	222800
151820	491025	455653	250849
52388	55948	45974	92420
26471	58515	55981	49069
80417	129068	109254	198632
54092	46093	39141	42897
21324	17871	15843	18368
11265	4505	4183	17175
28300	22971	19601	14159

3－34 分行业大中型工业企业(国有控股)科技

Intramural Expenditure on S&T Activities of Large and Medium-sized Industrial

单位:万元

行 业 Industry	科技活动经费内部支出总额 Intramural Expenditure on S&T Activities	劳务费 Compensation for Laborers
总 计 Total	**13964986**	**2631387**
煤炭开采和洗选业 Mining and Washing of Coal	705182	198999
石油和天然气开采业 Extraction of Petroleum and Natural Ggas	415502	128568
黑色金属矿采选业 Mining of Ferrous Metal Ores	12473	3800
有色金属矿采选业 Mining of Non-ferrous Metal Ores	39811	9621
非金属矿采选业 Mining and Processing of Nonmetal Ores	17663	2886
其他采矿业 Mining of Other Ores		
农副食品加工业 Processing of Food From Agricultural Pproducts	55617	8234
食品制造业 Manufacture of Foods	53466	8443
饮料制造业 Manufacture of Beverage	420065	27619
烟草制品业 Manufacture of Tobacco	206096	30871
纺织业 Manufacture of Textile	144356	29339
纺织服装、鞋、帽制造业 Manufacture of Textile Wearing Apparel, Footware and Caps	4221	2535
皮革、毛皮、羽毛(绒)及其制品业 Manufacture of Leather, Fur, Feather and Its Products	806	305
木材加工及木、竹、藤、棕、草制品业 Processing of Timbers, Manufacture of Wood, Bamboo, Rattan, Palm, Straw	43091	8206
家具制造业 Manufacture of Furniture	13854	985
造纸及纸制品业 Manufacture of Paper and Paper Products	90665	12302
印刷业和记录媒介的复制 Printing, Reproduction of Recording Media	23491	3921

活动经费内部支出(2005 年)

Enterprises(State-controlled) by Industry (2005)

(10 000 yuan)

原材料费 Raw Material Expenditure	固定资产购建费 Expenditure on the Purchase of Fixed Assets	#设备购置 Purchase of Instruments	#开发新产品经费 Spencing for New Froducts
3896958	**4471661**	**3982133**	**7028013**
141584	309330	299309	152025
62851	46266	38671	103700
2950	4396	4274	2989
11915	14376	12586	11244
2793	6510	6294	5600
24526	15132	12435	32308
16586	21360	17818	16169
51458	321106	308985	109716
28918	98692	77458	52395
57210	47341	42335	100990
465	666	379	1747
372	105	105	535
7233	20160	18217	35391
17	792	792	13261
26869	42366	40241	33715
5283	8635	8530	8507

单位:万元

行 业 Industry	科技活动经费内部支出总额 Intramural Expenditure on S&T Activities	劳务费 Compensation for Laborers
文教体育用品制造业 Manufacture of Articles for Culture, Education and Sport Activity	3754	785
石油加工、炼焦及核燃料加工业 Processing of Petroleum, Coking, Processing of Nucleus Fuel	290292	64977
化学原料及化学制品制造业 Manufacture of Chemical Raw Material and Chemical Products	1204429	203263
医药制造业 Manufacture of Medicines	266568	50968
化学纤维制造业 Manufacture of Chemical Fiber	85582	17633
橡胶制品业 Manufacture of Rubber	106124	21392
塑料制品业 Manufacture of Plastic	82679	9133
非金属矿物制品业 Manufacture of Non-metallic Mineral Products	156676	33792
黑色金属冶炼及压延加工业 Manufacture and Processing of Ferrous Metals	2438140	339342
有色金属冶炼及压延加工业 Manufacture and Processing of Non-ferrous Metals	408938	65622
金属制品业 Manufacture of Metal Products	91963	15830
通用设备制造业 Manufacture of General Purpose Machinery	734431	175434
专用设备制造业 Manufacture of Special Purpose Machinery	588572	139274
交通运输设备制造业 Manufacture of Transport Equipment	2892492	414642
电气机械及器材制造业 Manufacture of Electrical Machinery and Equipment	368406	68822
通信设备、计算机及其他电子设备制造业 Manufacture of Communication, Ccomputer, Other Electronic Equipment	1430105	387212
仪器仪表及文化、办公用机械制造业 Manufacture of Measuring Instrument, Machinery for Cultural and Office Work	137468	32144
工艺品及其他制造业 Manufacture of Artwork, Other Manufacture	27024	7249
电力、热力的生产和供应业 Production and Supply of Electric Power and Heat Power	362118	100302
燃气生产和供应业 Production and Distribution of Gas	15162	3081
水的生产和供应业 Production and Distribution of Water	27709	3860

Continued

(10 000 yuan)

原材料费 Raw Material Expenditure	固定资产购建费 Expenditure on the Purchase of Fixed Assets	#设备购置 Purchase of Instruments	#开发新产品经费 Spending for New Products
1920	694	614	2549
77385	119287	112771	99639
302495	542390	499976	507906
56305	100334	82522	149858
27101	34061	30816	51049
44458	32699	31135	71201
29077	36665	33303	42068
41607	62959	50646	81821
1032166	765483	710912	1054271
114415	144236	135907	103974
27579	34369	27946	54751
265212	192444	148518	487389
217055	125993	113816	406375
565979	770495	646660	1784859
136418	93895	74558	245638
377168	245107	200131	1061572
32379	57045	45034	67348
8789	6354	5059	17793
94476	127791	125202	53940
1631	8935	8905	1415
2316	13193	9277	2309

3-35 各地区大中型工业企业(国有控股)其他技术活动经费支出(2005年)

Expenditure on Other Technical Activities in Large and Medium-sized Industrial Enterprises (State-controlled) by Region (2005)

单位:万元 (10 000 yuan)

地区	Region	技术改造经费 Expenditure on Technical Renovation	技术引进经费 Expenditure on Import of Technology	消化吸收经费 Expenditure on Technology Absorption	购买国内技术经费 Expenditure on Purchase of Domestic Technology
全国	**Total**	**20922639**	**1631219**	**286984**	**583999**
东部地区	Eastern Region	9744864	863779	154483	291653
中部地区	Mid Region	7219026	517308	105689	139270
西部地区	Western Region	3958749	250132	26811	153075
北京	Beijing	359923	34736	332	6780
天津	Tianjin	285850	25981	8109	14593
河北	Hebei	832289	61432	12566	7105
山西	Shanxi	1152615	56076	7871	11724
内蒙古	Neimenggu	418266	7567	4395	2977
辽宁	Liaoning	2738601	90204	8089	11056
吉林	Jilin	743337	35306	7476	4161
黑龙江	Heilongjiang	639572	48978	11494	18010
上海	Shanghai	1317659	264331	37972	34108
江苏	Jiangsu	1051117	127806	15724	31548
浙江	Zhejiang	634898	41191	12287	48580
安徽	Anhui	1394488	68219	48189	18585
福建	Fujian	256978	31322	6015	15411
江西	Jiangxi	363001	123023	7198	53587
山东	Shandong	1480731	136616	36541	44029
河南	Henan	919745	71618	6935	21761
湖北	Hubei	1173700	79045	14618	5104
湖南	Hunan	832569	35044	1909	6338
广东	Guangdong	753906	47719	14908	78372
广西	Guangxi	526976	24816	416	38888
海南	Hainan	32913	2441	1942	72
重庆	Chongqing	419615	31668	2342	7805
四川	Sichuan	1009942	89907	8466	73105
贵州	Guizhou	395647	13475	201	7774
云南	Yunnan	158459	21633	2721	3227
西藏	Tibet				
陕西	Shaanxi	409328	28720	4672	8271
甘肃	Gansu	283764	27228	2060	9568
青海	Qinghai	21318		13	292
宁夏	Ningxia	102105	3288	250	148
新疆	Xinjiang	213330	1829	1275	1023

3-36 分行业大中型工业企业(国有控股)其他技术活动经费支出(2005年)

Expenditure on Other Technical Activities in Large and Medium-sized Industrial Enterprises(State-controlled) by Industry (2005)

单位:万元 (10 000 yuan)

行业 Industry	技术改造经费 Expenditure on Technical Renovation	技术引进经费 Expenditure on Import of Technology	消化吸收经费 Expenditure on Technology Absorption	购买国内技术经费 Expenditure on Purchase of Domestic Technology
总计 **Total**	**20922639**	**1631219**	**286984**	**583999**
煤炭开采和洗选业 Mining and Washing of Coal	891863	43072	24581	20046
石油和天然气开采业 Extraction of Petroleum and Natural Ggas	123344	18926	4029	4806
黑色金属矿采选业 Mining of Ferrous Metal Ores	18884		45	72
有色金属矿采选业 Mining of Non-ferrous Metal Ores	106891		1760	1264
非金属矿采选业 Mining and Processing of Nonmetal Ores	14892	1206		392
其他采矿业 Mining of Other Ores				
农副食品加工业 Processing of Food From Agricultural Pproducts	47837	8247	928	1026
食品制造业 Manufacture of Foods	31639	768	2209	1767
饮料制造业 Manufacture of Beverage	213166	4342	1106	2470
烟草制品业 Manufacture of Tobacco	362369	29740	1154	21751
纺织业 Manufacture of Textile	140839	6373	1066	6122
纺织服装、鞋、帽制造业 Manufacture of Textile Wearing Apparel, Footware and Caps	2813	30	39	1
皮革、毛皮、羽毛(绒)及其制品业 Manufacture of Leather, Fur, Feather and Its Products	137	868	97	1
木材加工及木、竹、藤、棕、草制品业 Processing of Timbers, Manufacture of Wood, Bamboo, Rattan, Palm, Straw	62494	3276	2072	1158
家具制造业 Manufacture of Furniture	150	100	462	5
造纸及纸制品业 Manufacture of Paper and Paper Products	140061	11653	1172	2217
印刷业和记录媒介的复制 Printing, Reproduction of Recording Media	31062	6205	5077	3629

3－35 续表 Continued

单位:万元 (10 000 yuan)

行 业 Industry	技术改造经费 Expenditure on Technical Renovation	技术引进经费 Expenditure on Import of Technology	消化吸收经费 Expenditure on Technology Absorption	购买国内技术经费 Expenditure on Purchase of Domestic Technology
文教体育用品制造业 Manufacture of Articles for Culture, Education and Sport Activity	2749			15
石油加工、炼焦及核燃料加工业 Processing of Petroleum ,Coking, Processing of Nucleus Fuel	1203451	84651	9141	11616
化学原料及化学制品制造业 Manufacture of Chemical Raw Material and Chemical Products	1883927	122353	28664	31073
医药制造业 Manufacture of Medicines	151727	12056	10721	20216
化学纤维制造业 Manufacture of Chemical Fiber	100458	1056	753	4534
橡胶制品业 Manufacture of Rubber	112374	10948	2818	3295
塑料制品业 Manufacture of Plastic	22455	13162	2790	919
非金属矿物制品业 Manufacture of Non-metallic Mineral Products	154093	4668	3654	564
黑色金属冶炼及压延加工业 Manufacture and Processing of Ferrous Metals	8927449	448411	34349	243466
有色金属冶炼及压延加工业 Manufacture and Processing of Non-ferrous Metals	1129615	118377	8948	22482
金属制品业 Manufacture of Metal Products	50558	9346	1497	1927
通用设备制造业 Manufacture of General Purpose Machinery	579847	103256	21509	15758
专用设备制造业 Manufacture of Special Purpose Machinery	538002	42622	3842	24019
交通运输设备制造业 Manufacture of Transport Equipment	1800812	372015	70268	96650
电气机械及器材制造业 Manufacture of Electrical Machinery and Equipment	233691	27275	13770	8325
通信设备、计算机及其他电子设备制造业 Manufacture of Communication, Ccomputer, Other Electronic Equipment	309100	106384	18859	8216
仪器仪表及文化、办公用机械制造业 Manufacture of Measuring Instrument, Machinery for Cultural and Office Work	66506	2076	941	3786
工艺品及其他制造业 Manufacture of Artwork, Other Manufacture	18176	241		25
电力、热力的生产和供应业 Production and Supply of Electric Power and Heat Power	1318059	16975	7805	18465
燃气生产和供应业 Production and Distribution of Gas	28709	451	5	1141
水的生产和供应业 Production and Distribution of Water	102438	94	853	782

3-37 各地区大中型工业企业(国有控股)科技机构(2005年)
S&T Institutions in Large and Medium-sized Industrial Enterprises(State-controlled) by Region (2005)

地 区	Region	企业科技机构数(个) Number of the S&T Institutions (unit)	科技机构人员(人) Personnel in S&T Insitutions (person)	#科学家和工程师 Scientists & Engineers	科技机构经费(万元) Spending for S&T Insitutions (10 000 yuan)
全 国	**Total**	**3925**	**353547**	**237221**	**5385280**
东部地区	Eastern Region	1813	165041	111860	3118091
中部地区	Mid Region	1198	108927	74255	1267697
西部地区	Western Region	914	79579	51106	999493
北 京	Beijing	87	6863	5208	91581
天 津	Tianjin	129	9430	6036	313150
河 北	Hebei	196	17668	12113	186311
山 西	Shanxi	140	11714	7598	124868
内蒙古	Neimenggu	48	4649	3161	43545
辽 宁	Liaoning	202	26333	14939	232352
吉 林	Jilin	84	8166	6547	235980
黑龙江	Heilongjiang	139	26522	18113	117807
上 海	Shanghai	161	13448	9920	504620
江 苏	Jiangsu	305	18429	11711	325757
浙 江	Zhejiang	116	8858	5848	146742
安 徽	Anhui	152	10711	6956	186969
福 建	Fujian	65	5377	3945	115079
江 西	Jiangxi	98	6847	3772	109779
山 东	Shandong	357	33941	22014	723541
河 南	Henan	271	21384	14624	223521
湖 北	Hubei	156	13471	9209	164554
湖 南	Hunan	158	10112	7436	104219
广 东	Guangdong	187	24619	20083	478625
广 西	Guangxi	65	4362	3043	99405
海 南	Hainan	8	75	43	333
重 庆	Chongqing	116	9293	6670	144167
四 川	Sichuan	178	22245	13582	316324
贵 州	Guizhou	73	5578	3497	78016
云 南	Yunnan	65	3364	2061	72818
西 藏	Tibet				
陕 西	Shaanxi	211	14821	8874	103669
甘 肃	Gansu	71	6912	4790	41717
青 海	Qinghai	29	1701	876	28057
宁 夏	Ningxia	16	1691	1260	13375
新 疆	Xinjiang	42	4963	3292	58402

3-38 分行业大中型工业企业(国有控股)科技机构(2005 年)

S&T Institutions in Large and Medium-sized Industrial Enterprises(State-controlled) by Industry (2005)

行 业 Industry	企业科技机构数 (个) Number of the S&T Institutions (unit)	科技机构人员 (人) Personnel in S&T Insitutions (person)	#科学家和工程师 Scientists & Engineers	科技机构经费 (万元) Spending for S&T insitutions (10 000 yuan)
总 计 Total	**3925**	**353547**	**237221**	**5385280**
煤炭开采和洗选业 Mining and Washing of Coal	164	16582	9462	126261
石油和天然气开采业 Extraction of Petroleum and Natural Ggas	189	34917	22901	253502
黑色金属矿采选业 Mining of Ferrous Metal Ores	11	290	178	4104
有色金属矿采选业 Mining of Non-ferrous Metal Ores	39	928	441	9310
非金属矿采选业 Mining and Processing of Nonmetal Ores	21	646	331	7335
其他采矿业 Mining of Other Ores				
农副食品加工业 Processing of Food From Agricultural Pproducts	49	3202	1812	44270
食品制造业 Manufacture of Foods	41	4112	2558	27221
饮料制造业 Manufacture of Beverage	79	5795	3869	108691
烟草制品业 Manufacture of Tobacco	52	2485	1621	87285
纺织业 Manufacture of Textile	142	7217	2761	53674
纺织服装、鞋、帽制造业 Manufacture of Textile Wearing Apparel, Footware and Caps	6	343	163	3138
皮革、毛皮、羽毛(绒)及其制品业 Manufacture of Leather, Fur, Feather and Its Products	6	174	42	770
木材加工及木、竹、藤、棕、草制品业 Processing of Timbers, Manufacture of Wood, Bamboo, Rattan, Palm, Straw	22	1060	474	31352
家具制造业 Manufacture of Furniture	1	30	30	390
造纸及纸制品业 Manufacture of Paper and Paper Products	46	2242	1450	23326
印刷业和记录媒介的复制 Printing, Reproduction of Recording Media	11	795	515	9372

3－38 续表 Continued

行 业 Industry	企业科技机构数（个） Number of the S&T Institutes (unit)	科技机构人员（人） Personnel in S&T Insitutions (person)	#科学家和工程师 Scientists & Engineers	科技机构经费（万元） Spending for S&T insitutions (10 000 yuan)
文教体育用品制造业 Manufacture of Articles for Culture, Education and Sport Activity	6	231	126	2714
石油加工、炼焦及核燃料加工业 Processing of Petroleum, Coking, Processing of Nucleus Fuel	75	6270	4041	118032
化学原料及化学制品制造业 Manufacture of Chemical Raw Material and Chemical Products	372	25802	15727	425455
医药制造业 Manufacture of Medicines	216	8261	5906	125836
化学纤维制造业 Manufacture of Chemical Fiber	29	1440	897	40006
橡胶制品业 Manufacture of Rubber	41	2820	1370	60287
塑料制品业 Manufacture of Plastic	30	1704	1152	34296
非金属矿物制品业 Manufacture of Non-metallic Mineral Products	137	6469	4166	69099
黑色金属冶炼及压延加工业 Manufacture and Processing of Ferrous Metals	137	25715	18459	606394
有色金属冶炼及压延加工业 Manufacture and Processing of Non-ferrous Metals	105	10102	6426	109202
金属制品业 Manufacture of Metal Products	38	2124	1561	45610
通用设备制造业 Manufacture of General Purpose Machinery	320	24453	15867	270692
专用设备制造业 Manufacture of Special Purpose Machinery	279	26626	19268	301581
交通运输设备制造业 Manufacture of Transport Equipment	467	52430	36268	1153418
电气机械及器材制造业 Manufacture of Electrical Machinery and Equipment	148	14214	9403	170708
通信设备、计算机及其他电子设备制造业 Manufacture of Communication, Ccomputer, Other Electronic Equipment	307	48986	37280	945252
仪器仪表及文化、办公用机械制造业 Manufacture of Measuring Instrument, Machinery for Cultural and Office Work	95	5583	4166	37347
工艺品及其他制造业 Manufacture of Artwork, Other Manufacture	17	1196	569	8135
电力、热力的生产和供应业 Production and Supply of Electric Power and Heat Power	196	7224	5360	64366
燃气生产和供应业 Production and Distribution of Gas	7	519	122	443
水的生产和供应业 Production and Distribution of Water	24	560	479	6410

3-39 各地区大中型工业企业(国有控股)科技项目与专利(2005年)

Projects and Patents for S&T Activities in Large and Medium-sized Industrial Enterprises(State-controlled) by Region(2005)

单位:项 (item)

地 区	Region	科技项目数 Projects for S&T Activities	#新产品开发项目数 Projects for New Product	专利申请 Patent Applications	#发明专利数 Inventive Patent	拥有发明专利数 Owning Inventive Patent
全 国	**Total**	**83107**	**44170**	**17063**	**5616**	**7958**
东部地区	Eastern Region	41353	21995	10453	3841	4343
中部地区	Mid Region	21755	9987	3306	1037	1926
西部地区	Western Region	19999	12188	3304	738	1689
北 京	Beijing	4241	1019	866	462	789
天 津	Tianjin	2970	1730	485	138	161
河 北	Hebei	3660	1597	453	200	181
山 西	Shanxi	2823	1162	182	71	193
内蒙古	Neimenggu	694	248	77	52	84
辽 宁	Liaoning	6235	2844	991	219	517
吉 林	Jilin	1371	749	210	71	59
黑龙江	Heilongjiang	3568	1857	437	101	364
上 海	Shanghai	5706	3843	2100	640	616
江 苏	Jiangsu	5338	3049	974	244	471
浙 江	Zhejiang	1007	702	213	137	126
安 徽	Anhui	2269	1062	632	118	180
福 建	Fujian	1099	520	261	44	47
江 西	Jiangxi	1897	1016	167	82	66
山 东	Shandong	7978	4823	1846	381	919
河 南	Henan	3741	1432	664	189	329
湖 北	Hubei	3583	1718	542	206	371
湖 南	Hunan	2503	991	472	199	364
广 东	Guangdong	3076	1844	2264	1376	516
广 西	Guangxi	1343	1021	100	26	45
海 南	Hainan	43	24			
重 庆	Chongqing	2324	1817	1235	85	133
四 川	Sichuan	7045	4726	727	158	365
贵 州	Guizhou	1237	807	211	68	124
云 南	Yunnan	762	384	139	78	173
西 藏	Tibet					
陕 西	Shaanxi	3956	2089	431	144	352
甘 肃	Gansu	1093	563	132	70	252
青 海	Qinghai	240	88	71	15	35
宁 夏	Ningxia	397	294	25	8	25
新 疆	Xinjiang	908	151	156	34	101

3-40 分行业大中型工业企业(国有控股)科技项目与专利(2005年)

Projects and Patents for S&T Activities in Large and Medium-sized Industrial Enterprises(State-controlled) by Industry(2005)

单位:项 (item)

行业 Industry	科技项目数 Projects for S&T Activities	#新产品开发项目数 Projects for New Product	专利申请 Patent Applications	#发明专利数 Inventive Patent	拥有发明专利数 Owning Inventive Patent
总计 **Total**	**83107**	**44170**	**17063**	**5616**	**7958**
煤炭开采和洗选业 Mining and Washing of Coal	5042	916	250	89	183
石油和天然气开采业 Extraction of Petroleum and Natural Ggas	4227	502	764	122	645
黑色金属矿采选业 Mining of Ferrous Metal Ores	208	27	21	8	14
有色金属矿采选业 Mining of Non-ferrous Metal Ores	318	90	13	8	13
非金属矿采选业 Mining and Processing of Nonmetal Ores	122	45	6	2	9
其他采矿业 Mining of Other Ores					
农副食品加工业 Processing of Food From Agricultural Pproducts	297	195	35	11	35
食品制造业 Manufacture of Foods	258	156	131	54	30
饮料制造业 Manufacture of Beverage	901	510	660	46	276
烟草制品业 Manufacture of Tobacco	955	425	229	53	91
纺织业 Manufacture of Textile	3048	2635	197	23	73
纺织服装、鞋、帽制造业 Manufacture of Textile Wearing Apparel, Footware and Caps	142	137			2

3－40 续表1　Continued

单位:项　　(item)

行　业 Industry	科技项目数 Projects for S&T Activities	#新产品开发项目数 Projects for New Product	专利申请 Patent Applic-ations	#发　明专利数 Inventive Patent	拥有发明专利数 Owning Inventive Patent
皮革、毛皮、羽毛(绒)及其制品业 Manufacture of Leather, Fur, Feather and Its Products	74	40			
木材加工及木、竹、藤、棕、草制品业 Processing of Timbers, Manufacture of Wood, Bamboo, Rattan, Palm, Straw	153	106	13	6	7
家具制造业 Manufacture of Furniture	70	12	8	1	1
造纸及纸制品业 Manufacture of Paper and Paper Products	269	120	20	10	25
印刷业和记录媒介的复制 Printing, Reproduction of Recording Media	270	102	46	12	12
文教体育用品制造业 Manufacture of Articles for Culture, Education and Sport Activity	71	68	28	1	22
石油加工、炼焦及核燃料加工业 Processing of Petroleum , Coking, Processing of Nucleus Fuel	1526	431	252	170	609
化学原料及化学制品制造业 Manufacture of Chemical Raw Material and Chemical Products	4953	2425	795	487	1015
医药制造业 Manufacture of Medicines	3117	2036	859	477	370
化学纤维制造业 Manufacture of Chemical Fiber	350	136	58	33	31
橡胶制品业 Manufacture of Rubber	1218	720	116	24	44
塑料制品业 Manufacture of Plastic	291	204	84	29	33
非金属矿物制品业 Manufacture of Non-metallic Mineral Products	1457	702	289	79	144

3－40 续表2　Continued

单位:项　　(item)

行业 Industry	科技项目数 Projects for S&T Activities	#新产品开发项目数 Projects for New Product	专利申请 Patent Applic-ations	#发明专利数 Inventive Patent	拥有发明专利数 Owning Inventive Patent
黑色金属冶炼及压延加工业 Manufacture and Processing of Ferrous Metals	5703	1787	986	383	790
有色金属冶炼及压延加工业 Manufacture and Processing of Non-ferrous Metals	2187	758	395	183	394
金属制品业 Manufacture of Metal Products	1025	369	158	70	141
通用设备制造业 Manufacture of General Purpose Machinery	8549	6455	1142	278	298
专用设备制造业 Manufacture of Special Purpose Machinery	4130	2684	1289	237	423
交通运输设备制造业 Manufacture of Transport Equipment	15111	8352	2877	446	724
电气机械及器材制造业 Manufacture of Electrical Machinery and Equipment	3108	2227	648	141	173
通信设备、计算机及其他电子设备制造业 Manufacture of Communication, Ccomputer, Other Electronic Equipment	8176	6674	4020	1981	990
仪器仪表及文化、办公用机械制造业 Manufacture of Measuring Instrument, Machinery for Cultural and Office Work	1608	1165	290	58	98
工艺品及其他制造业 Manufacture of Artwork, Other Manufacture	350	175	24	16	15
电力、热力的生产和供应业 Production and Supply of Electric Power and Heat Power	3465	677	302	51	215
燃气生产和供应业 Production and Distribution of Gas	133	47	16	3	6
水的生产和供应业 Production and Distribution of Water	225	60	42	24	7

3－41 各地区大中型工业

Major Indicators of Large and Medium-sized Industrial

单位:万元

地 区 Region		企业数(个) Number of Large & Medium-sized Enterprises (unit)	#有科技机构的企业 Having Institutions for S&T	#有科技活动的企业 Having Activities for S&T	工业总产值 Gross Value of Industrial Output	#新产品 New Products
全 国	**Total**	**9284**	**1375**	**2786**	**554408346**	**98327944**
东部地区	Eastern Region	8381	1194	2486	495458316	83744920
中部地区	Mid Region	576	114	181	38253485	10617117
西部地区	Western Region	327	67	119	20696544	3965908
北 京	Beijing	177	19	56	23784159	3420538
天 津	Tianjin	250	33	62	27027186	11751657
河 北	Hebei	169	31	49	13133043	495545
山 西	Shanxi	42	6	10	1816943	138016
内蒙古	Neimenggu	32	3	5	2532757	552081
辽 宁	Liaoning	295	20	47	15883788	1393003
吉 林	Jilin	50	5	9	7660798	4841113
黑龙江	Heilongjiang	55	11	16	3006951	290560
上 海	Shanghai	788	96	223	69672213	23716335
江 苏	Jiangsu	1488	204	632	92636596	6597863
浙 江	Zhejiang	978	230	438	30423776	4849466
安 徽	Anhui	92	20	37	5869338	1082100
福 建	Fujian	756	128	229	32586052	8285326
江 西	Jiangxi	61	12	19	2732439	456800
山 东	Shandong	696	59	104	31017603	1589371
河 南	Henan	89	21	25	4365206	846077
湖 北	Hubei	122	23	40	10491780	2640737
湖 南	Hunan	65	16	25	2310031	321715
广 东	Guangdong	2772	373	644	158726115	21645816
广 西	Guangxi	51	9	16	3303227	1292487
海 南	Hainan	12	1	2	567786	
重 庆	Chongqing	54	18	34	7511075	1616144
四 川	Sichuan	85	13	28	3518868	129584
贵 州	Guizhou	14	3	3	209595	11694
云 南	Yunnan	22	5	8	548412	42050
西 藏	Tibet					
陕 西	Shaanxi	35	6	10	1639015	49932
甘 肃	Gansu	10	1	4	311119	1241
青 海	Qinghai	6	4	4	430772	96782
宁 夏	Ningxia	11	4	6	539260	152984
新 疆	Xinjiang	7	1	1	152445	20929

企业(三资)基本情况(2005 年)
Enterprises(Joint Ventures) by Region (2005)

(10 000 yuan)

产品销售收入 Total Revenue from the Sale of Products	#新产品 New Products	年末从业人员(人) Employees at year-end (person)	#工程技术人员 Technical Engineering Personnel	生产经营用设备原价 Original Value of Equipment	#微电子控制 Equipment Controlled by Micro-electronics
543157618	**91754227**	**10824855**	**626194**	**150813433**	**21344119**
490561493	82231109	9849876	540591	128454646	18550927
36529825	5638953	674543	55312	15978031	1708140
16066299	3884165	300436	30291	6380756	1085052
23540855	3172507	176484	16078	4365421	680034
27449503	11814000	255936	12826	4851103	726571
12889995	551311	177083	12030	5440944	454475
1814642	77122	49092	3057	1729500	39751
2669584	539758	37435	4225	490442	42113
15690985	1318891	290030	23380	6465483	704802
6243600	292881	56578	3067	1956413	47708
3145527	276177	84699	9246	1852537	122831
72412295	23940457	758746	54692	25386513	3861155
91594786	6350793	1540882	112299	26614483	2630158
30236596	4456518	788681	51316	7987102	1955374
5436833	1074647	101007	8841	1898760	413622
31500464	8083131	904319	41382	7926396	1710216
2659011	446168	75060	4791	1154060	244808
30151571	1488767	742481	36057	8010890	701188
4073554	810982	98028	10901	2199787	230927
10978925	2352392	152445	10115	3810126	532566
2177734	308585	57634	5294	1376850	75927
154639513	21054735	4201870	180247	31304067	5125157
3155233	1256741	47286	5095	864614	211065
454932		13364	284	102245	1797
3909446	1682286	53961	4844	2280504	509129
2586734	129349	67039	5977	1036452	144034
189480	13593	12586	865	132009	21415
557826	40381	18381	1358	285833	91781
1399977	53373	31144	3597	859880	41403
297398	778	6826	1325	84450	1008
567353	89115	11409	1518	42272	1287
593510	58275	10355	1234	211860	13251
139759	20516	4014	253	92441	8567

3－42 分行业大中型工业

Major Indicators of Large and Medium-sized Industrial

单位:万元

行 业 Industry	企业数(个) Number of Large & Medium-sized Enterprises (unit)	#有科技机构的企业 Having Institutions for S&T	#有科技活动的企业 Having Activities for S&T
总 计 **Total**	**9284**	**1375**	**2786**
煤炭开采和洗选业 Mining and Washing of Coal	5		
石油和天然气开采业 Extraction of Petroleum and Natural Ggas	2		
黑色金属矿采选业 Mining of Ferrous Metal Ores	2		
有色金属矿采选业 Mining of Non-ferrous Metal Ores	2	1	2
非金属矿采选业 Mining and Processing of Nonmetal Ores	10	1	3
其他采矿业 Mining of Other Ores	2	1	1
农副食品加工业 Processing of Food From Agricultural Pproducts	270	22	48
食品制造业 Manufacture of Foods	224	27	48
饮料制造业 Manufacture of Beverage	182	23	42
烟草制品业 Manufacture of Tobacco	4		1
纺织业 Manufacture of Textile	776	81	161
纺织服装、鞋、帽制造业 Manufacture of Textile Wearing Apparel, Footware and Caps	527	22	70
皮革、毛皮、羽毛(绒)及其制品业 Manufacture of Leather, Fur, Feather and Its Products	419	45	78
木材加工及木、竹、藤、棕、草制品业 Processing of Timbers, Manufacture of Wood, Bamboo, Rattan, Palm, Straw	80	9	14
家具制造业 Manufacture of Furniture	188	8	24
造纸及纸制品业 Manufacture of Paper and Paper Products	200	22	45
印刷业和记录媒介的复制 Printing, Reproduction of Recording Media	112	14	21

企业（三资）基本情况（2005年）
Enterprises (Joint Ventures) by Industry (2005)

(10 000 yuan)

工业总产值 Gross Value of Industrial Output	#新产品 New Products	产品销售收入 Total Revenue from the Sale of Products	#新产品 New Products	年末从业人员（人） Employees at year-end (person)	#工程技术人员 Technical Engineering Personnel	生产经营用设备原价 Original Value of Equipment	#微电子控制 Equipment Controlled by Micro-electronics
554408346	**98327944**	**543157618**	**91754227**	**10824855**	**626194**	**150813433**	**21344119**
367157		462172		6450	799	205429	6501
49086		49203		1054	135	4361	46
42546		41112		1163	35	2050	
345203	86432	477921	77789	8436	1368	2565	805
152329		135547	976	13808	474	70588	1131
45654		45686		1006	165	11505	444
15701615	152188	15392221	136058	294026	9810	2722980	106678
8712738	450684	8892030	383362	180919	7327	2913645	212011
7329205	219635	7183401	186620	149529	11980	3427506	432174
57118		76100		3848	71	82456	4727
16597198	1865582	16161075	1742710	705191	32476	6104119	568697
9158509	392991	8842632	273991	607202	13590	1719707	161426
10721065	405868	10312325	399276	788126	15582	1504466	104179
1498282	47769	1386169	40425	51838	2486	636940	33129
4989114	486154	4909665	481149	228813	7167	917061	65424
9903422	394086	9873837	370676	171466	10374	8736250	1557486
2566213	173009	2479068	162805	98404	5573	1240368	312440

单位:万元

行 业 Industry	企业数(个) Number of Large & Medium-sized Enterprises (unit)	#有科技机构的企业 Having Institutions for S&T	#有科技活动的企业 Having Activities for S&T
文教体育用品制造业 Manufacture of Articles for Culture, Education and Sport Activity	265	24	51
石油加工、炼焦及核燃料加工业 Processing of Petroleum , Coking, Processing of Nucleus Fuel	27	3	7
化学原料及化学制品制造业 Manufacture of Chemical Raw Material and Chemical Products	231	65	101
医药制造业 Manufacture of Medicines	167	68	100
化学纤维制造业 Manufacture of Chemical Fiber	57	11	19
橡胶制品业 Manufacture of Rubber	171	26	43
塑料制品业 Manufacture of Plastic	465	44	91
非金属矿物制品业 Manufacture of Non-metallic Mineral Products	325	48	93
黑色金属冶炼及压延加工业 Manufacture and Processing of Ferrous Metals	109	17	33
有色金属冶炼及压延加工业 Manufacture and Processing of Non-ferrous Metals	100	18	31
金属制品业 Manufacture of Metal Products	363	42	90
通用设备制造业 Manufacture of General Purpose Machinery	412	99	189
专用设备制造业 Manufacture of Special Purpose Machinery	220	44	86
交通运输设备制造业 Manufacture of Transport Equipment	496	135	241
电气机械及器材制造业 Manufacture of Electrical Machinery and Equipment	834	163	324
通信设备、计算机及其他电子设备制造业 Manufacture of Communication, Ccomputer, Other Electronic Equipment	1500	225	569
仪器仪表及文化、办公用机械制造业 Manufacture of Measuring Instrument, Machinery for Cultural and Office Work	221	44	95
工艺品及其他制造业 Manufacture of Artwork, Other Manufacture	184	13	32
电力、热力的生产和供应业 Production and Supply of Electric Power and Heat Power	101	7	27
燃气生产和供应业 Production and Distribution of Gas	18	1	2
水的生产和供应业 Production and Distribution of Water	10	2	4

Continued

(10 000 yuan)

工业总产值 Gross Value of Industrial Output	#新产品 New Products	产品销售收入 Total Revenue from the Sale of Products	#新产品 New Products	年末从业人员(人) Employees at year-end (person)	#工程技术人员 Technical Engineering Personnel	生产经营用设备原价 Original Value of Equipment	#微电子控制 Equipment Controlled by Micro-electronics
4757916	182441	4699182	177440	396922	10190	1092307	87957
10019667	690584	9880135	682281	43291	4860	1625404	112398
19797980	1182931	19671529	1105959	176338	17675	8730527	979889
6701254	977453	6290960	865973	134204	18005	1825107	251105
4245628	504037	4130247	461570	41181	3254	2168848	342359
6508035	1701039	6368719	1535235	192304	9433	2955872	492549
9746003	467527	9573467	470010	385699	16110	3558933	421041
8118680	783336	7815646	813607	252509	14505	5547593	455733
19436032	756834	18916458	772227	144306	11666	5469458	286026
6292922	561762	6215868	470675	82218	5605	1957479	294578
12203029	596067	12003696	550841	315223	14222	2199951	219433
17644630	4428327	17680965	4420872	338227	29457	5056532	904076
8481070	1180127	8073609	1206010	416339	16116	1960477	252321
61164747	26827152	57932630	21628437	559160	49584	14030472	3147979
36678720	6542959	35439596	6531396	970435	54289	7068516	1040559
203840588	44681808	201434481	44362756	2465119	184536	33385744	6740388
14228953	1457397	14089434	1331954	266438	15767	1766697	215783
3600993	131711	3547605	111102	218578	5999	776143	36705
12020315		11966795		92804	22649	18466063	1476474
349264		377565		12951	1357	379153	1249
263829	55	243918	48	7930	1475	487219	18222

3-43 各地区大中型工业企业(三资)科技活动人员(2005年)

Personnel for S&T Activities in Large and Medium-sized Industrial Enterprises(Joint Ventures) by Region (2005)

单位:人 (person)

地区 Region		科技活动人员 Personnel for S&T Activities	#科学家和工程师 Scientists & Engineers	参加科技项目人员 Personnel in S&T Projects	科技管理和服务人员 S&T Managers and Attendants
全国	**Total**	**288718**	**181596**	**208899**	**59084**
东部地区	Eastern Region	245926	156472	178748	48233
中部地区	Mid Region	29208	17450	20312	7621
西部地区	Western Region	13584	7674	9839	3230
北京	Beijing	9219	6862	7572	1240
天津	Tianjin	6641	4957	4299	1946
河北	Hebei	5464	2998	3854	1177
山西	Shanxi	1104	772	820	254
内蒙古	Neimenggu	1939	1036	1529	208
辽宁	Liaoning	6016	4459	4591	1235
吉林	Jilin	704	574	677	27
黑龙江	Heilongjiang	4377	1915	2689	1345
上海	Shanghai	30586	22042	18001	8262
江苏	Jiangsu	59860	32719	39348	11529
浙江	Zhejiang	23445	14250	18456	4692
安徽	Anhui	4518	2966	3304	1133
福建	Fujian	20123	12705	15928	3807
江西	Jiangxi	2107	1535	1450	622
山东	Shandong	12374	6467	9341	2092
河南	Henan	5464	2877	4106	1255
湖北	Hubei	8228	5321	5740	2273
湖南	Hunan	2706	1490	1526	712
广东	Guangdong	72163	48987	57332	12250
广西	Guangxi	1945	1161	1543	239
海南	Hainan	35	26	26	3
重庆	Chongqing	3182	2351	2559	576
四川	Sichuan	3121	1198	2031	1088
贵州	Guizhou	200	115	68	118
云南	Yunnan	232	173	196	20
西藏	Tibet				
陕西	Shaanxi	1311	697	776	478
甘肃	Gansu	586	440	505	77
青海	Qinghai	442	303	303	135
宁夏	Ningxia	591	165	294	291
新疆	Xinjiang	35	35	35	

3－44 分行业大中型工业企业(三资)科技活动人员(2005 年)

Personnel for S&T Activities in Large and Medium-sized Industrial Enterprises(Joint Ventures) by Industry (2005)

单位:人 (person)

行业 Industry	科技活动人员 Personnel for S&T Activities	#科学家和工程师 Scientists & Engineers	参加科技项目人员 Personnel in S&T Projects	科技管理和服务人员 S&T Managers and Attendants
总计 Total	**288718**	**181596**	**208899**	**59084**
煤炭开采和洗选业 Mining and Washing of Coal				
石油和天然气开采业 Extraction of Petroleum and Natural Ggas				
黑色金属矿采选业 Mining of Ferrous Metal Ores				
有色金属矿采选业 Mining of Non-ferrous Metal Ores	386	255	251	135
非金属矿采选业 Mining and Processing of Nonmetal Ores	86	63	69	17
其他采矿业 Mining of Other Ores	9			9
农副食品加工业 Processing of Food From Agricultural Pproducts	2307	1450	1416	377
食品制造业 Manufacture of Foods	1983	1344	1462	436
饮料制造业 Manufacture of Beverage	2544	1689	1700	811
烟草制品业 Manufacture of Tobacco	8	8	8	
纺织业 Manufacture of Textile	12490	5984	9981	1900
纺织服装、鞋、帽制造业 Manufacture of Textile Wearing Apparel, Footware and Caps	2388	954	1874	285
皮革、毛皮、羽毛(绒)及其制品业 Manufacture of Leather, Fur, Feather and Its Products	3575	1236	3064	492
木材加工及木、竹、藤、棕、草制品业 Processing of Timbers, Manufacture of Wood, Bamboo, Rattan, Palm, Straw	704	415	562	104
家具制造业 Manufacture of Furniture	990	413	686	64
造纸及纸制品业 Manufacture of Paper and Paper Products	3160	1801	2182	880
印刷业和记录媒介的复制 Printing, Reproduction of Recording Media	1076	701	858	137

3－44 续表 Continued

单位:人 (person)

行 业 Industry	科技活动人员 Personnel for S&T Activities	#科学家和工程师 Scientists & Engineers	参加科技项目人员 Personnel in S&T Projects	科技管理和服务人员 S&T Managers and Attendants
文教体育用品制造业 Manufacture of Articles for Culture, Education and Sport Activity	2926	1082	1892	553
石油加工、炼焦及核燃料加工业 Processing of Petroleum, Coking, Processing of Nucleus Fuel	1600	881	1002	365
化学原料及化学制品制造业 Manufacture of Chemical Raw Material and Chemical Products	7678	4439	5604	1900
医药制造业 Manufacture of Medicines	9465	6165	6443	2308
化学纤维制造业 Manufacture of Chemical Fiber	995	616	876	119
橡胶制品业 Manufacture of Rubber	3867	2087	2359	1154
塑料制品业 Manufacture of Plastic	5027	2676	3568	1013
非金属矿物制品业 Manufacture of Non-metallic Mineral Products	5272	3164	3786	1038
黑色金属冶炼及压延加工业 Manufacture and Processing of Ferrous Metals	6263	3566	5204	994
有色金属冶炼及压延加工业 Manufacture and Processing of Non-ferrous Metals	2722	1490	2224	395
金属制品业 Manufacture of Metal Products	5959	3515	4274	1493
通用设备制造业 Manufacture of General Purpose Machinery	17220	10324	12173	4045
专用设备制造业 Manufacture of Special Purpose Machinery	9743	6487	6469	2617
交通运输设备制造业 Manufacture of Transport Equipment	33689	21133	24212	7601
电气机械及器材制造业 Manufacture of Electrical Machinery and Equipment	25520	16481	18782	5490
通信设备、计算机及其他电子设备制造业 Manufacture of Communication, Ccomputer, Other Electronic Equipment	103538	72430	74617	19534
仪器仪表及文化、办公用机械制造业 Manufacture of Measuring Instrument, Machinery for Cultural and Office Work	9282	5651	7500	1356
工艺品及其他制造业 Manufacture of Artwork, Other Manufacture	1378	721	1042	311
电力、热力的生产和供应业 Production and Supply of Electric Power and Heat Power	4335	2219	2573	804
燃气生产和供应业 Production and Distribution of Gas	378	47	62	316
水的生产和供应业 Production and Distribution of Water	155	109	124	31

3-45 各地区大中型工业企业(三资)科技活动经费筹集(2005年)
Sources of Funds for S&T of Large and Medium-sized Industrial Enterprises(Joint Ventures) by Region (2005)

单位:万元 (10 000 yuan)

地区	Region	科技活动经费筹集总额 Total Funds Obtaied for S&T Activities	政府资金 Government Grant	企业资金 Enterprise Self-financed	金融机构贷款 Bank Loans	来自国外的资金 Funds from Abroad
全国	**Total**	**7059598**	**67385**	**6515004**	**386851**	**43948**
东部地区	Eastern Region	6231856	61467	5750501	339727	43882
中部地区	Mid Region	522654	4003	475825	32812	49
西部地区	Western Region	305088	1915	288678	14312	17
北京	Beijing	397360	10695	378200	5640	
天津	Tianjin	478239	522	466486	9941	300
河北	Hebei	67902	459	66394	870	
山西	Shanxi	16572	50	16522		
内蒙古	Neimenggu	38448	238	38210		
辽宁	Liaoning	90984	3112	81752	3541	
吉林	Jilin	109771		100557		
黑龙江	Heilongjiang	22725	791	20351	1408	
上海	Shanghai	1422583	5457	1403442	9225	3304
江苏	Jiangsu	1301983	11577	1118031	156092	5778
浙江	Zhejiang	480296	4669	449365	23604	324
安徽	Anhui	106062	1035	98763	5894	
福建	Fujian	511329	7656	462084	40987	401
江西	Jiangxi	48658	184	48073	235	49
山东	Shandong	175662	1853	144661	25058	1385
河南	Henan	68135	187	51883	16012	
湖北	Hubei	123296	1652	121254	390	
湖南	Hunan	27436	105	18422	8873	
广东	Guangdong	1305350	15467	1179919	64769	32391
广西	Guangxi	88833	763	78070	10000	
海南	Hainan	168		168		
重庆	Chongqing	106315	58	103141	3050	
四川	Sichuan	26427	292	24956	1062	17
贵州	Guizhou	770		770		
云南	Yunnan	4806	88	4717		
西藏	Tibet					
陕西	Shaanxi	9863		9863		
甘肃	Gansu	2152	48	1904	200	
青海	Qinghai	18732	412	18320		
宁夏	Ningxia	5912	15	5897		
新疆	Xinjiang	2830		2830		

3－46 分行业大中型工业企业(三资)科技活动经费筹集(2005 年)

Sources of Funds for S&T of Large and Medium-sized Industrial Enterprises(Joint Ventures) by Industry (2005)

单位:万元 (10 000 yuan)

行 业 Industry	科技活动经费筹集总额 Total Funds Obtaied for S&T Activities	政府资金 Government Grant	企业资金 Enterprise Self-financed	金融机构贷款 Bank Loans	来自国外的资金 Funds from Abroad
总 计 **Total**	**7059598**	**67385**	**6515004**	**386851**	**43948**
煤炭开采和洗选业 Mining and Washing of Coal					
石油和天然气开采业 Extraction of Petroleum and Natural Ggas					
黑色金属矿采选业 Mining of Ferrous Metal Ores					
有色金属矿采选业 Mining of Non-ferrous Metal Ores	14507	402	14105		
非金属矿采选业 Mining and Processing of Nonmetal Ores	4967	3	4964		
其他采矿业 Mining of Other Ores	9		9		
农副食品加工业 Processing of Food From Agricultural Pproducts	27527	440	25388	1560	
食品制造业 Manufacture of Foods	32966	876	28085	3610	
饮料制造业 Manufacture of Beverage	60174	176	49698	10300	
烟草制品业 Manufacture of Tobacco	271		271		
纺织业 Manufacture of Textile	141824	1220	122925	15083	297
纺织服装、鞋、帽制造业 Manufacture of Textile Wearing Apparel, Footware and Caps	17016	495	16185	335	
皮革、毛皮、羽毛(绒)及其制品业 Manufacture of Leather, Fur, Feather and Its Products	26717	115	26379	180	
木材加工及木、竹、藤、棕、草制品业 Processing of Timbers, Manufacture of Wood, Bamboo, Rattan, Palm, Straw	9278	10	6768		
家具制造业 Manufacture of Furniture	16224		16224		
造纸及纸制品业 Manufacture of Paper and Paper Products	82051	468	80633	938	
印刷业和记录媒介的复制 Printing, Reproduction of Recording Media	15964	78	15886		

3－46 续表 Continued

单位：万元 (10 000 yuan)

行 业 Industry	科技活动经费筹集总额 Total Funds Obtaied for S&T Activities	政府资金 Government Grant	企业资金 Enterprise Self-financed	金融机构贷 款 Bank Loans	来自国外的资金 Funds from Abroad
文教体育用品制造业 Manufacture of Articles for Culture, Education and Sport Activity	20243	548	19676	20	
石油加工、炼焦及核燃料加工业 Processing of Petroleum , Coking, Processing of nucleus fuel	36424	382	32282	3220	
化学原料及化学制品制造业 Manufacture of Chemical Raw Material and Chemical Products	215743	4136	200657	10452	50
医药制造业 Manufacture of Medicines	216847	4975	192420	7518	1305
化学纤维制造业 Manufacture of Chemical Fiber	46451	375	44539	1490	
橡胶制品业 Manufacture of Rubber	76695	323	69987	6380	
塑料制品业 Manufacture of Plastic	78230	376	70965	6724	166
非金属矿物制品业 Manufacture of Non-metallic Mineral Products	125545	1182	102961	21137	
黑色金属冶炼及压延加工业 Manufacture and Processing of Ferrous Metals	189894	1959	156960	30000	
有色金属冶炼及压延加工业 Manufacture and Processing of Non-ferrous Metals	48067	541	41937	5589	
金属制品业 Manufacture of Metal Products	104414	1095	96160	5096	27
通用设备制造业 Manufacture of General Purpose Machinery	353810	2493	320528	20609	3374
专用设备制造业 Manufacture of Special Purpose Machinery	143614	4418	127223	5494	519
交通运输设备制造业 Manufacture of Transport Equipment	1370511	4252	1330648	30937	1447
电气机械及器材制造业 Manufacture of Electrical Machinery and Equipment	577919	4191	540232	28759	2054
通信设备、计算机及其他电子设备制造业 Manufacture of Communication, Ccomputer, Other Electronic Equipment	2773864	29486	2539236	164816	33249
仪器仪表及文化、办公用机械制造业 Manufacture of measuring instrument, machinery for Cultural and Office Work	125165	945	116933	5740	1462
工艺品及其他制造业 Manufacture of Artwork, Other Manufacture	11147	546	9637	865	
电力、热力的生产和供应业 Production and Supply of Electric Power and Heat Power	93066	400	92531		
燃气生产和供应业 Production and Distribution of Gas	82		82		
水的生产和供应业 Production and Distribution of Water	2374	480	1894		

3-47 各地区大中型工业企业(三资)

Intramural Expenditure on S&T Activities of Large and Medium-sized

单位:万元

地　区　Region	科技活动经费内部支出总额 Intramural Expenditure on S&T Activities	劳务费 Compensation for Laborers
全　国　Total	**6371152**	**1282491**
东部地区　Eastern Region	5517082	1185892
中部地区　Mid Region	571451	60327
西部地区　Western Region	282620	36271
北　京　Beijing	393489	100837
天　津　Tianjin	195574	55316
河　北　Hebei	69623	7664
山　西　Shanxi	29090	1964
内蒙古　Neimenggu	38481	3732
辽　宁　Liaoning	78311	17813
吉　林　Jilin	97003	2797
黑龙江　Heilongjiang	20710	2915
上　海　Shanghai	1387072	202369
江　苏　Jiangsu	1095091	217098
浙　江　Zhejiang	442173	133690
安　徽　Anhui	189227	13401
福　建　Fujian	468117	92755
江　西　Jiangxi	47433	3882
山　东　Shandong	212390	23430
河　南　Henan	58262	9686
湖　北　Hubei	102979	19190
湖　南　Hunan	26748	6493
广　东　Guangdong	1175071	334828
广　西　Guangxi	79286	7016
海　南　Hainan	173	92
重　庆　Chongqing	94753	11286
四　川　Sichuan	24923	6679
贵　州　Guizhou	770	280
云　南　Yunnan	4049	1508
西　藏　Tibet		
陕　西　Shaanxi	10505	2608
甘　肃　Gansu	2172	508
青　海　Qinghai	18789	1169
宁　夏　Ningxia	6062	1403
新　疆　Xinjiang	2830	83

科技活动经费内部支出(2005 年)
Industrial Enterprises (Joint Ventures) by Region (2005)

(10 000 yuan)

原材料费 Raw Material Expenditure	固定资产购建费 Expenditure on the Purchase of Fixed Assets	#设备购置 Purchase of Instruments	#开发新产品经费 Spending for New Products
1407904	**2002130**	**1778180**	**4114205**
1219926	1667960	1499330	3603611
83928	265069	220459	334200
104050	69102	58392	176393
69925	34457	31139	181639
33755	49839	35820	141986
29249	22906	19620	41902
2973	20337	8577	12491
25842	7241	7213	33464
21238	23504	21736	70938
362	1513	1424	93766
3491	10318	9916	9529
194166	457261	412718	686265
338822	386496	356475	760213
119884	91631	79284	385239
13762	147864	121088	58771
152930	162090	149146	332029
7785	14021	13683	34323
40010	123025	103888	136893
18870	18615	15410	20440
25982	44895	43659	93357
10704	7508	6703	11522
219891	316730	289483	866339
13555	28363	21351	45158
58	21	21	168
41831	14289	12191	56461
9252	2773	2686	13681
318	34	34	510
918	1044	1044	3617
1634	914	718	5396
967	394	394	1892
5442	11179	9899	9580
3302	1114	1106	5954
990	1758	1758	680

3-48 分行业大中型工业企业（三资）

Intramural Expenditure on S&T Activities of Large and Medium-sized

单位：万元

行 业 Industry	科技活动经费内部支出总额 Intramural Expenditure on S&T Activities	劳务费 Compensation for Laborers
总 计 **Total**	**6371152**	**1282491**
煤炭开采和洗选业 Mining and Washing of Coal		
石油和天然气开采业 Extraction of Petroleum and Natural Ggas		
黑色金属矿采选业 Mining of Ferrous Metal Ores		
有色金属矿采选业 Mining of Non-ferrous Metal Ores	14884	1125
非金属矿采选业 Mining and Processing of Nonmetal Ores	4728	62
其他采矿业 Mining of Other Ores	9	9
农副食品加工业 Processing of Food From Agricultural Pproducts	29354	4568
食品制造业 Manufacture of Foods	32061	6611
饮料制造业 Manufacture of Beverage	58950	4683
烟草制品业 Manufacture of Tobacco	271	90
纺织业 Manufacture of Textile	148687	23279
纺织服装、鞋、帽制造业 Manufacture of Textile Wearing Apparel, Footware and Caps	19471	5505
皮革、毛皮、羽毛（绒）及其制品业 Manufacture of Leather, Fur, Feather and Its Products	29337	9082
木材加工及木、竹、藤、棕、草制品业 Processing of Timbers, Manufacture of Wood, Bamboo, Rattan, Palm, Straw	5948	1120
家具制造业 Manufacture of Furniture	21069	3030
造纸及纸制品业 Manufacture of Paper and Paper Products	95039	7360
印刷业和记录媒介的复制 Printing, Reproduction of Recording Media	14199	3216

科技活动经费内部支出(2005 年)

Industrial Enterprises(Joint Ventures) by Industry (2005)

(10 000 yuan)

原材料费 Raw Material Expenditure	固定资产购建费 Expenditure on the Purchase of Fixed Assets	#设备购置 Purchase of Instruments	#开发新产品经费 Spending for New Products
1407904	**2002130**	**1778180**	**4114205**
5059	8046	6766	5652
645	3577	3577	3918
8017	11620	9543	18202
5549	14789	12880	18011
9065	39174	38896	20380
	139	139	
62324	44975	41562	112639
4601	8024	5988	11635
14474	4490	4117	20536
1800	2564	2532	5487
3144	2952	987	16850
21423	57526	56713	23687
5430	3913	3898	9368

单位:万元

行 业 Industry	科技活动经费内部支出总额 Intramural Expenditure on S&T Activities	劳务费 Compensation for Laborers
文教体育用品制造业 Manufacture of Articles for Culture,Education and Sport Activity	21204	5879
石油加工、炼焦及核燃料加工业 Processing of Petroleum ,Coking,Processing of Nucleus Fuel	47840	6443
化学原料及化学制品制造业 Manufacture of Chemical Raw Material and Chemical Products	201350	26620
医药制造业 Manufacture of Medicines	216845	34318
化学纤维制造业 Manufacture of Chemical Fiber	45740	5692
橡胶制品业 Manufacture of Rubber	105295	9883
塑料制品业 Manufacture of Plastic	72422	12526
非金属矿物制品业 Manufacture of Non-metallic Mineral Products	118402	15948
黑色金属冶炼及压延加工业 Manufacture and Processing of Ferrous Metals	180247	14997
有色金属冶炼及压延加工业 Manufacture and Processing of Non-ferrous Metals	56972	7069
金属制品业 Manufacture of Metal Products	98979	20625
通用设备制造业 Manufacture of General Purpose Machinery	350105	61371
专用设备制造业 Manufacture of Special Purpose Machinery	139360	37273
交通运输设备制造业 Manufacture of Transport Equipment	1193506	117921
电气机械及器材制造业 Manufacture of Electrical Machinery and Equipment	547142	96178
通信设备、计算机及其他电子设备制造业 Manufacture of Communication,Ccomputer,Other Electronic Equipment	2309250	697786
仪器仪表及文化、办公用机械制造业 Manufacture of Measuring Instrument,Machinery for Cultural and Office Work	120174	33238
工艺品及其他制造业 Manufacture of Artwork, Other Manufacture	11757	2567
电力、热力的生产和供应业 Production and Supply of Electric Power and Heat Power	58680	5818
燃气生产和供应业 Production and Distribution of Gas	36	33
水的生产和供应业 Production and Distribution of Water	1842	567

Continued

(10 000 yuan)

原材料费 Raw Material Expenditure	固定资产购建费 Expenditure on the Purchase of Fixed Assets	#设备购置 Purchase of Instruments	#开发新产品经费 Spending for New Products
5357	5691	5041	16993
3602	31886	19962	16497
54986	76345	66430	95957
40212	76918	50841	111923
19959	15135	15008	35696
25406	58178	47023	49410
21025	31939	29049	51546
30793	55337	44731	64864
106679	47287	44628	130770
25250	20823	20042	31212
32834	32634	28755	68920
85184	138746	113354	196573
37720	36773	36070	108040
183158	350490	285542	690062
142213	172233	160644	356798
390021	585616	565382	1712074
35122	31671	26845	92611
2883	5269	4088	7561
23809	26435	26435	10332
	3	3	3
160	931	713	

3-49 各地区大中型工业企业(三资)其他技术活动经费支出(2005年)

Expenditure on Other Technical Activities in Large and Medium-sized Industrial Enterprises (Joint Ventures) by Region (2005)

单位:万元 (10 000 yuan)

地 区 Region		技术改造经费 Expenditure on Technical Renovation	技术引进经费 Expenditure on Import of Technology	消化吸收经费 Expenditure on Technology Absorption	购买国内技术经费 Expenditure on Purchase of Domestic Technology
全 国	**Total**	**2891658**	**1325103**	**303430**	**117057**
东部地区	Eastern Region	2202671	1174734	283643	55842
中部地区	Mid Region	432300	100601	17028	17707
西部地区	Western Region	256687	49768	2760	43509
北 京	Beijing	12953	33251	124	1372
天 津	Tianjin	115265	289448	158192	1020
河 北	Hebei	61943	3947	291	2220
山 西	Shanxi	31054			
内蒙古	Neimenggu	1265	205		11
辽 宁	Liaoning	69752	3799	5	10
吉 林	Jilin	13229	500		
黑龙江	Heilongjiang	42801	422	2623	2628
上 海	Shanghai	265134	274775	29513	4738
江 苏	Jiangsu	501271	208998	7012	10922
浙 江	Zhejiang	545654	75507	8891	10725
安 徽	Anhui	162623	19158	1488	8820
福 建	Fujian	120490	58315	2399	5833
江 西	Jiangxi	32820	692	547	907
山 东	Shandong	198912	11726	4029	4515
河 南	Henan	21785	43	170	207
湖 北	Hubei	93647	71295	12200	2930
湖 南	Hunan	34342	8492		2215
广 东	Guangdong	311298	214968	73188	14487
广 西	Guangxi	11976	18161	1543	42306
海 南	Hainan				
重 庆	Chongqing	191813	28089	449	226
四 川	Sichuan	19513	2788	9	110
贵 州	Guizhou	132		254	
云 南	Yunnan	4937	304		
西 藏	Tibet				
陕 西	Shaanxi	7778	32	316	577
甘 肃	Gansu	245	18		18
青 海	Qinghai	10764			260
宁 夏	Ningxia	6215	71		
新 疆	Xinjiang	2050	100	190	

3-50 分行业大中型工业企业(三资)其他技术活动经费支出(2005年)

Expenditure on Other Technical Activities in Large and Medium-sized Industrial Enterprises(Joint Ventures) by Industry (2005)

单位:万元　　　　(10 000 yuan)

行业 Industry	技术改造经费 Expenditure on Technical Renovation	技术引进经费 Expenditure on Import of Technology	消化吸收经费 Expenditure on Technology Absorption	购买国内技术经费 Expenditure on Purchase of Domestic Technology
总计 **Total**	**2891658**	**1325103**	**303430**	**117057**
煤炭开采和洗选业 Mining and Washing of Coal	533			
石油和天然气开采业 Extraction of Petroleum and Natural Ggas				
黑色金属矿采选业 Mining of Ferrous Metal Ores				
有色金属矿采选业 Mining of Non-ferrous Metal Ores	10764			260
非金属矿采选业 Mining and Processing of Nonmetal Ores	400			
其他采矿业 Mining of Other Ores				
农副食品加工业 Processing of Food From Agricultural Pproducts	31959	643	1820	6969
食品制造业 Manufacture of Foods	15489	2755	1114	910
饮料制造业 Manufacture of Beverage	28771	14132	115	847
烟草制品业 Manufacture of Tobacco	1282			900
纺织业 Manufacture of Textile	93922	6106	1541	1318
纺织服装、鞋、帽制造业 Manufacture of Textile Wearing Apparel, Footware and Caps	21808	230	114	68
皮革、毛皮、羽毛(绒)及其制品业 Manufacture of Leather, Fur, Feather and Its Products	17445	1966	339	1452
木材加工及木、竹、藤、棕、草制品业 Processing of Timbers, Manufacture of Wood, Bamboo, Rattan, Palm, Straw	2097	30		
家具制造业 Manufacture of Furniture	1794	160	35	10
造纸及纸制品业 Manufacture of Paper and Paper Products	76464	47774	2387	2868
印刷业和记录媒介的复制 Printing, Reproduction of Recording Media	19757	9949		1980

3－50 续表 Continued

单位:万元 (10 000 yuan)

行 业 Industry	技术改造经 费 Expenditure on Technical Renovation	技术引进经 费 Expenditure on Import of Technology	消化吸收经 费 Expenditure on Technology Absorption	购买国内技术经费 Expenditure on Purchase of Domestic Technology
文教体育用品制造业 Manufacture of Articles for Culture, Education and Sport Activity	5866	184		16
石油加工、炼焦及核燃料加工业 Processing of Petroleum ,Coking, Processing of Nucleus Fuel	61639	3124	37	447
化学原料及化学制品制造业 Manufacture of Chemical Raw Material and Chemical Products	337234	25535	2938	1900
医药制造业 Manufacture of Medicines	77627	13043	13230	10559
化学纤维制造业 Manufacture of Chemical Fiber	21594	10488	462	264
橡胶制品业 Manufacture of Rubber	55246	21258	2405	2131
塑料制品业 Manufacture of Plastic	110257	311	1185	1362
非金属矿物制品业 Manufacture of Non-metallic Mineral Products	113129	6103	2377	2365
黑色金属冶炼及压延加工业 Manufacture and Processing of Ferrous Metals	272135	6417	268	3280
有色金属冶炼及压延加工业 Manufacture and Processing of Non-ferrous Metals	27820	359	336	120
金属制品业 Manufacture of Metal Products	34308	7340	712	246
通用设备制造业 Manufacture of General Purpose Machinery	111953	39690	11853	3545
专用设备制造业 Manufacture of Special Purpose Machinery	43102	15402	1866	851
交通运输设备制造业 Manufacture of Transport Equipment	664121	261924	20903	49410
电气机械及器材制造业 Manufacture of Electrical Machinery and Equipment	111934	82817	5744	4678
通信设备、计算机及其他电子设备制造业 Manufacture of Communication, Ccomputer, Other Electronic Equipment	311765	715812	225544	15441
仪器仪表及文化、办公用机械制造业 Manufacture of Measuring Instrument, Machinery for Cultural and Office Work	15862	27301	4500	211
工艺品及其他制造业 Manufacture of Artwork, Other Manufacture	12676	1840	1307	1345
电力、热力的生产和供应业 Production and Supply of Electric Power and Heat Power	180284	2409	300	1305
燃气生产和供应业 Production and Distribution of Gas	195			
水的生产和供应业 Production and Distribution of Water	429			

3-51 各地区大中型工业企业(三资)科技机构(2005年)

S&T Institutions in Large and Medium-sized Industrial Enterprises(Joint Ventures) by Region (2005)

地区	Region	企业科技机构数(个) Number of the S&T Institutions (unit)	科技机构人员(人) Personnel in S&T Insitutions (person)	#科学家和工程师 Scientists & Engineers	科技机构经费(万元) Spending for S&T Insitutions (10 000 yuan)
全国	**Total**	**1730**	**111012**	**76384**	**2242417**
东部地区	Eastern Region	1487	97638	67692	1975679
中部地区	Mid Region	157	8728	5975	149379
西部地区	Western Region	86	4646	2717	117360
北京	Beijing	20	1663	1403	32424
天津	Tianjin	38	2482	1963	93679
河北	Hebei	37	2359	1687	28473
山西	Shanxi	8	685	566	9919
内蒙古	Neimenggu	10	462	284	8793
辽宁	Liaoning	24	1573	1094	30255
吉林	Jilin	6	187	161	3756
黑龙江	Heilongjiang	21	706	450	11008
上海	Shanghai	119	14063	11477	483589
江苏	Jiangsu	252	14382	8994	268560
浙江	Zhejiang	252	9963	5554	141922
安徽	Anhui	28	1771	1269	32009
福建	Fujian	140	9923	6403	207111
江西	Jiangxi	16	673	502	25735
山东	Shandong	121	4378	2791	65205
河南	Henan	25	1550	812	23307
湖北	Hubei	33	2369	1658	32287
湖南	Hunan	20	787	557	11358
广东	Guangdong	483	36826	26303	624293
广西	Guangxi	11	988	611	46327
海南	Hainan	1	26	23	168
重庆	Chongqing	18	937	707	41128
四川	Sichuan	14	968	442	12408
贵州	Guizhou	3	61	44	99
云南	Yunnan	5	195	142	2076
西藏	Tibet				
陕西	Shaanxi	7	569	255	2169
甘肃	Gansu	1	12	6	18
青海	Qinghai	12	105	76	1665
宁夏	Ningxia	4	331	132	1998
新疆	Xinjiang	1	18	18	680

3－52　分行业大中型工业企业(三资)科技机构(2005年)
S&T Institutions in Large and Medium-sized Industrial Enterprises(Joint Ventures) by Industry (2005)

行　业 Industry	企业科技机构数(个) Number of the S&T Institutions (unit)	科技机构人员(人) Personnel in S&T Insitutions (person)	#科学家和工程师 Scientists & Engineers	科技机构经费(万元) Spending for S&T Insitutions (10 000 yuan)
总 计 **Total**	**1730**	**111012**	**76384**	**2242417**
煤炭开采和洗选业 Mining and Washing of Coal				
石油和天然气开采业 Extraction of Petroleum and Natural Ggas				
黑色金属矿采选业 Mining of Ferrous Metal Ores				
有色金属矿采选业 Mining of Non-ferrous Metal Ores	8	53	35	1442
非金属矿采选业 Mining and Processing of Nonmetal Ores	1	8	8	87
其他采矿业 Mining of Other Ores	1	9		9
农副食品加工业 Processing of Food From Agricultural Pproducts	28	639	473	12329
食品制造业 Manufacture of Foods	32	760	533	14278
饮料制造业 Manufacture of Beverage	26	750	609	23002
烟草制品业 Manufacture of Tobacco				
纺织业 Manufacture of Textile	114	5321	2503	58585
纺织服装、鞋、帽制造业 Manufacture of Textile Wearing Apparel, Footware and Caps	24	603	233	4932
皮革、毛皮、羽毛(绒)及其制品业 Manufacture of Leather, Fur, Feather and Its Products	46	1793	662	17625
木材加工及木、竹、藤、棕、草制品业 Processing of Timbers, Manufacture of Wood, Bamboo, Rattan, Palm, Straw	10	185	136	2351
家具制造业 Manufacture of Furniture	8	271	177	3392
造纸及纸制品业 Manufacture of Paper and Paper Products	27	683	433	9548
印刷业和记录媒介的复制 Printing, Reproduction of Recording Media	14	477	272	6047

3－52 续表　Continued

行　业 Industry	企业科技机构数（个） Number of the S&T Institutions（unit）	科技机构人员（人） Personnel in S&T Insitutions（person）	#科学家和工程师 Scientists & Engineers	科技机构经费（万元） Spending for S&T Insitutions（10 000 yuan）
文教体育用品制造业 Manufacture of Articles for Culture，Education and Sport Activity	35	1032	494	12491
石油加工、炼焦及核燃料加工业 Processing of Petroleum ，Coking，Processing of Nucleus Fuel	9	344	227	4064
化学原料及化学制品制造业 Manufacture of Chemical Raw Material and Chemical Products	94	3492	2270	65188
医药制造业 Manufacture of Medicines	98	3647	2608	62608
化学纤维制造业 Manufacture of Chemical Fiber	11	294	186	32981
橡胶制品业 Manufacture of Rubber	36	1685	1066	40490
塑料制品业 Manufacture of Plastic	52	1465	797	31686
非金属矿物制品业 Manufacture of Non-metallic Mineral Products	57	2288	1309	42987
黑色金属冶炼及压延加工业 Manufacture and Processing of Ferrous Metals	21	1200	815	26413
有色金属冶炼及压延加工业 Manufacture and Processing of Non-ferrous Metals	23	1308	689	17285
金属制品业 Manufacture of Metal Products	48	2420	1523	42662
通用设备制造业 Manufacture of General Purpose Machinery	111	6742	3979	156048
专用设备制造业 Manufacture of Special Purpose Machinery	54	4017	2848	59332
交通运输设备制造业 Manufacture of Transport Equipment	151	13947	9853	497861
电气机械及器材制造业 Manufacture of Electrical Machinery and Equipment	200	10909	7645	258861
通信设备、计算机及其他电子设备制造业 Manufacture of Communication，Ccomputer，Other Electronic Equipment	308	39277	30938	690867
仪器仪表及文化、办公用机械制造业 Manufacture of Measuring Instrument，Machinery for Cultural and Office Work	54	4165	2587	35224
工艺品及其他制造业 Manufacture of Artwork， Other Manufacture	13	385	217	5778
电力、热力的生产和供应业 Production and Supply of Electric Power and Heat Power	10	429	176	4812
燃气生产和供应业 Production and Distribution of Gas	1	358	45	4
水的生产和供应业 Production and Distribution of Water	5	56	38	1150

3-53 各地区大中型工业企业(三资)科技项目与专利(2005年)
Projects and Patents for S&T Activities in Large and Medium-sized Industrial Enterprises(Joint Ventures) by Region (2005)

单位:项 (item)

地区	Region	科技项目数 Projects for S&T Activities	#新产品开发项目数 Projects for New Product	专利申请 Patent Applications	#发明专利数 Inventive Patent	拥有发明专利数 Owning Inventive Patent
全国	**Total**	**23202**	**15630**	**16921**	**5698**	**5762**
东部地区	Eastern Region	19997	13370	16029	5537	5421
中部地区	Mid Region	2411	1704	671	85	191
西部地区	Western Region	794	556	221	76	150
北京	Beijing	488	326	660	400	193
天津	Tianjin	771	479	1992	1699	476
河北	Hebei	458	346	100	19	43
山西	Shanxi	61	21	9	5	8
内蒙古	Neimenggu	70	47	17	7	15
辽宁	Liaoning	396	263	347	9	11
吉林	Jilin	34	33	5	4	6
黑龙江	Heilongjiang	403	285	25	10	13
上海	Shanghai	4400	3390	2402	1036	658
江苏	Jiangsu	3960	1995	1644	491	1260
浙江	Zhejiang	1262	1034	1420	356	623
安徽	Anhui	894	766	93	9	20
福建	Fujian	1292	1150	795	179	530
江西	Jiangxi	271	145	44	5	29
山东	Shandong	958	537	861	233	199
河南	Henan	231	149	347	19	12
湖北	Hubei	376	235	118	19	86
湖南	Hunan	141	70	30	14	17
广东	Guangdong	6010	3849	5808	1115	1428
广西	Guangxi	87	61	39	7	7
海南	Hainan	2	1			
重庆	Chongqing	209	132	59	1	45
四川	Sichuan	183	116	26	5	7
贵州	Guizhou	8	7	12	6	31
云南	Yunnan	41	41	7	4	5
西藏	Tibet					
陕西	Shaanxi	106	86	52	44	23
甘肃	Gansu	9	4			
青海	Qinghai	34	16	2		10
宁夏	Ningxia	45	45	5		7
新疆	Xinjiang	2	1	2	2	

3-54 分行业大中型工业企业(三资)科技项目与专利(2005年)
Projects and Patents for S&T Activities in Large and Medium-sized Industrial Enterprises(Joint Ventures) by Industry (2005)

单位:项 (item)

行业 Industry	科技项目数 Projects for S&T Activities	#新产品开发项目数 Projects for New Product	专利申请 Patent Applic-ations	#发明专利数 Inventive Patent	拥有发明专利数 Owning Inventive Patent
总 计 **Total**	**23202**	**15630**	**16921**	**5698**	**5762**
煤炭开采和洗选业 Mining and Washing of Coal					
石油和天然气开采业 Extraction of Petroleum and Natural Ggas					
黑色金属矿采选业 Mining of Ferrous Metal Ores					
有色金属矿采选业 Mining of Non-ferrous Metal Ores	20	2			10
非金属矿采选业 Mining and Processing of Nonmetal Ores	16	3			
其他采矿业 Mining of Other Ores					
农副食品加工业 Processing of Food From Agricultural Pproducts	174	103	69	14	27
食品制造业 Manufacture of Foods	207	163	219	30	32
饮料制造业 Manufacture of Beverage	223	121	60	8	116
烟草制品业 Manufacture of Tobacco	1				
纺织业 Manufacture of Textile	843	465	234	36	120
纺织服装、鞋、帽制造业 Manufacture of Textile Wearing Apparel, Footware and Caps	94	73	159	2	6
皮革、毛皮、羽毛(绒)及其制品业 Manufacture of Leather, Fur, Feather and Its Products	123	88	64	13	38
木材加工及木、竹、藤、棕、草制品业 Processing of Timbers, Manufacture of Wood, Bamboo, Rattan, Palm, Straw	56	39	31	25	86
家具制造业 Manufacture of Furniture	430	240	54	11	117
造纸及纸制品业 Manufacture of Paper and Paper Products	512	124	33	5	7
印刷业和记录媒介的复制 Printing, Reproduction of Recording Media	107	46	13	6	5

3－54 续表　Continued

单位:项　　　　(item)

行　业 Industry	科技活动项目数 Projects for S&T Activities	#新产品开发项目数 Projects for New Product	专利申请 Patent Applic-ations	#发明专利数 Inventive Patent	拥有发明专利数 Owning Inventive Patent
文教体育用品制造业 Manufacture of Articles for Culture, Education and Sport Activity	306	214	837	15	285
石油加工、炼焦及核燃料加工业 Processing of Petroleum ,Coking, Processing of Nucleus Fuel	206	72	185	54	89
化学原料及化学制品制造业 Manufacture of Chemical Raw Material and Chemical Products	1118	680	786	146	114
医药制造业 Manufacture of Medicines	1096	785	594	303	273
化学纤维制造业 Manufacture of Chemical Fiber	182	54	22	20	10
橡胶制品业 Manufacture of Rubber	964	820	45	15	13
塑料制品业 Manufacture of Plastic	250	204	176	32	209
非金属矿物制品业 Manufacture of Non-metallic Mineral Products	257	168	467	111	308
黑色金属冶炼及压延加工业 Manufacture and Processing of Ferrous Metals	254	143	34	14	39
有色金属冶炼及压延加工业 Manufacture and Processing of Non-ferrous Metals	227	128	108	8	11
金属制品业 Manufacture of Metal Products	566	368	686	107	97
通用设备制造业 Manufacture of General Purpose Machinery	2511	2053	830	184	222
专用设备制造业 Manufacture of Special Purpose Machinery	763	507	429	126	76
交通运输设备制造业 Manufacture of Transport Equipment	2395	1812	734	119	207
电气机械及器材制造业 Manufacture of Electrical Machinery and Equipment	3386	2336	4608	1860	1554
通信设备、计算机及其他电子设备制造业 Manufacture of Communication, Ccomputer, Other Electronic Equipment	4986	3353	5120	2376	1476
仪器仪表及文化、办公用机械制造业 Manufacture of Measuring Instrument, Machinery for Cultural and Office Work	454	356	269	49	189
工艺品及其他制造业 Manufacture of Artwork, Other Manufacture	132	56	52	6	26
电力、热力的生产和供应业 Production and Supply of Electric Power and Heat Power	309	47			
燃气生产和供应业 Production and Distribution of Gas	12	5			
水的生产和供应业 Production and Distribution of Water	22	2	3	3	

3-55 分登记注册类型大中型工业企业研究与试验发展(R&D)活动情况(2005年)

R&D Major Indicators in Large and Medium-sized Industrial Enterprises by Registration (2005)

	R&D人员全时当量(人年) Full-time Equivalent of R&D Personnel (man-year)	#科学家和工程师 Scientists & Engineers	R&D经费(万元) R&D Expenditure (10 000 yuan)	#试验发展 Experimental Development	R&D项目(项) Projects for R&D (item)	R&D项目经费(万元) Expenditure on R&D Items (10 000 yuan)
总计 Total	**606376**	**477251**	**12502918**	**11779886**	**70580**	**11422633**
内资企业 Domestic Funded	494906	389107	9247330	8655867	60343	8386779
国有企业 State-owned Enterprises	95280	75624	1617960	1510708	12080	1458942
#大型企业 Large Scale	62890	49737	1226828	1146371	7256	1108020
集体企业 Collective-owned Enterprises	8664	7454	327389	310912	1064	294800
股份合作企业 Cooperative Enterprises	2797	1905	52076	48383	417	51053
联营企业 Joint Ownership Enterprises	2332	1862	85179	82865	184	48989
国有联营企业 State Joint Ownership Enterprises	2203	1757	79126	76845	131	43693
集体联营企业 Collective Joint Ownership Enterprises						
国有与集体联营企业 Joint State-collective Enterprises	119	100	4469	4450	50	3761
其他联营企业 Other Joint Ownership Enterprises	10	6	1585	1570	3	1535
有限责任公司 Limited Liability Corporations	239788	190490	4217121	3959802	29605	3794968
国有独资公司 State Sole Funded Corporations	95023	73409	1610832	1480929	9572	1383817
其他有限责任公司 Other Limited Liability Corporations	144765	117081	2606289	2478873	20033	2411152
股份有限公司 Share-holding Corporations Ltd.	110409	85625	2287925	2114741	13337	2109220
私营企业 Private Enterprises	35024	25623	644171	612964	3520	613413

3－55 续表　Continued

	R&D 人员全时当量（人年）Full-time Equivalent of R&D Personnel (man-year)	#科学家和工程师 Scientists & Engineers	R&D 经费（万元）R&D Expenditure (10 000 yuan)	#试验发展 Experimental Development	R&D 项目（项）Projects for R&D (item)	R&D 项目经费（万元）Expenditure on R&D Items (10 000 yuan)
私营独资企业 Private-funded Enterprises	1244	832	24697	23979	208	22448
私营合伙企业 Private Partnership Enterprises	259	194	4798	4685	39	4025
私营有限责任公司 Private Limited Liability Corporations	29747	21746	563024	541475	3009	536883
私营股份有限公司 Private Share-holding Corporations Ltd.	3774	2851	51652	42825	264	50056
其他企业 Others Enterprises	611	524	15509	15492	136	15394
港澳台商投资企业 Enterprises with Funds from Hong Kong, Macau and Taiwan	41513	31153	936297	892768	4314	908101
#大型企业 Large Scale	19552	14785	439470	414250	1579	426239
与港澳台商合资经营企业 Joint-venture Enterprises (with Funds from Hong Kong, Macau and Taiwan)	18573	13220	512138	507634	2422	498147
与港澳台商合作经营企业 Cooperative Enterprises (with Funds from Hong Kong, Macau and Taiwan)	726	537	8439	8381	117	8408
港澳台商独资经营企业 Enterprises with Sole Funds from Hong Kong, Macau and Taiwan	17773	13782	348681	315116	1164	340114
港澳台商投资股份有限公司 Share-holding Corporations Ltd. with Funds from Hong Kong, Macau and Taiwan	4441	3614	67040	61637	611	61432
外商投资企业 Foreign Funded Enterprises	69958	56991	2319291	2231251	5923	2127754
#大型企业 Large Scale	35411	29808	1297020	1276621	1763	1193050
中外合资经营企业 Joint-venture Enterprises	32525	26893	1313909	1255182	3087	1166015
中外合作经营 Cooperation Enterprises	1052	719	30729	30113	99	28268
外资企业 Enterprises with Sole Foreign Funds	27492	22170	724756	698630	1932	711679
外商投资股份有限公司 Share-holding Corporations Ltd. with Foreign Funds	8889	7209	249897	247326	805	221792

3-56 各地区大中型工业企业研究与试验发展(R&D)活动情况(2005年)

R&D Major Indicators in Large and Medium-sized Industrial Enterprises by Region (2005)

地区	Region	R&D人员全时当量(人年) Full-time Equivalent of R&D Personnel (man-year)	#科学家和工程师 Scientists & Engineers	R&D经费(万元) R&D Expenditure (10 000 yuan)	#试验发展 Experimental Development	R&D项目(项) Projects for R&D (item)	R&D项目经费(万元) Expenditure on R&D Items (10 000 yuan)
全国	**Total**	**606376**	**477251**	**12502918**	**11779886**	**70580**	**11422633**
东部地区	Eastern Region	367396	289659	9396043	8948052	42714	8722805
中部地区	Mid Region	145271	114605	1851190	1745492	14676	1618877
西部地区	Western Region	93709	72988	1255685	1086343	13190	1080951
北京	Beijing	22153	17740	396471	265078	4057	361788
天津	Tianjin	12441	10626	384268	364645	2175	367726
河北	Hebei	23052	18517	348195	343183	2320	315057
山西	Shanxi	15442	11375	166933	148956	1000	161367
内蒙古	Neimenggu	8480	6766	81933	68697	421	68965
辽宁	Liaoning	34451	27788	843322	743507	4685	807590
吉林	Jilin	7149	6510	134896	130799	658	89351
黑龙江	Heilongjiang	24195	20189	257006	255857	2844	207206
上海	Shanghai	21703	18370	1079021	1076435	5329	899258
江苏	Jiangsu	72388	53591	1758413	1754177	6586	1692125
浙江	Zhejiang	39360	27781	923790	913644	3120	894384
安徽	Anhui	12582	9800	238344	234892	2600	205140
福建	Fujian	16629	12337	348913	335117	1623	344287
江西	Jiangxi	11249	7521	191231	168019	1493	174249
山东	Shandong	53300	41506	1508354	1390098	6056	1293450
河南	Henan	30391	23107	361127	339087	2694	344031
湖北	Hubei	26310	20879	307880	296342	2056	280334
湖南	Hunan	17953	15224	193775	171541	1331	157199
广东	Guangdong	71749	61244	1803941	1761227	6720	1745903
广西	Guangxi	5603	4409	83372	69353	712	78611
海南	Hainan	170	159	1356	941	43	1234
重庆	Chongqing	13607	10897	214979	214788	1686	207229
四川	Sichuan	25022	18876	347854	293096	5529	294137
贵州	Guizhou	5012	4033	80818	78235	669	74035
云南	Yunnan	3646	2723	75356	70340	453	62946
西藏	Tibet						
陕西	Shaanxi	18814	14380	208209	162986	2268	185540
甘肃	Gansu	6873	5551	79604	67376	643	44531
青海	Qinghai	1078	861	19174	5904	131	17556
宁夏	Ningxia	2516	1994	25101	23977	333	23314
新疆	Xinjiang	3056	2499	39286	31591	345	24088

3-57 分行业大中型工业企业研究与试验发展(R&D)活动情况(2005年)

R&D Major Indicators in Large and Medium-sized Industrial Enterprises by Industry (2005)

行业 Industry	R&D人员全时当量(人年) Full-time Equivalent of R&D Personnel (man-year)	#科学家和工程师 Scientists & Engineers	R&D经费(万元) R&D Expenditure (10 000 yuan)	#试验发展 Experimental Development	R&D项目(项) Projects for R&D (item)	R&D项目经费(万元) Expenditure on R&D Items (10 000 yuan)
总计 Total	**606376**	**477251**	**12502918**	**11779886**	**70580**	**11422633**
煤炭开采和洗选业 Mining and Washing of Coal	29108	21771	284059	242895	2196	258373
石油和天然气开采业 Extraction of Petroleum and Natural Ggas	19552	17433	220866	142569	2959	158422
黑色金属矿采选业 Mining of Ferrous Metal Ores	520	484	3998	3996	75	3989
有色金属矿采选业 Mining of Non-ferrous Metal Ores	1054	861	11435	9651	211	9791
非金属矿采选业 Mining and Processing of Nonmetal Ores	1057	766	17930	12970	102	17546
其他采矿业 Mining of Other Ores						
农副食品加工业 Processing of Food From Agricultural Pproducts	4507	3509	87679	78809	511	82755
食品制造业 Manufacture of Foods	4978	3919	82151	68023	548	78183
饮料制造业 Manufacture of Beverage	6201	4935	151342	146510	702	142606
烟草制品业 Manufacture of Tobacco	3013	2731	85699	77831	650	53893
纺织业 Manufacture of Textile	20621	11249	295388	291043	1619	279159
纺织服装、鞋、帽制造业 Manufacture of Textile Wearing Apparel, Footware and Caps	3659	2395	79440	77337	242	72796
皮革、毛皮、羽毛(绒)及其制品业 Manufacture of Leather, Fur, Feather and Its Products	2058	1132	24829	24426	66	24643
木材加工及木、竹、藤、棕、草制品业 Processing of Timbers, Manufacture of Wood, Bamboo, Rattan, Palm, Straw	1218	917	38891	38832	104	38443
家具制造业 Manufacture of Furniture	1095	752	19174	19008	167	18901
造纸及纸制品业 Manufacture of Paper and Paper Products	5230	3902	119811	116747	326	99378
印刷业和记录媒介的复制 Printing, Reproduction of Recording Media	1736	1004	22630	21717	201	19721

3－57 续表 Continued

行 业 Industry	R&D 人员全时当量（人年） Full-time Equivalent of R&D Personnel (man-year)	#科学家和工程师 Scientists & Engineers	R&D 经费（万元） R&D Expenditure (10 000 yuan)	#试验发展 Experimental Development	R&D 项目（项） Projects for R&D (item)	R&D 项目经费（万元） Expenditure on R&D Items (10 000 yuan)
文教体育用品制造业 Manufacture of articles for culture, education and Sport Activity	2102	1212	24730	24511	227	22913
石油加工、炼焦及核燃料加工业 Processing of Petroleum , Coking, Processing of nucleus fuel	7855	6107	104084	96728	861	93799
化学原料及化学制品制造业 Manufacture of Chemical Raw Material and Chemical Products	34518	25294	846315	804825	6351	803016
医药制造业 Manufacture of Medicines	19584	16139	399510	374930	3962	369204
化学纤维制造业 Manufacture of Chemical Fiber	4246	2852	121196	120488	331	116033
橡胶制品业 Manufacture of Rubber	5505	3652	121221	118939	1952	111484
塑料制品业 Manufacture of Plastic	4605	3172	98311	96991	443	95007
非金属矿物制品业 Manufacture of Non-metallic Mineral Products	14175	9807	220728	208045	1268	210391
黑色金属冶炼及压延加工业 Manufacture and Processing of Ferrous Metals	35578	29664	1268878	1230684	3468	1131214
有色金属冶炼及压延加工业 Manufacture and Processing of Non-ferrous Metals	17556	13322	357960	344395	1705	302572
金属制品业 Manufacture of Metal Products	9169	7010	154393	143459	900	150231
通用设备制造业 Manufacture of General Purpose Machinery	43369	34550	688160	648514	6216	627120
专用设备制造业 Manufacture of Special Purpose Machinery	38870	32732	551519	510075	3252	520860
交通运输设备制造业 Manufacture of Transport Equipment	83618	61836	1737121	1655112	10194	1446134
电气机械及器材制造业 Manufacture of Electrical Machinery and Equipment	43371	35777	1180591	1137361	6454	1081465
通信设备、计算机及其他电子设备制造业 Manufacture of Communication, Ccomputer, Other Electronic Equipment	111486	96178	2766722	2628031	8823	2691210
仪器仪表及文化、办公用机械制造业 Manufacture of Measuring Instrument, Machinery for Cultural and Office Work	12363	9897	165441	138661	1330	148960
工艺品及其他制造业 Manufacture of Artwork, Other Manufacture	2726	1560	30103	28758	383	28052
电力、热力的生产和供应业 Production and Supply of Electric Power and Heat Power	9233	7977	114378	90975	1667	108209
燃气生产和供应业 Production and Distribution of Gas	150	136	986	986	41	980
水的生产和供应业 Production and Distribution of Water	677	611	4081	3884	72	4013

3－58　各地区大中型工业企业（国有控股）研究与试验发展（R&D）活动情况（2005 年）

R&D Major Indicators of Large and Medium-sized Industrial Enterprises (State-controlled Enterprises) by Region (2005)

地区 Region		R&D 人员全时当量（人年）Full-time Equivalent of R&D Personnel (man-year)	#科学家和工程师 Scientists & Engineers	R&D 经费（万元）R&D Expenditure (10 000 yuan)	#试验发展 Experimental Development	R&D 项目（项）Projects for R&D (item)	R&D 项目经费（万元）Expenditure on R&D Items (10 000 yuan)
全　国	**Total**	**368759**	**292844**	**6861711**	**6409009**	**45624**	**6056141**
东部地区	Eastern Region	170427	136826	4311379	4090319	23414	3874549
中部地区	Mid Region	120977	95977	1531822	1438047	11125	1319740
西部地区	Western Region	77355	60042	1018510	880643	11085	861853
北　京	Beijing	15584	13121	216638	163827	3584	200541
天　津	Tianjin	7488	6276	201817	182720	1521	187634
河　北	Hebei	19360	15477	297277	292366	1845	266055
山　西	Shanxi	14069	10658	138601	121127	880	133952
内蒙古	Neimenggu	7275	5936	54955	43800	321	42027
辽　宁	Liaoning	28238	22688	734666	677702	4187	701250
吉　林	Jilin	6590	6016	128417	125073	542	83062
黑龙江	Heilongjiang	22773	18935	239905	238817	2681	191722
上　海	Shanghai	14189	11618	716181	714465	2347	560514
江　苏	Jiangsu	22316	16693	562849	559896	2851	539706
浙　江	Zhejiang	6586	5123	131752	122700	575	127226
安　徽	Anhui	9180	7474	191058	187914	1038	162421
福　建	Fujian	7430	6044	170849	168709	695	168722
江　西	Jiangxi	9027	5950	165850	142645	1152	150624
山　东	Shandong	26610	21129	754423	685882	3679	611045
河　南	Henan	23651	18086	273507	258354	2040	260360
湖　北	Hubei	21450	16932	244936	234021	1731	219949
湖　南	Hunan	14237	11925	149548	130096	1061	117650
广　东	Guangdong	22581	18623	524476	521994	2096	511409
广　西	Guangxi	3969	3240	56309	47784	462	52723
海　南	Hainan	45	34	450	58	34	446
重　庆	Chongqing	10946	8679	164365	164176	1343	157520
四　川	Sichuan	18572	13659	263477	223151	4648	218282
贵　州	Guizhou	4503	3625	76291	73708	625	69816
云　南	Yunnan	3160	2378	70550	65538	407	58265
西　藏	Tibet						
陕　西	Shaanxi	16717	12606	183862	145078	1954	165647
甘　肃	Gansu	6335	5169	75494	65594	596	41123
青　海	Qinghai	1078	861	19174	5904	131	17556
宁　夏	Ningxia	1914	1529	16796	15782	259	16040
新　疆	Xinjiang	2885	2361	37238	30129	339	22854

3－59　分行业大中型工业企业(国有控股)研究与试验发展(R&D)活动情况(2005 年)

R&D Major Indicators of Large and Medium-sized Industrial Enterprises(State-controlled Enterprises) by Industry (2005)

行　业 Industry	R&D 人员全时当量(人年) Full-time Equivalent of R&D Personnel (man-year)	#科学家和工程师 Scientists & Engineers	R&D 经费(万元) R&D Expenditure (10 000 yuan)	#试验发展 Experimental Development	R&D 项目(项) Projects for R&D (item)	R&D 项目经费(万元) Expenditure on R&D Items (10 000 yuan)
总计 **Total**	**368759**	**292844**	**6861711**	**6409009**	**45624**	**6056141**
煤炭开采和洗选业 Mining and Washing of Coal	29013	21689	283771	242763	2190	258116
石油和天然气开采业 Extraction of Petroleum and Natural Ggas	19286	17215	214719	136423	2918	155153
黑色金属矿采选业 Mining of Ferrous Metal Ores	491	455	3848	3846	74	3839
有色金属矿采选业 Mining of Non-ferrous Metal Ores	1034	844	10000	8218	200	8363
非金属矿采选业 Mining and Processing of Nonmetal Ores	717	527	8539	3621	74	8289
其他采矿业 Mining of Other Ores						
农副食品加工业 Processing of Food From Agricultural Pproducts	1770	1586	34068	30309	195	33552
食品制造业 Manufacture of Foods	2350	1797	27814	27517	123	26386
饮料制造业 Manufacture of Beverage	4249	3323	106761	104734	466	103050
烟草制品业 Manufacture of Tobacco	3013	2731	85699	77831	650	53893
纺织业 Manufacture of Textile	6887	3575	67496	66441	624	65513
纺织服装、鞋、帽制造业 Manufacture of Textile Wearing Apparel, Footware and Caps	312	219	2717	2711	20	2572
皮革、毛皮、羽毛(绒)及其制品业 Manufacture of Leather, Fur, Feather and Its Products	14	8	94	93		
木材加工及木、竹、藤、棕、草制品业 Processing of Timbers, Manufacture of Wood, Bamboo, Rattan, Palm, Straw	584	522	31132	31119	58	30962
家具制造业 Manufacture of Furniture	307	248	13261	13261	12	13261
造纸及纸制品业 Manufacture of Paper and Paper Products	2381	1736	36683	35181	152	27302
印刷业和记录媒介的复制 Printing, Reproduction of Recording Media	1081	583	12651	11759	153	11105

3 - 59 续表 Continued

行业 Industry	R&D人员全时当量(人年) Full-time Equivalent of R&D Personnel (man-year)	#科学家和工程师 Scientists & Engineers	R&D经费(万元) R&D Expenditure (10 000 yuan)	#试验发展 Experimental Development	R&D项目(项) Projects for R&D (item)	R&D项目经费(万元) Expenditure on R&D Items (10 000 yuan)
文教体育用品制造业 Manufacture of Articles for Culture, Education and Sport Activity	144	86	2632	2422	50	2184
石油加工、炼焦及核燃料加工业 Processing of Petroleum, Coking, Processing of Nucleus Fuel	7187	5706	87291	80009	804	78332
化学原料及化学制品制造业 Manufacture of Chemical Raw Material and Chemical Products	21887	15546	537168	505766	2713	509991
医药制造业 Manufacture of Medicines	8813	7198	145225	137700	2033	126729
化学纤维制造业 Manufacture of Chemical Fiber	2137	1581	55516	55159	134	54939
橡胶制品业 Manufacture of Rubber	2468	1289	56988	54827	555	49668
塑料制品业 Manufacture of Plastic	1252	1039	33995	33858	167	33610
非金属矿物制品业 Manufacture of Non-metallic Mineral Products	6608	4732	72511	62798	654	69059
黑色金属冶炼及压延加工业 Manufacture and Processing of Ferrous Metals	30586	26419	1067258	1032475	2998	931987
有色金属冶炼及压延加工业 Manufacture and Processing of Non-ferrous Metals	11870	9333	242782	232788	1410	192249
金属制品业 Manufacture of Metal Products	3933	3148	50707	41580	373	47619
通用设备制造业 Manufacture of General Purpose Machinery	26592	21782	386317	368867	4150	341317
专用设备制造业 Manufacture of Special Purpose Machinery	27414	23501	356495	323295	2238	332732
交通运输设备制造业 Manufacture of Transport Equipment	67442	49939	1444247	1378980	8872	1167814
电气机械及器材制造业 Manufacture of Electrical Machinery and Equipment	12641	10858	214878	210077	1820	185984
通信设备、计算机及其他电子设备制造业 Manufacture of Communication, Ccomputer, Other Electronic Equipment	46760	38691	984450	941969	5823	963701
仪器仪表及文化、办公用机械制造业 Manufacture of Measuring Instrument, Machinery for Cultural and Office Work	6291	5572	63022	54292	928	53634
工艺品及其他制造业 Manufacture of Artwork, Other Manufacture	1487	855	12111	10776	254	10607
电力、热力的生产和供应业 Production and Supply of Electric Power and Heat Power	8977	7804	103828	80704	1630	97667
燃气生产和供应业 Production and Distribution of Gas	147	134	981	981	40	975
水的生产和供应业 Production and Distribution of Water	634	575	4056	3861	69	3988

3-60 各地区大中型工业企业(三资)研究与试验发展(R&D)活动情况(2005年)

R&D Major Indicators of Large and Medium-sized Industrial Enterprises (State-owned Enterprises) by Region (2005)

地区	Region	R&D人员全时当量(人年) Full-time Equivalent of R&D Personnel (man-year)	#科学家和工程师 Scientists & Engineers	R&D经费(万元) R&D Expenditure (10 000 yuan)	#试验发展 Experimental Development	R&D项目(项) Projects for R&D (item)	R&D项目经费(万元) Expenditure on R&D Items (10 000 yuan)
全 国	**Total**	**111470**	**88144**	**3255589**	**3124019**	**10237**	**3035854**
东部地区	Eastern Region	97746	77500	2973193	2856676	8904	2778410
中部地区	Mid Region	9466	7306	190274	183449	893	170987
西部地区	Western Region	4259	3338	92122	83895	440	86458
北 京	Beijing	4889	3685	149315	94008	408	133652
天 津	Tianjin	3714	3345	146487	146102	398	144559
河 北	Hebei	954	873	28723	28723	248	24582
山 西	Shanxi	594	567	3885	3883	47	3885
内蒙古	Neimenggu	816	513	25431	25174	55	25415
辽 宁	Liaoning	2247	2130	52992	28468	172	52644
吉 林	Jilin	63	57	1115	809	11	1106
黑龙江	Heilongjiang	976	880	13352	13351	227	12850
上 海	Shanghai	13148	11678	828181	826551	1877	697238
江 苏	Jiangsu	23722	17826	527976	527756	1481	513464
浙 江	Zhejiang	9735	7041	288350	288200	590	284347
安 徽	Anhui	1474	1144	48638	48530	102	35907
福 建	Fujian	10366	7865	234505	229255	885	233360
江 西	Jiangxi	898	748	35459	35459	136	35340
山 东	Shandong	5492	3666	112343	107412	295	108183
河 南	Henan	2355	1262	27915	22842	125	27070
湖 北	Hubei	2496	2160	53880	53629	176	49331
湖 南	Hunan	609	488	6030	4947	69	5498
广 东	Guangdong	23453	19365	604152	580034	2548	586213
广 西	Guangxi	545	370	25209	22535	42	24948
海 南	Hainan	26	26	168	168	2	168
重 庆	Chongqing	1063	903	14457	14378	103	12015
四 川	Sichuan	634	535	9246	8799	66	8703
贵 州	Guizhou	176	135	770	770	8	512
云 南	Yunnan	88	78	1773	1773	26	1773
西 藏	Tibet						
陕 西	Shaanxi	408	351	7299	3324	83	7233
甘 肃	Gansu	6	2	18	18	1	18
青 海	Qinghai	102	102	2195	1458	14	1042
宁 夏	Ningxia	421	348	5725	5666	42	4799
新 疆	Xinjiang						

3－61 分行业大中型工业企业(三资)研究与试验发展(R&D)活动情况(2005年)

R&D Major Indicators of Large and Medium-sized Industrial Enterprises(State-owned Enterprises) by Industry (2005)

行业 Industry	R&D人员全时当量(人年) Full-time Equivalent of R&D Personnel (man-year)	#科学家和工程师 Scientists & Engineers	R&D经费(万元) R&D Expenditure (10 000 yuan)	#试验发展 Experimental Development	R&D项目(项) Projects for R&D (item)	R&D项目经费(万元) Expenditure on R&D Items (10 000 yuan)
总计 Total	**111470**	**88144**	**3255589**	**3124019**	**10237**	**3035854**
煤炭开采和洗选业 Mining and Washing of Coal						
石油和天然气开采业 Extraction of Petroleum and Natural Ggas						
黑色金属矿采选业 Mining of Ferrous Metal Ores						
有色金属矿采选业 Mining of Non-ferrous Metal Ores	102	102	2195	1458	14	1042
非金属矿采选业 Mining and Processing of Nonmetal Ores	40	23	900	900	9	895
其他采矿业 Mining of Other Ores						
农副食品加工业 Processing of Food From Agricultural Pproducts	444	397	12324	9609	112	11215
食品制造业 Manufacture of Foods	803	672	10584	10458	119	9915
饮料制造业 Manufacture of Beverage	550	483	18014	17704	85	17353
烟草制品业 Manufacture of Tobacco						
纺织业 Manufacture of Textile	5631	2864	63200	62919	249	60539
纺织服装、鞋、帽制造业 Manufacture of Textile Wearing Apparel, Footware and Caps	536	185	4810	4760	36	4661
皮革、毛皮、羽毛(绒)及其制品业 Manufacture of Leather, Fur, Feather and Its Products	1106	541	10291	9988	28	10212
木材加工及木、竹、藤、棕、草制品业 Processing of Timbers, Manufacture of Wood, Bamboo, Rattan, Palm, Straw	353	207	2979	2978	17	2962
家具制造业 Manufacture of Furniture	325	193	13307	13307	114	13306
造纸及纸制品业 Manufacture of Paper and Paper Products	1055	752	16362	15822	86	16160
印刷业和记录媒介的复制 Printing, Reproduction of Recording Media	237	167	4886	4418	33	4761

3－61 续表　Continued

行　业 Industry	R&D 人员全时当量（人年） Full-time Equivalent of R&D Personnel (man-year)	#科学家和工程师 Scientists & Engineers	R&D 经费（万元） R&D Expenditure (10 000 yuan)	#试验发展 Experimental Development	R&D 项目（项） Projects for R&D (item)	R&D 项目经费（万元） Expenditure on R&D Items (10 000 yuan)
文教体育用品制造业 Manufacture of Articles for Culture, Education and Sport Activity	1174	461	12906	12900	132	12514
石油加工、炼焦及核燃料加工业 Processing of Petroleum ,Coking, Processing of Nucleus Fuel	632	540	9628	9628	139	8258
化学原料及化学制品制造业 Manufacture of Chemical Raw Material and Chemical Products	2315	1837	82380	81651	680	74863
医药制造业 Manufacture of Medicines	3046	2679	93109	82353	652	89232
化学纤维制造业 Manufacture of Chemical Fiber	172	120	11903	11770	37	11740
橡胶制品业 Manufacture of Rubber	1647	1371	39068	38952	154	37302
塑料制品业 Manufacture of Plastic	2138	1257	37274	36094	149	35579
非金属矿物制品业 Manufacture of Non-metallic Mineral Products	1491	1020	41401	40236	147	38677
黑色金属冶炼及压延加工业 Manufacture and Processing of Ferrous Metals	1885	1471	58873	57274	139	58599
有色金属冶炼及压延加工业 Manufacture and Processing of Non-ferrous Metals	1163	759	27804	27449	78	27709
金属制品业 Manufacture of Metal Products	2219	1650	51546	51389	277	51054
通用设备制造业 Manufacture of General Purpose Machinery	7045	5309	175505	170094	765	161924
专用设备制造业 Manufacture of Special Purpose Machinery	4448	3875	83489	82493	477	81310
交通运输设备制造业 Manufacture of Transport Equipment	11721	9918	638571	634232	1140	538060
电气机械及器材制造业 Manufacture of Electrical Machinery and Equipment	9356	7654	293022	284780	1471	269506
通信设备、计算机及其他电子设备制造业 Manufacture of Communication, Ccomputer, Other Electronic Equipment	45590	39029	1370755	1288829	2546	1322411
仪器仪表及文化、办公用机械制造业 Manufacture of Measuring Instrument, Machinery for Cultural and Office Work	3628	2178	55484	46569	212	51350
工艺品及其他制造业 Manufacture of Artwork, Other Manufacture	397	245	3924	3917	80	3672
电力、热力的生产和供应业 Production and Supply of Electric Power and Heat Power	178	149	9071	9066	57	9051
燃气生产和供应业 Production and Distribution of Gas						
水的生产和供应业 Production and Distribution of Water	43	36	25	23	3	25

3-62 各地区高技术产业
Major Indicators of High Technology

单位:万元

地 区 Region		企业数(个) Number of Large & Medium-sized Enterprises (unit)	#有科技机构的企业 Having Institutions for S&T	#有科技活动的企业 Having Activities for S&T	工业总产值 Gross Value of Industrial Output	#新产品 New Products
全 国	**Total**	**3226**	**1094**	**1780**	**282520101**	**70348165**
东部地区	Eastern Region	2528	724	1285	255863029	63116727
中部地区	Mid Region	357	184	242	13388796	2716824
西部地区	Western Region	341	186	253	13268275	4514613
北 京	Beijing	122	27	84	17449131	3973320
天 津	Tianjin	108	31	48	17515656	8835714
河 北	Hebei	47	22	27	2149102	265957
山 西	Shanxi	27	13	16	515293	128727
内蒙古	Neimenggu	15	3	4	826460	19353
辽 宁	Liaoning	67	23	38	5140604	1390984
吉 林	Jilin	40	21	26	1244801	145114
黑龙江	Heilongjiang	29	16	23	2585302	1000190
上 海	Shanghai	223	57	109	32041278	12260003
江 苏	Jiangsu	590	139	319	54506502	5438730
浙 江	Zhejiang	236	136	178	10669632	3008169
安 徽	Anhui	50	27	37	1180663	176980
福 建	Fujian	102	36	72	12900439	6309434
江 西	Jiangxi	41	26	31	1774579	415763
山 东	Shandong	189	60	79	12780967	3850258
河 南	Henan	66	31	40	2038701	482526
湖 北	Hubei	65	31	44	2853129	133750
湖 南	Hunan	39	19	25	1196328	233774
广 东	Guangdong	838	190	327	90587379	17784008
广 西	Guangxi	26	15	20	521613	70230
海 南	Hainan	6	3	4	122340	150
重 庆	Chongqing	39	27	34	1564374	519527
四 川	Sichuan	92	40	58	4609790	2263616
贵 州	Guizhou	52	32	41	1167303	248070
云 南	Yunnan	14	9	12	315366	71141
陕 西	Shaanxi	74	43	63	3728048	1172459
甘 肃	Gansu	17	10	13	262717	53012
青 海	Qinghai	4	2	3	34438	1325
宁 夏	Ningxia	6	4	4	168067	54105
新 疆	Xinjiang	2	1	1	70100	41776

注:3-62 至 3-77 表的统计范围为大中型工业企业。

基本情况(2005 年)
Industry by Region (2005)

(10 000 yuan)

产品销售收入 Total Revenue from the Sale of Products	#新产品 New Products	年末从业人员(人) Employees at year-end (person)	#工程技术人员 Technical Engineering Personnel	生产经营用设备原价 Original Value of Equipment	#微电子控制 Equipment Controlled by Micro-electronics
280769867	**69146633**	**4762769**	**468699**	**55511855**	**11655423**
255935776	62212523	3805735	346714	44974620	9775699
12714978	2625291	468538	53478	5920529	837361
12119113	4308819	488496	68507	4616706	1042363
17532019	3777312	126394	16696	3091316	516911
17955455	8959529	125574	10535	2627841	612347
2206740	233586	74527	7170	1434821	530088
435968	74075	29407	2397	251244	18721
761764	17420	13748	1353	93961	6803
4966037	1344617	119788	19394	1384043	206617
1032101	97961	36544	5929	416141	76188
2722630	940483	69185	10877	1000461	354771
33316518	12571834	260778	32616	9758328	1728672
54359145	5294970	792092	71384	9531702	1647189
10989286	2779731	220213	27719	2200405	385933
1045313	348387	36976	3811	338046	102639
12839378	6120112	169598	11821	1683738	489218
1763231	356989	100277	8186	542183	51394
12785455	3971258	213921	24806	1893006	242154
1905633	460775	85297	12009	1120471	184642
2608978	142090	72403	5828	1283033	33725
1201124	204531	38449	4441	968950	15282
88884691	17159425	1700333	124428	11362148	3414397
469863	91789	21122	3105	172791	66795
101052	150	2517	145	7272	2174
1061710	513508	36815	7677	276898	65366
4462841	2235391	142474	17942	1348245	270216
1001021	229843	59844	7000	534090	136046
297143	60538	22446	1141	139422	33044
3547831	1038495	163250	26634	1744666	414360
275757	38676	17037	2601	97110	17043
40022	1300	2470	275	9729	1014
136785	44660	6369	508	80817	27927
64377	37200	2921	271	118977	3750

3－63 分行业高技术产业
Major Indicators of High Technology

单位：万元

行业 Industry	企业数（个） Number of Large & Medium-sized Enterprises (unit)	#有科技机构的企业 Having Institutions for S&T	#有科技活动的企业 Having Activities for S&T
合计 Total	**3226**	**1094**	**1780**
医药制造业 Manufacture of Medical and Pharmaceutical Products	**768**	**431**	**544**
#化学药品制造业 Chemical Pharmaceutical Products	423	250	308
中药材及中成药加工业 Processing of Trditioal Chineses Medicine	233	135	169
生物制品制造业 Biology Products	44	24	37
航空航天器制造业 Manufacture of Aircraft and Spacecraft	**109**	**63**	**86**
1. 飞机制造及修理 Manufacture and Repair of Aircraft	95	60	77
2. 航天器制造 Manufacture of Spacecraft	14	3	9
电子及通信设备制造业 Electronic and Telecommunications Equipment	**1651**	**414**	**783**
1. 通信设备制造 Telecommunication Equipment	256	87	155
#通信传输设备 Telecommunication Transmission Unit	39	18	29
通信交换设备 Telecommunication Exchange Unit	34	14	24
通信终端设备 Telecommunication Terminal Unit	53	22	33
2. 雷达及配套设备制造 Radar and Peripheral Equipments	21	13	18
3. 广播电视设备制造 Broadcast and Television Equipments	39	14	25
4. 电子器件制造 Electronic Apparatus	348	79	170
#电子真空器件制造 Electronic Vaccum Apparatus	46	19	28
半导体分立器件制造 Semiconductor Separated Parts	56	15	31
集成电路制造 Integreted Circuits	118	23	53
5. 电子元件制造 Electronic Components	730	144	300
6. 家用视听设备制造 Household Audiovisual Equipments	209	62	90
7. 其他电子设备制造 Other Electronic Equipments	48	15	25
电子计算机及办公设备制造业 Manufacture of Computers and Office Equipments	**398**	**64**	**170**
1. 电子计算机整机制造 Computers	84	18	46
2. 电子计算机外部设备制造 Peripheral Equipments of Computer	275	38	107
3. 办公设备制造 Office Equipment	39	8	17
医疗设备及仪器仪表制造业 Manufacture of Medical Equipments and Meters	**300**	**122**	**197**
1. 医疗设备及器械制造 Medical Equipments and Instruments	60	20	29
2. 仪器仪表制造 Instruments and Meters	240	102	168

基本情况(2005年)
Industry by Industry (2005)

(10 000 yuan)

工业总产值 Gross Value of Industrial Output	#新产品 New Products	产品销售收入 Total Revenue from the Sale of Products	#新产品 New Products	年末从业人员(人) Employees at year-end (person)	#工程技术人员 Technical Engineering Personnel	生产经营用设备原价 Original Value of Equipment	#微电子控制 Equipment Controlled by Micro-electronics
282520101	**70348165**	**280769867**	**69146633**	**4762769**	**468699**	**55511855**	**11655423**
26547289	5119020	26214106	4693608	744751	87564	8559598	1274979
16838400	3674771	16842846	3327695	429952	55096	5781295	927689
7144813	1125252	7046745	1045794	232185	22526	1672393	238514
1152288	158905	1035586	171308	28441	4034	541324	84911
7764956	**3735597**	**7612633**	**3373540**	**302595**	**51254**	**3670978**	**800496**
7372003	3700713	7229541	3335683	282512	47197	3346959	749661
392953	34884	383092	37857	20083	4057	324019	50835
141246726	**38812363**	**139562861**	**38520369**	**2357356**	**212341**	**34610051**	**8475551**
53194084	16873125	52975744	16431725	433427	63167	4815487	1457913
4892424	564430	4167487	609256	84461	7953	588149	95287
9343982	5339491	10277155	5118187	86014	33562	1573938	1052621
4050033	1040097	4155036	994193	84719	5035	488371	93867
709337	243074	652137	258585	28192	5025	155645	44878
956325	165620	941245	161757	35637	3799	150710	17942
25645560	5207840	25120474	5127979	455771	45623	16521090	4611480
5459406	1257838	5283185	1205662	90076	10953	4452264	955811
1681131	163524	1656461	161634	43337	6403	1257188	778488
10399305	2190918	10121400	2150651	150041	15120	8760677	2302189
31358113	3027015	30666692	3023700	929666	60508	9402690	1847493
27237498	13061339	27108969	13313107	404220	27878	3172272	465076
2145810	234351	2097599	203515	70443	6341	392157	30769
97784268	**20826746**	**98550582**	**20700912**	**845858**	**85140**	**6537316**	**842845**
42005995	12331549	43269941	12278252	215871	18999	1918489	294202
51214047	7827349	50833500	7750678	578259	61747	4301450	507096
4564226	667848	4447141	671983	51728	4394	317377	41547
9176863	**1854438**	**8829685**	**1858204**	**512209**	**32400**	**2133912**	**261552**
1420296	332455	1570859	319050	261640	4711	259700	14158
7756567	1521983	7258826	1539155	250569	27689	1874212	247394

3-64 各地区高技术产业科技活动人员(2005年)
Personnel for S&T in High Technology Industry by Region (2005)

单位:人 (person)

地区	Region	科技活动人员 Personnel for S&T Activities	#科学家和工程师 Scientists & Engineers	参加科技项目人员 Personnel in S&T Projects	科技管理和服务人员 S&T Managers and Attendants
全国	**Total**	**347125**	**240430**	**253607**	**70685**
东部地区	Eastern Region	233185	171619	175545	42618
中部地区	Mid Region	54776	34419	38851	10105
西部地区	Western Region	59164	34392	39211	17962
北京	Beijing	14443	11220	11510	2492
天津	Tianjin	6664	4594	3301	2907
河北	Hebei	6550	4822	5223	1081
山西	Shanxi	1592	1074	1165	395
内蒙古	Neimenggu	273	207	234	32
辽宁	Liaoning	13155	9941	9365	2105
吉林	Jilin	2888	2015	2285	538
黑龙江	Heilongjiang	10702	8626	8052	2307
上海	Shanghai	18518	13323	10484	4143
江苏	Jiangsu	45839	26447	28627	11030
浙江	Zhejiang	22850	17089	17572	4996
安徽	Anhui	3246	1624	2547	671
福建	Fujian	10051	7737	7972	2034
江西	Jiangxi	9177	4416	7058	1822
山东	Shandong	14222	10506	10902	3010
河南	Henan	8035	4882	5613	1791
湖北	Hubei	12366	7216	7604	567
湖南	Hunan	6770	4566	4527	2014
广东	Guangdong	80743	65826	70458	8813
广西	Guangxi	2244	1509	1418	513
海南	Hainan	150	114	131	7
重庆	Chongqing	4730	3562	3410	1300
四川	Sichuan	15940	8888	12474	3285
贵州	Guizhou	6494	3535	4174	1785
云南	Yunnan	485	354	422	63
陕西	Shaanxi	26523	14640	15273	10426
甘肃	Gansu	1745	1121	1284	434
青海	Qinghai	26	19	23	3
宁夏	Ningxia	564	459	449	115
新疆	Xinjiang	140	98	50	6

3-65 分行业高技术产业科技活动人员(2005年)

Personnel for S&T in High Technology Industry by Industry (2005)

单位:人 (person)

行业 Industry	科技活动人员 Personnel for S&T Activities	#科学家和工程师 Scientists & Engineers	参加科技项目人员 Personnel in S&T Projects	科技管理和服务人员 S&T Managers and Attendants
合计 **Total**	**347125**	**240430**	**253607**	**70685**
医药制造业 **Manufacture of Medical and Pharmaceutical Products**	**51832**	**36023**	**37833**	**11225**
#化学药品制造业 Chemical Pharmaceutical Products	33255	22486	24443	6950
中药材及中成药加工业 Processing of Trditioal Chineses Medicine	12947	9516	9504	3039
生物制品制造业 Biology Products	3400	2604	2426	814
航空航天器制造业 **Manufacture of Aircraft and Spacecraft**	**56305**	**32303**	**38038**	**15591**
1.飞机制造及修理 Manufacture and Repair of Aircraft	52205	30239	35628	13969
2.航天器制造 Manufacture of Spacecraft	4100	2064	2410	1622
电子及通信设备制造业 **Electronic and Telecommunications Equipment**	**169125**	**121781**	**126569**	**29226**
1.通信设备制造 Telecommunication Equipment	65856	57564	53692	8482
#通信传输设备 Telecommunication Transmission Unit	7350	5340	4735	2165
通信交换设备 Telecommunication Exchange Unit	37318	35279	34515	1037
通信终端设备 Telecommunication Terminal Unit	6603	4785	4104	1689
2.雷达及配套设备制造 Radar and Peripheral Equipments	4042	2932	2539	1291
3.广播电视设备制造 Broadcast and Television Equipments	3293	2578	2505	746
4.电子器件制造 Electronic Apparatus	32396	19411	22103	6326
#电子真空器件制造 Electronic Vaccum Apparatus	9953	4325	7079	2480
半导体分立器件制造 Semiconductor Separated Parts	4024	2190	2710	1151
集成电路制造 Integreted Circuits	7329	5154	4980	940
5.电子元件制造 Electronic Components	35869	21515	24541	8428
6.家用视听设备制造 Household Audiovisual Equipments	23723	14928	18092	3168
7.其他电子设备制造 Other Electronic Equipments	3946	2853	3097	785
电子计算机及办公设备制造业 Manufacture of Computers and Office Equipments	**45288**	**33269**	**33545**	**8813**
1.电子计算机整机制造 Computers	15890	12702	9995	3986
2.电子计算机外部设备制造 Peripheral Equipments of Computer	25908	18335	20625	4286
3.办公设备制造 Office Equipment	3490	2232	2925	541
医疗设备及仪器仪表制造业 **Manufacture of Medical Equipments and Meters**	**24575**	**17054**	**17622**	**5830**
1.医疗设备及器械制造 Medical Equipments and Instruments	3681	2447	2227	1098
2.仪器仪表制造 Instruments and Meters	20894	14607	15395	4732

3－66 各地区高技术产业科技活动经费筹集(2005年)

Sources of Funds for S&T of High Technology Industry by Region (2005)

单位:万元 (10 000 yuan)

地区	Region	科技活动经费筹集总额 Total Funds Obtaied for S&T Activities	政府资金 Government Grant	企业资金 Enterprise Self-financed	金融机构贷款 Bank Loans	来自国外的资金 Funds from Abroad
全国	**Total**	**6343232**	**338767**	**5483076**	**355478**	**37063**
东部地区	Eastern Region	5296634	150701	4749692	304725	36533
中部地区	Mid Region	500423	65636	388055	31502	302
西部地区	Western Region	546175	122430	345330	19251	228
北京	Beijing	444843	20348	412018	8570	156
天津	Tianjin	286018	1985	273286	9341	
河北	Hebei	54683	2594	49844	1510	11
山西	Shanxi	7299	834	5475	800	
内蒙古	Neimenggu	2818	100	2118	600	
辽宁	Liaoning	150808	19184	96069	3366	
吉林	Jilin	43119	1830	30215	1800	
黑龙江	Heilongjiang	95276	16361	75888	2108	180
上海	Shanghai	602753	6584	582956	7300	2000
江苏	Jiangsu	918037	22803	795121	94897	1505
浙江	Zhejiang	478077	23434	421137	30025	150
安徽	Anhui	68633	9998	58124		
福建	Fujian	271545	6356	238486	26520	71
江西	Jiangxi	71219	9764	48095	13218	56
山东	Shandong	372160	5859	299681	63014	1585
河南	Henan	60042	2106	54301	3600	
湖北	Hubei	109891	12095	92901	803	
湖南	Hunan	44943	12648	23056	9173	66
广东	Guangdong	1716773	41553	1580208	60181	31055
广西	Guangxi	19131	768	15956	480	
海南	Hainan	938		888		
重庆	Chongqing	43407	5239	33291	4685	
四川	Sichuan	210918	41117	158291	869	
贵州	Guizhou	48403	8379	29893	8363	
云南	Yunnan	5709	940	4541		228
陕西	Shaanxi	194922	63508	86032	2004	
甘肃	Gansu	11235	895	7559	1750	
青海	Qinghai	130	10	120		
宁夏	Ningxia	5975	475	5000	500	
新疆	Xinjiang	3528	1000	2528		

3-67 分行业高技术产业科技活动经费筹集(2005年)

Sources of Funds for S&T of High Technology Industry by Industry (2005)

单位:万元 (10 000 yuan)

行业 Industry	科技活动经费筹集总额 Total Funds Obtaied for S&T Activities	政府资金 Government Grant	企业资金 Enterprise Self-financed	金融机构贷款 Bank Loans	来自国外的资金 Funds from Abroad
合计 Total	**6343232**	**338767**	**5483076**	**355478**	**37063**
医药制造业 Manufacture of Medical and Pharmaceutical Products	**841752**	**34039**	**736768**	**50387**	**1594**
#化学药品制造业 Chemical Pharmaceutical Products	564635	17216	506446	34389	11
中药材及中成药加工业 Processing of Trditioal Chineses Medicine	204029	10436	167144	14550	1355
生物制品制造业 Biology Products	41469	4789	35602	700	228
航空航天器制造业 Manufacture of Aircraft and Spacecraft	**499276**	**160251**	**229044**	**20995**	**236**
1. 飞机制造及修理 Manufacture and Repair of Aircraft	451224	149470	193469	19371	236
2. 航天器制造 Manufacture of Spacecraft	48052	10781	35575	1624	
电子及通信设备制造业 Electronic and Telecommunications Equipment	**3783479**	**116417**	**3376503**	**240933**	**31260**
1. 通信设备制造 Telecommunication Equipment	1725663	59136	1585355	45169	30370
#通信传输设备 Telecommunication Transmission Unit	157674	5373	144309	4828	
通信交换设备 Telecommunication Exchange Unit	899255	32047	856031	11176	
通信终端设备 Telecommunication Terminal Unit	144436	14309	125890	2204	2000
2. 雷达及配套设备制造 Radar and Peripheral Equipments	38603	4636	28051	2000	
3. 广播电视设备制造 Broadcast and Television Equipments	37610	1784	27426	8400	
4. 电子器件制造 Electronic Apparatus	620418	26070	527112	63923	59
#电子真空器件制造 Electronic Vaccum Apparatus	95327	4546	78588	10440	16
半导体分立器件制造 Semiconductor Separated Parts	40956	4277	35963	715	
集成电路制造 Integreted Circuits	251087	8997	236553	5020	
5. 电子元件制造 Electronic Components	556934	9465	506023	37978	301
6. 家用视听设备制造 Household Audiovisual Equipments	769432	13098	672033	81514	500
7. 其他电子设备制造 Other Electronic Equipments	34819	2229	30503	1950	30
电子计算机及办公设备制造业 Manufacture of Computers and Office Equipments	**959056**	**11529**	**916372**	**28458**	**2311**
1. 电子计算机整机制造 Computers	469053	6202	445164	17477	156
2. 电子计算机外部设备制造 Peripheral Equipments of Computer	442796	5056	426063	9192	2155
3. 办公设备制造 Office Equipment	47207	272	45145	1790	
医疗设备及仪器仪表制造业 Manufacture of Medical Equipments and Meters	**259669**	**16531**	**224389**	**14705**	**1662**
1. 医疗设备及器械制造 Medical Equipments and Instruments	47240	2700	41890	2650	
2. 仪器仪表制造 Instruments and Meters	212429	13831	182499	12055	1662

3－68 各地区高技术产业科技

Intramural Expenditure on S&T Activities in

单位：万元

地 区 Region		科技活动经费内部支出总额 Intramural Expenditure on S&T Activities	劳务费 Compensation for Laborers
全 国	**Total**	**5755848**	**1676218**
东部地区	Eastern Region	4732792	1437313
中部地区	Mid Region	462314	125678
西部地区	Western Region	560741	113227
北 京	Beijing	441303	129865
天 津	Tianjin	137398	49854
河 北	Hebei	57543	9800
山 西	Shanxi	8778	2758
内蒙古	Neimenggu	1684	482
辽 宁	Liaoning	138410	39625
吉 林	Jilin	33444	6649
黑龙江	Heilongjiang	85827	30820
上 海	Shanghai	634383	139093
江 苏	Jiangsu	686537	169947
浙 江	Zhejiang	424932	153115
安 徽	Anhui	48184	8825
福 建	Fujian	216344	58902
江 西	Jiangxi	66904	12092
山 东	Shandong	395013	61576
河 南	Henan	61213	12738
湖 北	Hubei	112439	36559
湖 南	Hunan	45527	15236
广 东	Guangdong	1599744	625133
广 西	Guangxi	19346	4579
海 南	Hainan	1186	404
重 庆	Chongqing	40401	9096
四 川	Sichuan	202079	29531
贵 州	Guizhou	40504	12403
云 南	Yunnan	5186	1604
陕 西	Shaanxi	228973	52416
甘 肃	Gansu	13417	1675
青 海	Qinghai	63	39
宁 夏	Ningxia	5584	1270
新 疆	Xinjiang	3505	131

经费内部支出(2005 年)

High Technology Industry by Region (2005)

(10 000 yuan)

原材料费 Raw Material Expenditure	固定资产购建费 Expenditure on the Purchase of Fixed Assets	#设备购置 Purchase of Instruments	#开发新产品经费 Spending for New Products
1234271	**1418817**	**1207847**	**4156916**
981118	1081214	936999	3548923
110036	139308	109204	288639
143117	198295	161645	319354
72364	24108	22547	222839
16336	44808	31866	73238
12239	28957	25268	29647
2715	1666	1396	4845
416	340	340	1314
33876	34945	28885	88205
9544	8578	4498	25342
7051	25088	24182	67898
90558	255249	245667	340142
202600	193575	171610	534778
105593	74601	68984	384648
15570	17803	16135	25874
64303	60047	57264	190738
15920	16859	12421	45405
136951	136012	114173	323607
12100	32296	21539	29634
29403	31077	25131	56204
17734	5942	3901	33438
246161	228851	170673	1360287
4155	5809	5475	12147
136	62	62	794
11362	15893	14652	28943
70178	63454	48355	112205
12306	9991	8504	30087
1481	1128	914	4330
31339	95703	80084	117805
5518	4832	2266	6771
16	7	7	58
2977	1139	1049	4288
3369			1407

3-69 分行业高技术产业科技活动

Intramural Expenditure on S&T Activities in

单位:万元

行业 Industry	科技活动经费内部支出总额 Intramural Expenditure on S&T Activities	劳务费 Compensation for Laborers
合计 Total	**5755848**	**1676218**
医药制造业 Manufacture of Medical and Pharmaceutical Products	**768073**	**134957**
#化学药品制造业 Chemical Pharmaceutical Products	503355	90726
中药材及中成药加工业 Processing of Trditioal Chineses Medicine	183002	32127
生物制品制造业 Biology Products	50131	6890
航空航天器制造业 Manufacture of Aircraft and Spacecraft	**490127**	**121696**
1. 飞机制造及修理 Manufacture and Repair of Aircraft	437494	107278
2. 航天器制造 Manufacture of Spacecraft	52633	14418
电子及通信设备制造业 Electronic and Telecommunications Equipment	**3379228**	**1040510**
1. 通信设备制造 Telecommunication Equipment	1427238	635508
#通信传输设备 Telecommunication Transmission Unit	151413	62986
通信交换设备 Telecommunication Exchange Unit	828870	417238
通信终端设备 Telecommunication Terminal Unit	79881	28955
2. 雷达及配套设备制造 Radar and Peripheral Equipments	40101	11661
3. 广播电视设备制造 Broadcast and Television Equipments	35631	11512
4. 电子器件制造 Electronic Apparatus	652923	133312
#电子真空器件制造 Electronic Vaccum Apparatus	88304	18210
半导体分立器件制造 Semiconductor Separated Parts	38534	8810
集成电路制造 Integreted Circuits	338171	44330
5. 电子元件制造 Electronic Components	457300	111950
6. 家用视听设备制造 Household Audiovisual Equipments	733319	124396
7. 其他电子设备制造 Other Electronic Equipments	32717	12173
电子计算机及办公设备制造业 Manufacture of Computers and Office Equipments	**831659**	**292174**
1. 电子计算机整机制造 Computers	426375	130798
2. 电子计算机外部设备制造 Peripheral Equipments of Computer	362506	149397
3. 办公设备制造 Office Equipment	42778	11980
医疗设备及仪器仪表制造业 Manufacture of Medical Equipments and Meters	**286762**	**86880**
1. 医疗设备及器械制造 Medical Equipments and Instruments	44381	15375
2. 仪器仪表制造 Instruments and Meters	242380	71505

经费内部支出(2005 年)

High Technology Industry by Industry (2005)

(10 000 yuan)

原材料费 Raw Material Expenditure	固定资产购建费 Expenditure on the Purchase of Fixed Assets	#设备购置 Purchase of Instruments	#开发新产品经费 Spending for New Products
1234271	**1418817**	**1207847**	**4156916**
174045	285917	215885	447725
118416	180217	145064	300482
34656	71768	49128	97048
10844	21273	10849	28373
95627	**154609**	**128210**	**301632**
82599	141152	119851	270864
13028	13456	8358	30769
735419	**768796**	**680795**	**2611326**
202008	164394	130405	1267879
18155	10729	9616	138801
103764	65083	36747	720223
20315	9384	8036	66003
15486	6931	3465	27487
8329	11911	9277	27438
138949	256886	242789	355849
30744	32179	26298	48067
14265	12036	10880	30538
43195	165581	160800	129635
127621	144117	133851	315540
234053	180982	157517	589840
8973	3574	3489	27294
155855	**121897**	**115615**	**617788**
68373	47088	42216	271034
78366	65523	64571	307709
9116	9286	8828	39045
73325	**87599**	**67343**	**178445**
10487	6355	5340	33142
62838	81244	62004	145303

3-70 各地区高技术产业其他技术活动经费支出(2005 年)
Expenditure on Other Technical Activities in High Technology Industry by Region (2005)

单位:万元 (10 000 yuan)

地 区 Region		技术改造经费 Expenditure on Technical Renovation	技术引进经费 Expenditure on Import of Technology	消化吸收经费 Expenditure on Technology Absorption	购买国内技术经费 Expenditure on Purchase of Domestic Technology
全 国	**Total**	**1590214**	**848184**	**274972**	**95359**
东部地区	Eastern Region	956253	803414	265602	70393
中部地区	Mid Region	323587	19925	6477	12119
西部地区	Western Region	310374	24845	2893	12847
北 京	Beijing	18144	31155	196	3274
天 津	Tianjin	47343	248797	158030	1254
河 北	Hebei	17614	1882	785	1637
山 西	Shanxi	3975		30	181
内蒙古	Neimenggu	210			
辽 宁	Liaoning	51994	5813	43	592
吉 林	Jilin	21988	706	252	323
黑龙江	Heilongjiang	143272	7880	2622	600
上 海	Shanghai	53656	141906	9373	5669
江 苏	Jiangsu	216469	168260	11721	16724
浙 江	Zhejiang	212220	9197	7904	11229
安 徽	Anhui	32871	3374	280	348
福 建	Fujian	33522	27311	3328	9702
江 西	Jiangxi	34012	4442	1309	5129
山 东	Shandong	132152	7565	2581	3812
河 南	Henan	44723	498	820	4653
湖 北	Hubei	15126	1672	280	774
湖 南	Hunan	27620	1354	884	110
广 东	Guangdong	173141	161527	71581	16220
广 西	Guangxi	14845	42	423	602
海 南	Hainan			60	280
重 庆	Chongqing	32133	2490	1025	2488
四 川	Sichuan	63437	4069	899	1705
贵 州	Guizhou	35210	7223	44	6102
云 南	Yunnan	9228	217		297
陕 西	Shaanxi	129342	10804	504	1484
甘 肃	Gansu	18726			100
青 海	Qinghai				
宁 夏	Ningxia	963			56
新 疆	Xinjiang	6281			15

3－71 分行业高技术产业其他技术活动经费支出(2005年)

Expenditure on Other Technical Activities in High Technology Industry by Industry (2005)

单位:万元 (10 000 yuan)

行业 Industry	技术改造经费 Expenditure on Technical Renovation	技术引进经费 Expenditure on Import of Technology	消化吸收经费 Expenditure on Technology Absorption	购买国内技术经费 Expenditure on Purchase of Domestic Technology
合计 Total	**1590214**	**848184**	**274972**	**95359**
医药制造业 Manufacture of Medical and Pharmaceutical Products	**441007**	**35815**	**34971**	**56041**
#化学药品制造业 Chemical Pharmaceutical Products	299639	28159	31449	46206
中药材及中成药加工业 Processing of Trditioal Chineses Medicine	115426	4874	3417	8399
生物制品制造业 Biology Products	14754	151	55	897
航空航天器制造业 Manufacture of Aircraft and Spacecraft	**368919**	**30369**	**1438**	**10751**
1. 飞机制造及修理 Manufacture and Repair of Aircraft	353441	28933	1438	10751
2. 航天器制造 Manufacture of Spacecraft	15478	1436		
电子及通信设备制造业 Electronic and Telecommunications Equipment	**611919**	**665035**	**226463**	**23056**
1. 通信设备制造 Telecommunication Equipment	80990	198733	166912	6046
#通信传输设备 Telecommunication Transmission Unit	27100	2356	473	1014
通信交换设备 Telecommunication Exchange Unit	5607	7116		86
通信终端设备 Telecommunication Terminal Unit	12728	2550	85	199
2. 雷达及配套设备制造 Radar and Peripheral Equipments	17859	14		488
3. 广播电视设备制造 Broadcast and Television Equipments	12355	833	326	4300
4. 电子器件制造 Electronic Apparatus	160201	200662	15915	4064
#电子真空器件制造 Electronic Vaccum Apparatus	42193	79691	176	1163
半导体分立器件制造 Semiconductor Separated Parts	12241	236	43	2159
集成电路制造 Integreted Circuits	76839	56049	4375	70
5. 电子元件制造 Electronic Components	233566	106226	8779	5429
6. 家用视听设备制造 Household Audiovisual Equipments	102632	155500	34519	2287
7. 其他电子设备制造 Other Electronic Equipments	4316	3067	11	442
电子计算机及办公设备制造业 Manufacture of Computers and Office Equipments	**53753**	**114665**	**8795**	**2191**
1. 电子计算机整机制造 Computers	15313	41904	5447	1933
2. 电子计算机外部设备制造 Peripheral Equipments of Computer	35001	52436	1533	152
3. 办公设备制造 Office Equipment	3439	20325	1815	106
医疗设备及仪器仪表制造业 Manufacture of Medical Equipments and Meters	**114617**	**2300**	**3306**	**3320**
1. 医疗设备及器械制造 Medical Equipments and Instruments	12635	30	49	15
2. 仪器仪表制造 Instruments and Meters	101982	2270	3257	3305

3-72 各地区高技术产业科技机构(2005年)

S&T Institutions in High Technology Industry by Region (2005)

地区 Region	企业科技机构数（个）Number of the S&T Institutions (unit)	科技机构人员（人）Personnel in S&T Insitutions (person)	#科学家和工程师 Scientists & Engineers	科技机构经费（万元）Spending for S&T Insitutions (10 000 yuan)
全 国 Total	**1619**	**156789**	**120075**	**2607837**
东部地区 Eastern Region	1059	115270	92839	2158132
中部地区 Mid Region	272	18592	12555	194681
西部地区 Western Region	288	22927	14681	255024
北 京 Beijing	32	1983	1608	34981
天 津 Tianjin	41	2401	1673	51146
河 北 Hebei	27	3058	2422	21291
山 西 Shanxi	23	756	494	3822
内蒙古 Neimenggu	3	124	104	1251
辽 宁 Liaoning	34	4252	3131	21392
吉 林 Jilin	29	2087	1504	23316
黑龙江 Heilongjiang	32	2640	2251	24856
上 海 Shanghai	74	8518	7097	170503
江 苏 Jiangsu	225	14095	9774	245943
浙 江 Zhejiang	193	11397	7891	180522
安 徽 Anhui	33	1417	866	22432
福 建 Fujian	43	4896	4029	115969
江 西 Jiangxi	39	3257	1823	50582
山 东 Shandong	123	8134	6376	242094
河 南 Henan	49	2241	1603	23778
湖 北 Hubei	37	4651	2905	34510
湖 南 Hunan	30	1543	1109	11387
广 东 Guangdong	264	56472	48789	1073765
广 西 Guangxi	17	989	711	10784
海 南 Hainan	3	64	49	526
重 庆 Chongqing	43	2041	1636	14299
四 川 Sichuan	54	8446	4834	134953
贵 州 Guizhou	41	2447	1506	22470
云 南 Yunnan	9	365	245	2697
陕 西 Shaanxi	89	7305	4763	58724
甘 肃 Gansu	23	770	514	5742
青 海 Qinghai	2	26	19	54
宁 夏 Ningxia	6	391	333	3672
新 疆 Xinjiang	1	23	16	380

3－73　分行业高技术产业科技机构(2005 年)

S&T Institutions in High Technology Industry by Industry (2005)

行　业 Industry	企业科技机构数 (个) Number of the S&T Institutions (unit)	科技机构人员 (人) Personnel in S&T Insitutions (person)	#科学家和工程师 Scientists & Engineers	科技机构经费 (万元) Spending for S&T Insitutions (10 000 yuan)
合计 **Total**	**1619**	**156789**	**120075**	**2607837**
医药制造业 **Manufacture of Medical and Pharmaceutical Products**	**581**	**22081**	**16138**	**337652**
#化学药品制造业 Chemical Pharmaceutical Products	339	13181	9227	219877
中药材及中成药加工业 Processing of Trditioal Chineses Medicine	176	6340	4944	90525
生物制品制造业 Biology Products	31	1577	1229	16358
航空航天器制造业 **Manufacture of Aircraft and Spacecraft**	**103**	**14518**	**9256**	**130860**
1. 飞机制造及修理 Manufacture and Repair of Aircraft	98	14414	9193	130334
2. 航天器制造 Manufacture of Spacecraft	5	104	63	527
电子及通信设备制造业 **Electronic and Telecommunications Equipment**	**643**	**87031**	**69772**	**1749116**
1. 通信设备制造 Telecommunication Equipment	141	46175	42048	971936
#通信传输设备 Telecommunication Transmission Unit	37	2565	1643	46521
通信交换设备 Telecommunication Exchange Unit	28	34461	32732	717865
通信终端设备 Telecommunication Terminal Unit	28	3367	2566	50443
2. 雷达及配套设备制造 Radar and Peripheral Equipments	25	1983	1609	16808
3. 广播电视设备制造 Broadcast and Television Equipments	17	1390	1029	15044
4. 电子器件制造 Electronic Apparatus	118	8028	5045	100552
#电子真空器件制造 Electronic Vaccum Apparatus	36	1998	1147	27702
半导体分立器件制造 Semiconductor Separated Parts	19	1600	977	12893
集成电路制造 Integreted Circuits	29	1747	982	24668
5. 电子元件制造 Electronic Components	220	12689	8234	171325
6. 家用视听设备制造 Household Audiovisual Equipments	104	14930	10236	461781
7. 其他电子设备制造 Other Electronic Equipments	18	1836	1571	11668
电子计算机及办公设备制造业 **Manufacture of Computers and Office Equipments**	**101**	**21628**	**17125**	**288173**
1. 电子计算机整机制造 Computers	32	5524	4978	121762
2. 电子计算机外部设备制造 Peripheral Equipments of Computer	61	14911	11165	159259
3. 办公设备制造 Office Equipment	8	1193	982	7153
医疗设备及仪器仪表制造业 **Manufacture of Medical Equipments and Meters**	**191**	**11531**	**7784**	**102036**
1. 医疗设备及器械制造 Medical Equipments and Instruments	25	1789	1154	12949
2. 仪器仪表制造 Instruments and Meters	166	9742	6630	89087

3-74 各地区高技术产业科技项目与专利(2005年)

Projects and Patents for S&T Activities in High Technology Industry by Region (2005)

单位:项 (item)

地 区	Region	科技项目数 Projects for S&T Activities	#新产品开发项目数 Projects for New Product	专利申请 Patent Applications	#发明专利数 Inventive Patent	拥有发明专利数 Owning Inventive Patent
全 国	**Total**	**28513**	**19227**	**16823**	**9635**	**6658**
东部地区	Eastern Region	17154	10746	14508	8694	5711
中部地区	Mid Region	3954	2716	1130	443	443
西部地区	Western Region	7405	5765	1185	498	504
北 京	Beijing	3007	684	777	472	500
天 津	Tianjin	986	667	393	271	113
河 北	Hebei	751	539	118	91	42
山 西	Shanxi	164	141	18	7	8
内蒙古	Neimenggu	26	12	13	13	13
辽 宁	Liaoning	1106	454	445	71	92
吉 林	Jilin	301	247	126	59	30
黑龙江	Heilongjiang	1059	773	114	47	51
上 海	Shanghai	1936	1391	1445	866	264
江 苏	Jiangsu	2582	1787	1000	471	489
浙 江	Zhejiang	1055	959	838	388	333
安 徽	Anhui	331	239	43	23	34
福 建	Fujian	582	508	233	96	434
江 西	Jiangxi	682	502	202	137	42
山 东	Shandong	1247	986	991	356	247
河 南	Henan	456	315	141	25	47
湖 北	Hubei	700	345	409	126	160
湖 南	Hunan	261	154	77	19	71
广 东	Guangdong	3881	2754	8268	5612	3197
广 西	Guangxi	280	203	87	52	29
海 南	Hainan	21	17			
重 庆	Chongqing	478	433	80	29	38
四 川	Sichuan	3874	3322	261	98	91
贵 州	Guizhou	627	490	98	39	84
云 南	Yunnan	65	62	167	65	73
陕 西	Shaanxi	1740	992	395	157	154
甘 肃	Gansu	234	191	48	23	3
青 海	Qinghai	9	9	1	1	1
宁 夏	Ningxia	66	45	20	18	15
新 疆	Xinjiang	6	6	15	3	3

3－75 分行业大中型工业企业科技项目与专利(2005 年)

Projects and Patents for S&T Activities in High Technology Industry by Industry (2005)

单位:项　　　　(item)

行业 Industry	科技项目数 Projects for S&T Activities	#新产品开发项目数 Projects for New Product	专利申请 Patent Applic-ations	#发明专利数 Inventive Patent	拥有发明专利数 Owning Inventive Patent
合计 Total	**28513**	**19227**	**16823**	**9635**	**6658**
医药制造业 Manufacture of Medical and Pharmaceutical Products	6581	4501	2708	1659	1134
#化学药品制造业 Chemical Pharmaceutical Products	4206	2832	1133	583	495
中药材及中成药加工业 Processing of Trditioal Chineses Medicine	1869	1335	1288	920	497
生物制品制造业 Biology Products	357	237	242	135	49
航空航天器制造业 Manufacture of Aircraft and Spacecraft	**5467**	**2170**	**328**	**106**	**192**
1. 飞机制造及修理 Manufacture and Repair of Aircraft	2930	1996	314	101	185
2. 航天器制造 Manufacture of Spacecraft	2537	174	14	5	7
电子及通信设备制造业 Electronic and Telecommunications Equipment	**12623**	**9638**	**11022**	**6796**	**4268**
1. 通信设备制造 Telecommunication Equipment	2509	1683	6602	5298	2959
#通信传输设备 Telecommunication Transmission Unit	674	470	309	52	50
通信交换设备 Telecommunication Exchange Unit	620	455	5409	4763	2610
通信终端设备 Telecommunication Terminal Unit	467	373	177	42	110
2. 雷达及配套设备制造 Radar and Peripheral Equipments	334	234	9		5
3. 广播电视设备制造 Broadcast and Television Equipments	244	156	101	14	13
4. 电子器件制造 Electronic Apparatus	2462	1657	812	524	540
#电子真空器件制造 Electronic Vaccum Apparatus	751	453	110	24	346
半导体分立器件制造 Semiconductor Separated Parts	277	188	10	2	14
集成电路制造 Integreted Circuits	678	562	457	388	115
5. 电子元件制造 Electronic Components	2179	1553	947	219	369
6. 家用视听设备制造 Household Audiovisual Equipments	4522	4074	2434	719	371
7. 其他电子设备制造 Other Electronic Equipments	373	281	117	22	11
电子计算机及办公设备制造业 Manufacture of Computers and Office Equipments	**1311**	**1013**	**1863**	**876**	**473**
1. 电子计算机整机制造 Computers	573	419	1020	498	146
2. 电子计算机外部设备制造 Peripheral Equipments of Computer	616	488	796	372	323
3. 办公设备制造 Office Equipment	122	106	47	6	4
医疗设备及仪器仪表制造业 Manufacture of Medical Equipments and Meters	**2531**	**1905**	**902**	**198**	**591**
1. 医疗设备及器械制造 Medical Equipments and Instruments	327	248	401	99	90
2. 仪器仪表制造 Instruments and Meters	2204	1657	501	99	501

3－76 各地区高技术产业研究与试验发展(R&D)活动情况(2005年)
R&D Major Indicators in High Technology Industry by Region (2005)

地 区	Region	R&D人员全时当量(人年) Full-time Equivalent of R&D Personnel (man-year)	#科学家和工程师 Scientists & Engineers	R&D经费(万元) R&D Expenditure (10 000 yuan)	#试验发展 Experimental Development	R&D项目(项) Projects for R&D (item)	R&D项目经费(万元) Expenditure on R&D Items (10 000 yuan)
全 国	**Total**	**173161**	**141373**	**3624985**	**3392947**	**18574**	**3449741**
东部地区	Eastern Region	117764	102213	3076173	2903413	10832	2963453
中部地区	Mid Region	29176	19437	247434	221049	2629	220839
西部地区	Western Region	26222	19723	301378	268485	5113	265450
北 京	Beijing	8591	6601	207216	135930	2747	179656
天 津	Tianjin	3464	3254	90124	89851	593	86793
河 北	Hebei	3469	2773	34702	33141	545	22286
山 西	Shanxi	302	254	2949	2820	68	2918
内蒙古	Neimenggu	108	104	1174	1174	22	1174
辽 宁	Liaoning	6089	5767	78649	30836	554	75667
吉 林	Jilin	630	525	13897	13219	140	12740
黑龙江	Heilongjiang	5500	3183	55664	55648	879	53356
上 海	Shanghai	7045	6158	341939	341354	1071	316185
江 苏	Jiangsu	18901	15371	381402	378510	1377	368015
浙 江	Zhejiang	11571	9911	328463	319691	660	318666
安 徽	Anhui	1404	826	18711	18576	158	9072
福 建	Fujian	5277	4729	139019	137185	405	138542
江 西	Jiangxi	5441	3071	43024	20040	501	36902
山 东	Shandong	5836	5160	267923	245472	715	263496
河 南	Henan	3826	2485	29571	29304	254	26587
湖 北	Hubei	8461	5730	63366	63273	510	60225
湖 南	Hunan	3611	3364	20253	18171	119	19039
广 东	Guangdong	47488	42456	1206178	1191275	2155	1193589
广 西	Guangxi	870	819	11391	9889	200	11129
海 南	Hainan	33	33	560	168	10	560
重 庆	Chongqing	2094	1836	24712	24674	316	23955
四 川	Sichuan	9401	6777	109765	96819	3113	90376
贵 州	Guizhou	2451	2025	22100	20672	267	21823
云 南	Yunnan	246	215	2846	2239	50	2846
陕 西	Shaanxi	9686	6939	119312	105584	1017	105621
甘 肃	Gansu	848	585	4496	2177	52	3052
青 海	Qinghai	12	12	38	38	8	38
宁 夏	Ningxia	480	385	5165	4840	65	5057
新 疆	Xinjiang	25	25	380	380	3	380

3-77 分行业高技术产业研究与试验发展(R&D)活动情况(2005年)
R&D Major Indicators in High Technology Industry by Industry (2005)

行业 Industry	R&D人员全时当量(人年) Full-time Equivalent of R&D Personnel (man-year)	#科学家和工程师 Scientists & Engineers	R&D经费(万元) R&D Expenditure (10 000 yuan)	#试验发展 Experimental Development	R&D项目(项) Projects for R&D (item)	R&D项目经费(万元) Expenditure on R&D Items (10 000 yuan)
合计 **Total**	**173161**	**141373**	**3624985**	**3392947**	**18574**	**3449741**
医药制造业 Manufacture of Medical and Pharmaceutical Products	19584	16139	399510	374930	3962	369204
#化学药品制造业 Chemical Pharmaceutical Products	12574	10187	273832	259151	2389	251590
中药材及中成药加工业 Processing of Trditioal Chineses Medicine	4976	4269	91512	84261	1253	85849
生物制品制造业 Biology Products	1534	1313	22955	20749	228	20734
航空航天器制造业 **Manufacture of Aircraft and Spacecraft**	**29870**	**19251**	**277969**	**228225**	**4356**	**227270**
1. 飞机制造及修理 Manufacture and Repair of Aircraft	27720	17771	239156	190197	1992	195528
2. 航天器制造 Manufacture of Spacecraft	2150	1481	38813	38027	2364	31741
电子及通信设备制造业 **Electronic and Telecommunications Equipment**	**95091**	**81907**	**2347164**	**2262012**	**8145**	**2279074**
1. 通信设备制造 Telecommunication Equipment	49679	46450	1196585	1179478	1848	1167568
#通信传输设备 Telecommunication Transmission Unit	3430	3018	128969	125442	471	125927
通信交换设备 Telecommunication Exchange Unit	34524	32267	785133	784540	573	767468
通信终端设备 Telecommunication Terminal Unit	3983	3630	54847	43741	342	52288
2. 雷达及配套设备制造 Radar and Peripheral Equipments	1810	1658	24472	24358	154	22585
3. 广播电视设备制造 Broadcast and Television Equipments	1740	1518	18105	17071	81	17125
4. 电子器件制造 Electronic Apparatus	15211	11210	328721	267981	1368	301475
#电子真空器件制造 Electronic Vaccum Apparatus	3839	1969	42632	41190	405	33469
半导体分立器件制造 Semiconductor Separated Parts	1832	1087	23160	21985	126	22899
集成电路制造 Integreted Circuits	3908	3030	145065	120269	506	128848
5. 电子元件制造 Electronic Components	13672	11000	257997	256014	963	254348
6. 家用视听设备制造 Household Audiovisual Equipments	11573	8813	500884	497935	3573	495988
7. 其他电子设备制造 Other Electronic Equipments	1407	1257	20401	19175	158	19984
电子计算机及办公设备制造业 **Manufacture of Computers and Office Equipments**	**17484**	**14987**	**434480**	**380940**	**707**	**427046**
1. 电子计算机整机制造 Computers	7452	6838	211999	162193	317	206890
2. 电子计算机外部设备制造 Peripheral Equipments of Computer	8943	7434	207560	203825	361	205246
3. 办公设备制造 Office Equipment	1089	716	14921	14921	29	14909
医疗设备及仪器仪表制造业 **Manufacture of Medical Equipments and Meters**	**11132**	**9088**	**165862**	**146841**	**1404**	**147149**
1. 医疗设备及器械制造 Medical Equipments and Instruments	1262	1078	34481	33737	191	32133
2. 仪器仪表制造 Instruments and Meters	9870	8010	131381	113104	1213	115015

四、高等学校
Institutions of Higher Education

4-1 高等学校
Major Indicators of Institutions

项目 Item	1995	1996	1997
学校数(个)	**1054**	**1032**	**1020**
Number of Institutions of Higher Education (unit)			
从业人员(万人)	**104**	**104**	**103**
Employees (10 000 person)			
科技活动人员(人)	**324279**	**332008**	**326202**
S&T Personnel (person)			
#科学家与工程师	307985	316354	311622
Scientists and Engineers			
研究与试验发展机构(个)	**3431**	**3398**	**3306**
R&D Institutes (unit)			
研究与试验发展人员全时当量(万人年)	**14.4**	**14.8**	**16.6**
Full-time Equivalent of R&D Personnel (10 000 man-year)			
#科学家和工程师	13.2	13.2	15.7
Scientists and Engineers			
#基础研究	3.9	4.1	4.3
Basic Research			
应用研究	7.8	8.0	9.2
Applied Research			
试验发展	2.7	2.7	3.0
Experimental Development			
科技经费筹集额(亿元)	**49.5**	**56.5**	**73.1**
Sources of Fund for S&T(100 million yuan)			
#政府资金	22.1	25.8	36.5
Government Funds			
企业资金			
Enterprise Funds			
金融机构贷款	1.2	0.8	0.7
Bank Loans			
科技经费内部支出额(亿元)	**44.4**	**51.2**	**63.0**
Intramural Expenditure for S&T(100 million yuan)			
#劳务费	5.5	6.6	8.1
Labor Expenses			
业务费	25.5	29.0	36.2
Operating Expenses			
固定资产购建费	7.8	9.6	12.6
Expenditure on the Purchase of Fixed Assets			
#研究与试验发展经费支出	42.3	47.8	57.7
R&D Expenditure			
基础研究	6.5	7.5	9.7
Basic Research			
应用研究	23.3	26.7	31.6
Applied Research			
试验发展	12.5	13.7	16.4
Experimantal Development			

基本情况
of Higher Education

1998	1999	2000	2001	2002	2003	2004	2005
1022	**1071**	**1041**	**1225**	**1396**	**1552**	**1731**	**1792**
103	107	111	121	130	145	161	174
345159	341910	352231	366410	383004	410995	436807	470910
311417	328991	315110	358844	376136	403785	363793	395054
3241	**3124**	**3735**	**3481**	**3702**	**3145**	**3681**	**3936**
16.9	**17.6**	**15.9**	**17.1**	**18.1**	**18.9**	**21.2**	**22.7**
16.1	16.8	14.7	16.8	17.8	18.6	20.6	22.2
4.6	4.7	5.1	5.1	5.6	5.8	7.4	7.8
9.3	9.8	8.7	9.2	9.5	10.0	10.4	11.1
3.0	3.1	2.1	2.8	3.1	3.1	3.4	3.9
85.0	**102.9**	**166.8**	**200.0**	**247.7**	**307.8**	**391.6**	**460.9**
41.1	49.2	97.5	109.8	137.3	164.8	210.6	251.5
36.8	53.2	55.5	72.5	89.6	112.6	148.6	172.9
	0.5	1.4	1.0	1.3	1.5	1.3	0.3
73.2	**85.1**	**137.1**	**165.9**	**204.2**	**253.9**	**318.2**	**387.5**
7.1	8.9	28.5	29.8	38.2	49.1	58.3	71.5
45.1	49.3	81.2					
13.2	17.0	27.4	51.3	38.3	45.1	81.4	93.9
57.3	63.5	76.7	102.4	130.5	162.3	200.9	242.3
9.5	11.4	17.8	19.0	27.8	32.9	47.9	56.7
31.4	37.7	40.0	56.6	67.1	89.7	108.8	125.0
16.3	14.4	18.9	26.8	35.6	39.7	44.2	60.6

4－2　各地区高等学校研究与试验发展(R&D)机构(2005 年)

R&D Institutions in Institutions of Higher Education by Region (2005)

单位:个　　　　(unit)

地　区　Region		学校数 Number of Institutions of Higher Education	高等院校属研究与试验发展机构 R&D Institutions in Institutions of Higher Education	理工农医 Natural Sciences & Technology	人文社会 Social Sciences & Humanities
全　国	**Total**	**1792**	**3936**	**3078**	**858**
东部地区	Eastern Region	790	2229	1749	480
中部地区	Mid Region	574	885	679	206
西部地区	Western Region	428	822	650	172
北　京	Beijing	77	384	265	119
天　津	Tianjin	42	149	99	50
河　北	Hebei	86	72	54	18
山　西	Shanxi	59	64	50	14
内蒙古	Neimenggu	33	43	33	10
辽　宁	Liaoning	76	291	235	56
吉　林	Jilin	44	149	106	43
黑龙江	Heilongjiang	62	91	84	7
上　海	Shanghai	58	221	169	52
江　苏	Jiangsu	114	352	311	41
浙　江	Zhejiang	68	173	145	28
安　徽	Anhui	81	95	75	20
福　建	Fujian	53	95	77	18
江　西	Jiangxi	67	79	65	14
山　东	Shandong	99	265	224	41
河　南	Henan	83	84	61	23
湖　北	Hubei	85	225	182	43
湖　南	Hunan	93	98	56	42
广　东	Guangdong	102	210	156	54
广　西	Guangxi	51	71	58	13
海　南	Hainan	15	17	14	3
重　庆	Chongqing	35	158	127	31
四　川	Sichuan	68	212	170	42
贵　州	Guizhou	34	27	23	4
云　南	Yunnan	44	57	33	24
西　藏	Tibet	4	1	1	
陕　西	Shaanxi	72	144	129	15
甘　肃	Gansu	33	54	43	11
青　海	Qinghai	11	23	14	9
宁　夏	Ningxia	13	13	8	5
新　疆	Xinjiang	30	19	11	8

4－3　各地区高等学校科技活动人员(2005年)

S&T Personnel in Institutions of Higher Education by Region (2005)

单位:人　　　　(person)

地　区　Region	科技活动人员 S&T Personnel Total	#科学家和工程师 Scientists & Engineers	理工农医 Natural Sciences and Technologies Sub-total	#科学家和工程师 Scientists & Engineers	人文社会 Social Sciences and Humanities Sub-total	#科学家和工程师 Scientists & Engineers
全　国　Total	**470910**	**395054**	**335787**	**260489**	**135123**	**134565**
东部地区　Eastern Region	250081	209574	179746	139514	70335	70060
中部地区　Mid Region	126030	106447	87661	68277	38369	38170
西部地区　Western Region	94809	79042	68390	52707	26419	26335
北　京　Beijing	46171	39089	33214	26165	12957	12924
天　津　Tianjin	12433	10509	8442	6534	3991	3975
河　北　Hebei	12698	10958	8111	6387	4587	4571
山　西　Shanxi	10807	9199	7819	6221	2988	2978
内蒙古　Neimenggu	3544	3023	2382	1862	1162	1161
辽　宁　Liaoning	26480	22138	20298	16004	6182	6134
吉　林　Jilin	17365	14624	12606	9898	4759	4726
黑龙江　Heilongjiang	18701	15475	15067	11853	3634	3622
上　海　Shanghai	30213	24753	23793	18369	6420	6384
江　苏　Jiangsu	35277	29071	27139	20942	8138	8129
浙　江　Zhejiang	25076	21684	14459	11121	10617	10563
安　徽　Anhui	11680	9870	8370	6562	3310	3308
福　建　Fujian	8564	7218	5820	4482	2744	2736
江　西　Jiangxi	10236	8810	6832	5407	3404	3403
山　东　Shandong	26351	22133	19724	15544	6627	6589
河　南　Henan	10608	9452	5456	4317	5152	5135
湖　北　Hubei	29604	24455	21609	16555	7995	7900
湖　南　Hunan	17321	14854	9902	7464	7419	7390
广　东　Guangdong	26150	21438	18370	13675	7780	7763
广　西　Guangxi	14017	11559	10506	8066	3511	3493
海　南　Hainan	668	583	376	291	292	292
重　庆　Chongqing	10936	9136	6929	5130	4007	4006
四　川　Sichuan	23462	19257	17759	13572	5703	5685
贵　州　Guizhou	3197	2742	2063	1634	1134	1108
云　南　Yunnan	9061	7830	5871	4642	3190	3188
西　藏　Tibet	304	297	35	28	269	269
陕　西　Shaanxi	18863	15293	15593	12031	3270	3262
甘　肃　Gansu	5023	4370	3106	2457	1917	1913
青　海　Qinghai	1357	1147	898	688	459	459
宁　夏　Ningxia	1134	964	821	653	313	311
新　疆　Xinjiang	3619	3132	2427	1944	1192	1188

4－4 各地区高等学校研究与

Full-time Equivalent(FTE) of R&D Personnel

单位:人年

地 区	Region	研究与试验发展人员全时当量 FTE of R&D Personnel Total	#科学家和工程师 Scientists & Engineers
全 国	**Total**	**227163**	**221908**
东部地区	Eastern Region	120752	117976
中部地区	Mid Region	59947	58812
西部地区	Western Region	46477	45135
北 京	Beijing	24531	24222
天 津	Tianjin	6592	6455
河 北	Hebei	5541	5477
山 西	Shanxi	5407	5376
内蒙古	Neimenggu	1683	1653
辽 宁	Liaoning	12696	12517
吉 林	Jilin	8784	8643
黑龙江	Heilongjiang	9913	9796
上 海	Shanghai	14781	14385
江 苏	Jiangsu	16535	16039
浙 江	Zhejiang	10643	10350
安 徽	Anhui	5511	5463
福 建	Fujian	3938	3812
江 西	Jiangxi	4541	4498
山 东	Shandong	13191	13021
河 南	Henan	4200	4164
湖 北	Hubei	13868	13431
湖 南	Hunan	7777	7495
广 东	Guangdong	12041	11442
广 西	Guangxi	7248	7011
海 南	Hainan	262	257
重 庆	Chongqing	5216	4961
四 川	Sichuan	12220	11751
贵 州	Guizhou	1432	1416
云 南	Yunnan	4929	4888
西 藏	Tibet	181	181
陕 西	Shaanxi	8258	8000
甘 肃	Gansu	2352	2333
青 海	Qinghai	605	592
宁 夏	Ningxia	583	579
新 疆	Xinjiang	1719	1718

试验发展(R&D)人员全时当量(2005 年)

in Institutions of Higher Education by Region (2005)

(man-year)

理工农医 Natural Sciences and Technologies Sub-total	#科学家和工程师 Scientists & Engineers	人文社会 Social Sciences and Humanities Sub-total	#科学家和工程师 Scientists & Engineers
173283	**168194**	**53880**	**53714**
92030	89337	28722	28639
45206	44132	14741	14680
36060	34740	10417	10395
17984	17691	6547	6531
4688	4554	1904	1901
4212	4150	1329	1327
4023	3999	1384	1377
1301	1271	382	382
10267	10103	2429	2414
6516	6396	2268	2247
8190	8079	1723	1717
11751	11367	3030	3018
13074	12582	3461	3457
7354	7074	3289	3276
4400	4353	1111	1110
2988	2864	950	948
3671	3629	870	869
10341	10181	2850	2840
2887	2855	1313	1309
10378	9954	3490	3477
5141	4867	2636	2628
9162	8567	2879	2875
5705	5472	1543	1539
209	204	53	53
3452	3198	1764	1763
10087	9625	2133	2125
1126	1115	306	301
3138	3097	1791	1791
21	21	160	160
7199	6943	1059	1057
1731	1713	621	620
427	414	178	178
486	484	97	95
1387	1387	332	331

4－5 各地区高等学校科

Sources of Funds for S&T in Institutions

单位:万元

地 区 Region		科技活动经费筹集总额 Total Funds obtained for S&T	#政府资金 Government Grant	#企业资金 Enterprise Fund	理工农医 Natural Sciences and Technologies Sub-total
全 国	**Total**	**4609244**	**2515475**	**1728859**	**4299782**
东部地区	Eastern Region	2879964	1581953	1080490	2676553
中部地区	Mid Region	996552	570165	344432	938659
西部地区	Western Region	732736	363377	303942	684578
北 京	Beijing	807147	462760	291558	739447
天 津	Tianjin	143617	89646	46763	134535
河 北	Hebei	75236	37975	33594	70829
山 西	Shanxi	48351	29819	12645	41500
内蒙古	Neimenggu	17981	10046	6454	16191
辽 宁	Liaoning	213985	80162	117556	204088
吉 林	Jilin	86550	43551	37477	79789
黑龙江	Heilongjiang	207435	131270	62687	203783
上 海	Shanghai	492432	257040	193883	465282
江 苏	Jiangsu	443455	235299	185001	424658
浙 江	Zhejiang	271012	136056	104687	248232
安 徽	Anhui	147387	95914	41553	140888
福 建	Fujian	53235	40030	7817	46376
江 西	Jiangxi	55768	29794	21582	50542
山 东	Shandong	143153	84303	43173	130277
河 南	Henan	58133	36659	10399	53921
湖 北	Hubei	254727	139362	101801	240585
湖 南	Hunan	138201	63797	56288	127651
广 东	Guangdong	231249	153990	56405	208010
广 西	Guangxi	30869	17822	9817	26824
海 南	Hainan	5445	4691	52	4819
重 庆	Chongqing	84145	38920	34964	74812
四 川	Sichuan	193885	75575	91777	180878
贵 州	Guizhou	11317	6886	1826	10142
云 南	Yunnan	26286	16964	7213	21766
西 藏	Tibet	2192	1828		1884
陕 西	Shaanxi	304078	155826	134141	296348
甘 肃	Gansu	46910	27129	17105	43300
青 海	Qinghai	3084	2839	45	2513
宁 夏	Ningxia	2097	1764	156	1776
新 疆	Xinjiang	9893	7778	442	8144

技活动经费筹集(2005 年)

of Higher Education by Region (2005)

(10 000 yuan)

#政府资金 Government Grant	#企业资金 Enterprise Fund	人文社会 Social Sciences and Humanities Sub-total	#政府资金 Government Grant	#企业资金 Enterprise Fund
2322739	**1665484**	**309462**	**192736**	**63375**
1459536	1033074	203411	122417	47416
529754	336369	57893	40411	8063
333469	296046	48158	29908	7896
424590	275338	67700	38170	16220
83590	44610	9082	6056	2153
34781	32887	4407	3194	707
24896	12077	6851	4923	568
8604	6297	1790	1442	157
72551	116746	9897	7611	810
38316	36700	6761	5235	777
128253	62383	3652	3017	304
242550	186533	27150	14490	7350
221782	181625	18797	13517	3376
124727	95624	22780	11329	9063
90601	41289	6499	5313	264
35685	6412	6859	4345	1405
26113	20558	5226	3681	1024
74487	41809	12876	9816	1364
33224	10261	4212	3435	138
131803	97789	14142	7559	4012
56548	55312	10550	7249	976
140644	51447	23239	13346	4958
14652	9536	4045	3170	281
4149	43	626	542	9
34344	32110	9333	4576	2854
68567	90195	13007	7008	1582
5920	1744	1175	966	82
13808	6583	4520	3156	630
1529		308	299	
150663	132580	7730	5163	1561
25156	16449	3610	1973	656
2373	15	571	466	30
1480	143	321	284	13
6373	394	1749	1405	48

4－6 各地区高等学校科技

Intramural Expenditure on S&T in Institutions

单位:万元

地 区 Region		科技活动经费内部支出 Intramural Expenses on S&T Total	#劳务费 Compensation for Labourers	#固定资产购建费 Expenditure on the Purchase of Fixed Assets	理工农医 Natural Sciences and Technologies Sub-total
全 国	**Total**	**3874641**	**714848**	**938530**	**3604627**
东部地区	Eastern Region	2347730	445687	582770	2173849
中部地区	Mid Region	872692	133939	216289	818209
西部地区	Western Region	654232	135244	139478	612582
北 京	Beijing	596481	101790	166355	541947
天 津	Tianjin	128667	23030	37070	119606
河 北	Hebei	68978	8717	24762	64754
山 西	Shanxi	43650	13793	14929	37384
内蒙古	Neimenggu	15700	2069	3713	14310
辽 宁	Liaoning	190901	38713	27205	181528
吉 林	Jilin	62646	12590	8655	56874
黑龙江	Heilongjiang	202256	27019	43939	198688
上 海	Shanghai	396073	88561	63417	374892
江 苏	Jiangsu	396082	67046	106514	378396
浙 江	Zhejiang	203204	40327	49180	184878
安 徽	Anhui	130572	18746	39134	124157
福 建	Fujian	37099	7352	10865	31644
江 西	Jiangxi	49042	9437	19025	43766
山 东	Shandong	120265	22822	32431	108040
河 南	Henan	51513	5774	20578	47475
湖 北	Hubei	206252	28060	50341	193379
湖 南	Hunan	126762	18519	19687	116486
广 东	Guangdong	204936	46591	63866	183643
广 西	Guangxi	27384	8485	7055	23991
海 南	Hainan	5044	738	1105	4521
重 庆	Chongqing	70007	15194	13951	61979
四 川	Sichuan	182417	47130	49854	170566
贵 州	Guizhou	9426	1958	3480	8285
云 南	Yunnan	22911	8750	2922	18830
西 藏	Tibet	2156	216	1800	1884
陕 西	Shaanxi	267548	40055	34270	261000
甘 肃	Gansu	43454	5753	19293	40695
青 海	Qinghai	2686	1646	256	2172
宁 夏	Ningxia	1910	924	417	1607
新 疆	Xinjiang	8632	3065	2469	7263

活动经费内部支出(2005 年)
of Higher Education by Region (2005)

(10 000 yuan)

#劳务费 Compensation for Labourers	#固定资产购建费 Expenditure on the Purchase of Fixed Assets	人文社会 Social Sciences and Humanities Sub-total	#劳务费 Compensation for Labourers	#固定资产购建费 Expenditure on the Purchase of Fixed Assets
625719	**884097**	**270014**	**89129**	**54433**
389396	550877	173881	56291	31893
116270	200870	54483	17669	15419
120075	132357	41650	15169	7121
87064	156657	54534	14726	9698
19734	36174	9061	3296	896
7269	24170	4224	1448	592
11564	12643	6266	2229	2286
1654	3573	1390	415	140
33789	25336	9373	4924	1869
9461	7584	5772	3129	1071
25792	43102	3568	1227	837
81738	60018	21181	6823	3399
61778	102225	17686	5268	4289
33509	45562	18326	6818	3618
16455	37490	6415	2291	1644
5733	10147	5455	1619	718
8339	17365	5276	1098	1660
17578	29755	12225	5244	2676
4221	19042	4038	1553	1536
25850	46296	12873	2210	4045
14588	17348	10276	3931	2339
40588	59806	21293	6003	4060
6750	6393	3393	1735	662
616	1027	523	122	78
13520	12407	8028	1674	1544
42552	47497	11851	4578	2357
1584	3275	1141	374	205
6645	2606	4081	2105	316
4	1800	272	212	
38349	33077	6548	1706	1193
4833	18810	2759	920	483
1337	216	514	309	40
717	378	303	207	39
2130	2325	1369	935	144

4-7 各地区高等学校研究与

Intramural Expenditure for R&D in

单位:万元

地 区 Region		研究与试验发展经费支出 Intramural Expenditure for R&D Total	基础研究 Basic Research	应用研究 Applied Research	试验发展 Experimental Development	理工农医 Natural Sciences and Technologies Sub-total
全 国	**Total**	**2423040**	**567256**	**1249959**	**605825**	**2153026**
东部地区	Eastern Region	1458137	341183	741907	375048	1284256
中部地区	Mid Region	552767	144825	300321	107621	498284
西部地区	Western Region	412136	81249	207731	123156	370486
北 京	Beijing	365740	89106	178354	98280	311206
天 津	Tianjin	109432	26196	49566	33670	100371
河 北	Hebei	37774	8978	25749	3047	33550
山 西	Shanxi	31446	11419	16684	3343	25180
内蒙古	Neimenggu	8192	1836	3520	2836	6802
辽 宁	Liaoning	122408	14566	70658	37184	113036
吉 林	Jilin	48007	12417	30061	5528	42235
黑龙江	Heilongjiang	132048	29981	91047	11021	128481
上 海	Shanghai	237223	47106	125866	64250	216041
江 苏	Jiangsu	230464	59012	119521	51930	212778
浙 江	Zhejiang	138966	27110	66861	44996	120640
安 徽	Anhui	76805	31448	32866	12490	70390
福 建	Fujian	23115	5979	11268	5869	17660
江 西	Jiangxi	32015	5416	11935	14664	26739
山 东	Shandong	68694	20239	37766	10689	56469
河 南	Henan	25164	8484	11402	5278	21126
湖 北	Hubei	106419	23799	50188	32432	93546
湖 南	Hunan	100864	21861	56138	22866	90588
广 东	Guangdong	121498	41301	55136	25062	100205
广 西	Guangxi	22250	5319	13947	2984	18857
海 南	Hainan	2823	1591	1161	71	2301
重 庆	Chongqing	54917	9729	33030	12158	46889
四 川	Sichuan	145941	28309	63791	53841	134090
贵 州	Guizhou	6540	1922	3120	1497	5399
云 南	Yunnan	18668	4930	8139	5599	14587
西 藏	Tibet	377	287	90		105
陕 西	Shaanxi	121475	20892	58996	41587	114927
甘 肃	Gansu	26614	4937	20142	1536	23855
青 海	Qinghai	1692	610	856	226	1178
宁 夏	Ningxia	1039	434	356	250	736
新 疆	Xinjiang	4430	2045	1744	641	3061

试验发展(R&D)经费支出(2005 年)

Institutions of Higher Education by Region (2005)

(10 000 yuan)

基础研究 Basic Research	应用研究 Applied Research	试验发展 Experimental Development	人文社会 Social Sciences and Humanities Sub-total	基础研究 Basic Research	应用研究 Applied Research	试验发展 Experimental Development
487234	**1181914**	**483878**	**270014**	**80022**	**68045**	**121948**
294786	699100	290370	173881	46397	42807	84678
124454	286415	87415	54483	20370	13906	20206
67994	196399	106092	41650	13255	11332	17064
75139	164782	71284	54534	13967	13571	26996
23363	47478	29530	9061	2832	2088	4141
7220	24245	2085	4224	1758	1504	962
8768	15052	1360	6266	2650	1632	1983
1173	3430	2199	1390	663	90	638
11894	68109	33033	9373	2672	2549	4151
9795	28896	3544	5772	2623	1165	1985
27871	90102	10508	3568	2110	945	513
41997	118839	55205	21181	5109	7027	9045
54244	116030	42504	17686	4768	3491	9427
24308	62120	34212	18326	2802	4741	10783
28635	32096	9659	6415	2813	770	2831
4007	10088	3566	5455	1972	1180	2303
3216	10787	12737	5276	2200	1148	1927
15508	35763	5198	12225	4731	2003	5491
6494	10390	4242	4038	1990	1012	1036
20543	46405	26598	12873	3256	3783	5834
19133	52687	18768	10276	2728	3451	4098
35906	50555	13744	21293	5394	4581	11318
4441	13214	1202	3393	878	732	1782
1200	1092	9	523	391	70	62
8050	30959	7880	8028	1679	2072	4278
24931	59742	49417	11851	3378	4049	4424
1603	2690	1107	1141	319	431	391
3797	7083	3707	4081	1133	1056	1892
15	90		272	272		
17960	57881	39087	6548	2932	1116	2500
4192	18850	813	2759	745	1292	723
269	745	164	514	340	111	63
273	305	158	303	161	50	92
1291	1410	360	1369	754	334	281

4-8 各地区高等学校研究与

R&D Topics Taken by Institutions

地区 Region	合计 Total		
	课题数(个) Number of Topics (item)	投入人员(人年) Input of Personnel (man-year)	经费支出(万元) Expenditure (10 000 yuan)
全国 Total	**280327**	**224789**	**1934537**
东部地区 Eastern Region	160630	119684	1171207
中部地区 Mid Region	64740	59165	432010
西部地区 Western Region	54957	45940	331320
北京 Beijing	31394	24435	345199
天津 Tianjin	8258	6563	74467
河北 Hebei	7329	5428	21970
山西 Shanxi	3872	5208	16602
内蒙古 Neimenggu	2444	1682	6271
辽宁 Liaoning	10488	12375	98932
吉林 Jilin	6762	8757	40722
黑龙江 Heilongjiang	8927	9907	110275
上海 Shanghai	22070	14583	218885
江苏 Jiangsu	19413	16498	178393
浙江 Zhejiang	24250	10543	106251
安徽 Anhui	6710	5468	45064
福建 Fujian	7564	3930	17270
江西 Jiangxi	6600	4518	21410
山东 Shandong	11378	13082	45167
河南 Henan	5905	4188	18601
湖北 Hubei	15517	13464	101552
湖南 Hunan	10447	7654	77784
广东 Guangdong	17617	11987	63013
广西 Guangxi	5846	7198	14263
海南 Hainan	869	262	1659
重庆 Chongqing	6875	5168	41024
四川 Sichuan	14977	12162	124348
贵州 Guizhou	1824	1432	3379
云南 Yunnan	4234	4716	13445
西藏 Tibet	53	157	126
陕西 Shaanxi	12516	8257	107613
甘肃 Gansu	3581	2346	15914
青海 Qinghai	258	531	850
宁夏 Ningxia	950	573	799
新疆 Xinjiang	1399	1718	3288

试验发展（R&D）课题（2005 年）

of Higher Education by Region （2005）

理工农医 Natural Sciences & Technology			人文社会 Social Sciences & Humanities		
课题数（个）Number of Topics （item）	投入人员（人年）Input of Personnel （man-year）	经费支出（万元）Expenditure （10 000 yuan）	课题数（个）Number of Topics （item）	投入人员（人年）Input of Personnel （man-year）	经费支出（万元）Expenditure （10 000 yuan）
182333	**173283**	**1813180**	**97994**	**51506**	**121357**
103496	92026	1084818	57134	27658	86389
41965	45200	413060	22775	13965	18950
36872	36057	315302	18085	9883	16018
20845	17983	312408	10549	6452	32791
4932	4688	69447	3326	1875	5019
4680	4212	20217	2649	1216	1754
2859	4023	15180	1013	1185	1422
1544	1301	5945	900	381	327
7795	10265	96075	2693	2110	2857
4062	6516	38999	2700	2241	1723
7051	8191	108988	1876	1716	1287
13885	11751	208738	8185	2832	10148
13503	13074	169714	5910	3424	8679
13966	7353	96131	10284	3190	10120
4950	4398	43954	1760	1070	1110
4760	2988	15138	2804	942	2132
3286	3671	19695	3314	847	1715
6982	10341	41831	4396	2740	3337
3359	2885	17687	2546	1303	914
10365	10376	94482	5152	3088	7070
6033	5140	74075	4414	2514	3709
11637	9162	53550	5980	2825	9463
4085	5705	13389	1761	1493	874
511	209	1569	358	53	90
4131	3451	37289	2744	1717	3735
10395	10087	120328	4582	2075	4020
1207	1126	2806	617	306	573
2220	3137	11873	2014	1579	1573
2	21	105	51	136	21
9483	7198	104575	3033	1059	3039
2274	1731	14619	1307	615	1295
149	427	685	109	104	165
638	486	703	312	87	96
744	1387	2988	655	331	300

4-9 高等学校研究与试验发展(R&D)课题学科分组情况(2005年)

R&D Topics Taken by Institutions of Higher Education by Discipline (2005)

学 科 Discipline	R&D课题数(项) Projects of R&D (item)	R&D课题参加人员全时当量(人年) Participants (man-year)	#科学家和工程师 Scientists & Engineers	R&D项目(课题)经费内部支出(万元) Expenditure (10 000 yuan)
全 国 Total	**280327**	**224788**	**219487**	**1934537**
数学 Mathematics	4783	3902	3824	12664
信息科学与系统科学 Information & System Science	2607	2079	2039	33749
力学 Mechanics	1457	1051	1031	10836
物理学 Physics	5692	4802	4667	44992
化学 Chemistry	8435	7604	7463	70793
天文学 Astronomy	99	96	96	681
地球科学 Earth Science	5737	4767	4636	54849
生物学 Biology	9544	9238	8905	75153
农学 Agriculture	7856	7055	6717	54086
林学 Forestry	2103	2046	1996	12095
畜牧、兽医科学 Livestock, Veterinary Medicine	2618	2897	2752	21160
水产学 Aquatic	1015	643	600	5635
基础医学 Basic Medicine	7685	9044	8747	32476
临床医学 Clinic Medicine	20791	29110	28403	74189
预防医学与卫生学 Protective Medicine	1489	1489	1471	7077
军事医学与特种医学 Military Medicine & Special Medicine	22	20	20	44
药学 Pharmacy	2643	2432	2375	21772
中医学与中药学 Traditional Chinese Medicine	7089	7314	7135	16846
工程与技术科学基础学科 Engineering & Basic Technology Science	1824	1827	1699	39406
测绘科学技术 Surveying & Mapping	551	457	446	5241
材料科学 Material Science	9562	9207	8893	133815
矿山工程技术 Mining	4231	3071	3015	51733
冶金工程技术 Metallurgy	1110	933	915	20495
机械工程 Mechanical Engineering	9852	8975	8681	130254
动力与电气工程 Power & Electrical Engineering	5375	4390	4217	75697
能源科学技术 Energy Technology	1221	959	929	21312
核科学技术 Nuclear Technology	209	181	179	12499
电子、通信与自动控制技术 Electronics, Communication & Automation	12953	11422	11110	193638

4－9 续表　Continued

学　科　Discipline	R&D 课题数（项）Projects of R&D（item）	R&D 课题参加人员全时当量（人年）Participants（man-year）	#科学家和工程师 Scientists & Engineers	R&D 项目（课题）经费内部支出（万元）Expenditure（10 000 yuan）
计算机科学技术 Computer Technology	9816	8432	8218	139165
化学工程 Chemical Engineering	5640	5107	4992	81458
纺织科学技术 Textile Technology	858	956	931	7799
食品科学技术 Food Technology	1716	1718	1671	10453
土木建筑工程 Civil Construction	7514	5557	5368	94768
水利工程 Water Conservancy	1842	1543	1468	33176
交通运输工程 Transportaiton Engineering	3729	2924	2838	66576
航空、航天科学技术 Aviation and Aerospace	2105	1594	1553	69215
环境科学技术 Environment	4579	3563	3479	43484
安全科学技术 Security	267	327	326	6141
管理学 Management	21714	12009	11881	56474
马克思主义 Marxism	2509	1591	1584	1510
哲学 Phylosophy	2508	1338	1332	1896
宗教学 Religion	307	171	170	444
语言学 Linguistics	6577	4096	4079	3726
文学 Literature	6420	3365	3351	4380
艺术学 Arts	5165	2856	2843	10497
历史学 Histry	3931	2088	2078	4361
考古学 Archaeology	369	164	163	1159
经济学 Economics	19383	10132	10066	28664
政治学 Politics	2939	1538	1531	3133
法学 Law	6940	3241	3227	6894
军事 Strategics	38	108	100	1968
社会学 Sociology	4667	2193	2179	6107
民族学 Ethnography	667	476	474	615
新闻学与传播学 Journalism	1804	727	724	1461
图书馆、情报与文献学 Library and Information Literature	2059	1354	1347	2221
教育学 Education	11184	5893	5852	10182
体育科学 Physical Science	3752	2348	2337	2516
统计学 Statistics	775	370	368	909

4-10 分地区高等学校科技服务课题(2005年)

S&T Service Topics Taken by Institutions of Higher Education by Region (2005)

地 区 Region		课题数(个) Number of Topics (item)	投入人员(人) Input of Personnel (person)	经费支出(万元) Expenditure (10 000 yuan)
全 国	**Total**	**38426**	**28191**	**612772**
东部地区	Eastern Region	24456	15823	403799
中部地区	Mid Region	7525	7394	121147
西部地区	Western Region	6445	4974	87827
北 京	Beijing	2757	1945	91585
天 津	Tianjin	570	378	7532
河 北	Hebei	708	655	21314
山 西	Shanxi	417	667	4258
内蒙古	Neimenggu	148	128	3691
辽 宁	Liaoning	1813	1913	30879
吉 林	Jilin	665	1047	9113
黑龙江	Heilongjiang	736	849	25814
上 海	Shanghai	3622	2525	100557
江 苏	Jiangsu	5359	3209	63068
浙 江	Zhejiang	4823	1323	37216
安 徽	Anhui	595	624	20320
福 建	Fujian	720	504	5212
江 西	Jiangxi	442	429	4052
山 东	Shandong	1289	1494	16092
河 南	Henan	525	389	6494
湖 北	Hubei	3064	2589	37902
湖 南	Hunan	1081	800	13193
广 东	Guangdong	2775	1860	30176
广 西	Guangxi	644	598	3425
海 南	Hainan	20	17	169
重 庆	Chongqing	1021	706	10631
四 川	Sichuan	789	568	8130
贵 州	Guizhou	222	112	650
云 南	Yunnan	224	385	1567
西 藏	Tibet			
陕 西	Shaanxi	3087	2157	51702
甘 肃	Gansu	215	132	7356
青 海	Qinghai	43	111	437
宁 夏	Ningxia	20	7	64
新 疆	Xinjiang	32	70	173

五、国家科技发展计划

National Program for Science and Technology Development

5-1 国家主要科技计划中央财政拨款

Appropriation for S&T by Central Government in the Main Programmes of S&T

单位:万元 (10 000 yuan)

项目 Item	1998	1999	2000	2001	2002	2003	2004	2005
国家科技攻关计划	**103700**	**116600**	**103209**	**106340**	**106340**	**124640**	**146440**	**146690**
Key Technologies R&D Program								
基础研究计划								
Basic Research Program								
国家自然科学基金	88862	108358	128431	159835	196839	204943	224995	270128
National Natural Science Fund								
国家重点基础研究发展计划(973计划)	30000	40000	50000	60000	70000	80000	90000	100000
National Basic Research Program of China								
基础研究重大项目前期研究专项 *	7100	7600	7600	7600	7600	5000	5000	5000
National Key Program of Basic Research								
研究开发条件建设计划								
Conditional Construction Program on Research and Development								
国家重点实验室建设项目计划	12500	10500	12500	13000	13000	13000	13000	15000
State Key Laboratory Construction Program								
国家工程技术研究中心计划	4000	4000	4000	5000	5000	5000	8550	6500
National Engineering Research Centres								
科技基础性工作		13000	15000	20000	20000	20000	20000	
Scientific and Technical Basic Work								
社会公益研究专项			13000	15000	15000	15500	17500	17500
Special Research Project on Social Public Welfare								
科技产业化环境建设计划								
Environmental Construction Program on Science and Technology Industrialization								
星火计划	3900	4000	4000	10000	10000	10000	10500	11700
Spark Program								
火炬计划	5100	5100	5000	5000	5000	5000	5000	5000
Torch Program								
科技成果重点推广计划	2000	2000	2000	2000	2000	2000	2300	2300
Science and Technology Achievements Spreading Program								
国家重点新产品计划(专项资助)	13500	14000	14000	14000	14000	14000	14000	14000
National New Products Program								
科技型中小企业技术创新基金		100000	80000	50000	50000	50000	50000	60000
Innovation Fund for Small Technology-based Firms								
农业科技成果转化资金				40000	20000	20000	25000	30000
Agricultural Science and Technology Transfer Fund								
科技兴贸行动计划			2000	2000	2000	2000	2000	2000
Action Plan for Promoting Trade by Science and Technology								
科研院所技术开发专项		14720	16866	16000	21392	19301	18261	18863
Special Technnology Development Project for Research Institutions								

注:1998-2000年为攀登计划。

5－2　国家科技攻关计划中央财政拨款
Appropriation for S&T by Central Government in Key Technologies R&D Program

单位:万元　　(10 000 yuan)

项　目　　Item	1998	1999	2000	2001	2002	2003	2004	2005
合计 Total	**103700**	**116600**	**103209**	**106340**	**106340**	**124640**	**146440**	**146690**
农业、生物技术* Agricultrue, Biological Technology	11700	23100	15169	36600	36450	45440	73350	105490
工业高新技术 Hi-tech Industry	70000	66200	44851	37400	36900	37900	30000	
社会发展 Social Development	22000	19100	24821					
其他 Others		8200	18368	32340	32990	41300	43090	41200

注:2001－2004 年数据包括农业、生物技术领域和社会发展领域;2005 年数据包括农业、生物技术领域,工业高新技术领域和社会发展领域。

5－3　国家重点基础研究发展计划中央财政拨款
Appropriation for S&T by Central Government in National Basic Research Program of China

单位:万元　　(10 000 yuan)

项　目　　Item	1998	1999	2000	2001	2002	2003	2004	2005
合计 Total	**30000**	**40000**	**50000**	**60000**	**70000**	**80000**	**90000**	**100000**
农业 Agriculture Science	3572	5407	3434	9970	8553	9442	10530	10883
能源 Energy Science	1695	6312	5381	7707	6811	9001	8444	9481
信息 Information Science	4908	5472	5965	7917	8080	10463	8464	11426
资源环境 Environment Science	7245	8609	7572	13758	10825	14988	12578	14611
人口与健康 Human and Health Science	6174	6644	7380	8921	11441	12771	17068	20261
材料 Materials Science	6006	6778	6955	8838	9890	11095	12670	11923
综合交叉与重要科学前沿 Synthesis and Forefront of Major Science			12477	1819	12987	11717	18185	19052
其它 Others	400	778	836	1070	1413	523	1961	2363

5－4　基础研究重大项目前期研究专项中央财政拨款

Appropriation for S&T by Central Government in National Key Program of Basic Research

单位:万元　　　　　　　　　　　　　　　　　　　　　　　　　　　　　　(10 000 yuan)

项　目　Item	1998	1999	2000	2001	2002	2003	2004	2005
合计 Total	**7100**	**7600**	**7600**	**7600**	**7600**	**5000**	**5000**	**5000**
数学 Mathematics	300	300	40	370	290	75	140	55
物理学 Physics	1480	1600	1998	1835	1302	190	610	885
化学 Chemistry	610	1250	1026	381	415	635	470	1025
天文学 Astronomy	300	300	370	90	50		35	
地学 Earth Sciences	1125	1150	1025	1609	2345	1275	880	550
生物学 Biological Sciences	1760	1590	1941	2650	2620	1550	1708	1800
前沿与交叉 Synthesis and Forefront of Majore Science	940	950	960	460	485	775	500	355
其他 Others	585	460	240	205	93	500	657	330

注:1998－2000 年为攀登计划。

5－5　国家自然科学基金资助项目经费

Projects Funds Approved by the National Natural Science Foundation

单位:万元　　　　　　　　　　　　　　　　　　　　　　　　　　　　　　(10 000 yuan)

项　目　Item	1998	1999	2000	2001	2002	2003	2004	2005
合 计 Total	**102558**	**100580**	**111879**	**139975**	**218431**	**223637**	**270224**	**352060**
面上项目 General Programs	43668	47163	63348	79762	115631	132203	167516	225898
重点项目 Leading Programs	15858	8258	6826	18044	31230	36573	33330	50947
重大项目 Major Program	14380	11455	765	500	1800	8600	13850	7000
重大研究计划 Major Research Plan				7065	17057	5973	13486	5033
国家杰出青年科学基金(包括外籍) Projects of State Sciences Foundation for Disting uished Young Scientists	7450	10290	17015	13145	15670	15570	15370	16580
海外和香港、澳门青年学者合作研究基金 Programs of Joint Funds		2160	2400	2440	3160	3120	3160	3200
创新研究群体科学基金 Programs of Innovation Joint Research Funds			5280	6960	7080	7320	7080	7800
国家基础科学人才培养基金 Projects of States Foundation for Basic Science Scientists	8185	8400	3804		11600			17385
委主任基金、科学部主任基金 President and Directors´Funds	1841	1656	2732	2724	4519	5424	5499	5676
专项基金 Special Funded Projects	6204	4186	4472	2950	2581	2245	2616	3564
国际合作与交流 International Cooperation and Exchange	2922	3833	5236	6385	8104	6609	8317	8977
其 他 Others	2050	3179						

5-6 分部门国家自然科学基金资助项目经费(2005年)

Projects Funds Approved by the National Natural Science Foundation by Sectors (2005)

单位:万元 (10 000 yuan)

项 目 Item	合计 Total	高等学校 High Education	教育部所属院校 Subordinated Directly to Ministry of Education	科研机构 Research Institution	中国科学院 China Academy of Sciences	其他 Others
合计 Total	**352060**	**258731**	**174346**	**88122**	**71375**	**5207**
面上项目 General Programs	225898	175153	108221	47614	34888	3131
重点项目 Leading Programs	50947	35503	26133	15444	14174	
重大项目 Major Program	7000	2100	1300	4900	4100	
重大研究计划 Major Research Plan	5033	2726	1846	2307	1893	
国家杰出青年科学基金 Porjects of State Sciences Foundation for Disting uished Young Scientists	16580	10400	8530	6080	5780	100
海外和香港、澳门青年学者合作研究基金 Programs of Joint Funds	3200	2400	2040	760	720	40
创新研究群体科学基金 Programs of Innovation Joint Research Funds	7800	4920	4680	2880	2880	
国家基础科学人才培养基金 Projects of States Foundation for Basic Science Scientists	17385	15645	14279	1740	1125	
委主任基金、学部主任基金 President and Directors´Funds	5676	3347	2359	1666	1408	663
专项基金 Special Funded Projects	3564	2145	1389	1321	1410	99
国际合作与交流 International Cooperation and Exchange	8977	4393	3568	3411	2998	1174

5－7 国家重点实验室运行情况(2005 年)
National Leading Laboratories By Sectors(2005)

项 目 Item	实验室数(个) Number of Laboratories (unit)	实验室人员 Personnel of Laboratories		研究经费 Funds	
		固定人员(人) Full-time Personnel (person)	客座人员(人) Guest Researchers (person)	筹集(万元) R&D Founds (10 000 yuan)	支出(万元) R&D Expenditure (10 000 yuan)
总计 Total	**179**	**8532**	**3214**	**372695**	**331934**
国防科工委 Commission of Science, Technology	4	192	65	10301	8046
国家计生委 State Family Planning Commission	1	26	31	1185	1090
教育部 Ministry of Education	95	4443	1586	185629	162427
农业部 Ministry of Agriculture	5	194	94	4734	3792
卫生部 Ministry of Health	6	261	34	7463	5729
中国科学院 China Academy of Science	58	2940	1294	142561	135894
中国地震局 China Seismological Bureau	1	39	30	643	550
总后卫生部 Health Department of The General Logistics Department, PLA	3	188	28	4282	1743
中国气象局 China Meteorological Administration	1	33	25	5722	5672
国务院国有资产监督管理委员会 State-owned Assets Supervision and Administration Commission of the State Council	2	78		3134	1953
山西省 Shanxi	1	28	7	532	532
上海市 Shanghai	1	27		2049	1836
四川省 Sichuan	1	83	20	4460	2670

5－7 续表 Continued

项 目 Item	科研项目 Projects 项数(项) R&D Projects (item)	科研项目 Projects 经费(万元) Funds (10 000 yuan)	获奖成果(项) Achievements Awarded (item)	发表论文(篇) Paper Published (piece)	毕业研究生(人) Graduated Masters & Doctors (person)
总计 Total	**12965**	**327352**	**50**	**40495**	**10863**
国防科工委 Commission of Science, Technology	109	4324	1	1565	333
国家计生委 State Family Planning Commission	62	1053		103	15
教育部 Ministry of Education	8492	168553	22	26619	7877
农业部 Ministry of Agriculture	438	9859	2	798	182
卫生部 Ministry of Health	181	8063	1	333	166
中国科学院 China Academy of Science	2899	112421	22	10038	1723
中国地震局 China Seismological Bureau	58	815		126	9
总后卫生部 Health Department of The General Logistics Department, PLA	206	5218	2	383	133
中国气象局 China Meteorological Administration	38	5672		124	6
国务院国有资产监督管理委员会 State-owned Assets Supervision and Administration Commission of the State Council	78	4226		66	5
山西省 Shanxi	55	407		44	12
上海市 Shanghai	79	1999		27	33
四川省 Sichuan	270	4742		269	369

注:①截至2005年底,我国正在运行的国家实验室(筹)6个,国家重点实验室181个,其中8个国家重点实验室参与国家实验室筹建。以上数据按173个国家重点实验室和6个国家实验室(筹)统计。
②获奖成果按国家自然科学奖、国家科技进步奖、国家技术发明奖三项国家科技奖励统计。

5-8 国家主体性计划项目实施情况(2005 年)
Projects of National Main Research Program (2005)

项 目 Item	合计 Total	基础研究计划* Basic Research Program	"863"计划 "863" Program	国家科技攻关计划 Key Technologies R&D Program
实施项目数(项) Projects in Practice (item)	6378	310	3966	2102
项目组人员(人次) Personnel in Project Group (person-times)	194186	25134	93045	76007
高级职称 Seniro Titel	77755	9824	36563	31368
中级职称 Middle Titel	54741	3980	26893	23868
项目人员当年投入工作量(人年) Personnel Input (man-year)	95033	12019	47147	35867
当年落实项目资金(万元) Funds Arranged (10 000 yuan)	3193869	142415	1137527	1913927
#政府资金 Government Funds	971143	127878	500811	342454
#科研机构承担的项目 Performed by R&D Institutes	343919	45898	130470	167550
高等学校承担的项目 Performed by Higher Education	506157	71720	189172	245266
企业承担的项目 Performed by Enterprises	1726064	15443	728195	982425
培养博士、硕士(人) Cultivated of Master and Doctor (person)	31263	6642	17037	7584
发表科技论文(篇) Science Papers (piece)	69127	17635	34462	17030
#向国外发表 Published abroad	20419	8327	9830	2262
出版科技著作(万字) Science Works (10 000 word)	29621	4625	12938	12058
专利申请数(项) Patents Received (item)	14682	1130	10187	3365
#发明 Invention	11307	897	8055	2355
#向国外申请专利 Received by Foreign Countries	753	29	538	186
专利授权数(项) Patents Granted (item)	4743	464	3106	1173
#发明 Invention	3397	407	2252	738
#国外授权专利 Granted by Foreign Countries	189	23	134	32

注:基础研究计划统计范围包括国家重点基础研究发展计划和基础研究重大项目前期研究专项。

5-9 分社会经济目标国家主体性计划项目投入(2005年)

Input of Projects of National Mandatory Program by Socio-economic Objective (2005)

单位:万元　(10 000 yuan)

项　目　Item	当年落实资金 Funds Arranged	基础研究计划 Basic Research Program	"863"计划 "863" Program	国家科技攻关计划 Key Technologies R&D Program
合计 Total	**3193869**	**142415**	**1137527**	**1913927**
农业、林业和渔业的发展 Development of Agriculture, Forestry and Fishing	304091	18949	95834	189309
促进工业的发展 Promotion of Industrial Development and Technology	1817858	23189	504448	1290220
能源的生产和合理利用 Production and Rational Use of Energy	210341	15907	129528	64907
基础设施的发展 Development of the Infrastructure	128537	3922	77352	47263
环境治理与保护 Control and Care of the Environment	101359	10309	48870	42180
卫生 Health	304767	28593	126479	149696
社会发展和社会服务 Social Development and Services	201373	4859	82615	113898
地球和大气层的探索与利用 Exploration and Exploitation of the Earth and Atmosphere	24754	7592	10913	6250
知识的发展 General Advancement of Knowledge	53273	29076	19827	4370
民用空间 Civil Space	12978	20	9274	3684
国防 Defence	34537		32387	2150

5-9 续表　Continued

单位:人年　(man-year)

项　目　Item	当年投入工作量 Personnel Input (FTE)	基础研究计划 Basic Research Program	"863"计划 "863" Program	国家科技攻关计划 Key Technologies R&D Program
合计 Total	**95033**	**12019**	**47147**	**35867**
农业、林业和渔业的发展 Development of Agriculture, Forestry and Fishing	18472	1113	6716	10643
促进工业的发展 Promotion of Industrial Development and Technology	24494	1943	14964	7586
能源的生产和合理利用 Production and Rational Use of Energy	6874	1368	3446	2060
基础设施的发展 Development of the Infrastructure	5771	392	3232	2146
环境治理与保护 Control and Care of the Environment	5028	1016	2852	1160
卫生 Health	16435	1933	7560	6942
社会发展和社会服务 Social Development and Services	7645	439	3586	3620
地球和大气层的探索与利用 Exploration and Exploitation of the Earth and Atmosphere	2987	910	1078	1000
知识的发展 General advancement of Knowledge	4742	2893	1371	478
民用空间 Civil Space	431	9	307	115
国防 Defence	2154	2	2035	117

注:统计范围同前表。

5-10 分技术领域国家级火炬计划项目(2005年)
National Torch Program by Technological Fields (2005)

项 目 Item	项目数（项）Number of Projects (item)	当年落实资金（万元）Funds Arranged (10 000 yuan)	#政府资金 Goverement Funds	#企业资金 Enterprises Funds
总计 Total	**4829**	**7344412**	**90498**	**5468780**
电子与信息技术 Electronic Information Technology	993	863710	19286	660228
生物、医药技术 Biological, Medical Technology	728	1079934	16079	803814
新材料 New Materials	1194	2480237	16294	1721640
光机电一体化技术 Integrated Light, Electronics and Machinery	1282	1464422	19989	1100452
新能源、高效节能 New Energy and Efficient Energe-saving	333	953422	13512	797915
环境保护 Environment Protection	173	206278	1837	154905
其他高技术领域 Other High-tech Fields	126	296409	3500	229827

5-11 国家产业化计划项目实施情况(2005年)
Projects of National Industrialization Program (2005)

项 目 Item	合计 Total	火炬计划 Torch Program	星火计划 Spark Program	科技成果重点推广计划 S&T Achievements Spreading Program
实施项目数(项) Projects in practice (item)	10012	4829	3784	1399
当年落实项目资金(万元) Funds Arranged (10 000 yuan)	10143588	7344412	2044962	754215
#政府资金 Government Funds	211980	90498	88775	32707
企业资金 Enterprise Funds	7296990	5468780	1293968	534242
贷款 Bank Loans	2330013	1612860	568241	148912
国外资金 Oversea Funds	43322	29209	11030	3083
#科研机构承担项目 Performed by R&D Institutes	85030	11144	30466	43420
高等学校承担项目 Performed by Higher Education	63555	830	24207	38518
企业承担项目 Performed by Enterprises	9715266	7332438	1741912	640917
新增产值(万元) Added Value of Output (10 000 yuan)	33634973	25716598	4672691	3245684
净利润额(万元) After-tax Profit (10 000 yuan)	3980764	2858873	882628	239263
上缴税金(万元) Tax (10 000 yuan)	2383994	1923786	325522	134686
出口创汇(万美元) Export (USD 10 000)	648309	458656	140430	49223
专利申请数(项) Patents Received (item)	5652	4455	1197	
#发明 Invention	2356	1659	697	
#向国外申请专利 Received by Foreign Countries	119	98	21	
专利授权数(项) Patents Granted (item)	2976	2338	638	
#发明 Invention	962	679	283	
#国外授权专利 Granted by Foreign Countries	68	55	13	

5-12 各地区国家产业化
Projects of National Industrialization

地区 Region	项目数合计(项) Total (item)	火炬计划 Torch Program	星火计划 Spark Program
全国 Total	**10012**	**4829**	**3784**
东部地区 Eastern Region	5966	3172	2012
中部地区 Middle Region	2561	1114	1050
西部地区 Western Region	1485	543	722
北京 Beijing	397	181	127
天津 Tianjin	123	49	46
河北 Hebei	265	70	129
山西 Shanxi	266	125	84
内蒙古 Neimenggu	213	46	101
辽宁 Liaoning	354	151	133
吉林 Jilin	303	159	101
黑龙江 Heilongjiang	293	141	98
上海 Shanghai	135	67	46
江苏 Jiangsu	1369	813	476
浙江 Zhejiang	1185	772	375
安徽 Anhui	295	145	133
福建 Fujian	218	128	72
江西 Jiangxi	222	72	126
山东 Shandong	897	398	333
河南 Henan	310	111	142
湖北 Hubei	414	210	154
湖南 Hunan	245	105	111
广东 Guangdong	859	452	216
广西 Guangxi	121	48	59
海南 Hainan	43	43	
重庆 Chongqing	87	59	21
四川 Sichuan	372	166	150
贵州 Guizhou	78	30	28
云南 Yunnan	110	27	73
西藏 Tibet	18	8	8
陕西 Shaanxi	322	120	152
甘肃 Gansu	204	67	113
青海 Qinghai	58	7	42
宁夏 Ningxia	86	26	40
新疆 Xinjiang	150	33	95

计划项目(2005 年)
Program by Region (2005)

科技成果重点推广计划 S&T Achievements Spreading Program	当年落实资金 (万元) Funds Arranged (10 000 yuan)	火炬计划 Torch Program	星火计划 Spark Program	科技成果重点推广计划 S&T Achievements Spreading Program
1399	**10143588**	**7344412**	**2044962**	**754215**
782	7278994	5544319	1238165	496511
397	1988478	1385261	451674	151542
220	876116	414831	355123	106162
89	178087	133655	24902	19529
28	92315	73421	12932	5962
66	194779	134701	35509	24570
57	176346	110397	40245	25704
66	121190	98689	12588	9913
70	375153	185895	165533	23725
43	169541	138867	22368	8307
54	218317	152328	55515	10474
22	176714	160518	11259	4937
80	1394335	1030897	334784	28654
38	1013392	755425	241885	16081
17	291960	227769	60106	4085
18	164641	121074	34497	9069
24	137358	58074	74100	5185
166	2636772	2201091	256899	178781
57	249935	162191	52424	35320
50	419974	313918	69402	36654
29	203857	123029	64926	15901
191	943853	673260	91952	178641
14	58366	23793	28013	6561
	50589	50589		
7	56990	34512	20025	2453
56	289087	106380	162800	19908
20	48981	15743	5152	28086
10	78485	25474	31487	21524
2	15800	15109	130	561
50	139462	79117	52229	8116
24	62775	26471	33391	2913
9	11841	640	10451	749
20	23799	13506	6955	3338
22	148897	97879	32503	18515

5－13　各地区国家高新技术

Major Indicators of High-technology

单位：万元

地　区　Region	企业数（个）Number of Enterprises (unit)	从业人员（人）Employees (person)	全年收入 Revenue
合　计　Total	**41990**	**5211960**	**344156082**
东部地区　Eastern Region	29877	3177407	241424214
中部地区　Mid Region	6290	1188694	63846820
西部地区　Western Region	5823	845859	38885048
北　京　Beijing	16343	687769	48652377
天　津　Tianjin	2239	175377	7512858
石家庄　Shijiazhuang	519	73427	3906812
保　定　Baoding	148	42930	1774411
太　原　Taiyuan	700	83089	5049331
包　头　Baotou	411	96576	3215341
沈　阳　Shenyang	1193	84106	6937657
大　连　Dalian	1684	139780	6891170
鞍　山　Anshan	371	72636	2710549
长　春　Changchun	803	123490	9085646
吉　林　Jilin	564	80478	5856792
哈尔滨　Haerbin	391	106928	5121516
大　庆　Daqing	280	65203	3422166
上　海　Shanghai	701	196146	26692228
南　京　Nanjing	217	97237	15930317
常　州　Changzhou	478	75838	3953364
无　锡　Wuxi	575	163399	12098435
苏　州　Suzhou	691	226690	14802779
杭　州　Hangzhou	619	75065	8273124
合　肥　Hefei	229	68787	4255717
福　州　Fuzhou	180	53135	2407469
厦　门　Xiamen	150	49563	5953521
南　昌　Nanchang	273	77944	2838227

产业开发区基本情况(2005 年)
Industrial Development Zone (2005)

(10 000 yuan)

#技术性收入 Tech-related	#销售收入 Sales revenue	总产值 Gross Output Value	净利润 After Tax Profits	实交税金 Tax	年出口额(万美元) Exports (USD 10 000)
20497914	**310194893**	**289575838**	**16031736**	**16158825**	**11164537**
15160027	217677157	200034585	10766322	9381162	10390769
2327565	59793999	58268601	3186685	4555780	355459
3010322	32723737	31272652	2078729	2221883	418309
8053653	37936497	26040836	2730361	1727553	948823
580377	6559322	6274422	410167	400005	245301
69297	3695513	3103402	142366	214814	21022
6026	1725486	1666924	92810	60946	31240
265881	4771741	4485181	200182	305756	10953
68657	3088163	3289103	107199	108377	36318
1050066	5641738	4690224	186328	376855	55993
720571	5593466	5251957	360476	288950	150889
112982	2470126	2332642	107742	154982	7111
140824	8754768	8896036	425731	1012639	36467
88344	5713062	5657999	216855	326252	13074
211148	4692381	4390407	249426	255816	27575
82248	3288487	3351623	181788	207475	6551
1121587	25216001	22539765	1307827	925891	1549770
135316	15139460	15185247	734775	646912	718803
6131	3927848	4023963	159342	154990	93953
29510	11859463	12097437	578384	360274	812457
23620	13280132	13338064	477306	299965	1680965
1548668	6648778	5876721	185287	322852	286205
127533	3756690	3877009	250859	600761	34957
26671	2347747	2430148	119959	94028	95777
10084	5726482	5828873	456438	341461	374132
32709	2726273	2558955	149741	319371	28060

单位:万元

地 区 Region	企业数(个) Number of Enterprises (unit)	从业人员(人) Employees (person)	全年收入 Revenue
济 南 Jinan	363	91494	6452846
青 岛 Qingdao	196	72251	7213088
淄 博 Zibo	190	93784	5080916
潍 坊 Weifang	300	91045	4924299
威 海 Weihai	182	47919	3717833
郑 州 Zhengzhou	458	69138	3772288
洛 阳 Luoyang	299	58520	2512098
武 汉 Wuhan	907	142391	7249677
襄 樊 Xiangfan	104	49670	2625929
长 沙 Changsha	707	112009	6321246
株 洲 Zhuzhou	164	54471	2520846
广 州 Guangzhou	1120	114287	9767051
深 圳 Shenzhen	287	103681	13164076
珠 海 Zhuhai	366	116219	6397383
惠 州 Huizhou	155	91657	5657477
中 山 Zhongshan	401	64429	5489885
佛 山 Foshan	94	56175	3765461
南 宁 Nanning	307	50070	2537381
桂 林 Guilin	233	59288	1650063
海 南 Hainan	115	21368	1296828
成 都 Chengdu	704	166536	8502683
重 庆 Chongqing	351	105785	3885975
绵 阳 Mianyang	96	45001	2062286
贵 阳 Guiyang	130	59228	1681945
昆 明 Kunming	120	39232	2652997
西 安 Xian	3003	188973	11036545
宝 鸡 Baoji	203	61898	1722521
杨 凌 Yangling	90	9934	321362
兰 州 Lanzhou	414	40079	1685811
乌鲁木齐 Wulumuqi	172	19835	1145479

Continued

(10 000 yuan)

#技术性收入 Tech-related	#销售收入 Sales revenue	总产值 Gross Output Value	净利润 After Tax Profits	实交税金 Tax	年出口额（万美元） Exports (USD 10 000)
64870	5839169	5865669	127114	520122	36187
94693	6842964	6858336	349539	289071	185281
116942	4891706	4867078	345724	369157	67307
27948	4882759	4681532	234366	211602	50879
6602	3710230	3614480	180665	190805	178334
343268	3396381	3226976	313659	300622	18030
180587	2171397	2056514	92789	147187	22841
417077	6732305	6289592	451676	360491	34465
275132	2326080	2277097	189865	232231	5964
88977	5917473	5527711	266160	269901	55689
5180	2458798	2384398	90755	108901	24515
994817	8571869	7285862	407213	277061	304493
128474	12935033	13680078	604449	547611	826365
183539	6180731	6386259	245495	137836	590537
14124	5593504	5688634	22433	99278	465489
4286	5443894	5152539	149726	133347	359491
28986	3726208	3914923	-39526	113773	244687
389962	1695031	1870313	148446	92820	10134
3411	1540583	1635030	84521	129121	18707
187	1291031	1358570	89556	121021	9278
626146	6908050	7163011	720326	476134	43849
448176	3308135	3315341	170875	211074	45253
609	1968921	1883695	30421	68357	35371
17414	1489645	1647407	44290	110568	17852
19249	2457706	2245632	136945	120805	42041
1449393	8660930	7474753	514553	765666	110623
1848	1674980	1815336	95835	150314	8036
982	319846	252586	8868	8188	6696
23174	1624112	1537980	89036	59354	4061
29958	1075798	431568	34613	29482	75686

六、科技活动成果
Results of Science and Technology Activities

6－1　国内专利申请受理数
Domestic Application for Patents Received

单位:件　　　　　　　　　　　　　　　　　　　　　　　　　　　(piece)

地　区	Region	1995	1998	1999	2000	2001	2002	2003	2004	2005
全　国	**Total**	**69535**	**96233**	**109958**	**140339**	**165773**	**205544**	**251238**	**278943**	**383157**
东部地区	Eastern Region	40257	57997	68152	89851	107548	139029	171874	194909	278088
中部地区	Mid Region	13927	17485	19164	21942	24300	28044	34042	38124	47745
西部地区	Western Region	9741	12109	13148	16381	17497	20527	25376	25912	34053
北　京	Beijing	6362	6321	7723	10344	12174	13842	17003	18402	22572
天　津	Tianjin	1648	1485	2016	2789	3081	5360	6812	8406	11657
河　北	Hebei	2707	3295	3330	3848	4695	5390	5623	5647	6401
山　西	Shanxi	917	1070	1140	1475	1473	1630	1743	1949	1985
内蒙古	Neimenggu	647	785	971	1138	1087	1202	1393	1457	1455
辽　宁	Liaoning	4449	5643	6065	7151	7514	9851	13545	14695	15672
吉　林	Jilin	1389	1960	2111	2501	2627	3413	4267	3657	4101
黑龙江	Heilongjiang	2569	2695	2987	3106	3670	4392	4972	4919	6050
上　海	Shanghai	2456	3419	4605	11337	12777	19970	22374	20471	32741
江　苏	Jiangsu	4078	5829	7091	8211	10352	13075	18393	23532	34811
浙　江	Zhejiang	4042	7074	8177	10316	12828	17265	21463	25294	43221
安　徽	Anhui	1026	1484	1721	1877	2045	2312	2676	2943	3516
福　建	Fujian	1979	3393	3381	4211	4971	6522	7236	7498	9460
江　西	Jiangxi	1008	1259	1387	1557	1778	2037	2434	2685	2815
山　东	Shandong	4624	7597	8589	10019	11170	12856	15794	18388	28835
河　南	Henan	2386	3163	3452	3823	4093	4441	5261	6318	8981
湖　北	Hubei	2004	2629	2963	3486	4322	4960	6635	7960	11534
湖　南	Hunan	2628	3225	3403	4117	4292	4859	6054	7693	8763
广　东	Guangdong	7729	13473	16802	21123	27596	34352	43186	52201	72220
广　西	Guangxi	1231	1317	1604	1762	1838	1927	2250	2202	2379
海　南	Hainan	183	468	373	502	390	546	445	375	498
重　庆	Chongqing	318	1255	1274	1780	2047	3142	4589	5171	6260
四　川	Sichuan	2868	3187	3676	4496	5039	5997	7443	7260	10567
贵　州	Guizhou	562	800	789	986	950	1260	1242	1486	2226
云　南	Yunnan	959	1136	1246	1710	1793	1780	1966	2132	2556
西　藏	Tibet	11	14	10	28	23	15	24	62	102
陕　西	Shaanxi	1721	1723	1685	2080	2326	2530	3421	3217	4166
甘　肃	Gansu	546	598	583	798	734	781	961	910	1759
青　海	Qinghai	100	137	172	174	162	151	173	124	216
宁　夏	Ningxia	169	179	262	341	412	503	441	399	516
新　疆	Xinjiang	609	978	876	1088	1086	1239	1473	1492	1851
香　港	Hongkong	655	915	1226	1374	1329	1746	1816	2148	2645
澳　门	Macao				13	5	18	18	9	27
台　湾	Taiwan	4955	7727	8268	10778	15094	16180	18112	17841	20599

注:本年鉴中有关专利申请受理与授权的数据口径为由我国专利机构受理与授权的专利,不包括我国在外国申请专利及被授权的数据。

6-2 国内专利申请授权数
Domestic Patents Granted

单位:件 (piece)

地区	Region	1995	1998	1999	2000	2001	2002	2003	2004	2005
全国	**Total**	**41881**	**61378**	**92101**	**95236**	**99278**	**112103**	**149588**	**151328**	**171619**
东部地区	Eastern Region	23877	38076	56273	59231	63738	75099	104869	104158	121148
中部地区	Mid Region	7556	9601	14903	14943	13824	14133	17514	18798	20716
西部地区	Western Region	5774	7317	10968	11299	11360	11496	14297	15834	16272
北京	Beijing	4025	3800	5829	5905	6246	6345	8248	9005	10100
天津	Tianjin	1034	1042	1508	1611	1829	1827	2505	2578	3045
河北	Hebei	1580	2090	3011	2812	2791	3353	3572	3407	3585
山西	Shanxi	569	644	920	968	1047	934	1175	1189	1220
内蒙古	Neimenggu	415	523	723	775	743	679	817	831	845
辽宁	Liaoning	2745	3162	4906	4842	4448	4551	5656	5749	6195
吉林	Jilin	824	1051	1550	1650	1443	1507	1690	2145	2023
黑龙江	Heilongjiang	1403	1517	2378	2252	1870	2083	2794	2809	2906
上海	Shanghai	1436	2334	3665	4050	5371	6695	16671	10625	12603
江苏	Jiangsu	2413	3787	6143	6432	6158	7595	9840	11330	13580
浙江	Zhejiang	2131	4470	7071	7495	8312	10479	14402	15249	19056
安徽	Anhui	574	933	1422	1482	1278	1419	1610	1607	1939
福建	Fujian	933	2318	2934	3003	3296	4001	5377	4758	5147
江西	Jiangxi	509	765	1011	1072	999	1044	1238	1169	1361
山东	Shandong	2861	4127	6536	6962	6725	7293	9067	9733	10743
河南	Henan	1145	1803	2871	2766	2582	2590	2961	3318	3748
湖北	Hubei	1017	1265	2228	2198	2204	2209	2871	3280	3860
湖南	Hunan	1515	1623	2523	2555	2401	2347	3175	3281	3659
广东	Guangdong	4611	10707	14328	15799	18259	22761	29235	31446	36894
广西	Guangxi	665	853	1232	1191	1099	1054	1331	1272	1225
海南	Hainan	108	239	342	320	303	199	296	278	200
重庆	Chongqing	305	612	1078	1158	1197	1761	2883	3601	3591
四川	Sichuan	1714	1971	2921	3218	3357	3403	4051	4430	4606
贵州	Guizhou	274	418	620	710	642	615	723	737	925
云南	Yunnan	569	832	1185	1217	1347	1128	1213	1264	1381
西藏	Tibet	2	10	14	17	22	7	16	23	44
陕西	Shaanxi	1085	1129	1569	1462	1354	1524	1609	2007	1894
甘肃	Gansu	257	349	494	493	512	397	474	514	547
青海	Qinghai	65	62	123	117	101	85	90	70	79
宁夏	Ningxia	111	96	150	224	231	216	338	293	214
新疆	Xinjiang	312	462	859	717	755	627	752	792	921
香港	Hongkong	633	794	1106	1285	1026	1185	1565	1495	1669
澳门	Macao				13	10	3	14	12	3
台湾	Taiwan	4041	5590	8851	8465	9320	10187	11329	11031	11811

6-3 国内、外三种专利申请受理数

Three Kinds of Applications for Patents Received

单位:件 (piece)

项目 Item	1995	1998	1999	2000	2001	2002	2003	2004	2005
合计 Total	**83045**	**121989**	**134239**	**170682**	**203573**	**252631**	**308487**	**353807**	**476264**
1、发明 Invention	21636	35960	36694	51747	63204	80232	105318	130133	173327
国内 Domestic	10018	13726	15596	25346	30038	39806	56769	65786	93485
职务 Service	2993	4618	6009	12609	14815	22668	34731	41750	62270
大专院校 Universities and Colleges	574	794	988	1942	2636	4282	7704	9683	14643
科研单位 R&D Institutions	865	1248	1413	2228	2659	3429	4711	4543	6726
工矿企业 Industries Enterprises	1086	2480	3490	8316	9371	14657	21858	27029	40196
机关团体 Organs	468	96	118	123	149	300	458	495	705
非职务 Non-service	7025	9108	9587	12737	15223	17138	22038	24036	31215
国外 Foreign	11618	22234	21098	26401	33166	40426	48549	64347	79842
职务 Service	11045	21351	20245	25334	31820	38764	46764	62113	77575
非职务 Non-service	573	883	853	1067	1346	1662	1785	2234	2267
2、实用新型 Utility Model	43741	51397	57492	68815	79722	93139	109115	112825	139566
国内 Domestic	43429	51220	57214	68461	79275	92166	107842	111578	138085
职务 Service	8727	11289	14053	17792	21802	27612	34044	35218	46879
大专院校 Universities and Colleges	771	619	747	965	1137	1658	2375	2844	3843
科研单位 R&D Institutions	1376	1422	1465	1616	1542	1642	2104	1881	2661
工矿企业 Industries Enterprises	4739	9004	11512	14912	18671	23800	28998	29933	39649
机关团体 Organs	1841	244	329	299	452	512	567	560	726
非职务 Non-service	34702	39931	43161	50669	57473	64554	73798	76360	91206
国外 Foreign	312	177	278	354	447	973	1273	1247	1481
职务 Service	190	117	201	259	294	640	1076	1020	1171
非职务 Non-service	122	60	77	95	153	333	197	227	310
3、外观设计 Design	17668	34632	40053	50120	60647	79260	94054	110849	163371
国内 Domestic	15433	31287	37148	46532	56460	73572	86627	101579	151587
职务 Service	8193	15971	17894	22974	23487	30962	33681	34312	49733
大专院校 Universities and Colleges	18	32	34	17	37	41	173	470	1435
科研单位 R&D Institutions	104	191	170	278	159	302	183	285	359
工矿企业 Industries Enterprises	6031	15695	17634	22634	23260	30505	33261	33186	47552
机关团体 Organs	2040	53	56	45	31	114	64	371	387
非职务 Non-service	7240	15316	19254	23558	32973	42610	52946	67267	101854
国外 Foreign	2235	3345	2905	3588	4187	5688	7427	9270	11784
职务 Service	2013	3229	2742	3432	4003	5458	7192	8904	11230
非职务 Non-service	222	116	163	156	184	230	235	366	554

6-4 国内、外三种专利申请授权数

Three Kinds of Patents Granted

单位:件 (piece)

项　目　Item	1995	1998	1999	2000	2001	2002	2003	2004	2005
合　计　Total	**45064**	**67889**	**100156**	**105345**	**114251**	**132399**	**182226**	**190238**	**214003**
1、发明　Invention	3393	4733	7637	12683	16296	21473	37154	49360	53305
国内　Domestic	1530	1655	3097	6177	5395	5868	11404	18241	20705
职务　Service	932	954	1685	2824	2614	3144	6895	12176	14761
大专院校　Universities and Colleges	258	243	425	652	579	697	1730	3484	4453
科研单位　R&D Institutions	304	337	543	910	800	907	1677	2406	2423
工矿企业　Industries Enterprises	205	182	462	1016	1089	1461	3382	6128	7712
机关团体　Organs	165	192	255	246	146	79	106	158	173
非职务　Non-service	598	701	1412	3353	2781	2724	4509	6065	5944
国外　Foreign	1863	3078	4540	6506	10901	15605	25750	31119	32600
职务 Service	1748	2949	4295	6222	10455	15013	24849	30089	31555
非职务　Non-service	115	129	245	284	446	592	901	1030	1045
2、实用新型　Utility Model	30471	33902	56368	54743	54359	57484	68906	70623	79349
国内　Domestic	30195	33717	56094	54407	54018	57092	68291	70019	78137
职务　Service	6766	8492	14603	15519	16544	18369	24008	26218	29191
大专院校　Universities and Colleges	623	600	848	868	943	973	1582	1910	2391
科研单位　R&D Institutions	1025	1276	1860	1529	1473	1276	1485	1557	1599
工矿企业　Industries Enterprises	2627	6305	11519	12821	13783	15753	20485	22299	24743
机关团体　Organs	2491	311	376	301	345	367	456	452	458
非职务　Non-service	23429	25225	41491	38888	37474	38723	44283	43801	48946
国外　Foreign	276	185	274	336	341	392	615	604	1212
职务　Service	154	111	185	261	241	252	498	485	1011
非职务　Non-service	122	74	89	75	100	140	117	119	201
3、外观设计　Design	11200	29254	36151	37919	43596	53442	76166	70255	81349
国内　Domestic	9523	26006	32910	34652	39865	49143	69893	63068	72777
职务　Service	5344	15000	17627	17789	19220	20020	31465	24171	27566
大专院校　Universities and Colleges	10	17	31	28	12	40	104	111	555
科研单位　R&D Institutions	156	216	170	248	155	140	270	174	170
工矿企业　Industries Enterprises	2554	14742	17360	17482	19015	19802	31002	23830	26658
机关团体　Organs	2624	25	66	31	38	38	89	56	183
非职务　Non-service	4179	11006	15283	16863	20645	29123	38428	38897	45211
国外　Foreign	1677	3248	3241	3267	3731	4299	6273	7187	8572
职务　Service	1402	3150	3111	3108	3567	4106	6113	6936	8254
非职务　Non-service	275	98	130	159	164	193	160	251	318

6-5 国内三种专利申请受理数按地区分布(2005年)

Three Kinds of Domestic Applications for Patents Received by Region (2005)

单位:件 (piece)

地区	Region	合计 Total	发明 Invention	实用新型 Utility Model	外观设计 Design
全国	**Total**	**383157**	**93485**	**138085**	**151587**
东部地区	Eastern Region	278088	63977	91350	122761
中部地区	Mid Region	47745	11449	22441	13855
西部地区	Western Region	34053	8626	13870	11557
北京	Beijing	22572	12102	6940	3530
天津	Tianjin	11657	4470	4690	2497
河北	Hebei	6401	1273	3618	1510
山西	Shanxi	1985	610	1036	339
内蒙古	Neimenggu	1455	307	708	440
辽宁	Liaoning	15672	3267	8192	4213
吉林	Jilin	4101	1290	1958	853
黑龙江	Heilongjiang	6050	1598	3293	1159
上海	Shanghai	32741	10441	8711	13589
江苏	Jiangsu	34811	6582	11071	17158
浙江	Zhejiang	43221	6776	12723	23722
安徽	Anhui	3516	903	1715	898
福建	Fujian	9460	1202	3182	5076
江西	Jiangxi	2815	713	1280	822
山东	Shandong	28835	4801	13100	10934
河南	Henan	8981	1703	4594	2684
湖北	Hubei	11534	2038	4835	4661
湖南	Hunan	8763	2594	3730	2439
广东	Guangdong	72220	12887	18951	40382
广西	Guangxi	2379	641	1183	555
海南	Hainan	498	176	172	150
重庆	Chongqing	6260	918	2412	2930
四川	Sichuan	10567	2256	3585	4726
贵州	Guizhou	2226	782	1065	379
云南	Yunnan	2556	776	905	875
西藏	Xizang	102	12	20	70
陕西	Shaanxi	4166	1693	1817	656
甘肃	Gansu	1759	712	790	257
青海	Qinghai	216	103	83	30
宁夏	Ningxia	516	106	185	225
新疆	Xinjiang	1851	320	1117	414
香港	HongKong	2645	552	581	1512
澳门	Macao	27	11	10	6
台湾	Taiwan	20599	8870	9833	1896

6-6 国内三种专利申请授权数按地区分布(2005年)

Three Kinds of Domestic Patents Granted by Region (2005)

单位:件 (piece)

地区	Region	合计 Total	发明 Invention	实用新型 Utility Model	外观设计 Design
全国	**Total**	**171619**	**20705**	**78137**	**72777**
东部地区	Eastern Region	121148	12957	49608	58583
中部地区	Mid Region	20716	3080	12485	5151
西部地区	Western Region	16272	2210	7802	6260
北京	Beijing	10100	3476	4498	2126
天津	Tianjin	3045	763	1543	739
河北	Hebei	3585	371	2246	968
山西	Shanxi	1220	280	695	245
内蒙古	Neimenggu	845	98	452	295
辽宁	Liaoning	6195	942	4235	1018
吉林	Jilin	2023	391	1255	377
黑龙江	Heilongjiang	2906	407	2067	432
上海	Shanghai	12603	1997	4437	6169
江苏	Jiangsu	13580	1241	6483	5856
浙江	Zhejiang	19056	1110	6778	11168
安徽	Anhui	1939	238	1072	629
福建	Fujian	5147	242	1793	3112
江西	Jiangxi	1361	142	717	502
山东	Shandong	10743	903	6502	3338
河南	Henan	3748	356	2304	1088
湖北	Hubei	3860	733	2238	889
湖南	Hunan	3659	533	2137	989
广东	Guangdong	36894	1876	11017	24001
广西	Guangxi	1225	140	700	385
海南	Hainan	200	36	76	88
重庆	Chongqing	3591	178	1428	1985
四川	Sichuan	4606	613	1948	2045
贵州	Guizhou	925	162	533	230
云南	Yunnan	1381	306	563	512
西藏	Xizang	44		8	36
陕西	Shaanxi	1894	445	1131	318
甘肃	Gansu	547	116	338	93
青海	Qinghai	79	24	34	21
宁夏	Ningxia	214	40	130	44
新疆	Xinjiang	921	88	537	296
香港	HongKong	1669	139	361	1169
澳门	Macao	3		2	1
台湾	Taiwan	11811	2319	7879	1613

6－7 按国别(地区)分三种专利申请受理(2005年)
Three Kinds of Applications for Patents Received by Country (Area) (2005)

单位:件 (piece)

国家(地区)	Country (Area)	合计 Total	发明 Invention	实用新型 Utility Model	外观设计 Design
总计	**Total**	**93107**	**79842**	**1481**	**11784**
阿拉伯联合酋长国	United Arab Emirates	5	1		4
荷属安的列斯群岛	Netherlands Antilles	35	33		2
阿根廷	Argentina	8	8		
奥地利	Austria	284	260	3	21
澳大利亚	Australia	707	546	20	141
阿鲁巴	Aruba	1	1		
巴巴多斯	Barbados	35	30		5
比利时	Belgium	380	340		40
保加利亚	Bulgaria	6	5		1
百慕大群岛	Bermuda	38	24	7	7
文莱	Brunei Darussalam	2		1	1
巴西	Brazil	82	61	6	15
巴哈马	Bahamas	9	6		3
白俄罗斯	Belarus	3	3		
加拿大	Canada	724	665	22	37
瑞士	Switzerland	2106	1776	9	321
库克群岛	Cook Islands	1	1		
智利	Chile	4	4		
哥伦比亚	Colombia	3	2		1
古巴	Cuba	16	16		
塞浦路斯	Cyprus	17	17		
捷克	Czech Republic	77	12	5	60
德国	Germany	7502	6411	83	1008
丹麦	Denmark	478	379	17	82
阿尔及利亚	Algeria	1	1		
厄瓜多尔	Ecuador	1	1		
爱沙尼亚	Estonia	1			1
埃及	Egypt	4	2	2	
西班牙	Spain	373	179	14	180
芬兰	Finland	851	752	3	96
法国	France	3190	2644	65	481
英国	United Kingdom	1613	1331	20	262
直布罗陀	Gibraltar	2	2		
希腊	Greece	11	11		
克罗地亚	Croatia	20	19		1
匈牙利	Hungary	33	31		2
印度尼西亚	Indonesia	20	5	1	14
爱尔兰	Ireland	82	66	3	13
以色列	Israel	237	220	4	13
印度	India	217	198		19
伊朗	Iran, Islamic Republic of	1	1		
冰岛	Iceland	12	12		
意大利	Italy	1632	1046	27	559
日本	Japan	36221	30976	566	4679

6-7 续表　Continued

单位:件　　(piece)

国家(地区)	Country (Area)	合计 Total	发明 Invention	实用新型 Utility Model	外观设计 Design
吉尔吉斯斯坦	Kyrgyzstan	1	1		
朝鲜	Democratic People's Republic of Korea	2	2		
韩国	Republic of Korea	9300	8131	143	1026
科威特	Kuwait	1			1
开曼群岛	Cayman Islands	66	30	13	23
哈萨克斯坦	Kazakhstan	5	4	1	
列支敦士登	Liechtenstein	84	52		32
立陶宛	Lithuania	2			2
卢森堡	Luxembourg	53	48		5
拉托维亚	Latvia	1	1		
摩洛哥	Morocco	1			1
摩纳哥	Monaco	4	3		1
马里	Mali	1	1		
马耳他	Malta	2	2		
毛里求斯	Mauritius	34	15	6	13
墨西哥	Mexico	14	11		3
马来西亚	Malaysia	46	24	7	15
尼日利亚	Nigeria	1			1
荷兰	Netherlands	3988	3735	8	245
挪威	Norway	168	142	1	25
新西兰	New Zealand	84	77		7
巴拿马	Panama	35	35		
菲律宾	Philippines	6	3		3
波兰	Poland	22	18		4
波多黎各	Porto Rico	1	1		
葡萄牙	Portugal	9	6		3
罗马尼亚	Romania	2	1		1
俄罗斯联邦	Russian Federation	50	46	3	1
沙特阿拉伯	Saudi Arabia	28	11	1	16
塞舌尔	Seychelles	2	2		
瑞典	Sweden	1101	1015	7	79
新加坡	Singapore	208	129	14	65
斯洛文尼亚	Slovenia	18	17		1
斯洛伐克	Slovakia	10	6		4
圣马力诺	San Marino	2	2		
泰国	Thailand	25	10	5	10
土耳其	Turkey	46	12		34
特立尼达和多巴哥	Trinidad and Tobago	1			1
乌克兰	Ukraine	4	4		
美国	United States of America	20395	18000	360	2035
乌拉圭	Uruguay	1	1		
圣文森特和格林纳丁斯	Saint Vincent and the Grenadines	1	1		
委内瑞拉	Venezuela	4	1		3
维尔京群岛	Virgin Islands, British	133	58	24	51
越南	Viet Nam	2			2
瓦努阿图	Vanuatu	2	2		
萨摩亚	Samoa	10	1	9	
塞尔维亚和黑山	Serbia and Montenegro	2	2		
南非	South Africa	84	81	1	2

6-8 按国别(地区)分三种专利授权(2005年)

Three Kinds of Patents Granted by Country (Area) (2005)

单位:件 (piece)

国家(地区)	Country (Region)	合计 Total	发明 Invention	实用新型 Utility Model	外观设计 Design
合计	**Total**	**42384**	**32600**	**1212**	**8572**
阿拉伯联合酋长国	United Arab Emirates	1			1
荷属安的列斯	Netherlands Antilles	35	34		1
奥地利	Austria	170	145	3	22
澳大利亚	Australia	382	266	5	111
巴巴多斯	Barbados	1	1		
比利时	Belgium	134	116	1	17
保加利亚	Bulgaria	4	2	1	1
百慕大群岛	Bermuda	6	5	1	
文莱	Brunei Darussalam	1		1	
巴西	Brazil	35	21	1	13
巴哈马	Bahamas	9	4	1	4
白俄罗斯	Belarus	2			2
加拿大	Canada	270	225	12	33
瑞士	Switzerland	1103	867	10	226
汤加	Tonga	1			1
智利	Chile	1	1		
古巴	Cuba	9	9		
塞浦路斯	Cyprus	5	3	1	1
捷克	Czech Republic	12	3		9
德国	Germany	3709	2894	32	783
丹麦	Denmark	283	194	23	66
爱沙尼亚	Estonia	1	1		
埃及	Egypt	1			1
西班牙	Spain	161	65	5	91
芬兰	Finland	496	402	2	92
法国	France	1674	1328	6	340
英国	United Kingdom	885	638	16	231
直布罗陀	Gibraltar	2	2		
希腊	Greece	6	4		2
克罗地亚	Croatia	5	4		1
匈牙利	Hungary	22	22		
印度尼西亚	Indonesia	11	3	1	7
爱尔兰	Ireland	48	24	7	17
以色列	Israel	76	68		8
印度	India	67	38		29
冰岛	Iceland	6	6		

6－8 续表　Continued

单位:件　　(piece)

国家(地区)	Country (Region)	合计 Total	发明 Invention	实用新型 Utility Model	外观设计 Design
意大利	Italy	691	388	15	288
日本	Japan	18418	13883	577	3958
韩国	Democratic People's Republic of Korea	3273	2509	127	637
科威特	Kuwait	1			1
开曼群岛	Cayman Islands	13	5	3	5
哈萨克斯坦	Kazakhstan	1	1		
黎巴嫩	Lebanon	2		2	
列支敦士登	Liechtenstein	68	28		40
卢森堡	Luxembourg	38	37		1
拉托维亚	Latvia	1	1		
摩纳哥	Monaco	8	7		1
毛里求斯	Mauritius	5			5
墨西哥	Mexico	5	5		
马来西亚	Malaysia	27	10	4	13
尼日利亚	Nigeria	2			2
荷兰	Netherlands	1333	1179	5	149
挪威	Norway	69	62		7
新西兰	New Zealand	24	23		1
巴拿马	Panama	16	14	2	
菲律宾	Philippines	2	1	1	
波兰	Poland	4	1	2	1
葡萄牙	Portugal	4	1		3
罗马尼亚	Romania	1	1		
俄罗斯联邦	Russian Federation	47	37	10	
沙特阿拉伯	Saudi Arabia	8	7		1
塞舌尔	Seychelles	1	1		
瑞典	Sweden	775	690	2	83
新加坡	Singapore	99	47	5	47
斯洛文尼亚	Slovenia	9	8		1
斯洛伐克	Slovakia	3	1		2
萨尔瓦多	El Salvador	1	1		
泰国	Thailand	19	2	2	15
土耳其	Turkey	21	6		15
乌克兰	Ukraine	3	3		
美国	United States of America	7595	6160	290	1145
乌拉圭	Uruguay	1	1		
委内瑞拉	Venezuela	6	5		1
维尔京群岛	Virgin Islands, British	114	43	32	39
萨摩亚	Samoa	4		4	
南非	South Africa	38	37		1

6-9 按国际专利标准分类的发明、实用新型专利申请和授权(2005年)

Inventions and Utility Models of Patents Applications Received and Granted by International Patent Classification(2005)

单位:件　　(piece)

项　目　Item	申请 Application	授权 Granted
合计 Total	**287162**	**132654**
A部(人类生活需要)Section A: Human Necessities	**57692**	**25744**
农、林、牧、渔 Agriculture, Forestry, Animal Husbandry and Fishery	6802	3157
烘烤、食用面团 Baking and Edible Doughs	460	210
屠宰、加工 Butchering and Meat Treatment	113	49
食品、食物及处理 Foods and Foodstuffs and their Treatment	3610	1334
烟类及用品 Tobacco, Cigars and Cigarettes	855	357
服装 Wearing Apparel	1433	611
帽类制品 Headwear	291	123
鞋类 Footwear	1295	635
男用服饰用品、珠宝 Haberdashery and Jewelry	490	310
手携及旅行用品 Hand or Traveling Articles	2140	946
刷类用品 Brushware	606	307
家具、家庭日用品或设备 Furniture, Domestic Articles, and Appliance	10865	5313
医学、兽医学、卫生学 Medical or Veterinary Science and Hygiene	24875	10179
救生、消防 Life -saving and Fire-fighting	621	458
运动、游戏、娱乐活动 Sports, Games and Amusements	3236	1755
B部(作业、运输) Section B: Performing Operaton and Transportation	**47676**	**24880**
物理或化学的方法功能装置 Physical or Chemical Processes or Apparatus	4296	2262
破碎、研磨、粉碎 Crushing,Pulverizing or Disintegrating	750	422
分选、分离 Separation of Solid Materials, Electrostatic Separation	321	172
离心装置、离心机 Centrifugal Apparatus or Machines	163	77
喷射、雾化 Spraying or Atomizing in General	1102	579
机械振动的产生和传递 Generating or transmitting Mechanical Vibrations	68	42
固体分离、分选 Separating Solids from Solids	401	249
清洁 Cleaning	523	231
固体废料的处理 Disposal of Solid Waste	218	121
金属加工、冲裁 Mechanical Metal-working and Punching Metal	1547	837
铸造、粉末冶金 Casting and Powder Metallurgy	1075	585
机床、其他金属加工 Machine Tools	3397	1647
磨削、抛光 Grinding and Polishing	851	398
简单工具 Hand tools, Portable Power Tools and Workshop Equipment	1786	826
手工切割工具、切断 Hand Cutting Tools, Cutting and Servering	997	425
木材加工、保存、钉钉机 Preserving Wood and Nailing or Stapling	635	321
加工水泥、粘土和石料 Working Cement, Clay or Stone	561	431
塑料制品的加工 Working of Plastics	2145	1009
压力机 Presses	330	155
纸品制作、纸的加工 Making Paper Articles and Working Paper	206	150
叠层产品 Layered Products	970	365
印刷、打字机、印刷机 Pringting, Lining Machines, and Typewriters	2008	1127
装订、图册、文件夹 Bookbinding, Albums, and Files	704	394
绘图具、办公附属用品 Writing or Drawing Appliances	1828	776

6-9 续表 1 Continued

单位:件 (piece)

项 目 Item	申请 Application	授权 Granted
装饰艺术 Decorative Arts	847	422
一般车辆 Vehicles in General	5561	2982
铁路 Railways	465	298
无轨陆用车牌 Land Vehicles other than on Rails	3770	1948
船舶、船只,有关的设备 Ships and Related Equipment	624	295
飞行器、航空、宇宙航行 Aircraft and Aviation	247	104
输送、包装、存储、搬运 Conveying aand Packing Filamentary Material	7143	4175
卷扬、提升、牵引 Hoistng, Lifting, and Hauling	1586	851
液体的储运 Opening or Closing Bottles, Jars or Similar Containers	361	161
鞍具、室内装璜 Saddlery and Upholstery	21	7
微观结构技术 Micro-Structural Technology	114	30
超微技术 Nano-Technology	55	6
C 部(化学、冶金) Section C: Chemistry and Metallurgy	**29451**	**14378**
无机化学 Inorganic Chemistry	1460	776
水、废污水、泥浆的处理 Treatment of Water, waste Water, Sewage or Sludge	2104	1259
玻璃、矿棉和渣棉 Glass, Mineral or Slag Wool	785	542
水泥、陶瓷等、隔音材料 Cements, Concrete, Ceramics, Refractories	1213	577
肥料及制造 Fertilizers and Manufacture Thereof	350	163
炸药、火柴 Explosives and Matches	45	54
有机化学 Organic Chemistry	6507	3248
有机高分子化合物 Organic Macromolecular Compounds	4310	2066
杂料、涂料、抛光剂等 Dyes, Paints, Polishes, Resins, and Adhesives	2853	1230
石油、煤气及炼焦工业 Petroleum, Gas or Coke Industries	1656	738
动植物油、脂类 Animal or Vegetable Oils, Fats	590	339
生化、酒、醋、酶、遗传工程 Biochemistry, Beer, Spirits, Wine, Microbiology	3546	1377
糖或淀粉工业 Sugar Industry	35	9
大小原皮、毛皮、皮革 Skins, Hides, Pelts, Leather	82	33
黑色冶金 Metallurgy of Iron	716	444
冶金学、合金或有色合金 Metallurgy, Ferrous or Non-ferrous Alloys	1146	508
金属加工涂料、防腐防绣 Coating Metallic Material	1163	561
电解电泳方法及设备 Electrolytic or Electrophoretic Processes	653	364
晶体生长 Crystal Growth	237	90
D 部(纺织、造纸) Section D: Textiles and Papers	**5352**	**2432**
线、纤维、纺纱 Natural or Artificial Threads or Fibres, Spinning	1044	510
纺纱、整经或络经 Yarn, Mechanical Finishing of Yarns or Ropes	215	56
织造 Weaving	390	163
编带、花边、针织、整理 Braiding, Lacce-making, Knitting	582	252
缝纫、绣花、簇绒 Sewing, Embroidering, Tufting	410	233
织物等的处理、洗涤 Treatment of Textiles, Laundering	1993	795
绳、除电缆外的缆绳 Ropes, Cables other than Electric	106	74
造纸、纤维素的生产 Paper-making, Production of Cellulose	612	349
E 部(固定建筑物) Section E: Fixed Constructions	**16015**	**8955**
道路、铁路和桥梁的建筑 Construction od Roads, Railways, or Bridges	1372	743
水利工程、基础、运土 Hydraulic Engineering, Foundations, Soil-shifting	1461	789
给水、排水 Water Supply, Sewerage	1944	1005

6－9 续表2 Continued

单位:件 (piece)

项 目 Item	申请 Application	授权 Granted
建筑物 Building	4725	2475
锁、钥匙、门窗、保险箱 Locks, Keys, Windows or Door Fittings	2382	1414
一般门、窗、百叶窗、梯子 Doors, Windows, Shutters, or Roller Blinds in General	1778	1110
钻进、采矿 Earth Drilling, Mining	2353	1419
F 部(机械工程) Section F: Mechanical Engineering	**32691**	**15503**
一般机器、发动机、蒸汽机 Machines or Engines in General	1332	559
内燃机等 Combustion Engines	2464	987
液力机械和其他发动机 Machines or Engines for Liquids	970	239
液体变容机械、泵 Prositive-displacement Machines for Liquids	3065	1472
液压调节器、液压技术 Fluid-pressure Acurators	423	257
工程元件或部件 Engineering Elements of Units	9047	3988
气体或液体的储藏或分配 Storing or Distributing Gases or Liquids	276	145
照明 Lighting	2301	1142
蒸汽的产生 Steam Generation	209	100
燃烧设备、燃烧技术 Combustion Apparatus	1702	1000
采暖、炉灶、通风 Heating, Ranges, Ventilating	6491	3400
制冷气体的液化和固化 Refrigeration or Cooling, Heat Pump System	1890	899
干燥 Drying	391	204
炉、窑、灶、罐 Furnaces, Kins, Ovens	497	315
一般热交换 Heat Exchanges in General	1094	508
武器 Weapons	298	157
弹药、爆破 Ammunition, Blasting	241	131
G 部(物理) Section G: Physics	**45951**	**18415**
测量、测试 Measuring,Testing	11507	5421
光学技术 Optics	5587	2297
照相术、电影术、电刻术 Photographpy,Cinematography, Electrography	2991	1070
测时技术 Horology	482	255
控制、调节技术 Controlling, Regulating, Counting	1352	415
计算、推算、计数技术 Computing, Calculating, Counting	12441	4316
核算装置 Checking Devices	786	342
信号装置 Signaling	1558	431
教育、密码、显示、广告等 Educating, Cryptography, Advertising, Seals	4153	1343
乐器、声学 Musical Instruments, Acoustics	931	570
信息的储存 Information Storage	3699	1766
仪器的零部件 Instrument Details	326	113
核物理、核工程 Nuclear Physics, Nuclear Engineering	138	76
H 部(电学) Section H: Electricity	**52334**	**22347**
基本电器元件 Basic Electric Elements	18911	10251
电力的发电、变电或配电 Generation, Conversion, or Distribution of Electric Power	5769	2465
基本电子电路 Basic Electronic Circuitry	1886	773
电信技术 Electric Communication Technique	21578	7013
其他类不包括的电技术 Electric Technique not Otherwise Provided for	4190	1845

6-10 国外主要检索工具收录我国论文总数及在世界上的位置

Number of Chinese Paper Taken by Major Foreign Referencing Systems and Precedence in the World

单位:篇 (piece)

项 目 Item	1995	1997	1998	1999	2000	2001	2002	2003	2004
篇数合计 Total Number	**26395**	**35311**	**35003**	**46188**	**49678**	**64526**	**77395**	**93352**	**111356**
《Science Citation Index》	13134	16883	19838	24476	30499	35685	40758	49788	57377
《Index to Science and Technical Proceeding》	5152	5790	5273	6905	6016	10263	13413	18567	20479
《Engineering Index》	8109	12638	9892	14807	13163	18578	23224	24997	33500
位次 Precedence									
《Science Citation Index》	15	12	12	10	8	8	6	6	5
《Index to Science and Technical Proceeding》	10	9	10	8	8	6	5	6	5
《Engineering Index》	7	4	5	3	3	3	2	3	2

6-11 国外主要检索工具收录的我国科技人员在国内外期刊上发表论文数

Number of Papers by Chinese Scientists and Technicians Published in Domestic and Foreign Periodicals and Taken by Major Foreign Referencing System

单位:篇 (piece)

项 目 Item	1995	1997	1998	1999	2000	2001	2002	2003	2004
《Science Citation Index》收录合计	**7980**	**10033**	**11456**	**19936**	**22608**	**25889**	**31572**	**38092**	**45351**
Taken by SCI									
国内发表 Published in Domestic Periodicals	1087	1708	2119	7647	9208	9580	11425	12441	13498
比重(%) As % of Total	14	17	19	38	41	37	36	32.7	29.8
国外发表 Published in Foreign Periodicals	6893	8325	9337	12289	13400	16309	20147	25651	31853
比重(%) As % of Total	86	83	81	62	59	63	64	67.3	70.2
《Engineering Index》收录合计	**6791**	**9834**	**8220**	**13155**	**13991**	**15605**	**19268**	**26857**	**32881**
Taken by《Engineering Index》									
国内发表 Published in Domestic Periodicals	3038	5121	4160	8324	8293	9055	6458	13329	17442
比重(%) As % of Total	45	52	51	63	59	58	34	49.6	53
国外发表 Published in Foreign Periodicals	3753	4713	4060	4821	5698	6550	12810	13528	15439
比重(%) As % of Total	55	48	49	37	41	42	66	50.4	47

*1999 年开始使用《SCI-EXPANDED》统计。

6-12 国外主要检索工具收录我国科技论文按学科分布(2004年)

Chinese Scientific Papers Taken by Major Foreign Referencing System by Discipline (2004)

单位:篇,% (piece、%)

学科 Discipline	位次 Precedence	篇数 pieces				比重 as % of total		
		合计 Total	SCI	EI	ISTP	SCI	EI	ISTP
合计 Total		**95632**	**45351**	**32881**	**17400**	**47.0**	**34.0**	**18.0**
数学 Mathematics	7	4035	2554	1239	242	63.0	31.0	6.0
力学 Mechanics	13	2310	644	1492	174	28.0	65.0	8.0
信息、系统科学 Information, Systems Science	20	1110	523		587	47.0		53.0
物理学 Physics	2	11462	7923	3139	400	69.0	27.0	3.0
化学 Chemistry	1	16920	12111	4248	561	72.0	25.0	3.0
天文学 Astronomy	26	512	330	71	111	64.0	14.0	22.0
地学 Earth Science	9	3381	1670	1123	588	49.0	33.0	17.0
生物学 Biology	6	5099	3441	1190	468	67.0	23.0	9.0
预防医学与卫生学 Protective Medicine	32	135	114		21	84.4		15.6
基础医学 Basic Medicine	17	1528	1218	84	226	79.7	5.5	14.8
药学 Pharmacy	22	779	737		42	94.6		5.4
临床医学 Clinic Medicine	12	2521	1642		879	65.1		34.9
中医学 Traditional Chinese Medicine	38	43	43			100.0		
军事医学与特种医学 Special Medicine	37	55	55			100.0		
农学 Agriculture	23	668	344	89	235	51.5	13.3	35.2
林学 Forestry	40	10	8		2	80.0		20.0
畜牧、兽医科学 Livestock, Veterinary Medicine	36	60	57		3	95.0		5.0
水产学 Aquatic	35	66	29		37	43.9		56.1
测绘科学技术 Surveying & Mapping	33	102		51	51		50.0	50.0
材料科学 Material Science	4	6857	4718	1697	442	68.8	24.7	6.4
工程与技术基础学科 Engineering & Basic Technology Science	21	783	3	430	350	0.4	54.9	44.7
矿山工程技术 Mining	25	537	121	365	51	22.5	68.0	9.5
能源科学技术 Energy	15	1818	319	844	655	17.5	46.4	36.0
冶金、金属学 Metallurgy, Metallography	14	1930	472	1309	149	24.5	67.8	7.7
机械、仪表 Machinery, Instrument	11	3047	685	1127	1235	22.5	37.0	40.5
动力与电气 Power & Electrical Engineering	8	3734	141	2973	620	3.8	79.6	16.6
核科学技术 Nuclear Technology	30	199	118	62	19	59.3	31.2	9.5
电子、通讯与自动控制 Electronics, Communication & Automation	3	9633	1123	4379	4131	11.7	45.5	42.9
计算技术 Computer	5	6799	1725	1870	3204	25.4	27.5	47.1
化工 Chemical Engineering	10	3283	1141	1899	243	34.8	57.8	7.4
轻工、纺织 Light Industry & Textile Industry	29	229	51	11	167	22.3	4.8	72.9
食品 Food	31	145	119	19	7	82.1	13.1	4.8
土木建筑 Civil Construction	16	1650	230	1124	296	13.9	68.1	17.9
水利 Water Conservancy	28	302	58	184	60	19.2	60.9	19.9
交通运输 Transportaiton	27	432	19	328	85	4.4	75.9	19.7
航空航天 Aviation and Aerospace	24	559	40	508	11	7.2	90.9	2.0
环境 Environment	18	1502	733	454	315	48.8	30.2	21.0
安全科学技术 Security	34	76	30	41	5	39.5	53.9	6.6
管理 Management Science	19	1297	47	531	719	3.6	40.9	55.4
其他 Others	39	24	15		9	63.0		38.0

6－13 国外主要检索工具收录我国科技论文按地区分布(2004年)

Chinese Scientific Papers Taken by Major Foreign Referencing System by Region (2004)

单位:篇、%　　　　(piece、%)

地区	Region	位次 Precedence	篇数 pieces 合计 Total	SCI	EI	ISTP	比重 as % of total SCI	EI	ISTP
全国	**Total**		**95632**	**45351**	**32881**	**17400**	**47.0**	**34.0**	**18.0**
北京	Beijing	1	23533	11168	7854	4511	47.5	33.4	19.2
天津	Tianjin	10	3439	1509	1302	628	43.9	37.9	18.3
河北	Hebei	18	1046	453	365	228	43.3	34.9	21.8
山西	Shanxi	21	889	497	262	130	55.9	29.5	14.6
内蒙古	Neimenggu	27	89	50	22	17	56.2	24.7	19.1
辽宁	Liaoning	7	4369	1877	1737	755	43.0	39.8	17.3
吉林	Jilin	15	2675	1504	790	381	56.2	29.5	14.2
黑龙江	Heilongjiang	12	3230	832	1403	995	25.8	43.4	30.8
上海	Shanghai	2	11385	5575	3982	1828	49.0	35.0	16.1
江苏	Jiangsu	3	6930	3315	2495	1120	47.8	36.0	16.2
浙江	Zhejiang	4	5392	2584	1813	995	47.9	33.6	18.5
安徽	Anhui	13	3188	1771	1018	399	55.6	31.9	12.5
福建	Fujian	17	1554	1011	357	186	65.1	23.0	12.0
江西	Jiangxi	24	231	129	72	30	55.8	31.2	13.0
山东	Shandong	11	3287	1872	1060	355	57.0	32.2	10.8
河南	Henan	20	929	500	297	132	53.8	32.0	14.2
湖北	Hubei	5	5188	2404	1638	1146	46.3	31.6	22.1
湖南	Hunan	14	2839	1220	1081	538	43.0	38.1	19.0
广东	Guangdong	9	3442	1749	989	704	50.8	28.7	20.5
广西	Guangxi	23	328	156	84	88	47.6	25.6	26.8
海南	Hainan	29	20	14	5	1	70.0	25.0	5.0
重庆	Chongqing	19	1045	417	278	350	39.9	26.6	33.5
四川	Sichuan	8	3497	1396	1251	850	39.9	35.8	24.3
贵州	Guizhou	25	167	95	48	24	56.9	28.7	14.4
云南	Yunnan	22	539	386	118	35	71.6	21.9	6.5
西藏	Xizang	31	1		1			100.0	
陕西	Shaanxi	6	4494	1611	2029	854	35.8	45.1	19.0
甘肃	Gansu	16	1681	1125	480	76	66.9	28.6	4.5
青海	Qinghai	28	41	33	4	4	80.5	9.8	9.8
宁夏	Ningxia	30	9	1	6	2	11.1	66.7	22.2
新疆	Xinjiang	26	148	79	40	29	53.4	27.0	19.6
地区不详			27	18		9	66.7		33.3

6-14 1999-2003年《SCI》收录的我国科技论文在2004年被引用情况

Citation of Chinese Scientific Papers Taken in SCI

单位:篇 (piece)

项 目 Item	1999	2000	2001	2002	2003	合计
收录论文数(A) Number of Papers Taken by SCI	13357	15313	17995	21204	26142	94011
被引用论文数(B) Number of Papers Cited	3667	5310	6577	8393	8589	32536
收录论文被引用次数(C) Times of Citation	8006	12231	15593	21074	18330	75234
B/A	0.28	0.35	0.37	0.40	0.33	0.41
C/B	2.18	2.30	2.37	2.51	2.13	2.31
C/A	0.60	0.80	0.87	0.99	0.70	0.95

6-15 中文科技期刊刊登的科技论文篇数按机构类型分类(2004年)

Scientific Papers Published in Chinese Science and Technology Periodicals by Type of Institutions (2004)

单位:篇 (piece)

项 目 Item	总计 Total	高等院校 Universities	研究机构 Research Institutions	企业 Enterprises	医院 Hospital	其他 Others
合计 Total	**311737**	**214710**	**34043**	**13673**	**35691**	**13620**
基础学科 Basic Disciplines	54883	41983	9655	680	527	2038
数学 Mathematics	6425	6144	200	30	2	49
力学 Mechanics	1467	1353	88	6		20
信息、系统 Information, System Science	7332	6401	473	64	153	241
物理 Physics	6137	4853	1196	22	8	58
化学 Chemistry	11417	9367	1558	143	15	334
天文 Astronomy	283	94	174	1		14
地学 Earth Sciences	8991	4383	3239	345	2	1022
生物 Biological Sciences	12831	9388	2727	69	347	300
医药卫生 Medical Care	112294	68404	5168	431	34491	3800
农林牧渔 Agriculture, Forestry, Animal Husbandry and Fishery	20748	11432	6178	375	24	2739
工业技术 Manufacturing Technology	114941	85846	12446	11863	303	4483
其他 Other	8871	7045	596	324	346	560

6-16 重大科技成果

Major Research Results of Science and Technology

单位:项 (item)

项 目 Item	1998	1999	2000	2001	2002	2003	2004	2005
合计 Total	**28584**	**31060**	**32858**	**28448**	**26697**	**30486**	**31720**	**32359**
#基础理论 Elementary Theory	3258	2490	2368	1970	1808	2006	2839	2129
#应用技术 Applied Technology	23015	26706	28843	25119	23649	26837	27363	28559
#软科学 Soft Science	2311	1864	1647	1359	1240	1643	1518	1671
按完成单位类型分 by Type of Performing Institutes								
研究机构 R&D Institutes	6863	9322	7859	6244	5543	6794	6869	6140
高等院校 Universities	7336	6841	6508	6156	5640	6546	6857	7469
企业 Enterprises	7979	9595	10586	9371	8821	10084	10286	11525
其他 Other	6406	5302	7905	6677	6693	7062	7708	7225
应用技术成果按行业分 by Industries								
农林牧渔业 Farming, Forestry, Animal Husbandry and Fishery	3698	3714	4147	3695	3453	3722	4186	5123
采掘业 Mining and Quarrying	630	481	600	1201	667	674	695	1004
制造业 Manufacturing	5530	5467	5334	3997	3786	4795	4143	5054
电力、煤气及水的生产和供应业 Electric Power, Gas and Water Production and Supply	798	947	1279	1483	1244	1412	1349	1274
建筑业 Construction	979	983	1189	1246	1031	1149	1247	1334
地质勘查业水利管理业 Geological Prospecting and Water Conservancy	769	556	580	820	710	741	628	655
交通运输仓储及邮电通信业 Transportation, Storage, Postal and Telecommunications Services	1176	1323	1963	1715	1535	2037	1637	1641
批发和零售贸易餐饮业 Wholesale and Retail Trade and Catering Services	248	182	152	184	156	153	150	109
金融保险业 Finance and Insurance	149	122	244	320	210	231	208	175
房地产业 Real Estate Management	340	161	176	208	159	145	208	72
社会服务业 Social Services	386	258	404	376	326	341	390	407
卫生体育和社会福利业 Health Care, Sports, and Social Welfare	4984	5557	6009	5184	4836	5319	5590	5834
教育文化艺术和广播电影电视业 Education, Culture, and Arts, Radio, Film and Television	436	313	456	455	376	437	424	253
科学研究和综合技术服务业 Scientific Research and Polytechnic Services	1766	3567	2154	1812	3242	3427	4057	4234
国家机关党政机关和社会团体 Government Agencies, Party Agencies and Social Organizations	353	199	501	384	395	561	622	649
其他 Other	773	2876	3655	2039	1523	1693	1829	741

6－17 国家级科技奖励
National S&T Awards

单位:项 (item)

项 目 Item	1997	1998	1999	2000	2001	2002	2003	2004	2005
合计 Total	**626**	**543**	**602**	**288**	**223**	**263**	**254**	**300**	**314**
一、获国家科学技术进步奖 National S&T Advance Award	**475**	**471**	**476**	**250**	**191**	**218**	**216**	**244**	**236**
特等 Special Class	3	3	2				1		
一等 1st Class	19	22	17	22	17	18	16	16	18
二等 2nd Class	150	133	143	228	174	200	199	228	218
三等 3rd Class	303	313	314						
二、获国家技术发明奖 National Invention Award	**100**	**72**	**69**	**23**	**14**	**21**	**19**	**28**	**40**
特等 Special Class									
一等 1st Class	1							2	1
二等 2nd Class	13	10	13	23	14	21	19	26	39
三等 3rd Class	46	30	38						
四等 4th Class	40	32	18						
三、获国家自然科学奖 National Natural Sciences Award	**51**		**57**	**15**	**18**	**24**	**19**	**28**	**38**
一等 1st Class	1					1	1		
二等 2nd Class	8		10	15	18	23	18	28	38
三等 3rd Class	30		31						
四等 4th Class	12		16						

6－18　国家级科技奖励分布
Distribution of National S&T Awards

单位:项　　　　　　　　　　　　　　　　　　　　　　　　　　　　(item)

项　目　Item	1997	1998	1999	2000	2001	2002	2003	2004	2005
一、国家科技进步奖 National S&T Advance Award	**475**	**471**	**506**	**250**	**191**	**218**	**216**	**244**	**236**
按行业分 by Industries									
工业交通 Manufacturing and Transportation	144	145	136	79	86	75	101	123	113
农林牧渔 Agriculture, Forestry, Animal Husbandry and Fishery	70	69	65	24	23	33	23	31	27
文教卫生 Education, Culture and Health Care	70	67	55	35	24	25	22	29	35
国防公安 National Defense and Public Security	108	106	144	71	54	62	63	59	61
其他 Others	83	84	106	41	4	23	7	2	
按隶属分 by Subordination									
部委 Ministries and Commissions	333	310	297	123	75	64	50	63	62
省市自治区 Province	92	87	106	51	54	64	70	83	79
其它单位 Others						28	33	36	31
军口 Military System	50	74	73	76	62	62	63	61	64
二、国家发明奖 National Invention Award	**100**	**72**	**69**	**23**	**14**	**21**	**19**	**28**	**40**
按行业分 by Industries									
工业交通 Manufacturing and Transportation	39	21	26	16	9	13	12	16	28
农林牧渔 Agriculture, Forestry, Animal Husbandry and Fishery	14	11	11	1	1	3	1	3	5
文教卫生 Education, Culture and Health Care	10	3	3	3	2	1	1	1	1
国防公安 National Defense and Public Security	25	20	16	2	2	3	5	8	6
其他 Others	12	17	13	1		1			
按隶属分 by Subordination									
部委 Ministries and Commissions	54	38	37	12	4	7	3	9	12
省市自治区 Province	38	26	24	9	7	8	4	7	15
其它单位 Others						3	7	4	6
军口 Military System	8	8	8	2	2	3	5	8	7
三、获国家自然科学奖 National Natural Sciences Award	**51**		**57**	**15**	**18**	**24**	**19**	**28**	**38**
按学科分 by Disciplines									
数理 Maths & Physics	10		12	3	4	5	3	6	7
化学 Chemistry	8		8	3	1	5	4	6	6
生物医学 Biol-medical	7		9	3	6	5	5	6	10
地球 Earth Sciences	14		12	5	3	3	2	3	6
材料工程 Material Engineering	7		9	1	3	4	2	3	7
信息 Information	5		7		1	2	3	4	2
其他 Other									
按隶属分 by Subordination									
部委 Ministries and Commissions	38		44	11	14	13	8	16	17
省市自治区 Province	7		12	4	3	5	8	8	20
专家推荐 Expertise						6	3	4	1
军口 Military System	1								
国外 Foreign	5								

6－19 全国技术市场成交合同数

Contract Deals in Domestic Technical Markets

单位:项 (item)

项 目 Item	1999	2000	2001	2002	2003	2004	2005
一、按合同类型分 by Type of Contracts	**264496**	**241008**	**229702**	**237093**	**267997**	**264638**	**265010**
技术开发 Technology Development	43380	47324	45427	48411	58591	66480	75977
技术转让 Technology Transfer	36313	27624	25638	22749	25118	23204	27328
技术咨询 Technology Consultation	44889	44411	43346	48782	59256	56204	48463
技术服务 Technology Service	139914	121649	115291	117151	125032	118750	113242
二、按卖方类型分 by Type of Sellers	**264496**	**241008**	**229702**	**237093**	**267997**	**264638**	**265010**
科研机构 R&D Institutes	66699	62468	56753	52060	59989	55247	60169
大中专院校 Universities	32705	31202	29553	31257	37974	39289	42100
工业企业 Industrial Enterprises	34407	40934	47177	57480	73390	89398	92170
技术贸易机构 Technology Trade Agencies	95068	68873	67238	67555	74113	59768	46675
个人及个人合伙 Individuals or in Partners	10521	5747	5504	4826	4609	3350	3563
其他 Other	25096	31784	23477	23915	17922	17548	20333
三、按企业买方类型分 by Type of Buyers of Enterprises	**150212**	**155999**	**164044**	**175093**	**196605**	**196050**	**193796**
国有企业 State-own Enterprise	69711	65697	55796	52676	44967	42552	39243
集体企业 Collective-own Enterprises	37207	24269	23935	16276	17632	13750	12266
私营企业 Private Enterprise	21282	17278	9617	13009	19482	12920	14989
有限责任公司 Limited Company	14015	34845	53524	68589	86186	97073	97837
股份有限公司 Share Holding Company	6635	10880	18590	21559	25293	25995	24866
港澳台商投资企业 Gang, Ao, Tai-Invested Joint Venture	635	1298	885	1068	925	1161	1479
外商投资企业 Foreign-Invested Enterprises	727	1732	1697	1916	2120	2599	3116

6－20　全国技术市场成交合同金额

Value of Contractual Deals in Domestic Technical Markets

单位:万元　　　　　　　　　　　　　　　　　　　　　　　　　　　　　　(10 000 yuan)

项　目　Item	1999	2000	2001	2002	2003	2004	2005
一、按合同类型分 by Type of Contracts	**5234544**	**6507519**	**7827489**	**8841713**	**10846727**	**13343630**	**15513694**
技术开发 Technology Development	2019721	2405017	3097061	3629959	4260691	5089647	5697377
技术转让 Technology Transfer	911856	1578757	2038727	2024073	2462116	2947324	3600207
技术咨询 Technology Consultation	329693	382002	430805	541279	715256	838179	950318
技术服务 Technology Service	1973274	2141743	2260896	2646402	3408664	4468480	5265792
二、按卖方类型分 by Type of Sellers	**5234544**	**6507519**	**7827489**	**8841713**	**10846727**	**13343630**	**15513694**
科研机构 R&D Institutes	1639014	1663127	1816447	1870829	1913669	1904281	2379653
大中专院校 Universities	622819	1105282	864067	726423	1066945	1166153	1225820
工业企业 Industrial Enterprises	1091667	1426338	2856100	3585850	5187431	7541196	9189631
技术贸易机构 Technology Trade Agencies	993110	1035197	1082778	1387621	1464591	1499467	1431029
个人及个人合伙 Individuals or in Partners	115140	204040	130152	74565	76871	81149	89272
其他 Other	772794	1073535	1077945	1196425	1137220	1151384	1198290
三、按企业买方类型分 by Type of Buyers of Enterprises	**3310761**	**4573520**	**5736291**	**6420039**	**8007481**	**10066279**	**11707816**
国有企业 State-own Enterprise	1685610	1774988	1778165	1917331	2142338	2207125	2959561
集体企业 Collective-own Enterprises	477626	402421	288871	234964	291719	402881	281571
私营企业 Private Enterprise	211064	150238	199055	288799	343844	278208	422585
有限责任公司 Limited Company	629701	1297539	2044323	2398769	3353227	5091883	5445674
股份有限公司 Share Holding Company	206482	358389	651566	789220	1122593	1302608	1335510
港澳台商投资企业 Gang, Ao, Tai-Invested Joint Venture	33320	78702	203242	84351	58263	63952	129289
外商投资企业 Foreign-Invested Enterprises	66958	511243	571069	706605	695497	719622	1133625

6－21 各地区技术市场成交合同数

Contract Deals in Domestic Technical Markets by Region

单位:项 (item)

地 区	Region	1999	2000	2001	2002	2003	2004	2005
全 国	**Total**	**264496**	**241008**	**229702**	**237093**	**267997**	**264638**	**265010**
东部地区	Eastern Region	175184	165313	163819	175186	203496	199165	196151
中部地区	Mid Region	68458	56226	49151	45997	48671	49050	49248
西部地区	Western Region	20854	19469	16732	15910	15830	16423	19611
北 京	Beijing	20711	21270	23921	27038	32173	35549	37625
天 津	Tianjin	5572	6415	7335	6889	7278	8002	11295
河 北	Hebei	9399	3340	1886	1901	2152	2622	3338
山 西	Shanxi	232	290	256	698	407	439	556
内蒙古	Neimenggu	4407	3075	2148	776	679	1147	1160
辽 宁	Liaoning	12682	11455	10197	9571	11528	11504	13826
吉 林	Jilin	5498	5386	4990	4550	4436	3599	3879
黑龙江	Heilongjiang	10218	9883	2229	2548	2918	2485	2041
上 海	Shanghai	19721	20974	23816	26010	27292	27327	30290
江 苏	Jiangsu	40471	28618	30855	33150	30393	31020	26178
浙 江	Zhejiang	25479	31218	33728	38400	50861	39974	20628
安 徽	Anhui	2794	3184	4034	3599	4082	4092	5113
福 建	Fujian	6506	5597	4589	4668	5496	5656	6510
江 西	Jiangxi	2802	5068	3033	2899	2721	3114	3321
山 东	Shandong	29135	30962	17840	19263	24368	26154	31908
河 南	Henan	13376	4097	2824	3209	3668	3691	3770
湖 北	Hubei	9664	7203	9024	9832	9124	12260	11131
湖 南	Hunan	23874	21115	22761	18662	21315	19370	19437
广 东	Guangdong	5004	5464	9270	8265	11924	11328	14432
广 西	Guangxi	1533	912	1117	906	748	655	558
海 南	Hainan	504		382	31	31	29	121
重 庆	Chongqing	1374	1610	1594	1098	1925	1768	2730
四 川	Sichuan	4313	3441	1870	1966	3278	4272	4933
贵 州	Guizhou	128	43	46	551	318	407	466
云 南	Yunnan	2033	2054	1802	2059	2082	1857	1853
西 藏	Tibet							
陕 西	Shaanxi	2640	4023	6023	5496	3221	2467	3392
甘 肃	Gansu	3200	2960	317	993	1526	1646	1877
青 海	Qinghai	540		236	329	205	327	318
宁 夏	Ningxia	201	233	266	386	332	258	323
新 疆	Xinjiang	485	1118	1313	1350	1516	1619	2001

6-22 各地区技术市场成交合同金额
Value of Contractual Inflows in Domestic Technical Markets by Region

单位:万元 (10 000 yuan)

地 区	Region	1999	2000	2001	2002	2003	2004	2005
全 国	**Total**	**5234544**	**6507519**	**7827489**	**8841713**	**10846727**	**13343630**	**15513694**
东部地区	Eastern Region	3351953	4515047	5661567	6500517	7995226	10188850	12374906
中部地区	Mid Region	1043071	1133795	1186213	1230890	1386526	1551098	1749560
西部地区	Western Region	839519	858677	979709	1110306	1464975	1603682	1389229
北 京	Beijing	921889	1402871	1910065	2211738	2653574	4249975	4895922
天 津	Tianjin	220296	262581	306009	363262	420008	450276	507093
河 北	Hebei	153795	94143	46784	60406	67969	72718	103827
山 西	Shanxi	3955	5258	14693	39014	32251	59960	47980
内蒙古	Neimenggu	29687	60287	62359	58197	108452	104085	109939
辽 宁	Liaoning	301546	347817	408698	508326	620200	752817	865167
吉 林	Jilin	103498	71390	88543	82921	87292	107900	122261
黑龙江	Heilongjiang	157121	152382	111035	120110	121165	125715	142585
上 海	Shanghai	366324	738952	1061603	1202170	1427790	1716963	2317328
江 苏	Jiangsu	416683	449568	529165	594873	765163	897855	1008296
浙 江	Zhejiang	188496	276275	316652	389438	530353	581465	386954
安 徽	Anhui	48626	61012	64145	75423	87960	90675	142553
福 建	Fujian	80868	172601	136941	128988	166779	141395	171959
江 西	Jiangxi	51444	69299	62724	62891	83324	93661	111227
山 东	Shandong	275121	288135	321938	347650	525682	750850	983614
河 南	Henan	201661	211621	212589	178506	192690	203207	263737
湖 北	Hubei	230161	276000	338597	348603	412538	461700	501823
湖 南	Hunan	246605	286833	293887	323422	369306	408280	417394
广 东	Guangdong	344528	482104	539722	684532	805730	572651	1124740
广 西	Guangxi	25344	17741	37753	44406	41808	90955	94059
海 南	Hainan	82407		83990	9134	11978	1885	10007
重 庆	Chongqing	325345	296594	289484	409433	555083	596186	357059
四 川	Sichuan	125931	104150	126311	77524	128686	165640	190823
贵 州	Guizhou	762	620	599	13484	17892	13533	10488
云 南	Yunnan	172339	187742	255279	179496	228718	215555	159175
西 藏	Tibet							
陕 西	Shaanxi	82537	92560	84615	151554	168022	139129	188977
甘 肃	Gansu	25816	26413	27393	54644	77581	119608	172736
青 海	Qinghai	4282		4657	12373	8291	12793	11812
宁 夏	Ningxia	4654	6402	8872	8496	10047	12827	14131
新 疆	Xinjiang	42822	66168	82387	100699	120395	133371	80029

6-23 技术市场技术流向地域(合同数)

Contract Inflows to Domestic Technical Markets by Region

单位:项 (item)

地 区	Region	1998	1999	2000	2001	2002	2003	2004	2005
全 国	**Total**	**281782**	**264496**	**241008**	**229702**	**237093**	**267997**	**264638**	**265010**
东部地区	Eastern Region	186242	172243	161446	160832	168209	195057	190139	185882
中部地区	Mid Region	66305	64662	54854	46281	45478	48551	48793	49668
西部地区	Western Region	29235	27335	23905	20147	21331	21924	23002	26203
北 京	Beijing	15414	14559	16998	16195	17276	21387	23237	24206
天 津	Tianjin	7535	5876	6297	6850	5671	6189	7027	8719
河 北	Hebei	21696	9210	5230	3638	3632	4276	4851	5719
山 西	Shanxi	1755	1764	1693	1249	1868	1672	1845	2112
内蒙古	Neimenggu	3803	5171	3907	2914	1487	1530	2084	2426
辽 宁	Liaoning	13010	12785	9631	9689	9319	10292	10815	12677
吉 林	Jilin	4802	5228	5257	4993	4502	4349	3592	3655
黑龙江	Heilongjiang	10610	9063	8391	2971	3280	3768	3643	3315
上 海	Shanghai	17129	18605	21036	22717	24645	26166	26581	28606
江 苏	Jiangsu	41967	36789	25957	29202	31133	28074	26757	22675
浙 江	Zhejiang	23062	26413	29197	33747	38427	50679	40239	23639
安 徽	Anhui	3562	3225	3276	3362	3045	3447	4025	5299
福 建	Fujian	6643	7745	6532	5638	5372	6781	6713	7729
江 西	Jiangxi	4826	4049	5772	3284	3467	3638	3766	4014
山 东	Shandong	29552	31256	30909	20760	21890	26999	28652	34362
河 南	Henan	15134	11732	5312	3814	4387	5087	5220	5382
湖 北	Hubei	9744	8020	6166	7352	8118	7534	9459	8419
湖 南	Hunan	15872	21581	18987	19256	16811	19056	17243	17472
广 东	Guangdong	9343	8026	9277	11746	10412	13771	14812	16930
广 西	Guangxi	2147	2034	1566	1788	1677	1561	1482	1382
海 南	Hainan	891	979	382	650	432	443	454	620
重 庆	Chongqing	2435	1731	1639	1583	1430	2247	1886	2416
四 川	Sichuan	7098	6000	4330	2946	3063	4117	4767	5483
贵 州	Guizhou	1035	1249	806	611	1208	1229	1175	1294
云 南	Yunnan	2857	2697	2754	2397	2742	2886	3114	3493
西 藏	Tibet	55	37	41	71	93	95	83	87
陕 西	Shaanxi	3180	2146	2582	3963	4526	2802	2703	3427
甘 肃	Gansu	2453	3623	3590	885	1662	2082	2095	2106
青 海	Qinghai	698	810	280	460	638	487	587	606
宁 夏	Ningxia	818	466	488	466	684	530	494	603
新 疆	Xinjiang	2656	1371	1922	2063	2121	2358	2532	2880
港澳台	Taiwan, Macao & Hongkong		77	203	265	231	317	385	383
其 它	Other		179	600	2177	1844	2148	2319	2874

6-24 技术市场技术流向地域(合同金额)

Value of Contractual Inflows to Domestic Technical Markets by Region

单位:万元 (10 000 yuan)

地 区	Region	1998	1999	2000	2001	2002	2003	2004	2005
全 国	**Total**	**4358228**	**5234544**	**6507519**	**7827489**	**8841713**	**10846727**	**13343630**	**15513694**
东部地区	Eastern Region	2665240	3233472	4326995	5283623	5497169	7023630	8593734	9897950
中部地区	Mid Region	957942	1082717	1024928	1189459	1318959	1458703	1835423	1950447
西部地区	Western Region	735046	861115	898411	1154901	1290327	1653698	1944565	1912047
北 京	Beijing	488692	596177	1031906	1265786	1221450	1554698	2622122	2468704
天 津	Tianjin	187310	207963	231158	278593	327808	375363	425792	381307
河 北	Hebei	142243	157913	163950	115412	140416	159251	213172	301803
山 西	Shanxi	42511	88961	49350	60104	107826	127311	160211	215430
内蒙古	Neimenggu	37029	43664	79600	84291	103019	151723	167241	301516
辽 宁	Liaoning	289291	311332	326885	386687	421852	479685	329476	855864
吉 林	Jilin	90173	106171	78926	103570	104469	120162	118764	134995
黑龙江	Heilongjiang	184639	145270	155168	123141	126770	132629	148357	153920
上 海	Shanghai	330306	383685	633736	970110	1031660	1274888	1586172	1746358
江 苏	Jiangsu	310100	354546	411821	496369	528419	748114	816018	849194
浙 江	Zhejiang	213460	218765	303584	383328	441292	633039	665931	589430
安 徽	Anhui	45809	54384	66604	82081	90357	97017	135567	204344
福 建	Fujian	92464	113385	193767	176242	158639	207635	202952	250239
江 西	Jiangxi	45687	79365	66104	68326	80195	162123	173589	132315
山 东	Shandong	229464	377530	345610	445567	480009	741602	953518	1143692
河 南	Henan	174963	182656	190434	213028	208120	238466	243627	358430
湖 北	Hubei	154468	187409	190942	284923	316095	303856	358152	393847
湖 南	Hunan	219692	238501	227400	254286	285127	277139	497154	357167
广 东	Guangdong	333307	423772	669783	664496	721967	819589	754631	1217999
广 西	Guangxi	57623	33350	38736	57675	66729	71785	132929	116309
海 南	Hainan	48603	88404	14795	101033	23657	29766	23949	93360
重 庆	Chongqing	80759	204307	164500	193421	331867	312251	415044	322759
四 川	Sichuan	193718	153643	128590	154186	128784	199430	300235	231663
贵 州	Guizhou	25959	19200	16522	23307	38492	104378	55119	53871
云 南	Yunnan	156189	194576	228497	304949	207002	271710	275359	294254
西 藏	Tibet	2665	753	2994	8463	6443	15012	21756	7989
陕 西	Shaanxi	56338	83227	84188	94803	143097	135801	148402	189469
甘 肃	Gansu	44878	44708	54557	63195	79619	164079	155866	173761
青 海	Qinghai	12028	13961	7628	16870	24518	28739	31313	29174
宁 夏	Ningxia	9462	13459	9752	27544	24318	23998	26869	35262
新 疆	Xinjiang	58398	56267	82847	126197	136439	174792	214432	156021
港澳台	Taiwan, Macao & Hongkong		24172	47241	68354	124048	60685	200281	142287
其 它	Other		33068	209944	131152	611210	650011	769627	1610964

6-25 按合同类别分技术市场技术流向地域(合同数)(2005年)

Contract Inflows to Domestic Technical Markets by Region (2005)

单位:项 (item)

地 区 Region		合计 Total	技术开发 Technology Development	技术转让 Technology Transfer	技术咨询 Technology Consultation	技术服务 Technology Service
全 国	**Total**	**265010**	**75977**	**27328**	**48463**	**113242**
东部地区	Eastern Region	185882	50853	19572	35310	80147
中部地区	Mid Region	49668	13545	5801	8355	21967
西部地区	Western Region	26203	9232	1772	4719	10480
北 京	Beijing	24206	6860	1006	3648	12692
天 津	Tianjin	8719	1932	283	1919	4585
河 北	Hebei	5719	2020	538	777	2384
山 西	Shanxi	2112	680	277	279	876
内蒙古	Neimenggu	2426	546	158	499	1223
辽 宁	Liaoning	12677	2129	617	4565	5366
吉 林	Jilin	3655	901	317	1006	1431
黑龙江	Heilongjiang	3315	938	165	454	1758
上 海	Shanghai	28606	4877	2431	4934	16364
江 苏	Jiangsu	22675	6304	2314	4151	9906
浙 江	Zhejiang	23639	7075	1296	8373	6895
安 徽	Anhui	5299	1401	417	1329	2152
福 建	Fujian	7729	1726	361	1749	3893
江 西	Jiangxi	4014	1248	419	964	1383
山 东	Shandong	34362	11614	9181	3310	10257
河 南	Henan	5382	1545	773	582	2482
湖 北	Hubei	8419	2593	1388	1263	3175
湖 南	Hunan	17472	4239	2045	2478	8710
广 东	Guangdong	16930	6128	1427	1803	7572
广 西	Guangxi	1382	403	113	297	569
海 南	Hainan	620	188	118	81	233
重 庆	Chongqing	2416	725	182	651	858
四 川	Sichuan	5483	2159	387	1081	1856
贵 州	Guizhou	1294	568	101	164	461
云 南	Yunnan	3493	1563	168	264	1498
西 藏	Tibet	87	28	3	11	45
陕 西	Shaanxi	3427	1610	195	383	1239
甘 肃	Gansu	2106	657	78	265	1106
青 海	Qinghai	606	157	76	56	317
宁 夏	Ningxia	603	272	15	81	235
新 疆	Xinjiang	2880	544	296	967	1073
港澳台	Taiwan, Macao & Hongkong	383	185	25	15	158
其 它	Other	2874	2162	158	64	490

6－26 按合同类别分技术市场技术流向地域(合同金额)(2005年)

Value of Contractual Inflows to Domestic Technical Markets by Region (2005)

单位:万元 (10 000 yuan)

地 区 Region	合计 Total	技术开发 Technology Development	技术转让 Technology Transfer	技术咨询 Technology Consultation	技术服务 Technology Service
全 国 Total	**15513694**	**5697377**	**3600207**	**950318**	**5265792**
东部地区 Eastern Region	9897950	3217355	2743398	723951	3213246
中部地区 Mid Region	1950447	753671	354486	111839	730451
西部地区 Western Region	1912047	741253	265787	112161	792846
北 京 Beijing	2468704	635306	550459	165998	1116942
天 津 Tianjin	381307	189673	40349	24268	127018
河 北 Hebei	301803	89935	41116	16687	154064
山 西 Shanxi	215430	45089	33121	8577	128643
内蒙古 Neimenggu	301516	81480	15476	18195	186365
辽 宁 Liaoning	855864	236526	126487	136061	356789
吉 林 Jilin	134995	49629	31494	15438	38433
黑龙江 Heilongjiang	153920	63943	12707	8611	68659
上 海 Shanghai	1746358	371667	1052121	62538	260033
江 苏 Jiangsu	849194	375820	149141	70971	253261
浙 江 Zhejiang	589430	224958	76254	94232	193985
安 徽 Anhui	204344	85985	21843	24996	71520
福 建 Fujian	250239	68508	92902	16841	71988
江 西 Jiangxi	132315	58139	17107	11016	46054
山 东 Shandong	1143692	434136	323878	72153	313524
河 南 Henan	358430	160101	54266	12586	131476
湖 北 Hubei	393847	195038	98922	11519	88368
湖 南 Hunan	357167	95747	85026	19095	157299
广 东 Guangdong	1217999	518119	281737	62858	355285
广 西 Guangxi	116309	81324	8266	5707	21013
海 南 Hainan	93360	72706	8954	1342	10357
重 庆 Chongqing	322759	100078	120015	10075	92592
四 川 Sichuan	231663	87882	37827	13924	92030
贵 州 Guizhou	53871	24106	3591	5700	20474
云 南 Yunnan	294254	148213	9684	8700	127658
西 藏 Tibet	7989	3346	815	574	3254
陕 西 Shaanxi	189469	95144	18858	10913	64554
甘 肃 Gansu	173761	55643	25870	15761	76487
青 海 Qinghai	29174	14047	3768	1506	9852
宁 夏 Ningxia	35262	16919	852	3520	13971
新 疆 Xinjiang	156021	33071	20767	17587	84596
港澳台 Taiwan, Macao & Hongkong	142287	54763	72385	361	14778
其 它 Other	1610964	930335	164151	2007	514471

6-27 按地区分的国外技术引进合同(2005年)

Technology Contracts Imported by Region (2005)

单位:万美元 (USD 10 000)

地区 Region		合同数(项) Number of Contracts (item)	合同金额 Value of Contracts	技术费 for Technology	设备费 for Equipment
全国	**Total**	**9901**	**1904303**	**1182654**	**721658**
东部地区	Eastern Region	8316	1326187	954079	372116
中部地区	Mid Region	673	170357	106972	63385
西部地区	Western Region	683	85386	61894	23492
北京	Beijing	2013	401684	176536	225149
天津	Tianjin	509	26575	24887	1695
河北	Hebei	60	6334	5479	855
山西	Shanxi	17	744	744	
内蒙古	Neimenggu	7	3754	451	3303
辽宁	Liaoning	296	26096	23885	2211
吉林	Jilin	206	26157	25322	835
黑龙江	Heilongjiang	31	5375	4456	919
上海	Shanghai	2878	534217	435376	98841
江苏	Jiangsu	512	59432	56508	2926
浙江	Zhejiang	504	112588	109309	3279
安徽	Anhui	184	63330	15150	48180
福建	Fujian	341	27369	27188	181
江西	Jiangxi	68	7249	5019	2230
山东	Shandong	657	42814	26079	16736
河南	Henan	19	3554	2517	1037
湖北	Hubei	111	44489	43769	720
湖南	Hunan	37	19459	9996	9463
广东	Guangdong	537	84708	64463	20245
广西	Guangxi	50	2810	2809	2
海南	Hainan	9	4370	4370	
重庆	Chongqing	211	15863	15850	13
四川	Sichuan	245	28744	17193	11550
贵州	Guizhou	14	5817	5817	
云南	Yunnan	68	4994	2901	2093
西藏	Tibet				
陕西	Shaanxi	40	5124	5106	19
甘肃	Gansu	7	3765	3765	
青海	Qinghai	9	3200	1383	1817
宁夏	Ningxia	13	6405	4722	1683
新疆	Xinjiang	19	4911	1898	3013

注:国外技术引进合同有一部分无法按地区分类,所以分地区之和不等于全国总计。

6-28 按行业分的国外技术引进合同(2005年)

Technology Contracts Imported by Industry (2005)

单位:万美元 (USD 10 000)

项 目 Item	合同数(项) Number of Contracts (item)	合同金额 Value of Contracts	技术费 for Technology	设备费 for Equipment
总 计 Total	**9901**	**1904303**	**1182654**	**721658**
农、林、牧、渔业 Farming, Forestry, Animal Husbandry and Fishery	66	8038	8038	
采掘业 Mining and Quarrying	259	88620	36107	52514
制造业 Manufacturing	5857	1091232	848931	242309
电力、煤气及水的生产和供应业 Production and Supply of Electricity, Gas and Water	216	165670	36156	129514
建筑业 Construction	168	6313	5409	903
地质勘查业、水利管理业 Geological Prospecting and Water Conservancy	8	550	514	35
交通运输、仓储及邮电通信业 Transport, Storage, Post and Telecommunications	218	331160	60299	270861
批发和零售贸易、餐饮业 Wholesale, Retail Trade and Catering Service	106	12678	12674	4
金融、保险业 Finance and Insurance	24	1284	1284	
房地产业 Real Estate	732	31811	29614	2197
社会服务业 Public Service	1068	63963	63728	235
卫生、体育和社会福利业 Health Care, Sporting and Social Welfare	15	403	362	41
教育、文化艺术及广播电影电视业 Education, Culture and Arts, Radio, Film and Television	114	2888	2877	11
科学研究和综合技术服务业 Scientific Research and Polytechnic Service	190	6818	6530	288
国家机关、政党机关和社会团体 Government, Party Agencies and Social Organizations	9	66	66	
其他行业 Other	850	92779	70033	22746

6-29 国外技术引进合同按引进方式分(2005年)
Technology Contracts Imported by type of Import (2005)

单位:万美元 (USD 10 000)

项　目　Item	合同数(项) Number of Contracts (item)	合同金额 Value of Contracts	技术费 for Technology	设备费 for Equipment
总计 Total	**9901**	**1904303**	**1182654**	**721658**
专利技术的许可或转让(包括专利申请权的转让) Patent Technology License and Transfer	320	127838	118143	9695
专有技术的许可或转让 Technology License and Transfer	1662	509533	493937	15598
技术咨询、技术服务 Technology Consultation and Service	6011	472845	384083	88769
计算机软件的进口 Import of Computer Software	1150	43251	43095	156
商标许可 Trade Mark License	62	27181	27181	
合资生产、合作生产等 Joint-venture Production and Cooperative Production	116	172294	34679	137615
为实施以上内容而进口的成套设备、关键设备、生产线等 Comolete Set of Equipment, Key Equipment and Production Line	311	533312	69144	464168
其它方式的技术进口 Other	269	18050	12393	5657

6-30 按引进国别和地区分的国外技术引进合同(2005年)

Technology Contracts Imported by Country or Area(2005)

单位:万美元 (USD 10 000)

国别和地区	Country or Area	合同数(项) Number of Contracts (item)	合同金额 Value of Contracts	技术费 for Technology	设备费 for Equipment
总计	**Total**	**9901**	**1904303**	**1182654**	**721658**
阿拉伯酋长国	United Arab Emirates	2	2011	2011	
巴林	Bahrain	1	79	79	
文莱	Brunei	5	438	438	
塞浦路斯	Cyprus	3	783	783	
中国香港	Hongkong	1159	55899	46066	9834
以色列	Israel	22	765	765	
印度	India	40	1158	1158	
日本	Japan	2573	385462	322613	62858
韩国	Republic of Korea	617	89268	81446	7822
老挝	Laos	1	25	25	
马来西亚	Malaysia	37	4793	3105	1689
菲律宾	Philippines	4	25	25	
巴基斯坦	Pakistan	2	71	71	
新加坡	Singapore	305	19558	15633	3925
泰国	Thailand	26	1046	1046	
土耳其	Turkey	2	411	411	
中国台湾	Taiwan	243	9866	9684	181
埃及	Egypt	1			
摩洛哥	Morocco	1	9	9	
毛里塔尼亚	Mauritania	1	1	1	
毛里求斯	Mauritius	6	59	59	
苏丹	Sudan	1	2	2	
乌干达	Uganda	1	4	4	
南非	South Africa	6	223	203	20
奥地利	Austria	108	24748	13434	11314
比利时	Belgium	42	19463	5049	14415
白俄罗斯	Belarus	3	34	34	
瑞士	Swiss	121	41674	35957	5717
捷克共和国	Czech Republic	8	14237	13950	287
德意志联邦共和国	Germany	1060	499643	185304	314338
丹麦	Danmark	51	8475	3174	5302
西班牙	Spain	42	6827	2758	4069
芬兰	Finland	36	36777	32493	4285

6-30 续表 Continued

单位:万美元 (USD 10 000)

国别和地区	Country or Area	合同数(项) Number of Contracts (item)	合同金额 Value of Contracts	技术费 for technology	设备费 for equipment
法国	France	336	135422	60667	74755
英国	Britain	359	39432	33924	5508
希腊	Greece	2	9.12	9.12	
匈牙利	Hungary	1	129	129	
爱尔兰	Ireland	103	4362	4362	
意大利	Italy	161	55318	15724	39593
哈萨克斯坦	Kazakhstan	1	25	25	
列支敦士登	Liechtenstein	7	591	591	
立陶宛	Lithuania	2	46	46	
卢森堡	Luxemburg	9	2328	1731	597
荷兰	Netherland	103	35565	32930	2635
挪威	Norway	42	1967	1698	269
波兰	Poland	7	77	77	
葡萄牙	Portugal	14	192	192	
罗马尼亚	Romania	2	18	18	
俄罗斯	Russia	31	2911	1823	1088
瑞典	Sweden	65	23016	14906	8110
乌克兰	Ukraine	11	614	612	2
乌兹别克斯坦	Uzbekistan	3	47	47	
阿根廷	Argentina	1	4	4	
巴西	Brazil	4	239	239	
古巴	Cuba	1	25	25	
法属圭亚那	French Guyana	1	25	25	
开曼群岛	Cayman Is.	7	892	892	
墨西哥	Mexico	4	9	9	
乌拉圭	Uruguay	2	48	48	
委内瑞拉	Venezuela	1			
英属维尔京	Virgin	96	12924	10532	2392
百慕大	Bermuda	21	2486	2486	
加拿大	Canada	186	11141	5941	5200
美国	United States	1537	339549	205159	134390
澳大利亚	Australia	188	9725	8824	901
新西兰	New Zealand	3	261	261	
巴布亚新几内亚	Papua New Guinea	1	6	6	
萨摩亚	Samoa	39	591	591	

6-31 高技术产品的进出口贸易额按类别分(2005年)

Exports and Imports of High-tech Products (2005)

单位:百万美元、%　　(USD million、%)

项 目 Item	出口贸易总额 Export	构成 Composition	进口贸易总额 Import	构成 Composition	进出口贸易总额 Export and Import
合计 Total	**218248**	**100**	**197708**	**100**	**415956**
计算机技术 Computers	104837	48.0	34297	17.3	139133
通信技术 Telecommunications	72277	33.1	26048	13.2	98325
生命科学技术 Life Science	4563	2.1	4576	2.3	9139
电子技术 Electronics	24479	11.2	100882	51.0	125361
计算机集成制造技术 Computer Integrated Manufacturing	2078	1.0	16584	8.4	18662
航空航天技术 Aerospace and Aeronautics	1410	0.6	8714	4.4	10124
光电技术 Opto-electronics	7179	3.3	3424	1.7	10604
生物技术 Biotechnology	268	0.1	142	0.1	411
材料技术 Material	864	0.4	2848	1.4	3712
其它技术 Others	293	0.1	193	0.1	486

6－32　高技术产品、工业制成品、初级产品的进出口贸易额

Imports and Exports of High-tech Products, Manufactured Goods and Primary Goods

单位:亿美元　　(USD 100 million)

项　目　Item	1995	1998	1999	2000	2001	2002	2003	2004	2005
一、商品出进口贸易总额 Total value of Exports and Imports	**2808**	**3239**	**3606**	**4743**	**5098**	**6208**	**8512**	**11548**	**14221**
工业制成品 Manufactured Goods	2350	2804	3139	4021	4376	5430	7437	9969	12254
占总额(%) % of Total Exports and Imports	83.7	86.6	87.0	85.0	85.9	87.5	87.4	86.3	86.2
#高技术产品 High-tech Products	319	495	623	896	1106	1507	2296	3267	4160
占总额(%) % of Total Exports and Imports	11.4	15.3	17.3	18.9	21.7	24.3	27.0	28.3	29.2
占工业制成品(%) % of Total Manufactured Goods	13.6	17.6	19.8	22.3	25.3	27.8	30.9	32.8	33.9
初级产品 Primary Goods	459	436	468	722	721	778	1076	1579	1967
占总额(%) % of Total Exports and Imports	16.3	13.4	13.0	15.0	14.1	12.5	12.6	13.7	13.8
二、商品出口贸易总额 Total Value of Exports	**1488**	**1838**	**1949**	**2492**	**2662**	**3256**	**4384**	**5934**	**7620**
工业制成品 Manufactured Goods	1273	1632	1750	2238	2398	2971	4036	5528	7130
占总额(%) % of Total Exports	85.6	88.8	89.8	89.8	90.1	91.3	92.1	93.2	93.6
#高技术产品 High-tech Products	101	203	247	370	465	679	1103	1654	2182
占总额(%) % of Total Exports	6.8	11.0	12.7	14.9	17.5	20.8	25.2	27.9	28.6
占工业制成品(%) % of Total Manufactured Goods	7.9	12.4	14.1	16.6	19.4	22.8	27.3	29.9	30.6
初级产品 Primary Goods	215	206	199	255	264	285	348	406	490
占总额(%) % of Total Exports	14.4	11.2	10.2	10.2	9.9	8.7	7.9	6.8	6.4
三、商品进口贸易总额 Total Value of Imports	**1321**	**1402**	**1657**	**2251**	**2436**	**2952**	**4128**	**5614**	**6601**
工业制成品 Manufactured Goods	1077	1172	1389	1784	1978	2459	3401	4441	5124
占总额(%) % of Total Impost	81.5	83.6	83.8	79.2	81.2	83.3	82.4	79.1	77.6
#高技术产品 High-tech Products	218	292	376	525	641	828	1193	1613	1977
占总额(%) % of Total Imports	16.5	20.8	22.7	23.3	26.3	28.1	28.9	28.7	30.0
占工业制成品(%) % of Total Manufactured Goods	20.3	24.9	27.1	29.4	32.4	33.7	35.1	36.3	38.6
初级产品 Primary Goods	244	230	268	467	458	493	728	1173	1477
占总额(%) % of Total Imports	18.5	16.4	16.2	20.8	18.8	16.7	17.6	20.9	22.4
四、商品出进口贸易差额 Balance	**167**	**436**	**292**	**241**	**225**	**304**	**256**	**319**	**1019**
工业制成品 Manufactured Goods	196	459	361	241	420	512	635	1087	2006
高技术产品 High-tech Products	－117	－90	－129	－155	－177	－150	－90	41	205
初级产品 Primary Goods	－29	－24	－69	－213	－194	－208	－380	－768	－987

七、科技服务
Scientific and Technologic Services

7－1　全国地质勘查分部门情况
Basic Statistics on Geological Work by Sector

项　目　Item	年末从业人员(人) Employees at year end (person)	#技术人员 Technical Personnel	地质勘查工作费用(万元) Expenditure on Geological Work(10 000 yuan)
一、按年度分（By Year）			
1993	1058557	91491	1458115
1994	994952	87729	1857485
1995	969269	84411	2141855
1996	807663	79994	2581164
1997	792126	80775	2920572
1998	742998	39407	3008294
1999 *	314789	41955	2075697
2000	258713	38863	2176666
2001	240148	51059	2223651
2002	221524	52310	2220273
2003	209398	47470	2597619
2004	224978	49661	3129145
2005	234582	58587	3444127
二、全国情况（By Sector）			
属地化单位 Localized Unit	53122	24604	485178
冶金部门 Metallurgic Industry	1137	706	17590
有色金属部门 Nonferrous	242	137	2191
地质调查局 Geological Prospecting	1217	954	21281
武警黄金部门 Gold Industry	3717	756	5906
煤田部门 Coal Industry	2902	652	33157
石油天然气 Oil Industry	94248	11091	1644703
海洋石油部门 Offshore Oil	6886	5129	251400
石化集团 Petrol-chem Corp.	66298	12701	887220
核工业部门 Nuclear Industry	1698	1083	13808
化工部门 Chemical Engineering	1658		9648
建材部门 Building Material	1311	725	7984
中联煤层气公司 China United Coalbed Methane Corporation, Ltd.	146	49	64061

注：原地矿、有色、轻工所属地勘单位已全部属地化，与各部门的属地化单位合称属地化单位。

7－2　全国地质勘查分地区情况(2005年)
Basic Statistics on Geological Work by Region (2005)

地　区　Region		年末从业人员(人) Employees at year-end (person)	#技术人员 Technical Personnel	地质勘查工作费用(万元) Expenditure on Geological Work (10 000 yuan)
全　国	**Total**	**234582**	**58587**	**3444127**
北　京	Beijing	1342	795	13370
天　津	Tianjin	11086	3321	133704
河　北	Hebei	27009	6414	216126
山　西	Shanxi	3897	1158	77392
内蒙古	Neimenggu	2676	1234	53322
辽　宁	Liaoning	15672	1682	79559
吉　林	Jilin	10763	2075	159289
黑龙江	Heilongjiang	17821	2406	325925
上　海	Shanghai	1442	538	16843
江　苏	Jiangsu	10406	2419	71982
浙　江	Zhejiang	507	268	5919
安　徽	Anhui	3573	1201	52818
福　建	Fujian	1224	159	13839
江　西	Jiangxi	1782	1363	13230
山　东	Shandong	24646	4368	274085
河　南	Henan	25115	5613	130633
湖　北	Hubei	10329	2714	39622
湖　南	Hunan	2981	1138	15744
广　东	Guangdong	4504	3319	165678
广　西	Guangxi	1921	1072	20284
海　南	Hainan	477	239	729
重　庆	Chongqing	2037	667	112441
四　川	Sichuan	15757	1720	223560
贵　州	Guizhou	1846	968	26235
云　南	Yunnan	3949	1571	142001
西　藏	Tibet	683	383	10296
陕　西	Shaanxi	10441	3055	168373
甘　肃	Gansu	4509	1611	130352
青　海	Qinghai	2802	1021	67983
宁　夏	Ningxia	940	875	15569
新　疆	Xinjiang	12348	3162	657108

注:全国总计中含我国在国外开展的地质勘查工作数据。

7-3 全国气象部门基本情况
Basic Statistics on Meteorological Units

项　目　Item	1998	1999	2000	2001	2002	2003	2004	2005
一、气象业务站点(个) Operating Station (Unit)								
1. 地面观测站点数 Surface Observation Stations	2691	2800	2819	2422	2409	2411	2414	2405
2. 高空探测站点数 Upper-air Observation Stations	138	138	156	120	124	124	124	120
3. 自动气象站 Automatic Weather Stations	216	324	550	831	974	1416	3144	7813
4. 天气雷达观测站点数 Weather Radar Observation Stations	233	237	238	256	236	243	245	253
5. 大气成分观测站点 Atmospheric Composition Observation Stations								21
6. 太阳辐射观测站点 Solar Radiation Observation Stations	99	99	99	96	99	99	94	105
7. 农业气象观测站点 Agro-Meteorological Observation Stations	1125	1134	1125	833	783	780	784	769
8. 生态与农业气象试验站点 Ecological & Agro-Meteorological Observation Stations	70	69	68	70	66	66	68	67
9. 卫星云图接收站点数 Satellite Cloud Images Receiving Stations (unit)	277	315	319	356	454	413	389	435
10. 大气本底站 Atmospheric Background Stations	4	4	4	4	4	4	4	6
11. 闪电定位监测站 Lightning Location Monitoring Stations					72	104	142	234
12. 沙尘暴监测 Sand and Dust Storm Monitoring					61	85	94	85
13. 紫外线观测 UV Observation					86	100	121	178
14. 酸雨观测 Acid Rain Observation	82	82	82	82	123	220	277	299
15. 臭氧观测 Ozone Observation	3	3	3	3	3	10	9	14
16. 干湿沉降观测 Dry & Wet Deposition Observation	1	1	1	1	28	38	63	99
二、气象科学数据共享服务数据量(GB) Quantity of Meteorological Data (GB)							**2261**	**2089**
三、装备 Equipment								
1. 拥有计算机数(台) Number of Computers (unit)	20933	26737	27724	28634	33219	37898	43671	50683
高性能计算机 High-powered Computers					24	32	56	62
服务器及工作站(套) Servers and Workstations (set)					410	536	608	768
PC 服务器 PC Servers					814	1109	1463	1903
PC 机(含 PC 工作站) Personal Computers					31971	36221	41544	47950
2. 拥有雷达数(部) Number of Radar (unit)	437	441	436	405	401	426	436	488
3. 云图接收机数(台) Number of cloud Images Receiving Stations	308	346	354	355	569	567	457	506
4. 电视会商系统设备 TV Conference Facilities					57	138	335	729
5. 人工影响天气作业设备 Facilities for Conducting Weather Modification Operations								
高炮 Cloud Seeding Guns				5901	6022	6122	6580	6393
火箭发射系统 Cloud Seeding Rocket Launchers				2406	2886	3453	4010	4129
四、人员(人) Number of Personnel (Person)								
全国气象部门职工总数 Total Staff and Workers	63390	62116	59113	58162	56872	56590	57023	53214

7-4 海洋观测预报单位机构、人员情况

Institutions and Personnel in Ocean Observation and Forecasting

项 目 Item	中心站 Central Station	观测站 Observing Station	监测监视中心 Monitoring Center	预报区台 Forecast Station	预测中心 Forecast Center
一、机构数（个）					
Institutions (unit)					
1993	9	53	3	3	1
1994	7	56	4	3	1
1995	9	57	4	3	1
1996	10	56	4	3	1
1997	10	60	4	3	1
1998	10	56	4	3	1
1999	12	60	4	3	1
2000	12	60	4	3	1
2001	12	60	4	3	1
2002	12	63	4	3	1
2003	12	63	4	3	1
2004	12	63	4	3	1
2005	12	63	4	3	1
二、人员数（人）					
Personnel (person)					
1993	348	582	488	307	360
1994	267	558	819	292	360
1995	348	580	697	300	358
1996	379	557	690	289	360
1997	531	592	624	574	358
1998	395	525	777	304	313
1999	362	468	809	352	269
2000	362	468	809	352	269
2001	362	468	809	352	269
2002	530	427	739	421	313
2003	530	427	739	421	313
2004	530	427	739	421	313
2005	530	427	739	421	313

7-5 海洋监测调查情况(2005 年)

Basic Statistics on Ocean Observation (2005)

项 目 Item	合计 Total	#台站监测 Station Observation	#污染监测网 Pollution Monitoring	#验潮井 Tide Well	#浮标监测 Buoy Monitoring	#断面调查 Sectional Monitoring
站点(个) Stations (unit)	4409	64	4169	54	3	119
数据(万组) data(10 000 groups)	470.2	290	92.2	63	3.0	22.0

7－6　地震台、网基本情况（2005 年）
Statistics of Earthquake Monitoring Stations and Networks（2005）

地　区　Region		国家地震观测台、网 National Seismic Observation Stations, Networks			国家地震遥测台、网 National Seismic Telemetric Stations, Networks		市、县地震台 Municipality/ County-level Seismic Stations		企业台 Number of enterprise Stations
		国家级台 number of National stations	省级台 number of provincial stations	强　震观测点 Number of Strong motion observation spots	台网 Number of Seismic networks	子台 Sub-seismic Stations	市、县级台 Munici-pality/ County-level seismic Stations	宏　观观测点 Macro-observation Spots	
全　国	**National Total**	**139**	**287**	**359**	**82**	**810**	**899**	**9042**	**140**
北　京	Beijing	4	7	45	3	92	65	119	2
天　津	Tianjin	4	5	34	1	28			
河　北	Hebei	6	29	19	4	47	29	66	13
山　西	Shanxi	5	6	11	7	51	28	694	25
内蒙古	Inner Mongolia	6	16		1	8	23	334	4
辽　宁	Liaoning	6	12	2	5	57	28	396	5
吉　林	Jilin	5	5		1	5	23	500	
黑龙江	Heilongjiang	6	6	64	4	19	2	47	
上　海	Shanghai	2	13	28	1	28	7	9	
江　苏	Jiangsu	8	11	8	4	35	54	194	4
浙　江	Zhejiang	3	4		4	27	28	3	
安　徽	Anhui	3	9		1	11	19	626	3
福　建	Fujian	4	10	4	1	31	46	102	
江　西	Jiangxi	2	1		1	8	15	94	
山　东	Shandong	7	18	3	5	32	9	752	6
河　南	Henan	2	10		1	8	11	662	5
湖　北	Hubei	4	6	4	5	54	27		
湖　南	Hunan	2	5		1	11	26		44
广　东	Guangdong	5	11	10	6	39	23	132	
广　西	Guangxi	3	5		4	28		630	
海　南	Hainan	2	4		1	10	13	238	
重　庆	Chongqing	1					3	8	
四　川	Sichuan	7	19	16	8	79	93	428	9
贵　州	Guizhou								
云　南	Yunnan	10	20	46	1		195	867	1
西　藏	Tibet	3	5		1	6			
陕　西	Shaanxi	5	9		1	16	46	439	9
甘　肃	Gansu	9	18	25	3	25	57	817	6
青　海	Qinghai	3	8	9	5	32	9	706	3
宁　夏	Ningxia	4	3	3	1	7	20	98	1
新　疆	Xinjiang	8	12	28	1	16		81	

7－7　国家标准、计量
Statistics on National Standards

项　目　　Item	1993	1994	1995	1996
一、本年度制、修订标准合计(个)	**1411**	**1304**	**1319**	**1387**
制定 Formulation	1109	883	899	818
修订 Redaction	302	421	420	569
二、国标标准采用程度合计(个)	**602**	**438**	**505**	**560**
等同 Same	45	59	96	203
修改 Modified	148	140	185	186
非等效 Non-equivalent	409	239	224	171
三、计量基准、标准建立情况				
类别 Categories	10	10	10	10
项别 Items	85	87	86	83
种别 Sorts	144	147	147	143
四、计量仪器检定按类别分(台、件)				
合计 Total	24976346	25735737	26344211	27611905
长度 Length	2550392	2419281	2441130	2584605
温度 Temperature	525141	630550	534085	670683
力学 Mechanics	18366649	18638860	8845119	19252999
衡器 Weighing Apparatus	10533832	10728650	10442331	10229244
电磁 Electromagnetism	2972965	3373039	3688655	4012280
光学 Optics	114313	117165	113448	157343
声学 Acoustics	9179	11518	15262	19272
化学 Chemistry	142023	168165	151530	228704
放射性 Radioactivity	10643	12637	18485	32522
无线电 Radio	59443	70586	94819	86536
时间频率 Time Frequency	13351	45841	32525	77136
其他 Other	212247	248095	409153	489825

7－8　地方标准、质量监督
Statistics on Local Standards

项　目　　Item	1993	1994	1995	1996
本年末标准累计(个) Number of Standards (unit)	16910	11473	8553	10216
本年度制、修订标准合计(个) Number of Standards for Formulation or Redaction (unit)	934	1030	985	801
制定 Formulation	866	1017	930	787
修订 Redaction	68	13	55	14
产品质量监督检验企业数(家) Number of Enterprises Supervised and Checked for Product Quality (unit)	235252	265975	260490	301839
检验批次数(批次) Inspection Batch-time (batch-time)	409691	439125	435900	476885
批次合格率(%) Rate of Batch-time Qualified (%)	77.75	77.38	77	78

基本情况
and Measurement

1997	1998	1999	2000	2001	2002	2003	2004	2005
1162	**990**	**900**	**1087**	**1045**	**1049**	**1653**	**893**	**1320**
658	587	477	605	497	514	734	458	690
504	403	423	482	548	535	919	435	630
688	600	526	538	492	608	661	365	711
281	249	194	230	213	222	361	151	417
267	235	194	220	167	269	192	147	220
140	116	138	88	112	117	108	67	74
10	10	10	10	10	10	10	10	10
87	88	133	133	133	133	130	130	130
141	140	190	191	190	190	177	177	177
29374465	27597670	31004284	40058507	38935133	44993208	41587596	40006798	36210234
2358173	2086995	2283278	2990725	3033660	3475520	3476880	2885297	2632844
689446	669758	745406	5019420	1294382	1881378	1421727	1182162	1385405
20153072	17955936	18393406	20325728	20623794	23679332	21153580	19729179	18116433
9751864	8971949	9470396	8197099	8375575	8051990	7937044	6331145	6138724
4997291	5231026	7569615	8565969	10885992	11827159	11610007	13204391	10797067
173046	254095	322881	336359	397073	410101	381681	418509	449592
24641	25778	32937	46625	43058	67133	52472	48714	69376
221255	210298	224892	294201	317330	484879	477352	406095	479283
28914	40257	43377	49763	53111	115578	65886	80627	101392
97672	107467	156113	688232	731195	813242	832157	191300	224285
84747	145744	252201	401238	407959	380299	396674	313220	475873
546208	870316	980178	1340247	1156036	1858587	1719179	1547304	1478684

基本情况
and Measurements

1997	1998	1999	2000	2001	2002	2003	2004	2005
10793	**10965**	**12156**	**11464**	**11914**	**12269**	**12877**	**13166**	**16005**
738	678	1151	921	722	1388	2109	2134	2679
637	644	1021	873	689	1255	1976	1992	2532
101	34	130	48	33	133	133	142	147
422153	395015	401089	389675	355119	351882	319492	181820	218612
633563	508191	501121	484581	445044	448718	392712	226334	295663
80	79.4	79.92	81	81.07	83.59	86.07	83.62	84.59

7-9 全国测绘部门资料提供情况(2005年)
Statistics on Surveying and Mapping Materials (2005)

地区 Region	地形图合计(张) Topographic (piece)	1:10000	1:50000	大地成果(点) Geodetic Results (point)	航摄成果(片) Aerial Photograph (piece)	挂图(张) Wall-map (piece)	地图集(册) Atlas (volume)
全国 Total	**658939**	**159668**	**132853**	**70843**	**351882**	**5189**	**4733**
东部地区 Eastern Region	347253	42116	6105	34805	32688	209	666
中部地区 Mid Region	80629	45626	30222	18386	253012	851	492
西部地区 Western Region	174276	71926	51183	17652	66182	4129	3575
北京 Beijing	35410	3845					
天津 Tianjin	15096	788	50	132			
河北 Hebei	9256	5919	2760	778			
山西 Shanxi	9919	7925	1731	826	150		
内蒙古 Neimenggu	17534	5056	10451	5068			
辽宁 Liaoning	6199	5899	200	610	16	100	132
吉林 Jilin	7485	4534	2318	1225	17936	639	190
黑龙江 Heilongjiang	18536	3175	14402	651	158387	207	302
上海 Shanghai	253318	1200	112	23000	2800		
江苏 Jiangsu	5814	4653	1115	1873	757	96	494
浙江 Zhejiang	4138	4071	35	1455	213		
安徽 Anhui	7895	7074	629	10520	11096		
福建 Fujian	9616	8096	1312	2025	28537		
江西 Jiangxi	6454	4231	1584	1327	48126	5	
山东 Shandong	5208	3808	1134	2013	365	13	40
河南 Henan	2823	1965	646	1821	2407		
湖北 Hubei	5428	2007	2638	426	3853		
湖南 Hunan	12833	8796	3514	812	11057		
广东 Guangdong	11346	8746	2070	3697			
广西 Guangxi	15077	13316	1257	4246	32400	177	126
海南 Hainan	1108	1010	77				
重庆 Chongqing	25953	3587	1573	345		200	1
四川 Sichuan	35401	20412	10027	3045	3574	181	94
贵州 Guizhou	26039	16058	9113	641	3552	83	67
云南 Yunnan	10942	5622	5112	1461	495	287	
西藏 Tibet	16420	108	306	198		2426	1330
陕西 Shaanxi	4722	2249	2004	338	519	28	
甘肃 Gansu	2134	1104	280	371	19		
青海 Qinghai	2950	310	1355	274	117	590	12
宁夏 Ningxia	4540	3324	1160	179		82	
新疆 Xinjiang	12564	780	8545	1486	25506	75	1945
国家基础地理信息中心 National Geomatics Center of China	56781		45343				

7－10　软科学基本情况
Basic Statistics on Soft Sciences

项　目　　Item	1993－1994	1995－1996	1997－1998	1999－2000	2001－2002	2003－2004
软科学机构数(个) Number of Institutes (unit)	1076	1241	1224	1323	1634	1079
从事科学活动人员数(人) S&T Personnel (person)	29529	44300	36230	37347	48589	31214
#科学家工程师 Scientists and Engineers	22404	27898	24308	27548	35840	
#高级职称 Senior Title	9107	10841	12172	14207	19207	14615
中级职称 Middle Title	12452	16107	12070	13314	16514	10417
完成软科学课题(项) Finished Projects (item)	6047	5761	7672	7147	9213	9133
正在进行的软科学课题(项) Ongoing Projects (item)	2361	2367	3262	3020	5139	5336
投入软科学研究经费(万元) Research Funds (10 000 yuan)	23600	48400	62400	58500	886492	1559358
投入软科学研究人力(人年) Research Personnel (man-year)	23500	22400	33700	26011	37647	47162
发表科学论文(篇) Scientific Papers (piece)	34464	44230	45862	42934	64671	63313
#国外发表 Published abroad	2552	2154	2658	1895	2391	3984
获奖成果(项) Achievements Awarded (item)	1542	1411	1976	1642	2027	1549
开展国际合作项目(项) International Cooperative Projects (item)	808	592	1222	995	1022	741
参加人数(人) Personnel Participated (person)	5602	2307	3154	3476	4753	
出席国际会议或出国考察(项) Participated Int'l Conference or Field Trip abroad (item)	1242	2714	3338	3616	4370	
参加人数(人) Personnel Participated (person)	3795	5736	7480	7208	10172	5139 7

7－11 国际科技合作项目

International Cooperation Exchange for Science and Technology

单位:项　　(item)

项　目　Item	1995	1998	1999	2000	2001	2002	2003	2004	2005
按出国项目分 by Type of Project Going Abroad									
合计 Total	**18845**	**15818**	**19407**	**17652**	**16496**	**18272**	**16305**	**19078**	**19132**
考察访问 Field Trip	6133	5222	6167	5825	5903	7104	4796	5695	6218
国际会议 International Conference	5170	5519	6710	6600	5616	5974	5368	7309	6565
合作研究 Cooperative Research	3052	2079	2660	2250	2196	2313	2300	2195	2341
培训 Training	2687	1754	2410	1836	1834	1794	1339	1340	1593
展览会 Exhibition	496	407	491	293	224	292	267	450	577
其他 Other	1307	837	969	848	723	795	2235	2089	1838
按来华项目分 by Type of Project Coming to China									
合计 Total	**8940**	**6192**	**4711**	**5085**	**7507**	**7892**	**6219**	**15910**	**15829**
考察访问 Field Trip	5050	2638	1949	1893	3432	3430	2703	6785	6081
国际会议 International Conference	1212	911	1012	1240	1282	1640	1095	2853	3729
合作研究 Cooperative Research	1522	1330	702	1281	1766	2011	1593	4147	3470
培训 Training	363	245	231	248	287	231	271	651	695
展览会 Exhibition	149	232	182	150	351	97	94	220	447
其他 Other	644	836	635	273	389	483	463	1254	1407

7-12 国际科技合作项目参加人数

Personnel Participated in International Cooperation Exchange for Science and Technology

单位:人次 (person-times)

项 目 Item	1995	1998	1999	2000	2001	2002	2003	2004	2005
按出国项目分 by Type of Project Going Abroad									
合计 Total	**58883**	**45020**	**52948**	**48826**	**48616**	**57247**	**48992**	**57908**	**54347**
考察访问 Field Trip	21578	19322	20833	20568	21574	27605	20061	25365	23335
国际会议 International Conference	10937	10317	12113	12576	11079	11948	9641	11870	10476
合作研究 Cooperative Research	6873	3607	4700	4166	4862	4683	3716	4619	4884
培训 Training	12127	6754	8912	6425	7218	6826	5690	6022	7520
展览会 Exhibition	3729	2296	3545	2023	1447	2983	2392	2493	3086
其他 Other	3639	2724	2845	3068	2436	3202	7422	7539	5046
按来华项目分 by Type of Project Coming to China									
合计 Total	**35098**	**24913**	**20630**	**21991**	**32472**	**53510**	**29022**	**87029**	**70900**
考察访问 Field Trip	15587	8545	7973	7070	11078	10701	7857	24812	21192
国际会议 International Conference	9101	6495	7402	8930	9484	35904	10328	38223	28765
合作研究 Cooperative Research	4029	3144	1996	2552	4212	4060	3879	8719	8470
培训 Training	1376	1065	671	745	817	818	914	2007	2506
展览会 Exhibition	3271	4014	1099	1729	5498	1051	4853	10666	6822
其他 Other	1734	1650	1489	965	1383	976	1191	2602	3145

7-13 中国科协系统科技

Basic Statistics on Scientific and Technological Activities of

项　目	Item	总计 Tatal
机构和人员	**Number of Associations or Academic Societies and Personnel**	
实有机构(个)	Number of Associations or Academic Societies (unit)	6936
从业人员(人)	Number of Employed Persons (person)	45793
学会个人会员(万人)	Number of Personal Members of Academic Societies (10 000 person)	
学术交流活动	Academic Exchange	
境内举办学术交流活动(次)	Number of Academic Meetings Held in China (time)	22365
参加人数 (万人次)	Number of Participants (10 000 person-time)	309.96
科学技术普及(综合)	S&T Popularization Activities (Overview)	
举办科普讲座 (次)	Number of S&T Popularization Lectures (time)	122215
听讲人数(万人次)	Number of Participants (10 000 person-time)	15970.15
举办科普展览(次)	Number of S&T Popularization Exhibitions (time)	53890
参观人数(万人次)	Number of Participants (10 000 person-time)	12832.86
举办科普宣传 (次)	Number of S&T Popularization Propagation (time)	56504
工作人员(万人次)	Working Staffs and S&T Personnels (10 000 person-time)	89.89
科普场馆 (个)	Number of S&T Halls and Stations(unit)	
展厅面积(平方米)	Dimension of Exhibition Hall (square metre)	
科普教育基地(个)	Number of Education Bases for S&T Popularization (unit)	
标准科普画廊建筑总长度(米)	Length of Building of Galleries for S&T Popularization (metre)	
本年展览总长度(米)	Length of Exhibition (metre)	
科学技术普及专题 1	**S&T Popularization Activities specifics**	
——青少年科技教育	**——Activities for Education in Popular S&T among Adolescent**	
举办青少年科普讲座 (次)	Number of S&T Popularization Lectures for Adolescent (time)	
听讲人数 (万人次)	Number of Participants (10 000 person-time)	
举办青少年科普展览(次)	Number of S&T Popularization Exhibitions for Adolescent (time)	
参观人数 (万人次)	Number of Participants (10 000 person-time)	
举办青少年科技竞赛 (次)	Number of S&T Competitions for Adolescent (time)	9999
参加人数 (万人次)	Number of Participants(10 000 person-time)	3091.09
举办青少年科技夏冬令营(次)	Number of Summer-winter Camps for Adolescent (time)	3522
参加人数 (万人次)	Number of Participants (10 000 person-time)	67.77

活动情况（2005 年）
China Associations for Science and Technology (2005)

科协小计 Total Number of Associations	中国科协 China Associations	省级科协 Provincial Associations	地级科协 Prefectural Associations	县级科协 County Associations	学会小计 Total Number of Learned Societies	全国性学会 National Learned Societies	省级学会 Provincial Learned Societies
3136	1	31	397	2707	3800	167	3633
33827	1503	6290	9182	16852	11966	2133	9833
						408	439
9164	45	281	5007	3831	13201	3148	10053
148.95	2.31	10.37	89.39	46.88	161.01	44.07	116.94
100944	288	1695	20062	78899	21271	2059	19212
15175.21	11.26	10347.44	817.45	3999.06	794.94	265.18	529.76
50308	40	1239	10460	38569	3582	495	3087
11687.58	223.20	1089.47	2442.77	7932.14	1145.28	101.10	1044.18
49646	33	695	12836	36082	6858	534	6324
82.86	0.03	1.14	15.36	66.33	7.03	0.26	6.77
688	1	26	157	504			
588775	21000	89441	239608	238726			
8955	482	866	2259	5348			
563221		5500	63785	493936			
1173581		54604	252645	866332			
19708	244	463	4268	14733			
1219.13	10.35	25.95	223.76	959.07			
11095	39	260	2489	8307			
2192.48	222.00	128.66	518.70	1323.12			
9421	9	195	2167	7050	578	67	511
2371.73	0.39	677.81	797.24	896.29	719.36	302.89	416.47
3146	5	69	690	2382	376	41	335
62.66	0.03	0.9	12.46	49.27	5.11	0.54	4.57

项　目	Item	总计 Tatal
科学技术普及专题 2	**S&T Popularization Activities Specifics**	
——全国科普日活动	**——National S&T Popularization Day Activities**	
举办科普讲座（次）	Number of S&T Popularization Lectures (time)	11648
听讲人数（万人次）	Number of Participants (10 000 person-time)	528.68
举办科普展览（次）	Number of S&T Popularization Exhibitions (time)	9470
参观人数（万人次）	Number of Participants (10 000 person-time)	1882.79
举办科普宣传](次)	Number of S&T Popularization Propagation (time)	12698
工作人员（万人次）	Working Staffs and S&T Personnels (10 000 person-time)	21.68
开展科技咨询(次)	Number of S&T Popularization Consultion (time)	21848
工作人员（万人次）	Working Staffs and S&T Personnels (10 000 person-time)	15.47
科学技术普及专题 3	**S&T Popularization Activities specifics**	
——科技下乡活动	**——Popularization Activities Conducted in Rural Section**	
组织科技下乡次数（次）	Number of S&T Popularization activities in Rural Section (time)	54689
举办科普讲座（次）	Number of S&T Popularization Lectures (time)	30138
听讲人数（万人次）	Number of Participants (10 000 person-time)	1122.70
举办科普展览(次)	Number of S&T Popularization Exhibitions (time)	15501
参观人数（万人次）	Number of Participants (10 000 person-time)	2644.18
开展科技咨询（次）	Number of S&T Popularization Consultion (time)	54607
工作人员（万人次）	Working Staffs and S&T Personnels (10 000 person-time)	30.85
国际民间科技交流活动	International S&T Exchange	
国外及港澳台地区来访团组(个)	Visits from Foreign Countries, Hong Kong, Macao and Taiwan (unit)	3113
来访总人数（人次）	Total Number of Visitors (person-time)	37576
派往国外及港澳台地区团组(个)	Visits to Foreign Countries, Hong Kong, Macao and Taiwan (unit)	2109
派出总人数（人次）	Total Number of Visitors (person-time)	18595
社会、科技服务活动	Public Service on S&T	
“金桥工程”本年完成数(项)	Number of Completed “Golden Bridge Program” Projects (item)	
完成技术咨询合同(项)	Number of Consultative Contracts Completed (item)	44804
反映科技建议（项）	Number of S&T Proposals (time)	21983
举办培训班（次）	Number of Training Courses (unit)	58200
培训人数（万人次）	Persons Trained (10 000 person-time)	982.15
科技传媒情况	S&T Media	
主办科技期刊(种)	Number of Scientific & Technological Journals (kind)	2155
总印数（万册）	Printed Copies (10 000 copies)	11930.16
主办科技报纸(种)	Number of Scientific & Technological Newspapers (kind)	115
总印数（万份）	Printed Copies (10 000 copies)	15786.58
编著科技图书(种)	Number of Scientific & Technological Books(kind)	1889
总印数（万册）	Printed Copies (10 000 copies)	1132.54

Continued

科协小计 Total Number of Associations	中国科协 China Associations	省级科协 Provincial Associations	地级科协 Prefectural Associations	县级科协 County Associations	学会小计 Total Number of Learned Societies	全国性学会 National Learned Societies	省级学会 Provincial Learned Societies
11648	1	130	2407	9110			
528.68	0.02	9.14	98.59	420.93			
9470	1	205	2255	7009			
1882.79	1.20	68.30	463.12	1350.17			
12698	3	179	2942	9574			
21.68	0.01	0.37	3.86	17.44			
21848	15	593	3677	17563			
15.47	0.01	0.24	2.83	12.39			
47209	3	789	5547	40870	7480	301	7179
25536	32	419	3696	21389	4602	222	4380
1049.65	0.60	14.06	96.16	938.83	73.05	3.9	69.15
14586		268	2501	11817	915	111	804
2521.35		86.28	522.41	1912.66	122.83	10.11	112.72
44717	423	449	5503	38342	9890	259	9631
28.39	0.05	0.51	3.48	24.35	2.46	0.09	2.37
498	35	196	178	89	2615	784	1831
8894	1169	1944	4288	1493	28682	11761	16921
510	154	205	122	29	1599	503	1096
4217	1349	1640	968	260	14378	5396	8982
7547		1597	2764	3186			
40598		12014	24640	3944	4206	121	4085
17185	6	546	4900	11733	4798	249	4549
49703	40	837	6158	42668	8497	1281	7216
824.61	1.05	7.41	84.81	731.34	157.54	18.64	138.9
73	8	58	7		2082	846	1236
3440.39	108.1	3323.89	8.4		8489.77	5186.61	3303.16
42	1	38	3		73	9	64
11979.13	109.20	11728.63	141.3		3807.45	635.98	3171.47
1039	108	180	266	485	850	179	671
701.57	90.23	156.17	189.01	266.16	430.97	136.85	294.12

八、国际比较
International Comparison

8-1 研究与试验发展(R&D)经费及占国内生产总值的比重

R&D Expenditure and Its Share in GDP

单位:10 亿本国货币单位 (billion of national currency)

国家(地区)	Country (Area)	R&D 经费 R&D Expenditure							
		1993	1994	1995	1996	1997	1998	1999	2000
中国	China	24.80	30.63	34.87	40.45	50.92	55.11	67.89	89.57
美国	USA	166.15	169.61	184.08	197.79	212.71	228.11	245.48	267.77
日本	Japan	13709.14	13596.03	14408.24	14155.06	14794.03	15169.20	15032.66	15304.42
英国	UK	13.19	13.68	14.03	14.34	14.66	15.45	16.93	17.72
法国	France	26.48	26.76	27.30	27.84	27.76	28.32	29.53	30.95
德国	Germany	38.62	38.90	40.46	41.17	42.86	44.65	48.19	50.62
澳大利亚	Australia		7.47		8.79		8.92		10.42
加拿大	Canada	12.18	13.34	13.75	13.82	14.64	16.09	17.64	20.64
意大利	Italy	9.10	8.98	9.23	9.89	10.79	11.44	11.52	12.46
瑞典	Sweden	49.01		59.30		66.92		75.81	
瑞士	Switzerland				9.99				10.68
土耳其	Turkey					0.14	0.26	0.49	0.80
奥地利	Austria	2.30	2.55	2.70	2.89	3.12	3.40	3.76	4.03
比利时	Belgium	3.15	3.31	3.47	3.73	4.06	4.28	4.62	4.96
捷克	Czech	12.32	12.98	13.98	16.26	19.48	22.87	23.65	26.49
丹麦	Denmark	15.70		18.54	19.66	21.65	23.79	26.42	
芬兰	Finland	1.80	2.01	2.17	2.50	2.90	3.35	3.88	4.42
希腊	Greek	0.29		0.39		0.49		0.76	
冰岛	Iceland	5.50	6.05	6.96		9.65	11.77	14.52	18.25
爱尔兰	Ireland	0.51	0.59	0.67	0.76	0.86	0.97	1.07	1.18
墨西哥	Mexico	2.76	4.17	5.69	7.83	10.94	14.52	19.75	20.49
荷兰	Netherlands	5.29	5.67	6.01	6.34	6.81	6.87	7.56	7.63
新西兰	New Zealand	0.82		0.89		1.11		1.09	
挪威	Norway	14.26		15.91		18.19		20.32	
葡萄牙	Portugal	0.42	0.44	0.46	0.52	0.58	0.70	0.81	0.93
西班牙	Spain	3.35	3.29	3.55	3.85	4.04	4.72	5.00	5.72
韩国	Korea	6152.98	7894.75	9440.61	10878.05	12185.81	11336.62	11921.75	13848.50
中国台北	Taipei			125.03	137.96	156.32	176.46	190.52	197.63
新加坡	Singapore		1.18	1.37	1.79	2.10	2.49	2.66	3.01
匈牙利	Hungary	34.69	38.85	41.20	44.89	61.75	68.62	78.19	105.39
波兰	Poland	1.30	1.72	2.13	2.76	3.36	4.01	4.59	4.80
俄罗斯联邦	Russian Federation	1.32	5.15	12.15	19.39	24.45	25.08	48.05	76.70
巴西	Brazil		3.23	5.63	6.04				10.90
印度	India	60.73	66.22	74.84	89.14	106.11	129.02	150.9	176.6

8－1 续表 1　Continued

单位:10 亿本国货币单位　　　　(billion of national currency)

国家(地区)	Country (Area)	R&D 经费 R&D Expenditure				R&D/GDP(%)			
		2001	2002	2003	2004	1993	1994	1995	1996
中国	China	104.25	128.76	153.96	196.63	0.70	0.64	0.57	0.57
美国	USA	277.82	276.26	292.44	312.54	2.52	2.42	2.51	2.55
日本	Japan	15542.82	15551.51	15683.40	15782.74	2.83	2.77	2.9	2.78
英国	UK	18.62	19.82	20.84		2.05	2.01	1.95	1.88
法国	France	32.89	34.53	34.57	35.65	2.37	2.32	2.29	2.27
德国	Germany	52.00	53.36	54.54	55.10	2.28	2.18	2.19	2.19
澳大利亚	Australia		12.84				1.53		1.61
加拿大	Canada	23.21	23.38	23.99	25.26	1.7	1.76	1.72	1.68
意大利	Italy	13.57	14.6	14.77		1.1	1.02	0.97	0.99
瑞典	Sweden	97.28		97.10		3.15		3.32	
瑞士	Switzerland				13.10				2.67
土耳其	Turkey	1.29	1.84			0.44	0.36	0.38	0.45
奥地利	Austria	4.39	4.68	5	5.32	1.44	1.51	1.54	1.59
比利时	Belgium	5.37	5.2	5.18	5.46	1.66	1.65	1.67	1.77
捷克	Czech	28.34	29.55	32.25	35.08	1.14	1.03	0.95	0.98
丹麦	Denmark	31.88	34.43	36.07	36.45	1.72		1.82	1.84
芬兰	Finland	4.62	4.83	5.01	5.25	2.14	2.26	2.26	2.52
希腊	Greek	0.85		0.95		0.47		0.49	
冰岛	Iceland	22.78	24.10	23.72		1.35	1.4	1.56	
爱尔兰	Ireland	1.28	1.44	1.61	1.78	1.16	1.25	1.26	1.3
墨西哥	Mexico	22.92	27.34	29.93		0.22	0.29	0.31	0.31
荷兰	Netherlands	8.08	8.02	8.38	8.72	1.85	1.89	1.91	1.93
新西兰	New Zealand	1.42		1.59		1.01		0.95	
挪威	Norway	24.44	25.44	27.30	27.70	1.72		1.7	
葡萄牙	Portugal	1.04	1.03	1.02		0.61	0.59	0.57	0.6
西班牙	Spain	6.23	7.19	8.21	8.95	0.86	0.79	0.79	0.81
韩国	Korea	16110.52	17325.08	19068.68	22185.34	2.12	2.32	2.37	2.42
中国台北	Taipei	204.97	224.43	240.82	260.85			1.78	1.8
新加坡	Singapore	3.23	3.40	3.42	4.06		1.09	1.15	1.38
匈牙利	Hungary	140.61	171.47	175.77	181.53	0.96	0.88	0.73	0.65
波兰	Poland	4.86	4.52	4.56	5.16	0.78	0.71	0.65	0.67
俄罗斯联邦	Russian Federation	105.26	135.00	169.86	196.04	0.77	0.84	0.85	0.97
巴西	Brazil	12.22	13.13	14.85		0.91	0.92	0.87	0.77
印度	India		180.00	197.27	216.40	0.79	0.73	0.71	0.72

8－1 续表2　Continued

单位:%　　(%)

国家(地区)	Country (Area)	1997	1998	1999	2000	2001	2002	2003	2004
		R&D/GDP(%)							
中国	China	0.64	0.65	0.76	0.90	0.95	1.07	1.13	1.23
美国	USA	2.58	2.62	2.66	2.74	2.76	2.65	2.68	2.68
日本	Japan	2.84	2.95	2.96	2.99	3.07	3.12	3.15	3.13
英国	UK	1.81	1.8	1.87	1.86	1.87	1.89	1.88	
法国	France	2.19	2.14	2.16	2.15	2.2	2.23	2.18	2.16
德国	Germany	2.24	2.27	2.4	2.45	2.46	2.49	2.52	2.49
澳大利亚	Australia		1.47		1.51		1.64		
加拿大	Canada	1.68	1.79	1.82	1.94	2.13	2.06	2.00	1.99
意大利	Italy	1.03	1.05	1.02	1.05	1.09	1.13	1.11	
瑞典	Sweden	3.51		3.62		4.25		3.95	
瑞士	Switzerland				2.57				2.94
土耳其	Turkey	0.49	0.5	0.63	0.64	0.72	0.66		
奥地利	Austria	1.69	1.77	1.88	1.91	2.03	2.12	2.2	2.24
比利时	Belgium	1.83	1.86	1.94	1.97	2.08	1.94	1.89	1.90
捷克	Czech	1.09	1.17	1.16	1.23	1.22	1.22	1.26	1.27
丹麦	Denmark	1.92	2.04	2.18		2.39	2.51		2.48
芬兰	Finland	2.69	2.86	3.21	3.38	3.38	3.43	3.48	3.51
希腊	Greek	0.51		0.67		0.65		0.62	
冰岛	Iceland	1.87	2.05	2.36	2.73	3.04	3.08	2.92	
爱尔兰	Ireland	1.27	1.23	1.18	1.13	1.10	1.10	1.16	1.20
墨西哥	Mexico	0.34	0.38	0.43	0.37	0.39	0.44	0.43	
荷兰	Netherlands	1.96	1.86	1.94	1.82	1.80	1.72	1.76	1.78
新西兰	New Zealand	1.09		0.99		1.13		1.14	
挪威	Norway	1.64		1.65		1.60	1.67	1.73	1.61
葡萄牙	Portugal	0.62	0.69	0.75	0.8	0.85	0.80	0.78	
西班牙	Spain	0.8	0.87	0.86	0.91	0.92	0.99	1.05	1.07
韩国	Korea	2.48	2.34	2.25	2.39	2.59	2.53	2.63	2.85
中国台北	Taipei	1.88	1.98	2.06	2.06	2.17	2.31	2.45	2.56
新加坡	Singapore	1.49	1.81	1.9	1.89	2.1	2.15	2.13	2.25
匈牙利	Hungary	0.72	0.68	0.68	0.79	0.94	1.01	0.94	0.89
波兰	Poland	0.67	0.68	0.7	0.66	0.64	0.58	0.56	0.58
俄罗斯联邦	Russian Federation	1.04	0.95	1	1.05	1.18	1.25	1.28	1.15
巴西	Brazil				0.99	1.02	0.98	0.95	
印度	India	0.77	0.81	0.82	0.86	0.82	0.80	0.79	0.77

8－2　研究与试验发展(R&D)
International Comparison

项　目　Item	中国 China	美国 USA	日本 Japan	英国 UK	法国 France	德国 Germany	澳大利亚 Australia
一、R&D 人员 R&D personnel							
1、人力资源(千人) Human Resources(1 000 persons)	**(2004)**	**(1999)**	**(2004)**	**(1993)**	**(2003)**	**(2003)**	**(2002)**
从事 R&D 活动人员 R&D Personnel	1152.6		896.2	257.0 (1998)	346.1	472.5	106.8
#科学家工程师 Scientists and Engineers	926.3	1261.2	677.2	157.7 (1993)	192.8	268.9	73.3
每万人劳动力中从事 R&D 活动人员 R&D Personnel in 10,000 Labor Forces	15		135.0	90.0 (1998)	127	120.0	105
#科学家工程师 Scientists and Engineers	12	90	102.0	56.0	71.0	68.0	74.0
2、从事 R&D 活动人员按执行部门分(%) R&D Personnel by Performing Sectors (%)	**(2004)**		**(2004)**	**(1993)**	**(2003)**	**(2003)**	**(2002)**
企业 Enterprises	60.5		65.5	58.4	55.8	63.1	33.3
研究机构 Research Institutes	17.6		6.9	13.2	14.8	15.6	17.4
高等学校 Higher Learning	18.4		25.8	25.7	27.5	21.3	46.4
二、R&D 经费 R&D Funds							
1、按经费来源分(%) By sources of Funds (%)	**(2004)**	**(2004)**	**(2004)**	**(2003)**	**(2003)**	**(2004)**	**(2002)**
企业 Enterprises	65.7	63.7	74.8	43.9	50.8	67.1	48.8
政府 Government	26.6	31.0	18.1	31.4	39.0	30.4	42.4
其他 Other	7.7	5.3	7.1	24.8	10.2	2.6	8.8
2、按执行部门分(%) By Performing Sector (%)	**(2004)**	**(2004)**	**(2004)**	**(2003)**	**(2004)**	**(2004)**	**(2002)**
企业 Enterprises	66.8	70.1	75.2	65.7	62.9	70.4	51.2
研究机构 Research Institutes	23.0	12.2	9.5	9.7	16.7	13.3	19.3
高等学校 Higher Learning	10.2	13.6	13.4	21.4	19.1	16.3	26.7
其他 Other		4.1	1.9	3.2	1.3		2.8
3、按研究类型分(%) By types of Research (%)	**(2004)**	**(2004)**	**(2003)**		**(2003)**		**(2002)**
基础研究 Fundamental Research	6.0	18.7	13.3		24.1		24.9
应用研究 Applied Research	20.4	21.3	22.4		36.2		37.2
实验发展 Experimental Development	73.7	60.0	64.3		39.7		37.9

活动的国际比较
of R&D Activities

加拿大 Canada	意大利 Italy	瑞典 Sweden	瑞士 Swiss	土耳其 Turkey	奥地利 Austria	比利时 Belgium	捷克 Czech	丹麦 Denmark	韩国 Korea	俄罗斯联邦 Russian Federation
(2002)	(2003)	(2003)	(2004)	(2002)	(2002)	(2004)	(2004)	(2004)	(2004)	(2004)
177.1	161.8	73.0	52.3	29.0	38.9	53.9	28.8	42.7	194.1	951.6
112.6	70.3	47.8	25.4	24.0	24.1	31.9	16.3	26.2	156.2	477.6
107	67.0	162.0	120.0	12	99	118.0	56.0	148.0	83.0	129.0
68	29.0	106.0	58.0	10	61	70.0	32.0	91.0	67.0	65.0
(2002)	(2003)	(2003)	(2004)	(2002)	(2002)	(2004)	(2004)	(2004)	(2004)	(2004)
63.1	42.0	65.9	63.3	20.4	68.7	59.3	52.4	65.7	68.3	59.7
9.7	19.4	4.1	1.6	19.0	5.3	7.5	25.8	7.6	9.3	29.7
26.7	36.7	29.5	35.1		25.4	32.1	21.2	26.1	20.5	10.4
(2005)	(1996)	(2003)	(2004)	(2002)	(2005)	(2003)	(2004)	(2003)	(2004)	(2004)
47.1	43.0	65.0	69.7	41.3	45.7	60.3	52.8	59.9	75.0	31.4
34.1	50.8	23.5	22.7	50.6	36.4	23.6	41.9	27.1	23.1	60.6
18.9	6.2	11.6	7.6	8.2	18.8	16.1	5.3	13.0	1.9	8.0
(2005)	(2003)	(2003)	(2004)	(2002)	(2002)	(2004)	(2004)	(2004)	(2004)	(2004)
52.7	47.3	74.1	73.7	28.7	66.8	68.6	63.7	68.0	76.7	69.1
9.5	17.5	3.5	1.1	7.0	5.7	7.6	21.2	6.9	12.1	25.3
37.5	33.9	22.0	22.9	64.3	27.0	22.6	14.8	24.5	9.9	5.5
0.3	1.4	0.4	2.3		0.5	1.3	0.4	0.7	1.3	0.2
	(1998)		(2000)		(2002)		(2004)	(2003)	(2003)	(2003)
	22.2		28.0		17.8		26.4	18.3	14.5	15.1
	43.7		35.8		37.6		28.5	26.0	20.8	15.6
	34.1		36.3		44.6		45.1	55.7	64.7	69.4

指标解释

Explanatory Notes of Indicators

指标解释

科学事业费：是拨给政府部门属研究与开发机构及高等学校属科研机构的科研行政费和业务费。

科技三项费：新产品试制费、中间试制费、重要科学研究补助费及其专项费，由国家根据科研项目拨给相关单位。

科技活动：指在自然科学、农业科学、医药科学、工程与技术科学、人文与社会科学领域（简称科学技术领域）中，与科技知识的产生、发展、传播和应用密切相关的有组织的活动。

科技活动人员：指直接从事科技活动、以及专门从事科技活动管理和为科技活动提供直接服务累计从事科技活动的实际工作时间占全年制度工作时间10%及以上的人员。（1）直接从事科技活动的人员包括：在独立核算的科学研究与技术开发机构、高等学校、各类企业及其他事业单位内设的研究室、实验室、技术开发中心及中试车间（基地）等机构中从事科技活动的研究人员、工程技术人员、技术工人及其它人员；虽不在上述机构工作，但编入科技活动项目（课题）组的人员；科技信息与文献机构中的专业技术人员；从事论文设计的研究生等。（2）专门从事科技活动管理和为科技活动提供直接服务的人员包括：独立核算的科学研究与技术开发机构、科技信息与文献机构、高等学校、各类企业及其他事业单位主管科技工作的负责人，专门从事科技活动的计划、行政、人事、财务、物资供应、设备维护、图书资料管理等工作的各类人员，但不包括保卫、医疗保健人员、司机、食堂人员、茶炉工、水暖工、清洁工等为科技活动提供间接服务的人员。

科学家与工程师：指科技活动人员中具有高、中级技术职称（职务）的人员和不具有高、中级技术职称（职务）的大学本科及以上学历人员。

研究与试验发展（R&D）：是指在科学技术领域，为增加知识总量、以及运用这些知识去创造新的应用进行的系统的创造性的活动，包括基础研究、应用研究、试验发展三类活动。

基础研究：是指为了获得关于现象和可观察事实的基本原理的新知识（揭示客观事物的本质、运动规律，获得新发现、新学说）而进行的实验性或理论性研究，它不以任何专门或特定的应用或使用为目的。其成果以科学论文和科学著作为主要形式。

应用研究：是指为获得新知识而进行的创造性研究，主要针对某一特定的目的或目标。应用研究是为了确定基础研究成果可能的用途，或是为达到预定的目标探索应采取的新方法（原理性）或新途径。其成果形式以科学论文、专著、原理性模型或发明专利为主。

试验发展：是指利用从基础研究、应用研究和实际经验所获得的现有知识，为产生新的产品、材料和装置，建立新的工艺、系统和服务，以及对已产生和建立的上述各项作实质性的改进而进行的系统性工作。其成果形式主要是专利、专有技术、具有新产品基本特征的产品原型或具有新装置基本特征的原始样机等。在社会科学领域，试验发展是指把通过基础研究、应用研究获得的知识转变成可以实施的计划（包括为进行检验和评估实施示范项目）的过程。人文科学领域没有对应的试验发展活动。

研究与试验发展人员：指参与研究与试验发展项目研究、管理和辅助工作的人员，包括项目（课题）组人员，企业科技行政管理人员和直接为项目（课题）活动提供服务的辅助人员。

全时人员：指报告年内从事R&D活动的时间占全年工作时间90%及以上的人员。

非全时人员：指报告年内从事R&D活动的时间占全年工作时间10%（含10%）－90%（不含90%）的人员。

非全时人员折合全时人员：指所有非全时人员按实际工作时间折算为全时人员。例如，有三个非全时人员，他们从事R&D活动的时间分别为全年工

作时间的20%、30%、70%，折合全时人数为0.2+0.3+0.7=1.2(人年)≈1(人年)

全时当量：指全时人员数加非全时人员按工作量折算为全时人员数的总和。例如：有两个全时人员和三个非全时人员(工作时间分别为20%、30%和70%，则全时当量为2+0.2+0.3+0.7=3.2人年。

专业技术人员：指从事专业技术工作和专业技术管理工作的人员，即企事业单位中已经聘任专业技术职务从事专业技术工作和专业技术管理工作的人员，以及未聘任专业技术职务，现在专业技术岗位上工作的人员。包括工程技术人员，农业技术人员，科学研究人员，卫生技术人员，教学人员，经济人员，会计人员，统计人员，翻译人员，图书资料、档案、文博人员，新闻出版人员，律师、公证人员，广播电视播音人员，工艺美术人员，体育人员，艺术人员及企业政治思想工作人员，共十七个专业技术职务类别。

科技活动经费筹集：指从各种渠道筹集到的计划用于科技活动的经费，包括政府资金、企业资金、事业单位资金、金融机构贷款、国外资金和其他资金等。

政府资金：指从各级政府部门获得的计划用于科技活动的经费，包括科学事业费、科技三项费、科研基建费、科学基金、教育等部门事业费中计划用于科技活动的经费以及政府部门预算外资金中计划用于科技活动的经费等。

企业资金：指从自有资金中提取或接受其他企业委托的、科研院所和高校等事业单位接受企业委托获得的，计划用于科研和技术开发的经费。不包括来自政府、金融机构及国外的计划用于科技活动的资金。

金融机构贷款：指从各类金融机构获得的用于科技活动的贷款。

科技活动经费内部支出：指报告年内用于科技活动的实际支出。包括劳务费、科研业务费、科研管理费，非基建投资购建的固定资产、科研基建支出以及其他用于科技活动的支出。不包括生产性活动支出、归还贷款支出及转拨外单位支出。

劳务费：指以货币或实物形式直接或间接支付给从事科技活动人员的劳动报酬及各种费用。包括各种形式的工资、津贴、奖金、福利、离退休人员费用、人民助学金等。

业务费：指报告年内用于科技活动的全部实际消耗性支出。如原材料费、水电费、差旅费、资料费等各种业务费。

固定资产购建费：指报告年内使用非基建投资购建的固定资产和用于科研基建投资的实际支出额，即固定资产实际支出和科研基建投资实际完成额之和。固定资产是指长期使用而不改变原有实物形态的主要物资设备、图书资料、实验材料和标本以及其他设备和家具、房屋、建筑物。

新产品：指采用新技术原理、新设计构思研制、生产的全新产品，或在结构、材质、工艺等某一方面比原有产品有明显改进，从而显著提高了产品性能或扩大了使用功能的产品。既包括政府有关部门认定并在有效期内的新产品，也包括企业自行研制开发，未经政府有关部门认定，从投产之日起一年之内的新产品。

专利：是专利权的简称，是对发明人的发明创造经审查合格后，由专利局依据专利法授予发明人和设计人对该项发明创造享有的专有权。包括发明、实用新型和外观设计。

发明：是指对产品、方法或者其改进所提出的新的技术方案。

实用新型：是指对产品的形状、构造或者其结合所提出的适于实用的新的技术方案。

外观设计：是指对产品的形状、图案、色彩或者其结合所作出的富有美感并适于工业上应用的新设计。

职务发明：执行本单位的任务或者主要是利用本单位的物质条件所完成的发明创造，申请专利的权利属于本单位。

"执行本单位的任务"是指(1)在本职工作中作出的发明创造；(2)履行本单位交付的本职工作之外的任务所作出的发明创造；(3)退职、退休或者调动工作一年内作出的，与其在原单位承担的本职工作或者原单位分配的任务有关的发明创造。"本单位的物质条件"是指本单位的资金、设备、零部件、原材料或者不对外公开的技术资料等。

非职务发明:申请专利的权利属于发明人或者设计人。

《SCI》:美国《科学引文索引》(Science Citation Index),是由美国科学情报研究所于1961年创立,报道生命科学、医学、生物、物理、化学、农业、工程技术领域内的科技文献。是目前国际上最具权威性的用于基础研究和应用研究科研成果的评价体系。

《EI》:美国《工程索引》(The Engineering Index),创刊于1884年,由美国工程信息公司编辑出版。作为世界著名的工程技术领域的文献检索系统,其收录文献的内容包括以下工程技术领域:生物工程、土木、地质、环境、矿业、石油、冶金、机械、燃料工程、核能、汽车、宇航工程、电气、电子、控制工程、化工、食品、农业、工业管理、数学、物理、仪表等。

《ISTP》:《科学技术会议录索引》(Index to Scientific and Technical Proceedings)。

东部地区:包括北京,天津,河北,辽宁,上海,江苏,浙江,福建,山东,广东和海南11个省区市。

中部地区:包括山西,吉林,黑龙江,安徽,江西,河南,湖北,湖南8个省区市。

西部地区:包括广西,内蒙古,重庆,四川,贵州,云南,西藏,陕西,甘肃,青海,宁夏,新疆12个省区市。